# 新 경영학원론

PRINCIPLES OF MANAGEMENT

김재명

박영사

# 제3판

# 머리말

Post Corona Era
개정판은 어떻게 달라졌나?

본서는 2015년에 초판, 18년에 2판, 21년에 3판을 출간할 정도로 기대 이상의 사랑을 받고 있다. 2020년에는 '현대경영의 이해'가 출간되어 네이버의 베스트셀러에 선정되는 호평을 받았다. 저자는 이 두권이 경영학전반에 대한 체계를 이해할 수 있는 책으로 자리매김할 수 있으면 하고 바랄 뿐이다. 이번 3판에서는 독자들이 한 학기 15주 동안 섭렵할 수 있는 내용을 담을 수 있도록 개정하였다.

주요 개정내용

코로나 상황에서 최근의 주목해야 할 경영환경 및 쟁점들은 다음과 같다.

1. 코로나 상황은 실업률의 상승과 소득의 불균형이 야기되었고, 경기회복하는 데 시간이 걸릴 것이라고 예상된다. 따라서 경영환경은 어두운 겨울처럼 당분간 불안정할 것이다. 각국이 경기회복과 경제 활성화에 집중하려는 정책을 해야만 경제반등이 올 수 있다고 본다.

2. 더 많은 재정부양책은 GDP성장에 대한 기대치를 상향시킬 것이다. 경제가 일부사람들이 기대하는 것보다 조금 더 강하고 빠르게 돌아올 가능성도 있다. 경제 성장속도가 빨라지면, 실업률이 낮아지고 인플레이션이 전망되기 때문에 금리상승에 대한 기대치를 높이기 시작할 것이다.

본서는 새로운 많은 주요한 토픽을 포함할 수 있도록 내용을 새롭게 바꾸었다. 기업경영을 혁신제품 및 서비스와 혁신가격으로 효과성 및 효율성을 극대화하기 위해 노력하는 일론 머스크의 사례연구를 확대하였다.

새로운 경영학 내용을 위해 중요한 일을 하는 김한유 선생님, 완벽한 편집과 교정을 담당하신 조보나 대리님의 노고에 감사의 말씀을 전하고 싶다.

개정판을 완성하는 데 있어서 성원과 협조를 아낌없이 해 주신 박영사의 안종만 회장님께 감사하다는 인사와 함께 회사의 무궁한 발전을 기원하는 바이다.

2021년 2월
저자 올림

# 제2판
# 머리말

21세기 기업경영 지침서

개정판은 어떻게 달라졌나?

2015년에 초판을 출간하였음에도 기대 이상의 사랑을 받았다. 이번 제2판에서는 새로운 내용 등을 반영하고 저자의 관점에서 미흡하다고 생각되는 부분에 대한 개고를 하였다. 한편 체제를 정리함으로써 독자로 하여금 어느 과정에 와있는지를 돕도록 하였다.

주요 개정내용

"변하지 않으면 죽는다"라는 태도를 가지고 경영에 임하는 것이 기업경영의 최근 동향이다. 이에 대한 핵심이유를 충실히 교재에 담으려면 시장동향 및 기업환경 변화 등에 대한 보완이 필요하였다.

이를 위해 본서는 강사진과 학생들의 의견을 토대로 내용을 추가하였다.

이번 개정판에서 심혈을 기울인 부분은 기업의 윤리경영, 정보기술과 전자상거래, 기업가정신과 중소기업 경영, 기업의 글로벌화 등을 1~2년 전의 최신자료로 보완하는 데 역점을 두었다.

특히 마케팅 3.0 시장의 마케팅관리 내용을 추가한 것은 강사님들의 요구가 있어 이번에 첨가하게 되었다.

끝으로 개정판을 완성하는 데 있어서 성원과 협조를 아낌없이 해 주신 사장님께 고맙다는 인사와 더불어 회사의 무궁한 발전을 기원하는 바이다.

한편 편집과 교정을 담당하신 편집위원의 노고에 대해서도 심심한 감사의 말씀을 전하고 싶다.

2018년 3월
저자 올림

# 머리말

경영학원론은 경영학을 더욱 깊이 연구하기 전에 알아야 할 기본적이고 총괄적인 내용이라고 할 것이다. 이 책을 쓰게 된 동기는 기업환경이 과거의 비교적 안정적인 것과는 달리 경제적, 기술적인 외부환경뿐만 아니라 이해관계자들과의 관계경영 등 내부환경까지도 급변하고 있다. 이러한 환경변화들은 전통적인 경영방식을 벗어나는 새로운 접근방법을 요구하고 있다. 이제 기업의 선택은 새로운 경영방식을 활용할 것인가 아닌가에 있는 것이 아니라 전략적으로 어떻게 활용하여 경쟁우위를 지속적으로 유지하는가에 있다.

이 책에는 경영학에 대한 기본적인 이해와 원칙을 반영하기 위하여 경영활동을 계획활동, 조직활동, 지휘활동, 통제활동 등으로 구분하여 중점을 두었다. 한편, 기업이 변화하는 환경 아래에서 필요한 신 경영환경, 글로벌 시장경쟁, 전략경영, 동기부여, 의사소통, 경영윤리, 기업의 사회적 책임 등의 개념을 소개하고자 노력을 기울였다.

이 책은 경영학이 다루어야 할 핵심과제들을 15장으로 나누었으며, 이것을 다시 과제의 특성에 따라 4부로 묶었다. 제1부에서는 경영학의 기본과제들로서, 경영이란 무엇인가, 경영이론의 역사, 경영과 신 경영환경 등을 다루었고, 제2부에서는 기업과 경영활동, 창업과 성장 등을 다루었고, 제3부에서는 계획활동, 제4부에서는 조직활동, 제5부에서는 지휘활동, 마지막으로 제6부에서는 통제활동을 한데 묶었다. 대학교의 한 학기가 15주로 구성되어 있어서 1주에 1장씩 나갈 수 있도록 하였다. 경영학에 관심 있는 많은 학생들과 기업의 실무 전문가들이 이 책을 통하여 국제적인 시각을 가지고 세계로 진출할 수 있기를 기대한다.

'간결하고도 풍부하게 만들자'라는 자세로 책을 만들었건만 판단은 절대적으로 독자들의 몫일 것이다. 이 정도의 책으로나마 나오게 된데 대하여 도움을 준 사람들에게 깊은 감사의 뜻을 표하고 싶다. 박사논문 지도교수이셨던 미국 위스콘신대학(University of Wisconsin – Madison)의 하르마틱 교수님은 항상 든든한 후원자로 남아있다. 고마움을 표시한다. 박영사의 안종만 회장과 박세기 차장 및 편집부 김효선 선생께 감사를 표하고 싶다.

　큰 딸인 김혜성 의사의 결혼식을 축하하며, 가족들과 같이 기쁨을 나누고 싶다. 하늘에서 따뜻한 미소를 머금고 있을 아버님의 얼굴을 꿈에서라도 뵙고 싶다.

2015년 1월

김 재 명

# 차 례

# PART 3
# 조직활동

## chapter 5  의사결정 ▶ 176

## chapter 6  전략경영 ▶ 208

### chapter 7 조직구조 ▶ 234

# PART 4
# 지휘활동

## chapter 8  동기부여 ▶ 272

# PART 5
# 통제활동

**chapter 13**　마케팅관리 ▶ 404

# PART 1

# 경영과 경영환경
## Management and Management Environment

기업 경쟁력, '혁신'에 달렸다.

[YTN] 훈훈한 기부왕 경쟁,
마윈, 빌게이츠, 마크 저커버그

# 경영, 경영자, 경영학

## Management, Manager, Business Administration

# 경영, 경영자, 경영학

도입사례
## Tesla는 Facebook보다 더 가치가 있다

세계에서 가장 활기찬 전기 자동차 회사는 이제 페이스북보다 더 가치가 있다.

Tesla의 주가는 지난 1년 동안 급등했으며, 이 회사는 5분기 연속 수익성 있는 분기를 제공했다. 시가총액은 현재 약 8,300억 달러에 달하며, 월스트리트에서 다섯 번째로 가치 있는 회사이다. Tesla는 2019년 말부터 꾸준히 수익을 올렸다. 독일 오스틴, 텍사스, 브란덴부르크에 새로운 공장을 두고 생산을 확대하고 있다. 2020년에는 2019년에 판매된 367,500대의 자동차에 비해 크게 증가했다.

Tesla는 지난 1년 동안 주가가 700% 이상 상승하는 것을 지켜보면서 훨씬 더 많은 것을 얻었으며, 이는 대부분의 애널리스트의 주식 목표 가격보다 훨씬 높았다.

2021년 1월 7일 테슬라 주가가 800달러를 넘으면서 머스크의 순자산은 1,880억달러(약 202조2235억원)를 뛰어넘었다. 일론 머스크는 이번 주 아마존 의장 제프 베조스를 제치고 세계에서 새로운 부자가 되었다.

**세계 최고 부자' 일론 머스크가 말하는 6가지 성공 비결**
(Elon Musk's six secrets to business success)
세계 최고 부자로 등극한 그의 성공 비결은 무엇일까?

**1. 돈이 중요한 것이 아니다 (It isn't about the money)**
이것은 머스크가 사업을 대하는 태도의 절대적인 중심이 되는 철학이다.
그는 자신이 얼마나 큰 부자인지조차 몰랐다. "돈뭉치를 어디에 쌓아놓으려는 건 아니다." 머스크는 돈을 추구하는 삶도 "윤리적이고 좋은 방식"이라면 괜찮다고 말했지만, 그것이 그의 동기가 돼주지는 못한다고 말했다. 영화 '아이언맨' 속 주인공 토니 스타크의 실제 모델로 알려진 머스크는 2014년 대화 당시만 해도 무려 10조원의 자산가였다. 지금 그의 자산은 200조원이 넘는다. 머스크가 창업한 전기자동차 기업 테슬라의 가치는 650조원을 넘어섰다. 이는 포드, GM, BMW, 폭스바겐, 피아트, 크라이슬러, 페라리를 사고도 남는다. 그러나 올해 50세가 되는 머스크는 부자로 죽을 것 같지는 않다고 말했다. 머스크는 화성기지 건설에 그의 재산 대부분을 쓸 것 같으며, 전부 다 소모되더라도 놀랍지 않을 것이라고 말했다. 그는 빌 게이츠와 마찬가지로 자산을 은행에만 넣어두고 생을 마감하는 건, 돈을 적절한 일에 쓰지 못한 실패한 삶이라고 여기고 있다.

## 2. 열정을 추구하라 (Pursue your passions)

머스크가 무엇을 성공이라 믿는지는 그의 화성기지 건설 계획을 보면 알 수 있다.

"우리의 미래가 더 나아졌으면 하는 마음을 가지는 거다."

"인생을 발전시킬 새롭고 흥미로운 일들을 하고 싶어한다." 스페이스X를 예로 들어도 그렇다. 그는 미국항공우주국(NASA)의 프로그램이 충분히 야심차지 못하다는 이유로 민간우주기업 스페이스X를 설립했다. "지구를 넘어서서 화성에 인간을 이주시킬 기대를 하고 있다. 달에도 기지를 세우고 자주 궤도를 넘는 여행을 하는 거다."

그는 또 '화성 오아시스 미션'이라는 아이디어를 구상했다. 화성에 온실을 설치한다는 것이다. 그의 계획은 사람들을 흥분시켜 미국 정부가 NASA의 예산을 증액시키도록 하는 것이었다. 그러나 곧 그는 "의지의 부재가 아닌 방식의 부재"에 있었다는 것을 깨달았다. 우주 프로그램이 필요이상으로 비쌌던 것이다. 그는 세계에서 가장 저렴한 로켓을 만들어낸 것이다. 여기서 주목해야 할 점은 그의 동기가 돈이 아닌 화성에 사람을 이주시키겠다는 의지였다는 점이다. 머스크는 발명가보다는 엔지니어에 가까우며, 기술적 문제를 해결하겠다는 마음가짐으로 살아간다고 말했다. 그는 전 세계적인 전기자동차 개발을 가속하기 위한 일을 하고 싶어한다.

## 3. 목표를 크게 가지는 것을 두려워하지 말라 (Don't be afraid to think big)

머스크는 자동차 산업을 혁신하고, 화성을 식민지로 삼으며, 진공 터널을 지어 기차가 다니도록 하면서, 인간 뇌를 AI와 결합하고, 태양열과 배터리 산업을 뒤집고 싶어한다. 그가 남아공에서 보낸 유년시절에 본 책과 영화에서 영감을 얻었다는 사실을 숨기지 않는다. 이는 머스크의 또 다른 사업 비결과도 닿아있다. 그는 빈약한 야심이 회사 내 성과보수 구조에서도 기인한다고 믿는다. 그는 대다수 회사가 "점진주의자"라며 "큰 회사의 CEO가 그다지 조그만 발전만을 추구하는데, 성과를 내는 데도 오래 걸리고, 심지어 성과를 제대로 내지 않는다고 해도 CEO책임으로는 돌아오지 않는다"고 말했다.

실패하면, 자신이 아닌 공급업자들의 잘못이라고 말하면 되기 때문이다.

그는 용기 있고, 진정한 성과를 내고 싶은 이들이 성과가 좋지 않으면 무조건 해고 당한다는 사실을 인지했다. 머스크는 이것이 회사가 작은 발전만을 추구하게 하고, 새로운 제품에 감히 도전하지 못하게 한다고 주장했다. 그는 이 같은 늪에 빠지지 않고, 화성을 식민지화하고 인류를 "다행성 시대"의 서막을 열고자 한다. 그는 목표를 크게 가지는 것을 두려워 하지 않는다.

### 4. 모험할 준비를 하라 (Be ready to take risks)

사업을 잘하려면 용기는 있어야 한다. 하지만 머스크는 대다수 사람보다 훨씬 더 큰 위험부담을 안고 사업을 진행해왔다. 머스크는 2002년 그가 설립한 벤처 회사 Zip2와 페이팔을 매각했다. 그때 머스크는 막 30대에 들어섰고 통장에는 2,000억원이 넘는 돈이 입금되어 있었다. 그의 계획은 절반을 저금하고, 나머지 절반을 사업에 쓰는 것이었다. 하지만 인생은 계획대로 흘러가지 않았다. 그의 회사들은 초창기의 작은 문제들에 신음하고 있었다. 스페이스X는 첫 3번의 발사에 모두 실패했고, 테슬라는 제조, 공급, 디자인 문제들을 겪고 있었다. 그리고 재정 위기가 왔다.

머스크는 당시 냉혹한 선택의 갈림길에 섰다. "돈을 아끼고 회사를 망하게 하느냐, 남은 돈을 투자해서 또 한번 기회를 얻느냐" 사이에서 고민했다. 그는 남은 돈을 모두 회사에 쏟아 넣기로 결정했다. 파산 위기는 그를 두렵게 했을까? 그렇지 않았다.

그는 "아이들이 (사립학교가 아닌) 공립학교에 가는 일 밖에 더 있겠는가? 큰일이 아니다. 나도 공립학교에 다녔다."

### 5. 비판을 무시하라 (Ignore the critics)

그는 2014년 당시만 해도 매우 화를 내고 있었다. 많은 전문가와 비평가들이 그의 실패를 즐기는 것처럼 보였기 때문이다. "남의 불행에 대해 갖는 쾌감(schadenfreude)은 정말 놀라웠다." "아직도 테슬라의 실패를 예견하는 블로그 사이트가 여럿 있다."

사람들은 일종의 오만함 때문에 그의 실패를 바라고 있다고 생각할 수 있다. 머스크는 오만한 것이 아니며, "무조건 해낼 것이라고 말하는 것이 아니라 해내고 싶다고 말하고, 최선을 다하고 싶다고 말하는 것일 뿐"이라고 말했다. 그는 비판을 무시하라고 주장한다. 그 누구도 스페이스X나 테슬라가 지금처럼 큰 돈을 벌 것으로 생각하지 않았다. 그러나 머스크는 비판론자들을 무시하고 뚝심 있게 나아갔다. 그는 그가 투자금 대비 돈을 잃었을 때 대해선 걱정하지 않았다. 그저 중요한 아이디어를 실행에 옮기는 데에 집중했다. 세상은 이런 그를 좋아한다.

스페이스X는 우주 항공의 경제학을 바꿔놓았지만, 머스크를 가장 자랑스럽게 한 사실은 그의 회사가 미국 항공 프로그램을 재활성화시켰다는 사실일 것이다. 그의 크루 드래곤 로켓은 우주비행사 6

명을 태우고 국제우주정거장으로 발사됐다. 2011년 이후 미국에서 처음으로 우주정거장에 다녀온 우주왕복선이었다.

### 6. 즐겨라 (Enjoy yourself)

머스크는 잘 알려진 일 중독자다. 그는 테슬라 모델3 생산을 유지하기 위해 매주 120시간씩 일을 했다며 자랑하기도 한다. 그는 그 자신을 즐기고 있는 것처럼 보였다.

그는 최근 명예훼손 소송, 라디오 방송 중 대마초 흡연 등 논란의 중심에 섰다.

그는 최근 태어난 자신의 아들에게 'X Æ A-12 머스크'라는 기계 번호같은 이름을 붙이기도 했다. 머스크는 여전히 언제나처럼 야심차다. 머스크는 지난 9월 테슬라가 3년 안에 "강력한" 2만5000달러 짜리 전기자동차를 출시할 것이라고 말했으며, 곧 모든 테슬라 차량이 완전한 자율주행 차량이 될 것이라고 말했다.

지난 12월에는 인간을 최초로 화성으로 이주시킬 수 있는 스페이스X의 유인우주선 스타십의 첫 고고도 비행 실험을 진행하기도 했다. 스타십은 시험 발사 후 착륙하던 과정에서 폭발했지만, 머스크는 실험이 "만족스러운" 성공이었다고 자축했다.

## 1절 경영(Management)

## 1. 경 영

미국경영학회의 정의에 따르면, "경영(management)은 기업이 필요로 하는 제 자원을 계획활동, 조직활동, 지휘활동, 통제활동을 통하여, 조직의 목적을 효과적이고 효율적으로 달성하는 과정(Management is the process of achieving the goal of an orgaization, effectively and efficiently, through planning, organizing, leading, and controlling organizational resources.)"이라고 한다. 이는 경영을 "사람을 통하여 일을 수행하는 기술"이라고 하였던 기존의 정의와 비교했을 때, 조직의 목적을 효과적이고 효율적으로 달성하는 것이 중요하다는 점을 역설하고 있다고 볼 수 있다.

효과성(effectiveness)은 '올바른 일을 수행하는 것(doing the right things)'을 말한다. 조직의 목표가 달성되었다면 효과성을 달성했다고 한다. 효과성이란 최적의 목표를 선택할 수 있는 능력과도 관련이 있다. 즉, 저 알콜도수 소주 수요가 증가하고 있는데도 고 알콜도수 소주 생산에만 치중을 한다면 아무리 효율성을 최대화하였다 해도 부적절한 목표를 선택한 것으로 효과성이 있다고 볼 수 없다. 효과성은 조직목표의 달성정도와 관련이 있는 개념이다. 효율성(efficiency)은 '일을 올바르게 수행하는 것(doing things right)'을 말한다. 경영의 행동원칙은 효율성을 높이는 것이며 효율성은 투입(input)과 산출(output)간의 관계를 의미한다. 만약 주어진 투입물(원재료, 노동, 자본 등)에 비하여 더 많은 산출물(상품과 서비스 등)을 창출한 경우 효율성을 증가시켰다고 한다. 이러한 점에서 효율성은 자원의 활용 정도와 관련이 있다. 경영은 조직의 목표를 효율적으로 달성하기 위하여 이용하는 제 자원의 비용을 최소화 하는데 중점을 둔다. 반대로 산출과정에서 투입자원이 보다 더 낭비되고 덜 활용될 때 경영은 비효율적이 된다.

효율성과 효과성은 서로 다른 용어지만 서로 관련되어 있는 개념이다. 효율성은 수단(means), 효과성은 목적(ends)의 특성을 갖고 있다는 의미로 볼 수 있다. 우선 효율성을 무시하면 효과성을 상대적으로 어렵지 않게 달성할 수 있을 것이다. 예를 들면 품질이 우수한 자동차를 생산하는 데 목적이 있다면 원재료, 노동, 자본 등의 투입비용이 높은 경우가 낮은 경우보다 달성하기가 쉬울 것이다. 한편 효율성은 있으나 효과성이 없는 경우도 있을 것이다. 예를 들면 한 대학의 과목당 수강인원이 100명인 경우 이를 분반하지 않고 합반으로 강의를 제공한다면 대학의 비용은 절감되지만 비효과적인 교육이 발생할 것이다. 이처럼 경영은 정해진 목표, 즉 효과성과 동시에 효율성을 달성하는 데 두어야 할 것이다.

효과성과 효율성 중 무엇이 더 중요한가라고 질문한다면 효과성이 더 중요하다고 생각해야 할 것이다. 그 이유는 경영은 수행해야 할 올바른 일을 먼저 선택, 즉 최적의 목표를 지향하고, 이를 달성하기 위한 자원 및 자본을 올바르게 활용하여야 하기 때문이다.

〈그림 1-1〉에서 알 수 있듯이 경영 시스템 모형에 의하면 자원을 투입하

는 투입과정, 관리기능과 조직활동을 통한 변환과정을 거쳐 다양한 형태의 산출과정으로 나누어 볼 수 있다.

**그림 1-1**  경영의 관리과정

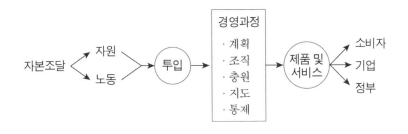

투입과정을 살펴보면 투입된 자원(input)은 재무적 자원, 인적자원, 물적자원, 정보적 자원 등이다. 재화나 서비스를 생산하기 위해 필요로 하는 생산요소(투입물)를 구입하기 위해 자본을 조달하고, 그 자본으로 생산요소(기계와 설비 등)를 구입하는 것이다. 변환과정은 관리과정과 조직활동으로 이루어지며, 이때 경영과정은 목표설정으로부터 시작하여 계획활동, 조직활동, 지휘활동, 및 통제활동으로 구성되어 있다. 경영활동으로는 조직의 주된 활동인 생산활동과 마케팅활동이 있으며 경영자금의 조달 및 회계정보의 활용 등을 통하여 이익을 창출하는 일체의 기업활동을 들 수 있다.

경영활동의 산출물(output)이라고 할 수 있는 경영성과는 크게 세 가지 부분, 제품 및 서비스의 제공을 통한 고객만족정도, 주주 및 종업원 등에 적절한 보상의 제공 및 사회적 책임으로 나누어 볼 수 있다. 경영자의 능력은 조직성과를 가지고 판단하는데 이는 사실 생산성(효과성+효율성)의 측정이다. 〈그림 1-2〉는 효율성과 효과성 및 생산성을 나타내고 있다.

**그림 1-2** 효율성, 효과성 및 생산성

2. 경영기능

기능적 접근에 따르면 경영자들은 구성원들의 업무를 지휘하고 감독하는 특정한 행위와 기능을 수행한다. 모든 경영자가 경영행위라 불리는 다섯 가지의 업무를 수행해야 한다. 오늘날 이 다섯 가지 경영기능은 계획활동, 조직활동, 지휘활동, 통제활동의 네 가지 기능으로 압축되었다.

(1) 계획활동(planning)

조직의 목표를 세우고, 그 목표를 달성하기 위한 가장 최상의 방법을 찾는 행위를 말한다.
- 조직의 사명(mission)과 전반적이고 장기적인 방향을 결정한다.
- 이들 방향의 범위 내에서 특별한 장기목표(objectives)를 수립한다.
- 이들 목표를 방침과 절차로서 구체화한다.
- 이를 업무계획(operational plans: 운영계획)으로 세분한다.

(2) 조직활동(organizing)

수립된 계획을 성공적으로 달성하기 위해서 어떠한 형태로 조직을 구성할 것인가를 결정하고, 인적 및 물적 자원을 배분하는 행위를 말한다.

- 공식적인 조직구조를 만든다.
- 목표달성에 필요한 주요 활동을 여러 부문의 활동업무로 분화한다.
- 부서단위의 기능과 업무단위간의 관계를 명백히 함으로써 권한과 책임의 한계, 의사소통의 방법 및 의사결정의 방법 등을 확정한다.
- 책임과 권한을 위양한다.

### (3) 인적자원관리(human resource management: HRM)

분화된 업무를 담당할 경영요원을 채용하여 배치하는 행위를 말한다.
- 직무에 합당한 구성원을 모집, 선발 및 배치한다.
- 수행해야 할 직무의 내용과 특성 등을 분석한다.
- 상기의 직무를 수행할 종업원의 특성을 확인한다.
- 종업원의 잠재적 능력을 개발하는 교육훈련을 실시한다.

### (4) 지휘활동(leading)

조직의 목표를 달성하기 위하여 요구되는 업무를 잘 수행할 수 있도록 종업원들을 독려하고 감독하는 행위를 말한다.
- 인사문제에 관한 조직의 전반적인 이념을 세운다.
- 개인의 목표와 조직의 목표를 통합한다.
- 최대한의 능력을 발휘하게끔 동기부여의 분위기를 조성한다.
- 구성원 전체가 서로 의견을 교환할 수 있는 효과적인 의사소통이 이루어지도록 한다.
- 최대한의 능력을 발휘하여 계획과의 차질 없는 집행을 할 수 있도록 부하를 지도할 수 있는 리더십을 발휘한다.

### (5) 통제활동(controlling)

경영활동이 미리 수립된 계획과 표준에 일치하도록 각 구성원이 행하는 업무가 제대로 추진되는가를 평가, 검토하여 이를 시정하는 행위이다.
- 목표와 표준을 설정한다.

- 계속적으로 종업원들이 최선을 다하여 업무를 수행하고 있는가를 평가
  한다.
- 지위에 따른 결과(성과)의 보고제도를 확립한다.
- 계획과의 차이가 있는 경우, 이에 필요한 시정조치를 강구한다.

 ## 2절 경영자(Manager)

### 1. 조직(organization)

경영자는 조직에서 일하기 때문에 경영자가 누구이고 또 무엇을 해야 하는지 알아보기 전에 조직이 무엇인지를 알아보아야 한다. 조직은 '공동의 목적을 이루기 위한 2인 이상의 사람들의 체계적 모임'이라고 할 수 있다. 이것은 〈그림 1-3〉과 같이 세 가지의 공통 성격을 가지고 있다. 첫째, 각 조직은 뚜렷한 공동목적을 가지고 있다. 이 목적은 '하나의 목표' 또는 '복수의 목표'라고 일반적으로 표현되고 있다. 둘째, 각 조직은 사람들로 구성된다. 셋째, 모든 조직은 구성원의 행동을 통제 및 조정하기 위해 체계적인 구조로 형성되어 있다. 예를 들면, 조직은 회사규정 등을 제정하고, 어떤 사람을 상사로 임명하여 상사에게 조직원을 다루는 권한을 주며, 조직 구성원들이 무엇을 해야 하는지 알려 주기 위해 업무를 설명해 주는 것이다.

**그림 1-3** 조직의 특성

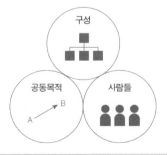

## 2. 경영자의 유형

경영자(manager)란 조직 안에서 구성원들의 활동을 지시하고 감독하는 사람이다. 즉, 경영자는 조직의 목표를 달성하기 위하여 계획활동, 조직활동, 지휘활동 및 통제활동을 하는 사람이라고 정의할 수 있다. 경영자는 조직 내에서 각각 상이한 과업과 책임을 갖는다. 이에 따라 경영자도 상이한 유형으로 분류할 수 있다. 경영자의 유형은 두 가지 기준에 따라 분류되는데 기업소유에 따른 분류방법과 조직계층(organizational levels)에 따른 분류방법이 있다.

경영자가 기업을 소유하느냐에 따라 소유경영자와 전문경영자로 구분할 수 있으며 소유와 경영의 분리현상의 결과로서 나타나는 것이다. 소유경영자는 기업의 소유주가 곧 경영자인 경우로서, 각기 자신의 자본을 가지고 기업을 설립하여 기업의 소유자가 될 뿐만 아니라, 해당 기업의 경영도 담당하는 사람으로서 소유와 경영이 분리되지 않는 경우이다. 전문경영자는 기업의 규모가 더 커지고, 제반 경영환경이 변화함에 따라 전문적인 지식을 가지고 기업의 경영에만 전담하는 사람이다. 경영자를 분류하는 두 번째 방법은 조직계층에 따른 분류방법으로 최고경영자, 중간경영자 및 하위경영자로 구분하는 것이다.

### (1) 최고경영자(top manager)

조직의 최상위에 위치한 경영자로서 전체 조직에 대해 의사결정을 하는데 책임을 지는 경영자이다. 이에는 회장, 사장, 전무, 상무, 이사 등 중역들이 포함된다. 최고경영자는 중간경영자들에 대해서 직접적인 책임을 가지고 있다.

최고경영자 중에서 회장이나 대표이사, 사장 등을 CEO(Chief Executive Officer)라고 하는데, 기업의 모든 업무분야에 최고의 책임을 진다. 특히 대기업의 경우, 최고경영자는 세 가지 계층, 즉 기업조직의 최상위에 있는 이사회를 구성하는 수탁경영층, 이사회로부터 위임된 권한의 범위 내에서 기업활동 전반에 대한 구체적인 계획을 세우고, 이를 실시하기 위한 지휘, 조정 및 통제 기능을 수행하는 총괄경영층, 그리고 각 부문별 담당이사인 부문경영층으로 구분된다. 최고경영자들은 여러 가지 경영기능 중에서 주로 계획, 즉 전략계획을 담당한다(〈그림 1-4〉 참고).

**· 그림 1-4  경영자의 경영기능 활동**

| 하위 | 중간 | 최고 |
|---|---|---|
| 계획 | 계획 | 계획 |
| 조직화 |  |  |
| 지휘 | 조직화 |  |
|  |  | 조직화 |
|  | 지휘 | 지휘 |
| 통제 | 통제 | 통제 |

### (2) 중간경영자(middle manager)

상위경영자와 하위경영자의 중간계층에 위치한 경영자로서, 하위경영자의 업무에 대해 감독, 관리의 책임을 맡는다. 이에는 부서장, 지점장 등이 이 계층에 속하며, 이들의 주요 업무는 조직의 목표가 달성될 수 있도록 각 부서별로 세부계획을 작성함은 물론, 계획을 수행하는 데 전적인 책임을 진다. 중간경영자는 업무의 계획수립기능, 업무의 관리기능, 업무의 개선기능, 의사소통의 중계기능 및 부하의 통솔기능을 수행함으로써 주로 관리통제의 기능을 담당한다.

### (3) 하위경영자(first-level manager)

조직의 하위계층에 위치한 경영자로서, 각 부문별 중간경영자의 명령이나 지시에 따라 실무에 종사하는 구성원들의 업무에 대해 직접적인 책임을 지는 계층으로서, 감독자 또는 현장관리라고도 한다.

기업에서 과장, 대리, 팀장 또는 반장 등이 여기에 속한다. 이들의 임무는 일선의 종사자들이 정해진 방향으로 또는 정해진 속도로 직무를 수행하고 있는가를 매일 검토하며, 종업원들과 가장 가까이서 접할 수 있는 사람으로서, 경영자들이 느끼지 못하는 일반종업원들의 고충과 고민을 해결해 주는 역할을 수행하므로 주로 운영통제의 기능을 수행한다.

하위경영자는 감독직능을 수행하는 데, 중간경영자와의 원만한 조정역할을 위해 문제해결을 위한 상황 판단력과 대인관계기능이 중요하다. 상기의 계층별 경영자의 수준에 따라 그들의 경영활동은 〈그림 1-4〉와 같이 차이가 있다.

## 3. 경영자의 역할

경영자가 조직의 목표를 달성하기 위하여 어떠한 역할 수행해야 하는가? 경영자의 역할(managerial roles)은 경영관리과업과 관련된 구체적인 행동들이다. 경영자들은 경영관리에서 논의되는 계획과 전략, 조직화, 통제, 그리고 종업원 지휘와 훈련 같은 기본 기능들을 달성하기 위한 역할들을 수행한다. 가장 오래된 경영자의 역할에 대한 설명 중 하나는 민츠버그(H. Mintzberg)가 제시한 경영자의 역할이다.

민츠버그는 경영자는 모든 수준에 있어서 경영자 행동에 유사성을 나타낸다고 결론을 내렸다. 경영자의 역할은 인간관계, 정보적 및 결정적인 역할을 한다고 하며, 그는 이를 '조직화된 행동조(organized sets of behavior)'라고 부른다. 민츠버그는 경영자의 역할과 관련된 활동들이 명확히 구분되지 않기 때문에 통합하여 관리할 것을 강조하였다. 예를 들면 고객을 방문하는 것은 두 가지 또는 그 이상의 역할들이 동시에 관련되어 있다. 다음에서는 경영자의 10가지 역할을 보여 주고 있는데 인간관계 역할, 정보적, 의사결정 역할과 관련해서 모아지고 있다.

### (1) 인간관계 역할(interpersonal roles)

인간관계 역할은 경영자가 조직 내외부의 사람들과 상호작용하는 역할이다. 경영자가 하는 일은 대부분이 사람과 관련된 일이다. 한 연구에 따르면 경영자가 회사 내외부의 사람들과 보내는 시간은 전체 시간의 80% 정도라고 한다. 인간관계 역할은 대표자(figurehead), 리더(leader) 및 섭외자(liaison) 등 세 가지로 분류될 수 있다. 경영자는 사실상 상징적으로 임무를 수행해야 하는데 이것이 대인적 역할이다. 대학교의 총장이 졸업식장에서 학위증서를 수여할 때, 비행기 제조공장의 공장장이 방문객들에게 비행기 구경을 시켜 줄 때 그는 대표자로서의 역할을 하는 것이다. 경영자는 지도자로서의 역할도 가지고 있다. 이런 역할은 노동자를 고용, 훈련, 동기유발, 통제하는 것 등이다.

경영자의 대인관계에서의 세 번째 역할은 접촉의 역할이다. 민츠버그는 이러한 활동을 경영자에게 정보를 제공하는 외부와의 접촉이라 설명했다. 개인 및 그룹이 정보의 출처가 될 수 있으며, 조직의 외부 또는 내부일 수도 있다. 회사에서 사람들로부터 정보를 얻는 영업부장은 내부의 접촉관계를 가지고 있는 것이며, 영업부장이 거래를 하며 다른 외부인과 의논할 땐 그는 외부와 접촉을 갖는 것이다.

**∷ 표 1-1  인간관계 역할**

| 역할 | 설명 | 증명 사례 |
|------|------|-----------|
| 대표자 | 상징적 대표, 법적 또는 사회적으로 대표의무를 수행 | 대표연설, 대표조인식 |
| 리더 | 하위사람들의 동기유발과 촉진할 책임, 사람을 감독하고 훈련시키고 연관된 의무들을 할 책임 | 부하직원에 포상과 처벌실시 |
| 섭외자 | 정보를 제공하는 외부사람 등과 접촉관계를 유지 | 외부조직과 연결 |

## (2) 정보적 역할(informational roles)

정보적 역할은 정보를 수집하고 전파하는 역할을 말한다. 경영자는 의사결정을 위해서 많은 정보를 필요로 한다. 경영자의 정보적 역할은 모니터의 역할, 전파자의 역할 및 대변인의 역할 등 세 가지로 분류할 수 있다. 경영자는 자신의 외부 및 내부 조직으로부터 정보를 수집한다. 그들은 소비자의 기호변화와 경쟁자의 계획 등을 알기 위해 다른 사람과 접촉하며 필요하면 인쇄매체 등을 통하여 정보를 수집한다. 민츠버그는 이러한 역할을 모니터로서 역할이라고 말했다. 경영인은 또한 조직의 구성원들에게 정보를 알리기 위해 전파자의 역할을 한다. 한편 경영자는 외부사람들에게 조직을 대신하여 대변인으로서의 역할을 해 낸다.

**표 1-2** 정보적 역할

| 역할 | 설명 | 증명 사례 |
|---|---|---|
| 정보수집 | 조직과 환경의 철저한 이해를 위해 다양하고 특별한 정보를 찾는 것 | 정기간행물을 매일 탐독 |
| 전파자 | 외부 또는 부하 직원에게서 얻은 정보를 조직의 구성원에게 전달 | 정보회의 개최 결정, 정보에 응답할 전화 설치 결정 |
| 대변인 | 조직의 계획, 정책, 활동, 결과 등을 외부에 알려 주는 것 | 주주에게 회사의 미래청사진을 알려주는 결정 |

## (3) 의사결정 역할(decisional roles)

의사결정 역할은 기업가(entrepreneur), 갈등처리자(disturbance handler), 자원배분자(resource allocator), 그리고 중재자(negotiator)로서의 경영자의 역할을 말한다. 민츠버그는 의사결정을 내릴 때 경영자는 새로운 계획을 내다보고 행동해야 한다고 말하고 있다. 갈등처리자로서 경영자는 뜻하지 않은 문제에 대처할 올바른 행동을 해야 한다. 자원배분자로서 경영자는 노동, 기술, 자본 등의 자원을 배치할 책임이 있다. 마지막으로 경영자는 다른 조직과 토론 및 협상들을 할 때 이익을 얻기 위해 중재자로서 역할을 수행해야 한다.

**표 1-3** 의사결정 역할

| 역할 | 설명 | 증명 사례 |
|---|---|---|
| 기업가 | 새로운 목표, 전략을 도입 | 더 효율적인 방법 결정 |
| 갈등처리자 | 예상하지 못한 장애에 대처 | 위기를 포함한 기회 재검토 결정 |
| 자원배분자 | 인적·물적 자원 배분 | 한정된 자원 할당 결정 |
| 중재자 | 노사협상, 임금협상 | 양보와 타협 결정 |

## (4) 민츠버그 연구의 장·단점

민츠버그의 연구는 경영 업무의 본질이 무엇인지에 대하여 말해주고 있으며, 경영의 여러 기능들을 성공적으로 수행하기 위한 경영자의 행동이 무엇인지를 보여주고 있다. 그럼에도 불구하고 그의 경영자 역할 모델에는 몇 가지

한계점이 있다. 첫째, 이 모델은 표본수가 적어 결론에 문제가 있으며 전통적인 경영기능, 즉 계획활동, 조직활동, 지휘활동 및 통제활동 기능 등을 재분류시키거나 무시하고 있다고 비판을 받고 있다. 둘째, 이 모델은 경영자가 무엇을 하는지에 대하여는 우리에게 알려주지만 무엇을 해야만 하는지에 대해서는 말해주지 않는다. 대부분 성공적으로 활동하고 있는 경영자들이 전부에 관여하고 있는 것처럼 보인다. 그러나 어떤 역할은 다른 역할보다 더 중요할 수 있으며 경영의 시간과 노력을 더 많이 기울여야 할 수도 있다. 예를 들면 경영자의 리더역할은 단순히 조직을 대표하는 경영자의 대표역할 보다 더 중요할 수 있다.

민츠버그의 경영자에 대한 연구의 장점은 조직이나 조직체의 수준과는 상관없이 경영자는 비슷한 역할을 수행해야 한다는 것이다. 경영자에게 주어진 여러 역할 중 계층적 수준은 변해야 할 것으로 보인다. 특히, 전파자, 대표자, 조정자, 섭외자, 대변인으로서의 역할은 조직도의 낮은 계층에서 보다는 높은 계층에서 더 중요하다. 반대로 지도자로서의 역할은 중간계층이나 최고계층의 경영자들보다는 낮은 계층의 경영자들에게 더 중요시된다.

민츠버그의 이러한 10가지 역할이 전통적 경영기능인 계획활동, 조직활동, 지휘활동, 통제활동 등을 무효로 만들 수 있을 것인가? 그렇지는 않을 것이다. 그 이유는 첫째, 직능 분류는 경영자의 직무를 개념화하는 데 유용한 역할을 한다. 고전적인 기능들은 경영자가 수행해야 할 많은 활동과 목표 달성을 위해 사용할 많은 기술들을 분류하는데 명백한 방법을 제시한다. 둘째, 민츠버그는 경영자가 무엇을 수행할 것인가를 상세하게 분류했지만 이러한 역할 등은 사실상 네 가지 기능으로 축소할 수 있는 것이다.

## 4. 경영자의 능력(management skill)

경영은 도전적이고 복잡한 직무이며 실행을 효과적으로 하려면 다양한 경영능력들(managerial skills)이 필요하다. 경영자는 계획을 수립하고 조직을 구성하며, 구성원을 충원하고 부하직원을 지도하고 통제하기 위해서, 각 기능별로 기초지식을 갖추어야 한다. 또한 경영학에 대한 학문적 기반과 기업경영에 대한 실무적인 경험을 갖추고 있으며, 또 경영자로서 경영관리를 하고자 하는 최고경영자는 경영전반에 관한 전문적 지식, 인간관계능력, 의사결정능력, 리더십 및 실행력 등의 기본적인 자질요소를 갖추고 있어야 한다. 상기의 필요한 자질요소는 세 개의 범주로 구성되는데 이는 개념적 능력, 기술적 능력, 인간관계능력이다.

### (1) 기술적 능력(technical skill)

기술적 능력이란 엔지니어링, 컴퓨터, 재무, 제조 등 전문분야에서 맡은 바 업무를 이해하고, 그것을 능수능란하게 수행할 수 있는 능력을 말한다. 즉, 자기분야에 대한 풍부한 지식과 능력을 가지는 것으로서 기술적 능력은 실무를 수행하는 사람에게 아주 중요한 자질이다. 직급이 높아질수록 책임자는 업무의 범위가 점점 더 넓어지므로 기술적 능력보다는 다른 능력이 상대적으로 많이 요구된다.

### (2) 인간적 능력(human skill)

인간적 능력이란 조직구성원으로서 다른 구성원과 원만한 인간관계를 유지하는 것은 물론, 단위조직의 장으로서 부하직원들과 순조롭게 업무를 통솔하는 능력이다. 즉, 이러한 능력을 가진 사람이란 다른 사람과 대화를 많이 하고 또한 상대방의 이야기를 경청할 줄 아는 사람이다. 경영자는 열정과 신뢰성을 고무하며 합리적이고 솔선수범을 행하며 동기부여 함으로써 부하직원이 항상 좋고 신바람 나는 분위기에서 일할 수 있도록 하여, 주어진 목표를 효율적으로 달성하도록 하는 능력이다.

### (3) 개념적 능력(conceptual skill)

개념적 능력이란 조직을 운영하는 데는 조직 내의 세부적인 업무를 수행하는 능력도 필요하지만, '문제분석능력'과 '타당한 판단능력'들을 말한다. 조직환경 속에서 조직이 지금 어떠한 방향으로 가고 있으며, 조직이 변화하는 환경 속에서 어떻게 존재하며, 어떠한 산업에서 활동하고 있고 또한 그 산업이 어떠한 특성을 지니고 있는가를 분석하는 능력이 필요하다. 경영자의 업무는 예외적으로 정해진 해결책이 존재하지 않으므로 실제문제 또는 기회를 창의적으로 이해할 수 있어야 하며, 문제를 해결하기 위한 다양한 대안들을 활용해야 하며, 새로운 상황에서 최선의 선택을 해야 한다.

세 가지 능력은 모든 계층의 경영자에게 요구되는 능력이지만, 경영자의 계층별로 중요한 정도에는 다소 차이가 있다. 즉, 전문적인 기술적 실무능력은 하위계층 경영자에게 상대적으로 많이 요구되는 자질이며 상위계층일수록 그 중요성의 정도가 감소한다.

개념적 능력은 상위계층의 경영자에게 많이 요구되는 능력이다. 하위경영자는 자신의 작업집단만을 감독하기 때문에 개념적 능력의 필요성이 적다고 할 수 있다. 최고경영자는 조직전체에 영향을 미치는 광범위하고 장기적인 의사결정을 주로 하기 때문에 개념적 능력이 많이 요구된다. 원만한 인간관계를 유지하는 능력은 모든 계층의 경영자에게 요구되는 경영능력이다. 인간관계능력은 이처럼 편의점의 경영자이든 한국은행의 최고경영자이든지에 상관없이 중요하다.

## 5. 성공적인 경영자의 조건

21세기에 있어서 최고경영자가 갖추어야 할 요소에 대해서, 한 연구는 변화 추구형 리더십을 지니고, 조직의 장기비전을 구성원에게 제시하며, 모든 구성원들의 참여를 유도하기 위한 전도사 역할을 수행한다는 결과를 제시하였다. 특히 개인의 일생이나 제품의 수명주기를 뛰어 넘어 오랫동안 번창할 수 있는 기업을 만드는 데 주력하면서 강력한 사업구조 조정, 정보 네트워크 구축 등을 진두지휘하여 구성원들의 창의력을 극대화시키고 최대의 가치를 창출할 수 있는 장을 제공하고 있다. 이 외에도 성공적인 경영자가 되기 위해서는 다음 네 가지 요건을 구비하여야 한다.

### (1) 끊임없이 배우는 자세

유능한 경영자가 되기 위해서는 무엇보다도 끊임없이 배우는 자세와 경험을 가져야 한다. 이를 위해서는 어느 정도의 교육수준이 뒷받침되어야 한다는 것이다. 한 조사에 의하면, 한국 대기업의 최고경영자들 중 대졸 이상이 75% 정도이며, 이 중 15~20% 정도는 석사학위를 가지고 있는 것으로 나타나 최고 경영자들의 학력수준이 상대적으로 높은 것으로 나타났다. 미국의 경우, 250명의 최고경영자를 조사한 결과, 91% 정도가 학사학위를 소지한 것으로 조사되었다.

경영자들은 대학을 졸업한 후 직장에 들어간 후에도 기업에서 실시하는 경영과 관련된 많은 훈련이나 교육 프로그램을 수강함으로써 관련분야에 관한 전문지식을 계속 배양하고 있다. 이러한 추세는 정식교육을 통해 기초이론을 습득하고 더불어 실무경험을 받음으로써 많은 지식을 쌓고 있다는 것을 보여 준다. 변화와 문제점을 사전에 예측, 분석하고, 그에 따른 대응방안을 수립하는 과정에서 나름대로 지식을 습득하는 자세가 요구되기 때문이다. 이러한 자세를 가짐으로써 반복되는 문제들을 사전에 적절하게 방지할 수 있으며, 새로운 문제에 대해서는 유연하게 대처할 수 있다.

## (2) 적극적이고 솔선수범하는 자세

무한경쟁시대에서 다른 기업들과의 경쟁에서 이기기 위해서 경영자는 나름대로의 비전을 가지고 적극적으로 경영을 추진해 나가는 공격경영의 자세를 취해야 한다. 한편 경영자는 책임감을 가지고 적극적으로 일을 처리해 나가야만 한다. 조직의 규모가 커지고 복잡해짐에 따라 경영자는 모든 일을 다수 행할 수가 없다. 즉, 직위가 높아질수록 특정분야뿐만 아니라 기업전반에 걸친 일을 수행해야 하는데, 이를 혼자서 다 처리하는 것도 불가능하며, 바람직하지도 않으므로 많은 일을 부하 직원에게 맡기게 된다. 그러나 맡기는 것으로 충분하지 않고, 부하직원이 맡겨진 일을 효율적으로 처리하도록 하기 위해서는 경영자 스스로 합리적이고 솔선수범해야 한다.

특별한 과업이 주어졌을 때, 왜 그 과업을 수행해야 하며, 어떻게 과업을 수행하는 것이 합리적인가를 부하 직원에게 설득하고, 이들이 자발적으로 일을 수행하도록 유도해야 한다.

훌륭한 경영자가 되기 위해서는 실패를 두려워하지 않아야 한다. 즉, 실패의 경험을 중요시하는 경영자가 되어야 한다. 실패를 두려워하지 않는 대표적인 기업이 3M社인데, "왕자님을 발견하기 위해서는 수천 번이라도 개구리에게 키스를 해야 한다"는 슬로건을 제시하고 있다. 3M社는 엄청난 실수는 마지막까지의 노력과 창의와 혁신을 얻기 위해서 당연한 과정이라고 인정하고 있다. 이것은 "만약 당신이 실수하기를 두려워하면, 당신은 아무것도 해 내지 못할 것이다"라는 철학이다. 실패를 두려워하지 않도록 3M社는 15% 원칙을 준수토록 하여 구성원들의 창의성을 최대한 발휘하도록 함으로써 연간 200개 이상의 신제품을 출시하고 있으며 기업 매출액의 30%를 최근 4년 이내에 도입된 신제품을 통해서 달성하고 있다.

### (3) 세계화의 경영인

세계경제가 세계화되면서 기업의 활동범위도 점차 넓어져 기업들이 세계 도처에서 사업을 영위하고 있다. 기업의 활동범위가 국경을 넘어가는 것을 기업의 국제화 또는 세계화라고 하는데, 이에 따라 다국적기업들의 국경을 초월한 활동이 빠른 속도로 확산되고 있다. 첨단기술을 가진 기업들은 기술을 세계 여러 곳에서 조달하기 때문에 세계화된 기업으로 간주된다.

삼성전자는 한국이 아닌 다른 국가에서 수입의 대부분을 차지하고 있다. 이를 위해서는 경영자는 세계적으로 생각하고 해당 국가에서 활동할 수 있는 능력을 가져야 한다. 경쟁상대가 더 이상 국내기업 및 국내에 진출한 외국기업에 국한된 것이 아니고, 모든 국제기업들이 경쟁자라는 관점에서 경영방식을 변화시켜야 한다. 삼성전자는 '중국에서 식사할 때 젓가락을 그릇 위에 올려놓으면 불운을 상징한다'는 등 신입사원 교육에서도 글로벌 비즈니스 매너를 강화하고 있다. 현지 실정을 잘 파악하는 것이 초기 성패를 가른다는 것이다.

### (4) 변화를 추구하는 자세

기업이 당면하고 있는 환경은 시시각각으로 변화하고 있다. 그 환경변화의 속도가 급속히 일어나고 있는 시점에서는 환경변화에 효율적으로 적응하는 한편, 창조적으로 환경을 개발하는 기업만이 생존, 성장할 수 있다.

대부분의 경영자와 구성원들은 변화를 좋아하지 않아 경쟁기업이나 후발 도전기업 혹은 추종기업들로부터 경쟁에서 추월당하는 등 위험에 처할 수 있다. 예를 들어, 미국의 유통업체인 Sears社는 고객의 더욱 빠른 서비스, 지불한 비용에 상응하는 가치, 전자상거래 등 고객만족에 대처하지 못하여 Wal-Mart社에 일등자리를 빼앗기고 말았다. 뛰어난 고객서비스로 고객지향문화를 추구하는 자세가 성공적인 경영자 역할이 될 수 있다.

우리나라의 경우, 대기업의 최고경영자들을 대상으로 조사한 결과는 〈그림 1-5〉와 같이 필요한 능력은 지도력, 변화수용 및 대처능력, 통찰력, 업무추진능력, 대내외 문제해결능력, 국제감각, 외국어능력, 전문성 등으로 나타났다.

**그림 1-5** 우리나라 최고경영자의 필요자질

〈필요한 자질〉                                    (단위: %)

| 지도력 | 54.7 |
| 변화수용, 대처능력 | 39.6 |
| 통찰력 | 35.8 |
| 업무추진능력 | 26.4 |
| 대내·외 문제해결능력 | 22.6 |
| 국제감각, 외국어능력 | 3.8 |
| 전문성 | 1.9 |
| 기타 | 1.9 |

# 3절 기업의 개념(Fundamentals of Business)

## 1. 기업의 특성

본서에서는 기업이란 이윤추구의 동기에 의해서 운영되는 경제, 기술, 사회 시스템으로서의 생산경제의 조직체라고 정의하고자 하며, 기업은 이윤추구의 동기에 의해서 운영된다. 모든 기업의 기본적인 존립 동기는 이윤추구에서 찾을 수 있다. 자본주의 사회에서 기업이 존재하게 되는 이유는 영리를 추구한다는 데 있다는 것으로서 생산을 통한 영리를 목적으로 하는 영리경제의 단위라는 것이다.

기업이 영리추구를 목적으로 수단과 방법을 가리지 않고 사회적 저항이나 희생을 전제로 한 무차별적인 극대이윤만을 추구하게 된다면, 기업이 존재의 의의가 기업가의 개인적인 목표실현만을 위하는 것으로 전락하게 된다. 기업이 주주, 종업원, 소비자, 국가, 채권자, 중간상 및 원료공급업자 등 다수의 이해관계자 집단으로부터의 저항을 받게 된다면, 경영의 존재 자체에 대한 정당성과 합법성을 상실하게 되어 존립 자체가 위태롭게 될 수도 있다.

기업은 경제 시스템의 특징을 갖는다. 기업이 경제 시스템이란 의미는 생산경제의 조직체로서 생산 및 판매활동 등 경영활동을 수행함에 있어서 경제적 사고, 즉 경제성을 가장 중요시한다는 개념이다. 생산활동을 통해 생성된 제품과 서비스가 치열한 판매경쟁 속에서 소비자들에게 일정수준의 품질로 최상의 가치를 제공하기 위해서는 그 가치에 상응하는 원가절감의 노력이 우선되어야 한다는 것이다. 이와 같은 원가절감은 바로 경제적 사고에서 유발되는 것이므로 기업은 경제 시스템적 특성을 가져야 한다.

기업은 기술 시스템적 특성을 갖는다. 기술 시스템이란 생산활동을 추구함에 있어서 고도의 숙련과 기술수준이 필요하다는 것이다. 급속도로 변화하는 기술수준이 제품의 품질수준과 제품의 성능을 직접적으로 결정하기 때문이다. 현대기업이 존속, 성장하기 위해서는 원가절감과 병행하여 고품질이 절대적으로 필요하다는 사실을 감안할 때, 기업의 기술 시스템적 특징은 더욱더 중요시되고 있다.

기업은 사회 시스템적 특징을 갖는다. 기업이 사회 시스템이라는 것은 기업이 주체자로서 인간의 집단에 의해서 구성되는 경영사회라는 것이다. 즉, 기업은 전체 사회의 한 구성부분, 다시 말해서 하위시스템으로 존재하고 있으므로 전체 사회 시스템과 원만한 사회관계를 이루어야 한다. 기업은 인간의 집단이므로 인간관계, 즉 이해와 협동이 선행되어야 경영성과가 개선될 수 있다.

기업은 생산경제의 실체이다. 즉, 기업은 소비경제단위인 국가나 가계와는 구별되는 생산경제의 단위체이다. 인간의 욕구를 충족시켜 줄 가치가 있는 재화나 서비스를 만들어 내어 사회생활의 질을 향상시키는 데 기여하는 조직체로서 제조업은 물론 서비스를 생산하는 금융업, 여행업, 운수업 등 각종 서비스업이 모두 기업에 포함된다.

기업은 조직체이다. 조직이란 인간집단, 즉 다수인들이 공동의 목적을 달성하기 위해서 상호작용하는 단위를 의미한다. 이렇게 볼 때, 기업은 어느 한 개인에 의한 가업이나 생업은 포함하지 않는다는 것이다. 물론 회사법상 일인 회사가 있기는 하지만, 기업은 다수인에 의해서 운영되기 때문에 조직체로서의 특성을 갖는다.

기업은 시스템이다. 사회 시스템에서 지적하였지만, 기업은 민주주의에 바탕을 둔 자본주의 사회라는 틀 속에서 일정한 기능을 수행하는 하나의 하위 시스템(subsystem)인 동시에 기업이라는 조직체로 볼 때, 그 자체가 또한 시스템이다. 물론 기업의 내부에는 재무, 생산, 마케팅, 인사 등과 같은 기능 시스템이나, 부장, 과장, 계장 등과 같은 계층 시스템으로 이루어진다.

이렇게 볼 때, 기업이라는 시스템은 크게는 사회라는 환경 시스템 속에서 존재하면서, 다시 기업의 내부기능 시스템 등으로 이루어져 있는 하위시스템이므로, 이들 하위부문 시스템은 항상 상호작용과정에서 시너지 효과(synergy effect)를 발휘하여 전체의 시스템에 기여할 수 있어야 한다. 시스템 속에서 각 기능이 질서정연하고 체계적인 구조적 틀 속에서 수행될 때, 각 기능들은 통합적으로 조정, 보완되어 기업의 총체적인 목표를 효과적으로 달성할 수 있다.

## 2. 기업의 구성요소

### (1) 생산요소

기업이 제품이나 서비스를 생산하고 판매하여 고객들에게 가치를 제공하기 위해서는 여러 가지 요소들을 필요로 하는데, 이러한 것들이 기업을 구성하는 구성요소가 된다. 구성요소를 3M 또는 4대 요소라고 하는데, 경제학에서는 생산요소라고 하며, 각각의 생산요소는 다음과 같다.

### 1) 천연자원(material)

사무실이나 공장을 설립하거나, 제품을 생산하기 위해 필요한 것으로서 농업용 토지, 건축용 입지, 임야 및 광산물 등이 포함된다. 이것은 생산하기 위해 천연상태로 투입되는 요소로 이용되는 모든 것으로서 경제 시스템에서 필요로 하는 기본적인 자원이다.

### 2) 인적자원(man)

노동이라고 하는 것으로, 재화나 서비스를 생산하기 위하여 필요로 하는 정신적이고 육체적인 노력으로서 기업의 구성원, 즉 최고경영층의 경영자로부터 말단 노동자에까지 일을 하는 모든 사람들에 의해서 제공되는 것이다.

### 3) 자본(money)

자본이란 화폐, 기계, 공구 및 건물과 같이 기업을 운영하는데 필요한 자금으로서, 이 자금은 투자자, 채권자 등에 의해서 투자, 이윤 및 차입 등의 형태로 제공될 수 있다. 이러한 자본을 가지고 생산시설을 갖추거나, 사무실을 확보하거나, 원료를 구입하거나, 종업원 등을 채용하게 된다.

### 4) 기업가 정신(entrepreneurship)

기업가는 기업 시스템 내에서 위험감수자로서, 어느 경우에는 기업을 실제로 관리하기도 하며 또는 고용경영자에게 이러한 책임을 위양하기도 한다.

생산요소는 기업 시스템에서 수행되는 기능에 대해 재무적인 결과를 받아야 하는데, 〈표 1-4〉와 같이 임차료, 임금, 이윤 및 이자로서 지급된다. 구성요소를 활용하는 기업의 역할은 무엇인가? 기업의 역할은 다른 관점에서 보면 "기업이 어떠한 점에서 중요한가?"에 대한 해답으로 해석할 수 있다.

**표 1-4** 생산요소와 각 요소에 대한 지급유형

| 생산요소 | 각 요소에 대한 지급유형 |
|---|---|
| 인적자원 | 임금 |
| 기업가정신 | 이윤 |
| 자본 | 이자(배당) |
| 천연자원 | 임차료 |

기업은 국민경제활동을 구성하는 하나의 주체라는 것으로 기업의 역할을 광범위하게 설명할 수 있다. 즉, 기업은 한 나라의 경제를 성장, 발전시키는 추진력을 제공함으로써 경제발전을 물론 사회, 정치 발전 등에 기여하고 있다. 이를 구체적으로 살펴보면 다음과 같다.

첫째, 기업의 이윤극대화 목표를 달성하기 위해서는 최소의 투입물로 최대의 산출물을 생산해야 하기 때문에 제한된 자원을 다른 어떤 조직보다도 효율적으로 이용하는 역할을 수행해야 한다.

둘째, 기업은 국민들이 필요로 하는 제품과 서비스를 생산함으로써 소비자들의 욕구를 만족시키고 있다. 특히 소비자들의 욕구가 날이 갈수록 다양화되고 있어 이런 다양한 욕구에 부응하는 기업만이 살아남을 수 있다.

셋째, 기업은 생산이나 판매활동을 통하여 이윤을 추구하려고 노력하고 있으며, 이윤이 공정하게 배분되는 과정에서 기업관계자들의 소득을 증가시킬 수 있다.

넷째, 기업은 새로운 고용기회를 창출한다는 점에서, 기업간의 바람직한 경쟁으로 인해 야기되는 제품의 다양화, 비용절감, 새로운 기술개발 등 여러 가지 중요한 역할을 수행한다.

### (2) 기업(business)과 경영(management)의 관계

기업과 경영에 대한 관계와 차이는 뚜렷하게 한계를 설정하기는 매우 어렵지만, 일반적으로 다음과 같이 요약할 수 있다.

첫째, 기업은 경영의 소유단위이고, 경영은 기업의 작업단위이다.

둘째, 기업이 수익성 혹은 영리성을 추구하는 재무단위라면, 경영은 상기의 목적을 성취하기 위해 경제성 및 생산성을 추구하는 생산단위이다.

셋째, 기업이 목적설정의 단위라면, 경영은 목적실현의 단위로서 기업이 목적이라면 경영은 효율적으로 운영하는 수단으로 이해된다.

넷째, 기업이 지배자라면, 경영은 피지배자이다.

다섯째, 기업이 가치증식의 조직체라면, 경영은 가치증식을 위한 작업의 조직체이다.

여섯째, 기업은 모두가 경영이지만, 경영은 전부가 기업은 아니다.

일곱째, 기업이 법률적, 경제적, 조직적, 재무적 및 영리경제적 단위라고 한다면, 경영은 경제적, 기술적 단위이다.

## 4절 성공적인 기업과 경영자
### (Successful Businesses and Successful Managers)

### 1. 성공적인 기업의 정의

일반적으로 성공적인 기업은 초일류기업 또는 최우량기업과 같은 뜻으로 해석되기도 한다. 성공적인 기업에 대한 정의는 초일류기업에 대한 정의로 가름할 수 있다. 초일류기업에 대한 정의에 대해서는 학자들에 따라 다소 상이하지만, 그 핵심적 내용은 거의 일치된다.

첫째, 초일류기업이란 비록 모든 부문에서 세계 최고는 아니라 할지라도 적어도 기업의 전략적 핵심 분야에서는 최고의 경쟁기업보다 우수하거나 적어도 동등한 수준에 있는 기업을 말한다. 초일류기업이 되기 위해서는 변화된 경영 패러다임으로 종업원이 개인 또는 팀 활동을 통하여 창의력을 최대한 발휘할 수 있도록 기업의 전략과 구조 그리고 문화를 끊임없이 발전시켜 나가는 기업이라고 정의한다. 세계화의 추세 등 환경변화에 효과적으로 대응하는 기업만이 효과적으로 살아남을 수 있으므로 초일류기업이 되기 위해서는 〈그림 1-6〉에 제시된 조건이 성숙되어야 한다. 초일류기업이 되기 위해서는 긍정적으로 기업이 가고자 하는 방향을 제시해 주는 기업의 장기적인 계획이 수립되어야 한다.

**그림 1-6** 초일류기업

기업은 ① 고객중심경영, ② 끊임없는 개선과 경영혁신, ③ 창조적인 인적
자원관리, ④ 유연한 조직, ⑤ 인간존중경영과 기업윤리, ⑥ 정보, 통신기술의
지원 등 여섯 가지 요소들이 잘 조화될 때 진정한 의미의 초일류기업이 될 수
있다. 초일류기업이 되기 위해서는 먼저 경쟁기업이나 조직보다 우수한 제품
및 서비스를 고객에게 제공해야 한다. 둘째, 피터스(Thomas J. Peterts)와 워터맨
(Robert H. Waterman)은 미국의 초일류기업들이 공통적으로 가지고 있는 조건으
로 다음의 여덟 가지를 제시하고 있다.

① 실행 위주의 경영을 함
② 고객의 욕구를 만족시켜 줌
③ 자율성을 보장하고 기업가 정신을 중시함
④ 종업원들의 욕구를 중시하여 생산성을 향상시킴
⑤ 가치를 추구하는 기업이념과 최고경영자의 경영철학에 의하여 경영함
⑥ 기업의 핵심 분야에 초점을 맞춤
⑦ 최소의 인원으로 간소한 조직형태로 경영함
⑧ 상황에 따라 집권형 또는 분권형으로 운영함

둘째, 경영관련 잡지의 하나인 Fortune誌는 8개의 평가기준 항목을 기준으로 미국기업에 대한 명성을 평가하고 있다. 즉, ① 경영의 질, ② 제품이나 서비스의 질, ③ 우수한 종업원의 확보 및 개발 ④ 장기투자의 가치, ⑤ 기업 자산의 활용도, ⑥ 재무상태, ⑦ 혁신성, ⑧ 환경 및 사회공헌도 등이다.

상기의 8개 항목에서 볼 수 있는 바와 같이 기업의 명성은 급진적이고 유형적인 요인 외에도 종업원에 대한 대우, 연구개발투자의 규모, 경영팀의 자질 등 많은 무형적 요인에 의해 결정된다는 점에 유의해야 한다. 본서에서는 성공적인 기업이란 고객 지향적 철학을 바탕으로 기업존립의 합당성을 인정받을 수 있는 이익을 창출하고 또한 사회적 책임을 성실히 수행하여 사회 시스템으로부터 존경을 받는 기업으로 정의하고자 한다.

## 2. 성공적인 기업의 만족요건

성공적인 기업이 되기 위해서는 여러 가지 조건을 충족시켜야 하지만, 본서에서는 고객만족, 인간중심경영, 기업가 정신 및 유연한 조직구조 등 네 가지 요소에 대해 연구하고자 한다.

### (1) 고객만족과 기업성공

소비자의 욕구가 다양해짐과 동시에 그 욕구가 끊임없이 상향적으로 변화하고 있으며, 국경이 없는 시장이 전개됨에 따라 기업간의 경쟁이 국내에서는 물론 국제간에 치열해지면서 고객중심경영의 중요성이 더욱 강조되고 있다.

고객만족경영은 고객가치창조, 고객만족, 고객평생가치라는 것으로 표현되고 있다. 고객을 만족시키기 위해서는 우선 고객의 욕구를 확인, 규명하고, 가치를 창출할 수 있는 좋은 품질의 제품과 서비스를 적절한 가격으로 공급해야 한다. 구매 후 발생한 제품결함이나 성능불량에 대해서 일정기간 고객들에게 신속하게 조치해야 한다. 한 조사에 의하면, 고객이 구매한 제품에 대해 불만족하게 되면, 판매고가 15~30%까지 감소하며, 불만족을 경험한 고객의 67%는 다시 그 제품을 재구매하지 않는다는 사실을 밝혔는데, 고객만족은 기업생존과 직결되어 있다는 것이다.

### (2) 인간중심경영

기업의 입장에서 볼 때 고객은 소비자인 외부고객, 내부구성원인 내부고객, 그리고 기업이 제품을 생산하고 판매하는데 기업을 도와주는 보조고객이 있다. 보조고객에는 원료공급업자, 중간상 및 기타 금융, 신용 등을 제공하는 중간기업 등이 포함된다. 이 같은 고객 이외에도 기업운영에 관련되는 모든 이해관계자 등을 포함한 광의의 고객으로 해석하는 것이 바람직하다. 구성원들을 인간적으로 대우해 줌으로써, 그들이 자기의 과업을 자신의 일처럼 느끼며 만족을 느낄 때 업무의 효율성이 높아지며, 가치를 창출할 수 있다.

### (3) 기업가 정신

기업가 정신이란 재무적, 심리적 및 사회적인 위험을 감수하며, 시간과 노력을 경주하여 새로운 것을 개발하여 금전적 또는 심리적인 만족을 얻기 위한 과정으로 정의한다. 그 이외에도 경제학자들은 전통적으로 위험부담과 불확실성의 처리, 혁신 및 기업의 조직과 관리라고 제시한다. 기업가 정신은 여러 가지로 정의할 수 있으나, ① 새로운 것인 혁신, ② 위험부담과 불확실성을 처리하는 위험감수, ③ 기업의 조직과 관리를 통해 부를 창조하는 것으로 결론을 내릴 수 있다. 성공적인 기업이란 위험부담과 불확실성을 감수하면서 혁신을 통해 새로운 제품과 서비스를 창출하여 기업의 부를 창조하는 기업가 정신을 가진 기업이다.

### (4) 유연하고 수평적인 조직구조

정보통신기술의 급속한 발달로 인해 세계화, 세계무역기구(WTO)의 출범에 따른 세계적 시장의 출현, 유럽연합(EU), 북미자유무역협정(NAFTA) 및 아시아태평양경제협력체(APEC) 등 세계경제의 블록화 현상 등으로 기업의 외적환경이 급속하게 변화하고 있다. 이에 따라 기업간의 치열한 경쟁 속에서 생존, 성장하기 위해서는 환경변화와 고객의 수요에 빠르고 유연하게 대응해야 한다. 기업이 비대해지고 복잡한 조직구조로 인해 신속하게 대응할 수 없으므로 조직구조를 리엔지니어링하고 또한 축소함과 아울러 가급적 많은 의사결정

권한을 하부로 위양하고 또한 정보의 교류가 기업 내에서 신속하게 이루어질 수 있는 수평적 조직구조가 구축되어야 한다. 이 외에도 성공적인 기업이 되기 위한 요건으로는 적정한 이윤창출, 건전한 재무구조, 경영자의 경영철학과 비전 제시, 사회적 책임의 완수 등 여러 가지가 있다.

 **경영학은 무엇인가?**(What is Business Administration?)

### 1. 경영학을 배워야 하는 이유

경영학은 한 번 배우고 곧 잊어버려야 되는 학문이 아니다. 왜 경영학을 우리가 배워야 하는지에 대해 알아보자. 첫째, 조직의 경영방식을 효율적이고 효과적으로 개선하기 위해서다. 우리는 어느 조직이든지 조직 안에서 살아가고 있으며 조직운영의 개선방법에 관심을 가지는 것은 사실이다. 예를 들면, 여러분이 운전면허증을 발급받기 위해 운전면허시험장에 가서 신청하고 기다리는데 서너 시간을 소비한다면 여간 불만스럽지 않을 것이다. 한편, 여러분이 공공도서관에 갔는데 도서관측에서 복사비를 터무니없이 책정한다면 화가 날 것이다. 공공도서관 안에서는 또 다른 복사실이 없다는 이유 때문인지 때때로 그들은 터무니없는 가격을 책정하고 있다. 여러분이 백화점에 갔는데 어느 누구도 여러분에게 무엇 때문에 왔는지 관심을 표명하지 않는다면 짜증 날 것이다. 이와 같은 사례들은 모두 비합리적인 경영에 의해 발생되는 예이다. 비합리적인 경영조직에서 우리는 무엇을 기대할 수가 있을까? 부실한 기업은 스스로 손님을 끊어지게 할 것이며, 기업구성원의 보수가 줄어들 뿐만 아니라, 그들의 신분도 보장을 받지 못할 것이며 때로는 파산하기까지 한다. 그 반대로 잘 경영되는 기업은 손님을 단골로 만들어 지속적으로 발전하고 크게 확장할 것이다. 이처럼 경영학을 배움으로써 기업 자체나 주주의 이익뿐만 아니라 소비자의 삶의 질, 국가경쟁력 향상, 사회복지 향상, 취업률 향상 등에 크게 기여할 수 있다.

둘째, 여러분은 대학 졸업과 함께 경영자 또는 피경영자의 입장에 서게 될 것이기 때문이다. 경영자의 경력을 관리하는 입장에서는 경영학을 통해 경영기술을 습득하는 기초를 마련해 줄 것이다. 어느 조직에 속하면서 일하는 피경영자의 입장에서도 경영을 습득한 입장에서 상사의 행동하는 스타일이나 사고방식에서 여러 가지 속성을 파악할 수 있고, 조직 내부의 문제점 및 해결방안을 제시할 수도 있을 것이다.

셋째, 왜 물건 값이 오르내리는지? 언제 금리가 떨어지는지? 왜 실업률이 증가하는지? 등에 대한 이해를 증가시킬 것이다. 경영학을 배움으로써 세상을 보는 눈이 훨씬 밝아질 것이다. 그러므로 경영학의 연구는 꼭 경영자가 되기 위해서만 배우는 것이 아니라 피경영자도 공부해야 할 필요가 있다는 점이다.

## 2. 경영학의 대상범위

### (1) 이론과학(순수과학성)과 실천과학(응용과학성)

경영학이 과학(science)이냐 기술(art)이냐에 대한 논란은 오랫동안 지속되었다. 경영학은 연구하는 대상이 아니라 스포츠나 가수활동처럼 실제로 테크닉을 개선해 나가면 그만이므로 일종의 기술에 불과하다는 주장이다. 그러나 실무수행은 일종의 기술이지만 실무를 받쳐주는 지식은 과학이라고 볼 수 있다. 경영학의 응용과학으로서 고유의 대상과 방법을 지닌 과학으로 성립되기 위해서는 법칙이나 원리를 객관화하고 보편화된 지식체계라는 의미를 갖추고 있어야 한다. 이론과학(theoretical science)은 현재 나타나고 있는 경영현상에 대한 이론적 연구방법을 통하여 경영현상에 드러난 공통적 특성을 하나의 원칙으로 정립해 나가는 경영학을 의미한다. 이론과학은 검증 가능한 가설을 세운 다음, 실험을 통해 검증하여 새로운 이론을 구축하는 실증적 방법(empirical method)을 말한다. 실천과학(applied science)은 응용과학이라고도 하며 하나 이상의 자연과학으로부터 실제 문제를 해결하는 지식의 응용이다. 공학분야가 응용과학에 관련되어 있다.

양 특성의 관계는 상호보완의 관계로서 이루어져야 한다. 즉, 경영학이 이론성을 나타낼 때, 경영실무가 지향해야 할 이론적 기초를 제시한다. 경영학이 실천성을 나타낼 때, 이론을 바탕으로 그것을 실천에 옮김으로써 경영의 성과를 거둘 수 있게 하는 실천적 처방전을 제시해 준다. 결론적으로 경영학은 이론과학과 실천과학이 모두 포함된 학문이다.

### (2) 과학성과 기술성(science and art)

과학은 자연과학에 해당하고 기술은 인문학을 의미하는 것으로 과학이 아니다. 오랫동안 경영은 과학(science)이라기보다는 기술(art)로 알려지고, 그 같은 성향이 강했던 것이 사실이다. 즉, 과학과 기술의 논쟁이 일고 있지만, 제2차 세계대전 이후 과학성이 제기되고 요구되어, 점차 경영학은 과학과 동시에 기술이라는 결론에 도달하게 되었다. 경영학이 과학으로서 다루어질 때, 경영의 실천원리에 필요한 하나의 비전과 원리를 제시하게 되고, 기술로서 다루어질 때 그것은 현실로서 경영체가 추구하는 성과를 보다 용이하게 실천할 수 있게 하는 실천적인 방법을 제시한다. 과학적인 지식을 갖추지 못한 경영자는 마술사에 불과할 것이다.

경영학은 앞에서 지적한 이론성과 실천성의 특성을 함께 추구할 수 있는 양면적 학문으로서의 특성을 나타내며, '경영학은 과학이면서 기술이다'라 잠정적 결론을 내릴 필요가 있다.(〈그림 1-7〉 참조).

**그림 1-7** 경영학의 학문적 특성

### (3) 사회과학으로서의 경영학

사회과학은 자연과학에서 이용한 방법론을 경제, 정치, 사회 측면에 적용하려는 시도에서 발생하였다. 경영학의 연구대상이 기업조직과 그 관리적 행동이라는 것은 기업의 경영현상에 대한 학문이라는 것이다. 경영현상이란 기업이라는 조직 속의 직무를 중심으로 하여 상사와 부하, 그리고 동료간의 관계와 그에서 나타나는 모든 상호작용의 행동에 대한 현상을 말한다.

인간들 상호간에서 유발되는 이와 같은 현상은 곧 사회현상을 의미하므로 경영학은 이와 같은 사회현상을 대상으로 하여 인과관계를 규명하는 사회과학의 한 분야로서의 특징을 갖는다. 사회과학으로서의 경영학은 인간생활에 필요한 재화와 서비스를 보다 효과적이며 효율적으로 생산, 판매하기 위하여 기업조직 내의 관계경영에 대한 특성과 원리를 규명하는 것을 연구의 대상으로 하는 학문적 특성을 갖는다.

### (4) 경영학의 연구방법

경영학이 갖는 이상의 특성에서 볼 때, 경영학을 하나의 독자적인 학문으로 성숙시키려면 다음과 같은 연구방법을 채택할 필요성이 있다.

#### 1) 귀납적 방법

귀납적 방법(inductive method)은 실제적 현실을 과학적으로 인식하기 위하여 개개의 사례에서 공통된 사실을 추론함으로써 일반화된 하나의 정리를 도출해 내는 연구방법을 의미한다. 예를 들면, 소크라테스는 죽었다. 소크라테스는 사람이다. 그러므로 사람은 죽는다. 경영 원리 및 원칙들은 실무에서 직접 활용가능하다는 장점이 있다. 관찰과정의 불완전성, 또는 관찰된 현상이 전체 현상을 대표할 수 없을 정도로 불충분할 때, 이론으로서의 일관성과 과학성은 결여된다.

#### 2) 연역적 방법

연역적 방법(deductive method)은 추상화된 일련의 전제 또는 가설을 설정하고, 그것으로부터 논리적인 추론에 의하여 일정한 원리를 이끌어 내는 사유(thinking) 중심의 연구방법이다. 예를 들면, 모든 사람은 죽는다. 소크라테스는 사람이다. 그러므로 소크라테스는 죽는다. 이 방법에 의해서 이론은 일관성과 논리성을 나타냄으로써 하나의 이론적 맥락을 형성하게 된다. 이 방법은 전제와 가설이 옳지 않을 때 추론된 결론이 옳지 못하게 되고, 현실에의 적용가능성의 면에서 문제가 있을 수 있는 한계가 있다.

### 3) 귀납법과 연역법의 상호보완

귀납적 방법에 의해서 얻게 된 일반화된 원리도 연역적 방법에 의한 추론에 의해서 그 논리적 타당성이 재검토되어야 하고, 논리적인 사유의 추론과정에서 도출된 원리도 실증적 증거에 의해서 반드시 검증되어야 한다. 귀납적 방법과 연역적 방법의 상호보완의 필요성이 크다는 것을 나타내는 것이다.

### 4) 실증적 방법과 그 중요성 및 문제점

미국경영학의 경우, 능률현상이라는 기업의 활동을 중요시 하므로 경영학을 기술 지향적이고 정책 지향적으로 다루고 있다. 경영의 목적달성을 위하여 경영이 추구하여야 할 수단이 무엇인가를 밝히는 데 역점을 두고 있다. 실험을 중심으로 한 선험적 방법을 극히 중요시 하고 있다. 실증(experiment)이란 어떤 문제에 포함되는 변수의 효과를 명확히 나타낼 수 있도록 하는 자료수집 조건하에서 한 가지 이상의 변수를 조작하는 조사과정으로 정의하는 것, 즉 조치(action)를 취하여 그 조치의 결과를 관찰하는 것이다.

실증에서 얻는 인과관계를 현실의 기업에 적용할 수 있는 방법과 절차를 설계하는 것에 분석의 초점을 두는 것이 실험적 방법의 특징이다. 실증은 실행상의 제약, 즉 외생변수의 영향 등이 실험을 방해하거나 결과를 바라던 것보다 훨씬 신뢰할 수 없는 것으로 만들 수 있다. 즉, 비용, 시간 및 통계상의 문제점이 사전에 고려되어야 한다.

실증에 기초한 선험적 방법에서 필요로 하는 보다 실천가능하고 풍부한 정보를 얻기 위하여 사례연구(case study)의 방법을 이용한다. 사례연구는 랑델(Langdell)에 의해 처음 도입된 것으로서, 경영에서 실제로 나타난 사례를 중심으로 경영학을 연구함으로써 분석력과 통찰력, 문제해결력을 키울 수 있고, 실천 가능한 경영의 지도 원리를 강구할 수 있다.

### (5) 경영학의 인접과학

경영학의 연구대상이 협동 시스템으로서의 조직체이기 때문에 학문적으로 인간행동을 연구하는 사회과학의 여러 분야에 의존하게 된다. 즉, 경제, 사회, 기술 시스템으로서의 기업을 연구하므로 여러 가지 인접과학의 도움이 필요하다.

**● 그림 1-8** 경영학에 기여한 학문

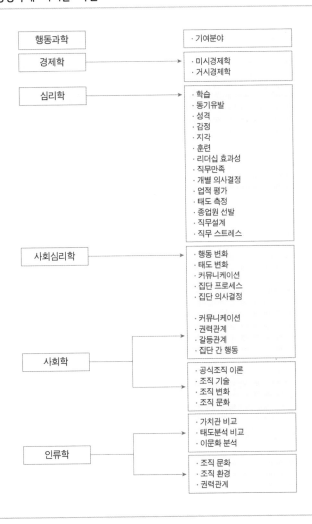

1) 경제학

　경제학은 부족한 자원을 어떻게 분배할 것인가에 관한 학문이다. 경제학은 세계화의 환경에서 자본주의와 경쟁의 역할, 경제의 변화를 이해하는데 도움을 준다. 왜 아시아에 자동차 공장이 더 많은가? 같은 질문에 경제학자들은 비교우위를 통하여 설명한다.

기업을 운영하는 경영자에게도 경제를 이해하는 것은 필수적이다. 예를 들어, 효율적인 마케팅 전략을 수립하기 위해서는 시장의 특성, 즉 독점시장, 과점시장, 완전경쟁시장 등은 물론 소득, 인구 등 경제적 환경을 구성하는 제 요인을 고려해야 한다. 시장에서 자사의 위치에 따라 자사 제품의 가격을 어 떻게 결정해야 할 것인가를 결정해야 한다. 유통경로 시스템에 따라서도 당기 업의 유통경로전략이 변화되어야 한다.

### 2) 수학과 공학

기업은 기술 시스템 특성을 가지고 있으므로 기업은 품질이 우수하고 가 격이 저렴한 제품을 생산할 수 있어야 한다. 기업은 수학과 공학에 의한 계량 적인 관리기법을 도입해야 한다. 즉, 계량경영학이라고 하는 학문을 이용하여 수학적 모델에 의해 경영의 기술이나 자원분배문제를 최적으로 해결할 수 있 다. 경영에서 공학은 인간-기계 시스템으로서의 기업의 생산현장문제를 다루 기 위해서 경영학과 결합하여 산업공학 또는 인간공학으로 활용된다.

### 3) 사회학·문화인류학

사회학은 동료들과의 관계에 있는 사람, 즉 집단행위에 대해서 연구하는 학문이다. 세계화와 문화적 다양성의 출현, 성 역할의 변화, 가족형태의 변화 등은 조직의 관행에 어떠한 영향을 변화시킬까? 10년 후의 사회는 어떠한 정 보시대에 들어설까? 이러한 질문들에 대한 대답은 경영자가 어떻게 기업을 운영할지에 중요한 영향을 끼친다. "러시아에서는 선물로 노란색 꽃을 주면 죽음을 상징하므로 좋지 않다." 해외진출시 중소기업들이 그 나라 법규에 대 해 열심히 공부하지만 그만큼 중요한 것은 문화를 이해하는 것이다.

### 4) 심리학

심리학은 사회학과 달리 개인단위에 초점을 맞추는, 즉 인간과 동물의 행 동을 분석하고 설명하는 학문이다. 심리학은 개인의 행위에 관심을 가지는 학문이므로, 경영에서 구성원 개개인이나, 기업의 제품과 서비스를 구매하는 소비자 개인들의 구매행동유형을 연구하는 데 있어서 반드시 필요하다. 오늘날에는 산업심리학, 경영심리학 또는 집단심리학, 조직심리학, 소비자심리학 및 사회심리학도 오늘날의 경영학 연구에 있어서 중요한 역할을 담당한다.

### 5) 정치학

정치학은 정치적 상황 속의 개인이나 집단행동을 연구하는 학문이다. 정치학자의 주요 관심은 권력의 분배, 갈등구조, 개인의 이익추구를 위한 권력의 활용 등이다. 자본주의는 단지 하나의 경제체제일 뿐이다. 경영은 정부의 형태에 의하여 영향을 받는다. 재산에 대한 소유권이 누구에게 있는가? 계약 불이행에 관해서는 권리를 주장할 수 있는 절차가 가능한가? 등에 영향을 끼친다. 국가가 재산, 계약, 정의에 대하여 규정한 바에 따라 조직의 유형, 경영정책 등이 결정된다.

## 3. 기업의 역사

기업의 역사는 1700년대부터 시작하여 지난 400여년 동안 ① 식민지시대 ② 산업혁명시대 ③ 기업가시대 ④ 생산개념시대 ⑤ 마케팅시대 ⑥ 관계경영시대로 발전되어 왔다. 〈표 1−5〉는 6단계 기업 역사를 설명해 주고 있다.

**표 1-5  6단계 기업 역사**

| 시대 | 주요 특성 | 기간 |
|---|---|---|
| 식민지시대 | 경제초점이 농촌지역, 농업생산 | 1776년 이전 |
| 산업혁명시대 | 비숙련공, 대량생산, 기술혁신, 공장체제 | 1800년대 후반 |
| 기업가시대 | 수요에 비해 공급부족, 기업수와 크기 확장 | 1920년대 |
| 생산개념시대 | 조립라인 통하여 공장의 성장에 초점 | 1920~1950년대 |
| 마케팅시대 | 소비자 욕구 다양, 공급과잉 | 1950~1990년대 |
| 관계경영시대 | 장기적 관계 개발하고 유지에 초점<br>(고객, 종업원, 공급업자 등) | 1990년대 이후 |

산업혁명의 역사적 의미

[지식채널e]
창조와 변화로 무장한 '기업가정신'을 강조한
조지프 슘페터

# 경영이론의 역사
## History of Management Theories

# 경영이론의 역사

## 도입사례

### 성공한 병원장은 고객명단을 황금같이 본다

일본 에도시대의 상인들이 불이 났을 때 가장 먼저 들고 나가는 것은 무엇일까? 언뜻 생각하기에 재기를 위해서는 자금 즉 돈을 들고 나갈 것이라고 생각할 수 있다. 또한 상인에게 있어서 팔 물건만큼 중요한 것이 없기에 물건이라고 생각할 수도 있다 하지만 에도시대의 상인들은 고객명단을 들고 나갔다고 한다.

위와 같은 생각은 우리 병의원에도 그대로 적용되는 말이 아닐까? 물론 병의원은 상인은 아니다. 하지만 고객으로부터 병의원이 시작되고 고객에 의해서 병의원이 성장 발전 또는 폐원할 수도 있다는 점에서 업종은 전혀 다르지만 '고객의 중요성'은 동일하게 적용되는 말일 것이다.

개원한지 3~6년 정도 지나면 많은 고객명단이 저장되어 있을 것이다. 그 고객명단에는 고객의 기본 사항 외에도 언제 어떤 질환으로 내원했는지, 몇 번이나 재방문했는지, 얼마나 진료비를 내고 있었는지 등 병의원 운영을 위해 필요하고 귀중한 정보가 들어 있다.

실제로 광주에서 U 성형외과를 개원하고 있는 표 원장은 자신의 고객명단을 통해 내원경로 파악, 고객의 성향 파악, U 성형외과의 경쟁력 및 보완점 등을 파악하였고 이를 병의원 경영에 적용하였다. 이를 통해 표 원장은 "병의원 매출의 계획관리, 불필요한 비용절감, 전략적으로 고객관리를 함으로써 당초 계획했던 목표를 달성할 수 있었다"고 말한다.

우리 사회는 급속한 고령화 사회에 있다. 이는 우리 병의원을 찾는 고객이 고령화된다는 의미 외에 개원의도 고령화된다는 뜻도 있다. 이에 최근에는 은퇴시점에 있거나 은퇴를 고려하고 있는 원장들 중에는 병의원을 어떻게 해야 할 지, 통째로 양도하거나 후배들에게 지분을 참여시켜 동업형태로 운영하는 방식 등을 고려하고 있다.

이때 '우리 병의원의 가치는 얼마일까?'도 고민거리이다. 병의원 가치를 산정한다는 것은 평가방식에 따라서 가격산정이 달라질 수 있기에 이해관계가 상충하는 양자의 입장은 매우 민감하며 조율이 쉽지 않다. 일반적으로 임대보증금, 인테리어, 의료기기 등 유형적 자산은 시가를 통해 자산을 평가하기에 결정된 자산가액에 대해서 상호 수긍하기가 어렵지 않다. 하지만 병의원 브랜드, 영업 노하우, 고객명단 등 무형자산의 경우에는 관례적으로 자산가치를 결정하기에 상호 수긍이 쉽지 않다.

이러한 무형자산 중에서 병의원에 가장 큰 비중을 차지하고 있는 것이 '고객명단'이다. 얼마나 양질의 고객명단을 가지고 있느냐에 따라 보통 신규 개원으로 얻는 이익보다 기존 병의원을 인수함으로써 얻는 이익이 더 크다고 판단하는 근거가 되어 웃돈의 권리금을 요구할 수 있으며 아직까지 관행이 되고 있다.

그만큼 고객명단이란 무형자산은 어디에서도 구할 수 없고, 다른 병의원에서도 없는 우리 병의원만의 유일한 자산인 것이다.

인터넷에서는 이메일 주소를 알려주면, 핸드폰 번호를 입력하면, 이벤트 참가를 위해 개인 정보를 제공하며 선물, 자료, 이모티콘, 쿠폰 등을 보내준다는 배너를 쉽게 볼 수 있다. 이는 '리스트 마케팅'으로 고객명단 확보전략의 일환이다. 결국 고객을 대상으로 하는 모든 업종에서 가장 필요한 것이 고객명단임을 알 수 있는데, 기업 CEO들이 "1만 명의 고객만 있으면 못할 사업이 없겠다"라고 우스개 소리를 할 만큼 고객명단의 가치를 중요하게 생각하고 있는 단면을 보여주고 있다.

물론 병의원에서 '리스트 마케팅'을 하라는 말은 아니다. 다만 우리 병의원이 가지고 있는 '고객명단'의 가치를 충분히 인식하자는 뜻이다. 하지만 아직도 많은 병의원에서는 '병의원 수익과 매출증가'를 위해 신규고객을 창출하고자 많은 마케팅 비용을 사용하면서도 기존 고객을 활용함에 있어서는 상대적으로 소극적 노력을 하고 있다.

어떤 병의원이든 내부와 외부 변수로 인해 매출증감 상황을 맞이하게 된다. U 병의원의 표 원장은 매출이 감소하거나 정체시기에 가장 많이 본 자료는 작년 고객관리 대장이었다. 표 원장은 연도별, 반기별, 분기별, 매월 고객 내원수와 이에 따른 매출, 비용, 수익을 파악함으로써 현재 U 성형외과의 위치와 미래의 방향을 알아보았다.

고객관리 대장에는 신환, 구환, 방문횟수, 방문기간, 소개환자, 고객의 특성 등이 고스란히 담겨있다. 이에 세분화된 통계분석 자료는 고객만족을 위한 고품격 서비스, 시스템 경영, 실시간 목표관리, 체계적 재무, 세무관리 등 병의원 경영의 전반에 걸쳐 활용할 수 있는 전략을 원장에게 알려주게 된다.

이처럼 우리 병의원에는 어떤 자산보다 가치 있는 고객명단이 있다. 다만 어떻게 관리하고 활용할 것인가가 중요하다. 따라서 데이터 관리 시스템 또는 프로그램을 구축하는 것이 필요하다.

병의원 경영지원 전문 프로그램인 스타리치메디(Starrich Medi) 프로그램은 웹 방식으로 언제 어디서나 실시간 경영관리 및 고객관리가 가능하며, 다양한 통계분석을 통하여 매출이나 비용에 대해 다각화된 자료를 실시간으로 볼 수 있어 체계적 병의원 경영관리를 지원하고 있다. 아울러 스타리치 어드바이져는 병의원의 노무관리, 경영관리, 세금관리, 세무조사, 자산평가 분야에서 병의원의 상황과 원장의 니즈에 맞는 최적의 솔루션을 제공하고 있다.

경영학은 시대적 환경 속에서 문제를 해결하고 노력하는 과정에서 새로운 접근방법을 발견하고, 기존의 사고방식과 지식을 수정하여 그 해결방안을 찾음으로써 진보하고 공헌하는 실천지향적인 특징을 갖는 학문이다. 경영학의 발전에 관한 역사적 기원과 발전경위를 고찰하는 것은 현재의 행동을 바라볼 수 있게 하는 중요한 역할을 한다. 경영학의 과거에 대한 인식, 그리고 이에 따른 기원과 발전 경위를 밝힘으로써 현재를 보다 잘 이해할 할 수 있을 때 경영학의 미래적 전망을 보다 쉽게 할 수가 있다. 본장에서는 2가지 차원에서 경영학 이론이 나온 역사적 핵심 사건들을 연대적으로 보여 주고자 한다. 각 장에 제시된 '과거에서 현재까지'라는 주제로 주요 인물과 그들의 공헌도를 설명한다. 이를 통해 우리는 경영 개념의 뿌리에 대해 좀 더 이해를 잘 할 수 있을 것이다.

 ## 1절 초기의 경영(The Pre-Modern Era)

### 1. 기원전 3000~2500년

이집트의 도시 기자에 있는 체옵(Cheop)왕의 피라미드는 BC 2551~2528에 세워졌다. 사방 230m 정사각형 넓이에 146m의 높이로 수천만 명의 사람을 고용하여 완성한 거대한 프로젝트이다. 지금까지 약 90개의 피라미드가 나일강변에서 발견되었다. 하나의 피라미드를 짓기 위해서는 20년이라는 시간과 100,000명 이상의 인부가 필요했다. 반드시 누군가가 할 일을 정하고, 사람들과 채석된 돌을 프로젝트 실행을 위하여 조직화하고, 인부들을 지휘하고, 계획 한데로 진행되는 지를 통제해야 했을 것이다. 이 모든 것을 수행했던 사람이 경영자이다.

### 2. 1776년

Adam Smith의 '국부론(The Wealth of Nation)'은 사실상 세계 최초의 경제학

기본서로 1776년에 출판되었으며 국가의 부는 분업, 생산성, 자유시장 등에 의해서 이루어진다고 주장하였다. 그는 특히 분업의 경제적 이점에 대해 설명했다. 아담스미스는 옷핀공장에서 기능공 10명이 하루 240개를 만들었는데 비효율적으로 보여, 각자 일을 나누어 전문화 하도록 하였으며 이를 통하여 하루 48,000개를 만들었다. 분업을 이용하여 개인 생산성은 최대로 증가할 수 있었다. 국부론 이후 업무 분화는 조직에서 업무를 달성하는데 가장 많이 사용되는 방법이 되었다.

## 3. 1780~1800년대 중반

산업혁명(industrial revolution)은 아놀드 토인비가 처음으로 사용하였으며 18세기 중반부터 영국에서 시작된 기술혁신으로 인해 사회, 경제, 경영에 영향을 끼친 사건이다. 산업혁명의 시대에 회사가 처음으로 탄생하였기 때문에 경영에 더욱 중요한 영향을 끼쳤다. 제품을 대규모로 생산하는 공장이 들어서면서 누군가 수요를 예측하고, 원재료를 적기에 공급하며, 인부들에게 업무를 할당하는 역할을 해야 했었다. 이런 역할을 한 사람, 바로 기업경영자가 본격적으로 탄생하였다.

## 4. 산업혁명 후~1900년 초

대규모 생산으로 규모의 경제(economies of scale) ─생산량을 늘릴수록 평균비용하락─ 에서 발생된 이익으로 기업활동이 확장되어 갔다. 산업혁명의 속도는 유럽과 미국을 중심으로 1900년대 초까지 가속화되고 철도발전은 수송효율화도 가져오게 되었다.

〈그림 2−1〉은 경영이론의 발전과정을 연대별로 나타내고 있다.

**그림 2-1** 연대별 경영이론의 발전

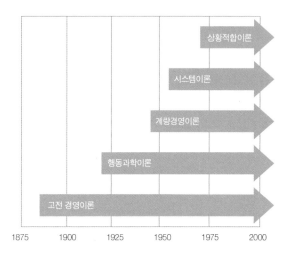

 **2절** 고전학파(Classical Contribution)

### 1. 1911년 및 1916~1947년

#### (1) 각국의 초기경영이론

현대 경영학의 효시를 이룬 고전학파 생성은 과학적 관리의 아버지인 미국의 테일러(F. W. Taylor), 프랑스의 페이욜(H. Fayol)에 의한 관리론, 독일의 베버(M. Weber)에 의한 관료조직제의 연구가 큰 영향을 주게 되어 학문적 기반을 마련하게 되었다. 경영학의 이론적인 발전에 기여하는 대학이 존재하게 된 것도 테일러의 활동시기와 비슷하다. 1881년 펜실베니아대학교, 1889년 시카고대학교, 캘리포니아대학교에 상과대학이 설립되고, 1900년 위스콘신대학교, 뉴욕대학에 경영대학이 설립되었으며, 1908년에는 하버드대학에 경영대학원이 설립됨으로써 경영학의 발전에 획기적인 공헌을 하였다.

Taylor의 '과학적 경영의 원리(The principles of scientific management)'가 1911년에 출판되었다. 테일러(F. W. Taylor)에 의해서 창안된 관리 시스템은 테일러

리즘, 과학적 경영의 원리라고 불린다. 이 이론이 도출된 배경으로는 기업주에 의해서 일방적으로 강요된 임금저하의 부당행위에 대항해서 생기게 된 노동자 측의 조직적 태업(systematic soldiering)에서 그 근원을 찾을 수 있다. 노사간의 분쟁의 틈바구니에서 고민하던 테일러는 노동자 측의 태업을 방지하고, 이를 통해서 생산성 향상을 기하고, 그에 대해 충분한 대가로 임금을 지불하고, 기업주에게는 실질적으로 더 많은 이윤을 창출케 함으로써 노사간 갈등을 해소하기 위하여 이와 같은 관리의 기술을 도입하게 되었다.

## (2) 테일러니즘(Tayolrism)의 효율성과 합리성을 강조하는 기본이념과 내용

테일러는 두 계층(노동자와 기업가)간의 분쟁을 해결하기 위한 방안으로 고임금과 저노무비라는 관리이념을 표방하였다. 이런 관리이념을 통하여 노동자와 기업주를 똑같이 만족하게 할 수 있다고 생각하고, 이를 실천할 수 있는 관리의 기법으로서 합리적 과업관리를 주장하였다. 테일러는 『과학적 삽질법』 이라는 논문까지 발표하면서 합리적 과업관리와 작업방식을 주장하며 '현대 경영학의 아버지'로 불리우고 있다. 과업관리는 테일러니즘의 핵심을 이루는 원칙들을 모색하였다.

① 공정한 일일 최대 과업량: 그는 하루의 작업량으로서 공정하다고 판단되는 최대과업을 작업자에 배정한다. 그는 과업의 양을 측정하기 위하여 주먹구구식이 아닌 과학적인 방법을 강구하였다. 과학적인 방법이란 시간연구와 동작연구를 기초로 한 작업연구에 의한 방법을 의미한다. 즉, 이것은 불필요한 동작, 느린 동작 및 허위 동작 등을 제거하고 동작경제의 원칙에 의해서 작업을 성실하게 수행할 때, 일급 직공(first-class man)이 하루에 생산해 낼 수 있는 작업량을 시간 연구에 의해 측정함으로써 이것을 과업이라고 하였다.

② 표준화된 제조건: 그는 불편 없이 작업을 할 수 있도록 종업원들에게 제반의 여건을 조성한다.

③ 성공시에 높은 임금지급: 그는 과업수행을 성공하였을 경우에는 높은 임금을 지급하도록 한다. 즉, 시간제 임금보다는 생산량에 따라 임금을

지급한다.

④ 실패시에 손실부담: 그는 주어진 과업수행을 실패하였을 경우에는 종업원이 손실을 부담하도록 한다.

상기의 임금이란 차별성과급제도를 채택한 것을 의미하는데, 이러한 방법에 의해서 종업원으로 하여금 일을 성공하도록 함으로써 종래의 문제점을 해소하였다. 다시 정리하면 테일러는 생산성을 증진시키기 위하여 과학적 관리의 개념이 되는 4원칙을 다음과 같이 제시하였다.

① 종래의 주먹구구식 작업방법을 절차를 표준화하여 과학적 작업방식으로 대체
② 종업원을 과학적으로 선발, 훈련, 개발
③ 생산량에 따른 성과급제도
④ 경영자와 종업원간의 협동관계를 확립

### (3) 테일러리즘의 공과와 문제점(사회적·심리적 욕구 무시)

테일러는 평범한 자질을 가진 사람도 훌륭한 일을 성취할 수 있도록 제도적인 관리의 기법을 개발하였다.

테일러 시스템은 종래의 경험이나 주관적 판단에만 의존하던 방만경영에서 탈피하여 체계적이며 합리적인 과학적 관리법을 제창함으로써 이 시대에 관리과정의 개념을 확립하는 데 커다란 공헌을 하였다. 그러나 그의 이론은 조직 속의 '인간의 기계화'라는 비판도 받고 있다. 일급직공이 열심히 일해야만 하는 과업을 설정하고 매일 기계의 톱니바퀴와 같이 움직이게 함으로써 조직에 있어서 인간관계에서 심각한 문제를 일으켜 노동조합으로부터 크게 저항을 받았다. 여러 차례의 공청회와 조사를 통해 그러한 문제점은 어느 정도 해결되었으나, 인간을 기계화함으로써 인간의 사회적 및 심리적 욕구를 도외시한 것은 문제로 남아 있다.

### (4) 테일러리즘에 영향을 미친 간트와 길브레스

#### 1) 간트(Henry L. Gantt): 테일러니즘의 인간적 측면

간트는 테일러와 동시대에 살면서 같은 생각을 가지고 있었지만, 중요한 점에서는 이견을 가지고 있다. 테일러는 문제해결을 위한 과학적 접근방법의 순수성이 훈련 때문에 깨어진다고 생각한 반면에 간트는 부하의 훈련에 보다 큰 관심을 나타내었다.

간트는 과학적 관리법에 인간적 측면을 부여한 최초의 선구자이었기 때문에 관리방식을 책임자에게 맞추려고 노력하였으며, 작업자들의 심리상태를 인식하려고 시도하였다. 간트는 임의적이고 독재적인 지배와 비능률적인 통제에 대하여 심한 반발감을 가지고 있었다.

간트 차트(Gantt Chart)는 1917년에 간트가 고안한 것으로서 계획일정과 실제진도를 감독하는 막대그래프이며 생산관리 분야를 과학화 하였다.

#### 2) 길브레스(Frank Gilbreth): 동작연구(motion study)

길브레스는 부부가 같이 과학적 관리법의 운동에 앞장을 선 사람들이다. 그들의 주장은 최선의 작업방법을 도입하는 것으로 벽돌쌓기 동작연구를 통하여 동작을 18개에서 5개로 줄이는데 성공하였으며 그것을 기초로 정확한 직무표준을 설정하였다. 특히 부인인 릴리언 길브레스는 인력의 과학적 선발, 배치, 훈련 등에 관심을 가지고 연구하였다. 길브레스는 종업원들을 현장에서 규제할 현장규칙 34가지를 본인이름을 역으로 해서 Therblig 규칙으로 제정하고, 이를 준수케 함으로써 불필요한 시간과 노력의 낭비를 최소화하려고 노력하였다.

### (5) 포드 시스템

#### 1) 포드 시스템

포드 시스템은 자동차 왕인 포드(Henry Ford, 1863~1947)가 그의 경영철학인 포드이즘(Fordism)을 자동차 생산공정에 실현하기 위한 수단으로 추진한 관리의 기법으로서 포드 시스템, 포드이즘, 컨베이어 시스템 또는 동시관리 시스템이라고 한다. 포드는 상기의 관리 시스템을 통해서 생산관리에 대해 혁신적인 공헌을 하였다.

### 2) 포드이즘의 이념과 특징

포드는 기업을 사회적인 공적기구로서 사회봉사기관이라고 인식함으로써, 기업의 사회성을 강조하였다. 즉, 기업은 이윤만을 목적으로 해서는 안 되며, 이윤을 사회봉사의 결과로 보았다. 이와 같은 경영 이념은 봉사의 동기를 중요시함으로써 기업이 공직윤리에 의해서 운영되어야 한다는 것을 강조하였다.

경영의 주요 지표를 고임금과 저가격 실현에 두었다. 그리고 이러한 경영 이념을 달성하기 위해서는 대량생산체제를 도입하여 경영합리화에 의한 원가절감뿐이라고 여기고, 이에 대한 구체적인 방법으로 3S – 생산의 단순화, 표준화, 전문화 – 조립법을 채택하였다.

① 부품의 표준화(standardization): 이동조립법의 고도화에 따라 대량생산을 가능하게 하는데, 이것은 부품의 표준화와 전문화를 전제로 한 것이다.

② 제품의 단순화(simplification): 대량생산을 하기 위해서는 제품의 단순화가 필수적인 요소로서 단일제품의 원리에 입각하여 1908년 T형 자동차만 생산한 이래 1927년까지 생산하였다. 이를 통하여 포드는 대량생산과 그에 따른 원가절감으로 자동차의 가격인하를 가능케 하였다.

③ 작업의 전문화(specialization): 포드는 1912년 도축장을 시찰할 때 작업자들이 모노레일을 이용하여 고깃덩어리를 다음 작업자에게 이동시키는 것을 목격하고 자동벨트라인을 도입하여 효율성을 높인다. 포드는 이 시스템으로 대당 조립시간을 6시간 정도에서 1시간 30분으로 단축하는데 성공하였다.

### 3) 포드이즘의 성과와 비판

포드의 경영 신념은 "최저생산비로 사회에 봉사한다"는 것으로 자동차를 싼 가격으로 제공하고 종업원에게는 높은 임금을 지불하도록 하였다. 1909년

T형 자동차 가격이 950달러, 1917년 450달러, 1924년 290달러로 인하되었다. 임금의 상승은 9시간 노동에 2달러 35센트에서 8시간 근무에 5달러로 2배 이상 달성되었다.

포드이즘의 이론은 작업 중에 작업자는 허리를 굽혀서는 안 되고, 또 일 보도 움직여서는 안 된다고 할 정도로 노동을 강화하였다. 이러한 원칙은 능률이 2.5배, 조립시간은 3배 정도 향상되었다. 그러나 대량생산의 3S가 궁극적으로 부메랑이 되어 포드 시스템 실패의 요인으로 작용한다.

첫째, 작업을 유동화시켜 인간을 기계에 예측시켰다.

둘째, 하나의 작업부문에 문제가 발생 정지하면 전체의 공정에 영향을 준다.

셋째, 특수한 제품만을 생산하기 위하여 설비투자를 많이 하여 고정비가 크다.

넷째, 제품의 단순화는 다양한 수요에 대한 적응력이 약하다.

다섯째, 표준화에 따른 생산공정의 변경이 어렵다. 신형 A형이 나오기까지 1년 이상의 시스템 변경이 필요했다.

## (6) 독일 및 프랑스의 고전학파(1916~1947년)

생산직 근로자 각각에 개별적인 초점을 두었던 Taylor와는 달리 독일의 Max Weber와 프랑스의 Henri Fayol은 조직전체의 경영관행들을 관찰하여, 경영자의 일은 무엇이고 올바른 경영이란 무엇인지를 규명하고자 하였다. 이런 연구들은 경영의 일반이론(General Administrative Theory)이라고 부른다. 페이욜은 1916년 발행된 『산업 및 일반 경영(general and industrial management)』(미국에서 1947년 처음으로 번역되었음)에서 경영의 14개 원칙을 제시하였다.

### 1) 페이욜의 일반적 관리원칙

페이욜은 테일러와 같은 시기에 집필했지만 테일러는 과학적인 방법을 주장한 반면에 페이욜은 경영자가 해야 할 행위에 대한 직접적인 관심을 보였다. 프랑스 큰 광산회사의 경영자였던 그는 전문 경영인이었기 때문에 경영의 기능을 회계, 생산 등의 일반적인 사업에서의 기능과는 다른 것으로 주장하였으며 경영에 관한 14개 원칙을 만드는데 착수했다. 이 원칙들은 〈표 2−1〉에서 볼 수 있다.

**표 2-1** 페이욜의 일반적 관리원칙

| | |
|---|---|
| ① 직무의 분업화 (division of labor) | 기업의 모든 활동은 각각 분담되어야 한다. |
| ② 권한과 책임의 일치 (authority and responsibility) | 어떤 사람에게 책임을 부여하면 권한도 동시에 주어야 한다. |
| ③ 규율(discipline) | 철저한 규정 및 작업방법 등이 사전에 명시되어야 하며 구성원은 규율을 준수하여야·한다. |
| ④ 명령의 일원화 (unity of command) | 하위자들은 한 사람의 상사로부터 명령을 받아야 한다. |
| ⑤ 지휘의 통일성 (unity of direction) | 행동이 집중되기 위해서는 계획이나 방향에 대해 한 사람의 경영자가 책임을 가지고 있어야 한다. |
| ⑥ 목표를 위한 개인복종 (general interest) | 개인의 목표는 부서의 목표에 일치해야 하며 부서의 목표는 전체 조직의 목표에 일치해야 한다. |
| ⑦ 보상의 공정성 (remuneration) | 성과에 따라 공정하게 보상해야 한다. |
| ⑧ 조직의 중앙집권화 (centralization) | 권력과 권한은 상급계층으로 중앙집권화 되어야 한다. |
| ⑨ 수직 계층화(계층사슬) (scalar chain) | 명령과 보고는 상하직급별 사슬(chain)을 통하여 수직으로 이루어져야 한다. |
| ⑩ 질서(order) | 인력과 원자재는 질서 있게 적절한 시기와 장소에 배치되어야 한다. |
| ⑪ 평등(equity) | 경영자는 하위자를 다룰 때 친절하고 공평해야 한다. |
| ⑫ 고용보장 (stability of tenure) | 인력계획을 철저히 세워 이직률을 낮춘다. |
| ⑬ 주도권(initiative) | 구성원은 어떤 일을 주도해야 하는 경우 수동적이 아닌 주도권을 가지고 달성할 수 있어야 한다. |
| ⑭ 단결심(집단정신) (esprit de corps) | 구성원들은 서로 단체정신으로 무장되어 단결해야 한다. |

### 2) 웨버의 이상적 관료제도(일관성, 효율성)

웨버(1864~1920)는 독일 사회주의자였다. 그는 미리 정해진 법과 규칙에 따라 운영되는 조직을 '관료제도'라 부르면서 이상적인 조직 형태라고 주장했다. 관료제는 노동의 분업, 명백히 정의된 계급조직, 세분화된 규칙과 규정, 그리고 비개인적인 관계들의 특징을 기술한 체계이다. 그의 저서『사회 및 경제조직의 이론』은 1947년 출판되면서 비로소 알려졌다.

그는 '이상적인 관료제도'가 현실에서 존재하지 않는다는 것을 인정하였지만 선택된 사회건설을 주장했다. 그는 큰 조직에서 효율적인 경영에 관한 이론을 정립하려고 노력하였고 실질적으로 그의 이론은 오늘날의 많은 대기업 조직들의 모델이 되고 있다.

관료제(bureaucracy)는 bureau(책상)와 cracy(Kratia: 관리)의 합성어로서 책상에서 미리 규정과 법을 정해 놓고 운영을 하며, 행동해야 한다는 뜻이다. 일관성 및 효율성을 강조한 웨버의 이상적인 관료제도 특성은 〈표 2-2〉와 같다.

**표 2-2  웨버의 이상적 관료제도**

| | |
|---|---|
| ① 분업 | 직무는 분업화 및 전문화되어야 한다. 즉, 구성원은 보다 축소되고 분업화된 일을 훈련을 통하여 조직의 효율성을 높여 준다. |
| ② 권위의 수직화 | 직무는 계층에 따라 권한과 책임이 부여되어 통솔과 복종의 관계가 명백하여야 한다. |
| ③ 공식화 | 구성원의 권한과 책임이 문서화되어 지켜지도록 하여야 한다. |
| ④ 공식규정 및 규칙 | 조직의 규정 및 규칙이 유지되어 경영자가 바뀌어 지더라도 규정 등이 유지되어서 조직의 안정을 도모하여야 한다. |
| ⑤ 경영과 소유분리 | 소유주는 일반적으로 비효율적이다. 그 이유는 그들은 생산성 향상보다 이윤 추구에 더 의사결정을 내리기 때문이다.<br>조직의 소유와 경영의 분리로 의사결정에 있어서 객관성을 유지하여야 한다. |
| ⑥ 기록 작성 | 미래의 결정을 위해서 회의시간, 서류 및 재무제표 등이 필수적이다. 경영자는 조직의 기록에 좀 더 관심을 기울여 과거의 성과와 실패를 파악해야 한다. |

웨버에 의해 묘사된 관료제도는 합리성, 예언, 비개인성, 기술, 능력, 권위주의를 강조한다. 비록 웨버의 이론이 테일러의 이론보다 덜 사용될지라도 그의 "이상형"이 여전히 많은 조직을 묘사한다는 사실은 그의 이론의 중요성을 말해 준다.

### 3) 일반관리론의 공과

오늘날의 경영자의 행동원칙은 경영이론가들의 공헌으로 돌릴 수가 있을 것이다. 비록 많은 경영원리가 오늘날의 조직에 보편적으로 적용할 수 없을지라도 그것들은 현대경영에 기준이 되고 발전하고 있다. 경영자들의 직능은 페이욜에게 공을 돌릴 수 있다. 페이욜은 과학적인 검증에 의해서 관리론을 주장하였다기보다 본인 자신의 경험을 바탕으로 하였기 때문에 비판을 받고 있다. 웨버의 관료주의 원리는 조직설계에 있어서 이상적인 공식을 제공하기 위한 시도였다. 웨버는 그의 모델이 그 시대의 많은 조직들이 내포하고 있었던 불분명함과 비능률을 제거할 수 있다고 주장하였다. 오늘날의 많은 경영자들은 관료주의가 주장하는 엄격한 분업제도, 관료주의, 형식적인 규칙과 규제, 그리고 비인간적인 적용은 복잡한 변화에 대한 신속한 대응 및 개인의 창조성과 융통성을 빼앗아 갔다는 것을 깨닫고 있다.

## 3절 행동주의학파(Behavioral Management Approaches)

### 1. 1924~1930년대 중반

행동주의학파는 구성원의 행동에 초점을 맞춘 이론이다. 높은 실적을 올리기 위하여 경영자가 구성원들을 어떻게 지휘하고 동기부여 시켜야 하는지가 주요 관심이 되고 있다.

### (1) 호손실험

인간관계론은 호손실험(Hawthorne research)에 의해서 결실을 보게 되었다. 호손실험이란 하버드대학의 사회학자인 메이요(E. Mayo) 교수가 중심이 되어 웨스턴 전기회사(Western Electric Company)의 호손공장에서 1924년부터 1932년까지 4단계에 걸쳐 실시된 일련의 실험을 말한다.

이 실험의 주된 목적은 과학적 관리법의 유효성을 실제로 검증하는 연구였으며, 그 연구 결과로 조직체에 대한 새로운 인식이 태동하게 되었고, 인간관계론이라는 새로운 학문 분야가 정립됨으로써 경영학의 발전에 기여하는 계기가 되었다.

## 1) 4단계 실험

- 1차 실험(조명실험, 1924. 11~1927. 4): 이것은 웨스턴 전기회사와 조사심
  의회가 공동으로 연구한 것으로서 공장 내의 조명도 변화가 종업원의
  피로에 영향을 끼쳐 생산능률에 미치는 영향을 알아보기 위한 실험이
  다. 이 실험에서는 여성작업자를 대상으로 작업집단을 두 개로 나누어
  하나의 집단(실험집단)과 다른 집단(통제집단)간의 생산성 차이를 측정하
  였다. 이 실험의 결과는 예상과는 반대로 조명도, 임금지급방법, 휴식시
  간 등이 작업능률에 영향을 미치지 않는 것으로 나타나 조명도와 생산
  능률간에는 아무런 상관관계가 없음이 나타났다.

- 2차 실험(계전기 조립실험, 1927. 4~1929. 6): 이것은 작업과 관련된 그 밖
  의 요인들이 작업자의 생산성에 미치는 영향을 알아보려는 실험이다.
  이에서 얻은 결론은 근로조건의 개선은 작업성과에 대해서 직접적인 효
  과보다는 심리적인 만족과 같은 부대적인 효과만을 가져온다는 것이었
  다. 작업에 있어서 물리적 작업조건보다는 오히려 심리적 안정감이나
  책임감 등이 더욱 중요하다는 것이다. 작업과 관련된 요인(작업시간의 단
  축, 임금제도, 휴식시간, 작업환경 등)과 그 밖의 작업조건의 변화(종업원 사기,
  감독방법, 인간관계 등)가 같이 생산성 향상에 영향을 미친다는 결론을 내
  렸다.

- 3차 실험(면접실험, 1928. 9~1930. 9): 작업자의 태도, 즉 종업원의 불평불
  만, 고정 및 관리방식상의 문제점을 알아보기 위한 면접조사이다. 조사
  결과, 작업자의 물리적 조건보다 사회적 조건과 작업자의 심리적 조건
  이 작업자의 태도와 생산성에 더 많은 영향을 미친다는 것이었다. 생산
  능률의 저하는 물적 작업조건의 불량뿐만 아니라 인간적, 사회적 환경
  에 대한 개인의 부적응에서도 유래된다는 결론을 내렸다.

- 4차 실험(배전작업 관찰시험, 1931. 11~1932. 5): 이 실험에서는 주로 구성
  원들 상호간의 대면관계가 조사되었는데, 조사결과, 의식적 또는 무의
  식적으로 형성된 종업원 상호간의 비공식화된 조직이 작업의 성과실현
  에 커다란 영향을 미친다는 사실이 밝혀졌다.

## 2) 연구의 결과

조직 속에는 집단을 움직여 나가는 강력한 집단규범이 있으며, 종업원의 근로생활에 커다란 영향을 미치게 되고, 급기야는 생산성에도 영향을 미친다는 것이었다. 호손실험의 결론은 생산성에 영향을 주는 요인에는 여러 가지가 있으나, 개인 대 개인간에서 자연발생적으로 생성되는 인간관계의 비공식적 조직이 가장 중요하다는 것이었다.

조직운영에 있어서는 공식적 조직도 중요하겠지만, 인간의 내면적 측면에서 자생적으로 형성되는 소집단의 감정적 태도와 규범 등 배재적인 비공식 조직이 더욱 중요하다는 점이다. 조직에 있어서 비용의 논리나 능률의 논리도 중요하지만, 더욱 중요시되어야 할 것은 감정의 논리라는 것으로서 감정의 논리에 의해서 움직여지는 인간관계 중심의 비공식적 조직은 조직의 생산성 수준에 결정적인 영향을 미쳤다.

호손실험을 통해서 인간은 경제적 조건뿐만 아니라 심리적, 사회적 조건에 의해서도 영향을 받는 존재라는 사고방식이 성립되었다. 인간관계론의 핵심은 인간행동의 연구를 개인적인 경제적 욕구에서 집단적, 사회적 욕구로 전환시킴으로써 인간의 만족도와 생산성 향상에 사기(morale)의 개념을 도입하였다.

### (2) 호손실험을 통한 인간관계론의 한계

첫째, 사회제도론적인 차원에서 인간의 문제를 파악하지 못하였다. 둘째, 과학적 타당성이 결여되어 있다. 셋째, 비공식 조직을 지나치게 강조한 나머지 공식조직의 목적을 경시하였다. 넷째, 산업사회에서의 노동조합의 역할을 전혀 고려하지 않았다. 다섯째, 인간 대 인간의 피상적인 면만을 다루었고, 인간의 심층구조를 본질적으로 다루지 못하고 있으며, 인간에 대한 체계적 지식의 바탕이 없었으므로 이를 경영성과에 연결시키지 못했다는 점에서 한계를 보여주었다.

## 2. 1930~1950년대

### (1) 매슬로의 욕구단계설(need hierarchy theory)

매슬로(A. Maslow, 1908~1970)는 욕구단계설은 인간이 욕구는 계층을 형성하며 고차원의 욕구는 저차원의 욕구가 충족될 때 동기부여요인으로 작용한다는 이론으로 인간이 갖는 욕구의 계층을 다섯 가지로 구분하였다. 이 다섯 가지의 욕구가 계층화되어 있다는 것이 그의 이론이 갖는 특징인데, 이에 대한 자세한 연구는 동기부여이론에서 제시할 것이다.

### (2) 맥그리거의 XY이론

맥그리거(D. Mcgreger, 1906~1964)는 인간본성에 따른 인적자원관리를 전개하기 위하여 유명한 XY이론을 전개하였다. 즉, 맥그리거는 인간의 본성에 대해 부정적으로 보는 견해를 X이론, 인간의 본성에 대하여 긍정적으로 보는 견해를 Y이론이라고 명명하였다.

Theory Y(Y이론)는 인간은 스스로 일을 즐기고 적절한 동기가 주어지면 적극적으로 조직의 활동에 협력하기 때문에 통제할 필요가 없다는 가정이다. 맥그리거는 Y이론의 관점에서 인간의 본성에 대해 긍정적인 생각을 북돋아 주고 서로 협력하는 분위기를 조성하는 형태로 조직을 구성해야 한다고 주장하였다.

맥그리거는 부하가 X형 인간인지 또는 Y형 인간인지에 따라 리더십 방법도 달라질 수 있다고 생각하여 리더십의 유형을 전개하였다.

### (3) 아지리스의 미성숙, 성숙 이론(Argyris's immaturity maturity theory)

아지리스(C. Argyris)는 조직 속의 구성원을 성숙인과 미성숙인으로 구분하고, 이들 성숙, 미성숙인들이 갖는 행동특성을 분석하였다. 인간의 성격은 미성숙상태로부터 성숙상태로 변화하며 조직의 구성원을 성숙한 인간으로 관리해야 한다고 주장하였다. 성숙인을 보다 효율적으로 다루기 위해서 조직은 규정들을 완화, 제거시키고 또한 리더십도 민주적인 행태로 바꾸어 종업원에게 추가적인 책임을 부여하여, 그들에게 성장 및 성숙의 유연성을 제공해야 한다는 것이다.

### (4) 허즈버그의 양요인 이론(Herzberg two factor theory)

허즈버그(F. Herzberg)는 종업원 모티베이션에 관한 이론을 만족, 불만족 요인의 관점에서 발전시켰다. 종업원을 보다 잘 관리할 수 있으려면 불만족 요인을 해소시켜 주는 것도 중요하지만, 더욱 중요한 것은 만족요인을 추구할 수 있도록 하여야 한다는 것이다.

## 4절 계량학파(Quantitative Approach)

### 1. 1940~1950년대

경영학의 계량학파는 통계학, 최적화이론, 정보모델, 컴퓨터 시뮬레이션, 기타 계량적 기법들을 경영활동을 적용하는 방식을 말하며 경영자가 업무를 보다 용이하게 할 수 있도록 도움을 주는 학파이다.

### (1) 계량적 경영론(1940년대)

제2차 세계대전 직후 경영학에 대한 새로운 접근방법이 나타났는데, 수학적인 모델에 기초를 둔 과학적인 접근방법을 이용하여 조직 내의 작업상 문제와 인간의 문제를 해결하는 것이었다. 이것은 계량적 방법을 이용하여 경영의 분석도구로 확대, 발전시켜 경영계획과 통제에 많이 이용하고 있는데, 이것을 경영과학이라고 한다. 경영과학이론이 나타나게 된 배경과 기원은 제2차 세계대전 중 군사전략이나 군수물자의 수송문제를 해결하기 위해서 영국이 세계 최초로 Operations Research(OR)팀을 구성한 것으로 시작된다.

전쟁 중에 개발된 OR기법들이 전후에는 산업분야에 적용될 수 있는 가능성을 인식하게 되었다. 관리과학적 방법들은 생산관리 분야와 유통시설 분야에서 효율적인 관리 시스템으로 적용되었으며, 컴퓨터의 발달과 더불어 관리문제를 계량적으로 해결하려는 노력들이 활발해지면서 경영과학이 탄생되었다.

OR은 경영현상을 수학적 모델이나 수식연산과정으로 파악하고 연구하려는 것으로서, 구체적인 방법으로는 선형계획, 정보이론, 동적계획, 게임이론, 시뮬레이션 등이 있다. 계량적 기법은 기업의 예산관리나 자금관리, 공정관리, 재고관리 등 경영계획과 통제에 많이 이용되고 있다. 아직까지 조직구성원 또는 집단행동이나 심리적 상황을 수량화하는 데는 한계가 있지만, 앞으로 그 적용범위가 크게 확대될 것으로 예상된다.

### (2) 품질관리기법(1950년대)

일본기업들이 1950년대부터 Edward Deming의 품질관리(Quality Management: QM)를 받아들여 품질개선에 노력한데 비해 미국은 1970년대까지도 품질에는 별다른 관심을 두지 않았다. 품질관리기법은 후에 지속적인 품질개선을 위한 하나의 경영철학이자 고객의 요구와 기대를 제품에 반영하는 TQM의 기초가 되었다.

## 5절 현대경영학파(Modern Management Foundations)

### 1. 시스템 이론(1960년대)

1960년대에 접어들면서 조직을 하나의 유기체로 설명하려는 경영관리학자들이 탄생되었다. 시스템(system)은 하나의 목적을 달성하기 위하여 여러 구성인자가 유기적으로 연결되어 상호작용하는 결합체라고 할 수 있다. 시스템에 관한 학문적 연구는 20세기에 들어와 경영학에서는 물론 다른 학문분야에서도 이 개념을 도입하기 시작하여, 오늘날 20세기는 시스템의 시대가 되었고, 이 같은 접근방법을 중요시하게 되었다.

### (1) 시스템 이론(system theory)

시스템이란 라틴어의 Systema에서 나온 말로 여러 개의 조합이라는 뜻을 가지고 있다. 시스템 이론에서 두 개의 기본적인 모형은 폐쇄형(closed)과 개방형(open)이다. 폐쇄 시스템은 그들의 주변환경에 의하여 영향을 받지도 않으며 상호작용하지도 않는다. 인간과 조직에 관한 테일러의 이론이나 페이욜 중심의 관리이론 또는 행동주의학파는 본질적으로 '폐쇄 시스템' 이론이다.

개방 시스템 이론은 조직은 주위환경과 함께 역동적인 상호관계 속에서 존재한다고 보았다. 버나드가 1930년대에 개방 시스템으로서 조직의 개념을 제시하였으나 그 개념이 보다 광범위하게 받아들여지기는 그 후 30년이 걸렸다. 오늘날 우리가 시스템으로서 조직을 이야기할 때는 개방 시스템을 말한다. 조직은 환경과 함께 끊임없이 상호작용한다는 것을 인정하는 것이다.

〈그림 2-2〉는 개방 시스템 관점으로부터 도출된 한 기업조직을 설명한 것이다.

**● 그림 2-2** 개방 시스템 이론

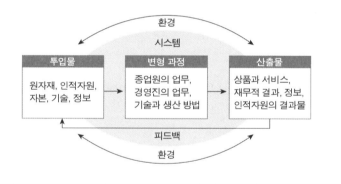

먼저 투입요소로서 원자재, 인적자원, 자본, 기술정보 등이 시스템에 투입되면 이는 변환과정을 거쳐 산출물인 제품이나 서비스, 이익이나 손실 등으로 산출된다. 그 과정에서 공급업자, 소비자, 주주, 정부, 지역사회 등의 외부환경과 상호작용을 하며 피드백을 통해 새로운 시스템활동이 계속적으로 이루어진다. 시스템적 접근방법은 조직 내의 다양한 활동에 상호의존성이 있다는 점을 강조한다.

기업조직 시스템은 외부환경의 변화에 어떻게 대처, 대응하느냐가 경영자들이 당면하는 가장 어려운 문제로 대두되게 됨으로써, 시스템적 이론에 바탕을 둔 시스템적 접근방법은 이러한 문제를 해결하는 방법을 모색하는데 공헌하고 있다.

### (2) 버나드와 사이몬의 시스템 이론

벨(Bell)전화회사의 사장이며, 록펠러(Rochefeller) 재단의 이사장인 버나드(C. Barnard)는 1938년 『관리자의 기능(The Functions of Executive)』이라는 저서를 발표하였는데, 그는 우선 조직을 상호작용하고 상호협동하는 총체 시스템으로 주장하였다. 그의 주장은 1960년대가 되어서야 연구자들에 의해서 조직을 하나의 시스템으로 이해하기 시작하였다.

그의 시스템체계는 협동체계의 성립, 공식조직의 성립조건, 공식조직의 균형, 의사결정 등의 문제를 포함하고 있다. 개인은 각기 주체적인 활동을 행하지만 그 능력으로 한계가 있으므로 자기의 능력 이상으로 목적을 달성하려고 할 때에는 타인과 협동체제가 형성되어야 한다는 것이다. 버나드는 조직이 대외적인 환경여건에의 적응을 통해서 외적인 균형을 확보해야 한다고 주장한다. 버나드는 추상적 개념인 조직이 성립되기 위해서는 활동주체인 인간의 공헌의욕과 그것을 총괄하는 공통목적 및 커뮤니케이션 등의 세 가지 요소가 필요하다고 주장한다.

사이몬(H. A. Simon)은 1945년 그의 저서 『Administrative Behavior』에서 관리과정은 의사결정의 과정에 지나지 않는다고 보고, 조직에 있어서 구성원의 의사결정과 이에 따른 조직의 반응을 분석함으로써 조직의 특성을 규명할 수 있다고 주장하였다. 조직적 의사결정이론은 의사결정에 관한 이론, 조직에서의 영향력 이론, 그리고 조직적 균형이라는 세 가지 관점으로 요약된다. 사이몬은 의사결정과정을 각종의 전제조건에서 결론을 유도하는 과정이라고 보고, 각 전제조건을 가치전제(행동의 목적)와 사전전제(행동의 수단)의 두 가지로 구분하였다. 사이몬은 의사결정의 주체인 인간은 일정한 합리성을 갖는 의사결정자로 보고 조직은 인간이 행하는 의사결정이 집약된 시스템이라고 하였다.

결론은 경영자들은 목표달성을 위해 시스템의 모든 부분을 효율적이고 효과적으로 다루어야 한다. 1960년대 중반부터 1970년대 중반까지 시스템 접근방법은 다른 학파를 통합하는 방법으로 많은 주목을 받았으나 외부환경 및 내부환경이 구체적으로 무엇인지 제시하지 못하고 단지 개념으로서만 발전되어 온 한계를 갖고 있다.

## 2. 컨틴전시(만약에 … 상황적 이론) 이론(1960년대)

### (1) 컨틴전시 이론(contingency theory)의 대두배경

테일러, 페이욜, 그리고 웨버와 같은 경영학자들은 그들이 일반적으로 가정하여 보편적으로 적용할 수 있는 경영과 조직의 원리를 우리에게 가르쳐 주었다. 그러나 그들의 이론에서 많은 예외사항이 그 후의 연구에서 발견되었다. 예를 들어, 보험회사는 자동차사고의 확률이 모든 사람에게 똑같지 않다는 것을 알고 있다. 나이, 성별, 자동차 운전경력 등이 자동차 사고에 영향을 주는 요소이다.

테일러의 노동의 분업은 많은 상황에서 가치가 있지만 직무가 무리하게 세분화될 수 있다는 것이다. 관료제도가 바람직스럽지만 다른 조직의 구조가 좀 더 효과적일 수 있다는 것이다. 의사결정에 종업원을 참여시키는 것도 때로는 비효율적일 수 있다는 것이다.

상황적 접근법인 컨틴전시 이론의 관점에서 보면, 조직의 관리방식은 조직의 크기, 직무기술, 환경 등에 따라서 [최적의 방식]이 여러 개 존재할 수 있기 때문에 테일러, 웨버 등의 이론처럼 합리적이고 유일한 방식(one best way)이 존재하는 것은 아니다. 컨틴전시 또는 상황적 접근(contingency approach)은 조직의 규모, 목적, 업무 수행능력 등이 다양하기 때문에 하나의 이론을 일반적으로 적용한다는 것은 무리라고 주장한다.

### (2) 컨티전시 이론

상황이론(contingency theory)은 1960년대 초 영국과 미국에서 시작되었다. 상황적 접근법은 상황에 따라 각기 상이한 방법이 존재하기 때문에, 모든 상황에 맞는 최선의 방법은 있을 수 없고 다양한 방식의 경영이 요구된다. 상황이론은 환경 또는 상황요인을 조건변수로 하고, 조직의 내부특성변수와 성과의 관계를 특성화하는 이론으로서 경영은 상황적인 것이기 때문에 경영자는 상황에 적합한 관리기술을 개발할 수 있어야 한다고 주장한다. 상황이론은 '만약에... 그렇다면(if...then)'이라는 가정을 활용하는 것이다. 이를 논리적으로 표현하면 '만일 X이면 Y이다'라는 표현보다는 '만일 X이면 Y이나 이는 상황 Z 하에서만 가능하다'라는 논리를 갖고 있다.

컨틴전시 이론은 〈표 2−3〉과 같이 네 가지의 컨틴전시 가변요소가 있다. 상황이론은 상위시스템인 환경과 하위시스템인 조직간의 상호작용에 주목하고, 각 시스템간이나 시스템의 내부 및 조직과 환경이 어떤 조건을 이룰 때, 조직의 유효성이 증가하는가를 규명하는 것이 기본개념이다.

**⋮ 표 2-3**   **주요 컨틴전시 가변요소**

| 요소 | 설명 |
|---|---|
| 조직의 크기 | 조직의 구성원 수는 경영자의 역할에 영향을 준다. |
| 직무기술 | 조직의 목적을 달성하기 위해서는 직무기술이 필요하다. 이는 투입을 전환시켜 성과를 만드는 것이다. 기술은 조직구조, 리더쉽 유형, 통제 시스템을 요구한다. |
| 불확실성 환경 | 정치, 경제, 사회, 문화 및 기술의 변화의 불확실성은 경영에 영향을 끼친다. |
| 개인적인 차이 | 성장률 또는 기대에 대한 욕구는 개인마다 차이가 있다. 이 같은 개인차는 모티베이션, 리더십, 그리고 직무설계시 중요하다. |

초기상황이론학자들 중 Fred Fiedler는 상황에 가장 적합한 리더십 스타일에 대해 연구했다. 그의 이론에는 조직의 크기, 직무기술, 환경의 불확실성, 개인차와 같이 상황이론에 흔히 쓰이는 변수들이 포함되어 있다.

### 3. Z이론(1980년대)

1970년대부터 미국기업의 경영자들은 일본식 경영에 대해 깊은 관심을 갖고, 미국기업들의 생산성 향상을 위해 일본식 경영을 미국기업에 이식해 보려는 노력을 시도하였다. 사회적, 경제적, 기술적 배경을 달리하고 있는 일본의 경영철학을 액면 그대로 도입하는 데는 어려움이 많았다. 일본은 실정에 맞는 경영학을 탄생시키는 노력과 성공적인 일본기업의 경영을 검토하여 독자적인

경영방식을 시도하였다. 1981년 UCLA의 오우치(W. Ouchi) 교수가 일본과 미국
이 다 같이 효과적인 어떤 절충식 경영이론 개발하려고 시도하였는데, 이것이
Z이론(Z theory)이다.

**🔴 그림 2-3** 미국, 일본 경영방식과 Z이론의 비교

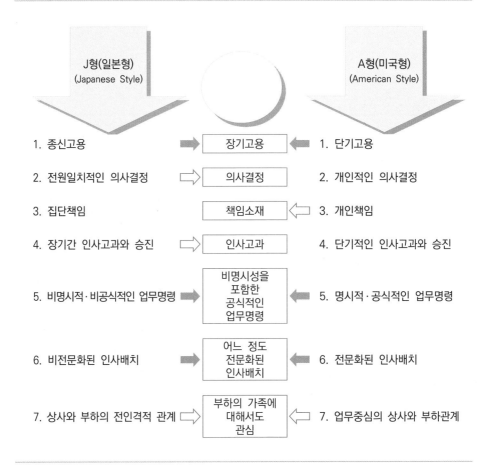

Z이론은 〈그림 2-3〉에서 보여 주듯이 미국식 경영을 A형으로, 일본식 경
영을 J형으로 명명하고, 미국이라는 사회적 틀 속에 일본식의 경영방식을 접
목시켜 절충된 것을 말한다. Z이론은 많은 경영실무자들에게 대단한 관심을
불러일으키고 실제실무에 적용토록 하였다. 그 반면에 연구방법이 비과학적이

라는 이유를 들어, 그것의 실효성에 의문을 제기하는 주장도 있다. 최근 미국 기업들이 일본식 경영기법의 하나가 되고 있는 팀워크 의식을 강화하고, 종신 고용제를 도입하며, 소집단 품질관리활동(QC 서클) 및 긴축생산방식(lean pro-duction) 등을 통한 경영혁신에 주력하고 있다는 것도 사실이다.

## 4. 총체적 품질경영(TQM)

기업의 경쟁적 우위를 확보함으로써 경쟁자보다 자신을 차별화하고, 충성고객을 확보하기 위한 경영 패러다임으로 총체적 품질경영(Total Quality Mana-gement: TQM)은 1950년대부터 시작하여 본격적으로 1980년대 이후 발전되었다. TQM은 1950년대 이후 일본에 비해 열세를 보이는 구미제국이 공업제품의 국제경쟁력을 향상시키기 위한 관리방식으로 품질위주의 기업문화를 창출함으로써 조직구성원의 의식을 개혁하고 궁극적으로 기업의 국제경쟁력을 제고하고자 하는 경영혁신운동이었다

TQM은 기업운영 전반에 걸쳐 최고의 업무품질을 달성해야 한다는 품질제일주의 사상으로 발전되었다. 생산, 마케팅, 회계, 물류에 이르기까지 전 부문의 모든 종업원은 자신의 업무품질 향상에 매진해야 한다는 것이다. TQM에 대한 개념은 학자에 따라 상이하다. 오클랜드(J. S. Oakland)는 "TQM이란 경영의 효율성과 탄력성을 전반적으로 향상시키기 위한 접근방법이며, 모든 부서, 모든 활동, 모든 수준의 구성원들을 조직화 하고 참여시키는 방법이다"라고 정의한다. 뱅크스(J. Banks)는 TQM을 "고객의 요구조건에 맞는 산출물을 창출하는 사람과 그 과정을 중시하는 모든 방법"이라고 정의한다. 한편, 핸드릭스(C. F. Hendricks)와 트리플랫트(A. Triplett)는 "고객의 욕구를 정확히 충족시킬 필요성과 작업을 처음부터 바르게 해야 하는 중요성을 강조하는 경영철학"이라고 정의하였다. TQM의 개념에는 다음과 같은 철학적 개념이 포함되어 있다.

첫째, 품질은 고객에 의해서 정해진다. 고객의 욕구에 의해 재화나 서비스의 특성이 정의되어야 하며, 그렇게 함으로써 진정한 고객만족, 나아가서 고객의 기쁨까지 창출할 수 있다는 것이다.

둘째, 고객만족을 창출하는 재화나 서비스를 생산하는 데 있어서의 과정을 중시하며, 인간위주의 경영 시스템을 지향하는 것이다.

셋째, 전체 구성원의 노력이 조직체 자신이 아니라 고객에 집중되어야 한다는 것이다.

TQM에 대한 개념을 종합하면, 몇 가지의 프로그램을 집합한 것이 아니라, 일종의 경영 시스템이며, TQM이 성공적으로 운영되어 측정 가능한 결과를 성취하기 위해서는 시간이 소요되며 또한 최고경영자로부터의 장기적인 열의와 몰입이 필수적임을 알 수 있다.

〈표 2-4〉와 같이 TQM은 품질관리보다는 조직구성원이 합리적인 관리방식과 과학적인 품질관리기법을 활용하여 조직 내의 모든 절차를 표준화하고 지속적으로 개선함으로써 고객만족을 달성하여 궁극적으로 조직의 장기적인 성장을 추구하는 경영 시스템이다.

**⁝ 표 2-4　TQM과 QC의 특징비교**

| 구분 | 품질관리(QC) | 전사적 품질경영(TQM) |
|------|-------------|---------------------|
| 경영이념 | 기업이념 | 고객만족 |
| 경영목표 | 제품과 공정의 불량감소 | 제품, 공정, 설계, 업무, 사람 등을 모두 포함하는 전사적 품질향상 |
| 개념 | 품질규격을 만족시키는 실시기법과 활동 | 품질방침에 따라 실시하는 모든 부문의 전사적 활동 |
| 품질책임 | 생산현장 중심의 QC전문가 | 최고 경영자, 관리자, 생산 작업자 |
| 동기 | 기업자체의 필요성에 의해 자율적 추진 | ISO에 의한 국제규격 |
| 사고 | 생산중심, 제품중심 관리법을 강조 | 고객지향의 기업문화 구성원의 행동의식 변화 |
| 관리기술 | SQC | QC, IE, VE, TPM, JIT 등 필요한 관리기술을 총체적으로 활용 |

TQM은 지속적 개선(continuous improvement)을 추구한다. 생산성과 품질향상을 위해 끊임없이 나은 업무방식을 모색하자는 것이다. 지속적인 개선에는 문제점 발굴 및 원인규명이 필수적이고 이를 위해 통계적 분석에 의한 성과측정이 필요하다.

한편 품질혁신 방법으로 최근 식스시그마(Six Sigma)기법이 널리 사용되고 있다. 식스시스마는 제품이나 업무의 불량수준을 측정하고, 이를 체계적인 방법을 통하여 무결점(Zero Defect)수준으로 줄이자는 전사적 품질혁신 방법이다. 식스시그마가 추구하는 불량률은 100만개 중 3, 4개에(99.9997%) 불과하다.

어떤 기업이던 글로벌 경쟁에서 생존하기 위해서는 생산원가절감과 품질향상이라는 두 마리 토끼를 잡지 않으면 안 된다. 이를 위해 기업이 흔히 선택하는 방식이 TQM 이외 린 생산방식, 공장자동화, 서비스업 자동화 등이다.

### (1) 린 생산방식을 통한 낭비의 제거

린 생산방식(lean manufacturing)은 부품재고를 쌓아두고 생산하는 방식을 피하고 원자재와 부품이 적시에 공급되는 시스템을 갖춤으로써 재고비용을 줄이는 한편 종업원의 적극적인 참여를 유도하여 생산품질을 높이려는 혁신적인 방식이다. 린 생산방식은 재고를 두지 않고 적시에 부품을 공급한다는 의미에서 JIT(just−in−time) 방식이라고도 한다. JIT 방식은 고객의 주문이 생산과 부품 구매를 견인(pull)하는 방식이어서 재고 없이 부품과 자재를 상시 공급받아야 하는데, 이를 달성하기 위하여 공급하는 협력업체와 긴밀한 업무협조가 필수적이다.

### (2) 공장자동화

컴퓨터 기술의 발전으로 과거에는 상상하지도 못했던 비약적인 공장자동화가 가능하게 되었다. 컴퓨터 기술을 이용한 자동화의 대표적인 예로 컴퓨터 지원 설계 시스템(Computer Aided Design: CAD), 컴퓨터 지원생산 시스템(Computer Aided Manufacturing: CAM), 로보틱스(Robotics), 유연생산 시스템(Flexible Manufacturing System: FMS), 컴퓨터통합생산 시스템(Computer Integrated Manufacturing: CIM) 등을 들 수 있다. CAD는 컴퓨터로 제품을 설계하고 설계한 제품을 3차원 영상으로 구현하여 다양한 시험을 가능케 하는 시스템으로 제품의 설계사양을 변경시키면서 성능을 관찰할 수 있다. CAM은 생산공정을 컴퓨터로 통제하는 시스템으로 전체 공정의 작업순서와 일정을 결정해 준다. 로보틱스는 컴퓨터로 동작을 조종할 수 있는 기계를 로봇(robot)이라 하는데 로봇을 설계하는 제반기술을 로보틱스라 한다. FMS는 로봇, 공작기계, 운송기기 등을 컴퓨터로 통합하여 자동화한 시스템이다. CIM은 FMS에 구매, 재고, 생산 등 관리업무를 통합한 시스템이다.

### (3) 서비스업의 자동화

생산 공정의 자동화는 제조업뿐만 아니라 서비스업에서도 활발히 진행되고 있다. 은행이 운용하는 현금자동지급기(Automated Teller Machine: ATM), 폰뱅킹 시스템, 온라인뱅킹 시스템, 소매점에 설치된 판매시점관리(Point-of-Sales: POS) 시스템 등이 서비스 자동화의 대표적인 예이다. POS 시스템을 사용하면 상품의 판매흐름을 단위품목별로 파악할 수 있을 뿐만 아니라 신제품이나 판촉제품의 판매경향과 판매시간대, 판매가격과 판매량과의 상관관계, 경쟁제품의 판매경향 등을 세부적으로 파악할 수 있고, 이를 바탕으로 마케팅 전략을 효과적으로 수립할 수 있다. 수작업에 의존했던 재고 발주, 배송관리 체계를 단순화, 표준화시켜 원가를 절감할 수도 있다. 할인판매점 시장의 선두주자인 월마트(Wal-Mart)는 전 세계매장의 POS 시스템을 위성으로 연결하여 상품 유통계획을 수립하고 있다.

## 5. 정보화 시대(1980년대~현재)

정보화 시대는 1837년 Samuel Morse의 전신개발 이후부터 시작되었다고 볼 수 있다. 정보기술에 관한 극적인 변화는 20세기 후반에 일어났고 이는 경영자들이 업무에 직접적인 영향을 미치게 되었다. 경영자들은 이제 재택근무를 하거나 지구 반대편에 있는 구성원들을 관리할 수도 있다. 조직의 구성원들이 mobile을 이용하여 서로 통신을 하고 있다.

1700년대 산업혁명의 충격만큼이나 정보화 시대는 조직이 경영되는 방식에 극적인 변화를 일으키고 있다. 정보기술은 기업활동뿐만 아니라 세상 자체를 바꿔놓고 있기 때문이다. 그러므로 경영의 초점이 이제는 정보기술을 활용하고 축적하고 발전시키는 방향으로 나아가게 되었다. 인적자원관리도 구성원들에게 노력과 충성을 강요하기 보다는 그들이 가지고 있는 정보기술을 공휴하게 하며 그 지식이 더욱 증대되도록 하는 것이 주요 목표가 되었다. 정보와 지식만 있으면 자본과 시설은 쉽게 확보할 수 있기 때문에 이들이 가장 중요한 경영요소가 되었다.

## 6. 경영이론의 미래

### (1) 관계경영

최근 들어 기업이 주력하는 것 중 하나로 관계경영 분야가 있다. 관계경영(relationship management)이란 기업이 고객은 물론 모든 이해관계자들과 장기적인 우호관계를 형성하여 고객만족도와 매출, 이익 등을 제고하려는 경영전략이다. 다시 말해 한 번 고객을 영원한 고객으로 붙들어두고, 우리 회사와 거래하는 다른 회사와도 서로 이익을 볼 수 있는 관계를 형성하자는 것이다. 장기고객은 신규고객보다 훨씬 중요하다. 즉 장기고객은 더 이상의 유치비용이 필요 없다는 장점이 있다. 다른 회사로 넘어가는 고객이 많으면 그만큼 매출이 줄어들고, 신규고객 유치에도 비용이 많이 든다. 이런 이유로 항공서비스업이나 통신서비스업과 같이 특히 장기고객이 중요한 업종에서는 고객이탈을 막고 고객충성도를 높이려는 노력을 다각적으로 기울이고 있다. 여기서 20 : 80 Rule을 적용할 수 있는데 20% 고객이 80% 매출을 올려준다는 이야기다. 관계경영의 한 예로 항공사를 보자. 대한항공은 회원 고객을 탑승거리에 따라 스카이패스(skypass), 모닝캄(morning calm), 밀리언마일러(million miler) 등으로 구분하여 차별적 혜택을 준다. 탑승거리가 일정 마일리지에 달하면 국내외 항공권 무료제공이나 좌석 업그레이드, 제휴호텔 할인, 제휴렌트가 할인 등과 같은 여러 혜택을 받을 수 있다.

관계경영은 우리 회사에 납품하는 공급자(supplier)도 대상이 된다. 우리 회사가 상품이나 서비스를 원활하게 생산하려면 공급자도 우리의 주문사양이나 생산계획, 운영원칙에 맞추어 원자재나 반제품, 서비스 등을 차질 없이 제공해야 한다. 이에는 무엇보다도 상호 신뢰가 중요하며, 신뢰야 말로 양사가 공동으로 발전하는 밑거름이 된다.

### (2) 학습조직이론

경영이론은 계속 발전하고 있으며 현대경영은 학습조직 접근법(learning organization approach)을 중요시 한다. 학습조직이란 스스로 배우는 기업을 말한다. 조직의 환경변화를 예측하고 기업경영에 새로운 정보와 지식을 습득하고, 이전할 뿐만 아니라 새로운 지식에 맞게 행동을 수정하는 조직을 말한다.

학습조직은 체계적인 문제해결, 새로운 아이디어의 시도, 경험과 과거 역사로부터의 배움, 지식의 조직 전체로의 전달을 강조한다. 학습조직의 본질적인 아이디어는 문제해결이다. 이는 효율을 강조하는 전통적인 조직과 대립된다. 〈그림 2-4〉는 학습조직을 구성하는 3대 요소를 설명하고 있다. 전통적 조직에서는 변화에 대한 태도가 문제가 없으면 무변화로 대응하는데 학습조직에서는 "변하지 않으면 죽는다"라는 태도를 가지고 경영에 임하는 것이 특징이다. 과거와 같이 몇몇 소수 엘리트가 조직을 이끌고 나머지 구성원은 반복작업만을 해서는 다른 기업과 경쟁을 할 수 없기 때문에, 기업은 모든 구성원이 학습능력을 지속적으로 갖추도록 해주어야 한다.

**그림 2-4** 학습조직의 3대 요소

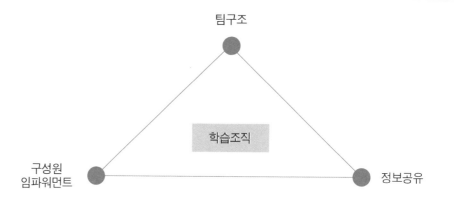

# 경영환경
## Management Environment

사회적 기업가: 그라민뱅크

[전국경제인연합회]
궁금할 때 펴보는
글로벌 기업윤리 Best 11

# 신 경영환경

New Management Environment

CHAPTER 3

# 신 경영환경

## 도입사례 윤리경영과 기업의 명성

1982년, 미국 시카고에서 타이레놀을 복용한 후 7명이 사망했다. 이 사건으로 해열진통제의 최강자였던 타이레놀의 시장점유율은 7%까지 추락했다. 타이레놀 제조사인 존슨앤존슨의 CEO 제임스 버크는 즉각 사과하고 2억 4,000만 달러를 들여 타이레놀 3,100만 병을 수거해 폐기했으며 원인이 밝혀질 때까지 해당 제품을 복용하지 말라고 권고했다. 이후 경찰조사를 통해 누군가 약국에서 타이레놀을 사다가 독성 물질을 주입한 후 다시 반품했던 것으로 결론이 났으며, 존슨앤존슨은 혐의가 없는 것으로 밝혀졌다. 한때 컨설팅 회사로부터 브랜드를 포기하라는 권유를 받았던 타이레놀은 투명한 정보공개와 신속한 조치로 소비자들의 신뢰를 회복할 수 있었고 존슨앤존슨은 대표적인 지금까지 지속가능한 기업으로 성장하였다.

이제는 너무나도 유명한 사례가 되어버린 이 사건은 윤리경영과 기업의 명성이 직결되어 있음을 잘 보여준다. 과거 엔론이나 월드컴, 그리고 최근의 도요타 사례를 통해 우리는 업계 최고의 자리에 있던 기업들이 한 순간에 무너질 수 있음을 보았다.

오래도록 지속가능한 기업이 되기 위해 어떻게 윤리경영을 실천하고 기업의 명성을 제고할 수 있을까? 국내외 기업의 사례를 통해 살펴보자.

◎ GE(General Electric)

GE는 저개발국 주민들이 지불할 수 있는 가격과 사용의 편의성을 관건으로 삼고, 이를 실천하기 위해 현지에서 필요한 제품을 현지기술로 개발한 후 글로벌시장으로 확대 판매하는 방식을 채택했다.

- 중국 등 지역적으로 멀어 대형병원에 가기 어려운 환자들을 위한 초소형의 휴대용 초음파진단기를 출시해 의료 사각지대 해소에 기여하였다.

- 인도에서는 7개의 버튼으로 사용할 수 있는 초간편형 심전계를 현지기술로 개발하여, 미국 내 가격의 10분의 1수준에 불과한 1,000달러에 판매하여 보급하였다.
- 현지에 적합한 제품개발과 보급을 통해 사회적인 명성과 함께 자사의 제품시장을 확대할 수 있었다.

◎ 인텔(Intel)
인텔은 세계 최빈국의 하나인 나이지리아 내 200여개의 학교에 'Classmate'란 저가노트북을 개발하여 공급하였다.
- 정부지원금으로 노트북, 디지털 커리큘럼을 무상 제공하며, 교사가 사용하는 화이트보드를 노트북과 네트워크로 연결해 교사와 학생의 상호교환이 가능하도록 하였으며, 안정적인 전력공급을 위해 디젤발전기를 학교에 설치하고 무선인터넷 환경을 제공하였다.
- 이러한 활동으로 인텔은 아프리카 시장에 자사 브랜드를 널리 알리고 명성을 쌓는 효과를 거두었다.

◎ 머크(Merck)
1987년, 미국의 의약품 업체인 머크는 WHO, 세계은행 및 수많은 NGO들과 협력하여 실명을 유발하는 사상충병(River Blindness) 치료제인 멕티잔(MECTIZAN)을 필요한 곳에 보급·지원하겠다는 '멕티잔 기부 프로그램'을 발표하였다.
- 사상충병(River Blindness)은 오염된 강가에 사는 빈곤층을 중심으로 전 세계 1,800만명이 앓았던 질병으로, 감염시 전신에 기생충이 퍼지고 심지어 실명을 유발하기도 했는데 머크에서 개발한 신약이 강력한 효능을 보였다.
- 그러나 질병을 앓고 있는 해당지역 주민들은 멕티잔을 살 경제적 능력이 없었으며, 그 지역의 정부도 자금부족으로 투자할 수 없는 상황이라 치료제를 개발해도 이윤을 남길 수 없었으나, 수익성이 낮다는 이유로 개발된 기술을 폐기하지 않고 기부 프로그램으로 전환했다.
- 프로그램이 시작된 이래 25억 개의 약을 기부하여 약 7억 명의 환자를 치료하였으며, 지금도 아프리카, 남미지역에서 수많은 환자가 혜택을 받는 상황이다.
- 머크의 멕티잔 기부 프로그램은 생명을 보존하고 개선하는 비즈니스에 종사하고 있는 기업의 책임을 다한 대표적인 사례로 손꼽히며 기업의 명성을 높이는 계기가 되었다.

◎ 나이키(Nike)
세계적인 스포츠용품 업체인 나이키는 캄보디아와 파키스탄의 협력업체에서 아동노동력을 사용한 비윤리적 경영활동이 드러나 기업명성이 저하되면서 실적 악화로 이어졌다.

- 이후 윤리경영을 강화해 미국, 유럽시장에서 선도적인 윤리적 기업으로 탈바꿈해 과거의 명성을 되찾았다.
- Reuse-A-Shoe라는 신발재활용 캠페인을 통해 브랜드에 상관없이 중고운동화를 수집해 'Nike Grind'라는 새로운 물질을 만들어 운동장, 놀이터 바닥재로 재활용하여 어린이와 청소년을 위한 친환경적이고 안전한 운동장을 만들었으며, 지역사회 및 비영리단체에 운동장 건립기증 캠페인을 전개하였다.
- 이로써 과거에 문제가 되었던 후진국 노동력 착취기업이라는 이미지를 탈피하고 사회공헌 기업으로 이미지를 쇄신하였다.

### 기업의 명성과 윤리경영에 대한 제언

2004년 세계경제포럼(World Economic Forum)에서 기업의 성공여부를 가늠할 수 있는 주요요소로 기업의 주가나 수익성이 아닌 기업의 명성을 손꼽았다. 또한 포춘(Fortune)지나 월스트리트저널(Wall Street Journal)등도 다양한 방법과 항목, 지수를 활용하여 기업명성을 평가·조사하여 발표하고 있다. 2005년 10월, EIU(Economist Intelligence Unit)가 글로벌 기업들의 중견 리스크관리 담당 임원 269명을 대상으로 한 조사에서도 기업이 직면한 13가지 리스크 중 기업의 명성에 대한 리스크를 가장 치명적인 위험으로 인식하고 있음이 드러났다.

위의 기업 사례들을 보았을 때, 기업의 윤리적인 경영은 명성을 높이기 위한 효과적인 전략임을 분명하게 확인할 수 있다. 예기치 않게 기업의 이미지와 명성에 손상을 입었을 경우에도 존슨앤존슨의 사례처럼 과감한 조치를 취하는 등의 관리가 성공한다면 기업에 대한 신뢰와 긍정적인 이미지를 지켜나갈 수 있을 것이다. 반면, 업계 최고의 자리에 있었던 도요타와 같이 위기상황에 대한 은폐와 부적절한 대응은 평판을 더욱 저하시키게 될 것이다.

# 1절 경영환경의 본질(Nature of Business Environment)

혹한에 시달리는 시베리아는 주택의 창문이 밖으로 나와 있지만 출입구는 작게 구성되어 있다. 창문이 나와 있는 목적은 햇빛을 조금이라도 더 받으려고 하는데 있다. 기업도 상위시스템인 환경 시스템 속에서 영향을 받고, 또한 영향을 주면서 존속·성장하는 개방 시스템(open system)이다. 이것은 기업의

의사결정이 기업을 둘러싸고 있는 환경에 의해서 직·간접적으로 영향을 받는
다는 것이다.

## 1. 기업환경의 의의

기업환경이란 기업조직의 능력에 영향을 미치는 것으로서 기업의 외부에
있는 상황적 요소라고 정의할 수 있으며, 기업활동과 상호작용하는 모든 주변
상황 및 환경요인을 포함한다. 기업환경은 기업의 존속·성장에 관련되어 기
업의 내·외부에 있어서 기업이나 기업의 경영활동에 영향을 미치는 모든 요
인이라고 말할 수 있는데, 기업환경을 구성하는 요인은 매우 다양하며, 그 범
위도 대단히 넓다. 기업환경과 기업과의 관계는 대단히 중요한 것이며, 이것
은 하나의 유기체로서 기업이 존속·성장하려면 환경에 적응해 나가지 않으면
안 된다는 사실에 근거하고 있다.

## 2. 기업환경의 중요성

기업은 하나의 생태 시스템(ecological system)으로서 사회·경제·기술적인
환경과 그 환경 속에서 적자생존을 위한 부단한 노력을 할 수 있는 때, 비로
소 그 사회 속에서 유지와 존속이 가능해진다. 기업이 급격하게 변화하는 환
경 속에서 움직이고 환경적응과 환경개발을 도모할 수 있을 때, 기업은 존속
하고 발전할 수 있다. 이에 따라 기업환경의 문제가 중요시되는데, 그 이유는
다음과 같다.

### (1) 규모증대에 따른 기업의 사회적 책임의 강조

기업의 규모가 커짐에 따라 그 활동이 인간생활에 대해 크게 영향을 끼침
으로써, 기업의 사회적 영향을 고려하게 되었다. 대기업들이 사회적 환경에
대해 미치는 영향을 기업의 사회적 책임에 포함시킬 수밖에 없는 입장에 처하
게 되었다.

## (2) 경쟁심화에 따른 예측과 적응의 곤란성

기업의 경쟁이 격화되고 또한 환경조건이 복잡해짐으로써, 급변하는 추세에 따라 의사결정을 하는데 환경변화를 예측하고 대책을 수립하는 것이 어렵게 되고 있다.

## (3) 전사적 시스템으로서의 중요성

변화하는 환경조건에 대응하기 위해서는 한 부서에 집중하기보다는 기업전체적 측면에서 전사적 시스템을 운영할 수 있는 조직적 계획이 요구된다. 환경의 하위시스템으로서 기업이 전사적 시스템을 파악함으로써, 환경에 대한 이해가 중요성을 갖게 된다.

## (4) 기업활동에 대한 정부의 규제강화

급속한 문화적, 사회적, 기술적 발전이 대중의 소비생활과 소비형태를 변화시킴으로써, 기업의 경영활동을 규제할 각종 규제사항이 정부에 의해 강화될 필요가 생겼다.

## (5) 환경오염문제에 대한 사회적 인식에 증대

기업의 생산활동으로 각종 오염물질이나 유해물질이 배출되어 산업공해를 유발함으로써, 이로 인해 생태계를 파괴함에 따라 환경오염에 대한 사회적 인식이 증대하게 되었다.

## (6) 환경보호와 ISO 환경표준화의 실시

지구환경보호문제를 무역과 연계해서 다자간 국제무역 질서를 출범시키기 위해 선진국에서 제기하고 있는 그린라운드(Green Round: GR)의 영향은 국제적 차원에서 기업의 환경보호에 대한 관심과 대책을 유도하고 있다. 환경관련규격들을 통일하여 국제표준화기구(International Standard Organization: ISO)는 1996년 국제품질표준규격과 더불어 환경인증(ISO 14001)을 제공함으로써 기업경영 전반에 대한 평가를 하도록 한다.

결론적으로, 기업환경은 위협이 되기도 하지만 기회를 제공하기 때문에, 성공적인 기업들은 변화하는 환경을 지속적으로 주시하고 적응하는 것이 중요하다는 사실을 알고 있다.

## 3. 기업환경의 모델과 요인

기업이 올바르게 인식해야 하는 환경요인에는 경제적 환경, 사회적 환경, 기술적 환경 등으로 분류할 수 있으나, 일반적으로 내부환경과 외부환경 또는 미시적 환경과 거시적 환경 등으로 나눌 수 있다. 거시적 환경이란 기업의 활동에 대하여 직접적인 상호작용이 이루어지지 않는 포괄적 성격의 광범위한 사회적 영향요인으로, 기업의사결정에 간접적 영향을 끼친다. 반면에 기업과 아주 밀접하게 관련되어 기업의 능력과 활동에 대한 의사결정에 직접적으로 영향을 미치는 것을 미시적 환경이라고 한다(〈그림 3-1〉 참조).

**그림 3-1** 기업환경의 구성

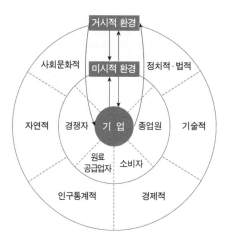

**2절 기업의 환경요인(Environments of Business)**

## 1. 거시적 환경(macro environment)

거시환경은 일반환경 또는 외부환경이라고도 하며 모든 조직에 간접적 영향을 미치는 환경으로 그 범위가 매우 넓은 비특징적 요인으로 구성되어 있다. 거시적 환경은 ① 국내외 경제적 상황을 포함하는 경제적 환경, ② 법률 및 제도적 환경을 결정하는 국가·정치적 및 법률적 환경, ③ 생산 양식을 결정하는 기술적 환경, ④ 사람과 관련되는 인구의 구성에 관한 인구 통계적 환경, ⑤ 자연자원 및 공해 등과 관련되는 자연적 환경, ⑥ 사회의 가치관, 지각, 선호성 및 행동 등에 영향을 미치는 사회·문화적 환경 등으로 분류된다.

### (1) 경제적 환경(economic environment)

2008년 미국의 주택대출 시장에 불어 닥친 혼란에서 시작된 경제위기는 금융시장으로 확대되었고 대공황 이후 최악의 사태를 초래하게 되었다. 부동산차압, 금융시장의 침체, 엄청난 공공부문의 부채, 실업에 따른 사회문제가 발생하면서 미국과 세계경제환경은 장기적으로 변화하기 시작하였다. 2008년 금융시장에 혼란이 발생하자 사람들은 미국의 경영자들에게 화를 내기 시작하였다. 종업원의 대규모 구조조정, 주식가치 폭락이었음에도 불구하고 최고경영자들은 높은 보너스를 챙겼다. 1900년대 초 이후로 미국적 경영방식은 사업을 조직화 하는데 가장 중요한 모델이 되었다. 기업의 소유권과 경영권을 분리하는 모델, 대량생산 기술에 기초한 대규모생산, 개방적 시장, 계층화된 조직구조, 단체교섭 등의 방식이 모두 미국에서 발생하였다. 많은 국가의 경영조직들은 이 모델을 모방해서 조직화 되었다.

전문가들은 미국 경제가 침체기를 거친 후에 이러한 방식들이 사라질 것이고 예전과 동일하게 지속되지는 않을 것으로 예측하고 있다. '새로운 방식'이 나타나서 새로운 기준(new norm)이 될 것으로 믿고 있다. 경영자들이 기업을 경영하는 방식은 특히 금융시장과 정부의 역할, 소비자 보호를 중심으로 큰 변화가 있을 것이다. 경영자들은 기업을 경영하고 조직 내 사람들을 다루는데 있어서 의사결정이 어려워질 것이다. 이러한 결정은 기업들이 세계를 상대로 어떻게 경영을 하고, 책임감과 윤리를 바탕으로 사회의 기대에 어떻게 부응할 것이며, 자신의 노동력을 어떻게 다루고, 많은 소비자들을 어떻게 대응해야 하는지에 관한 것들이다.

경제적 환경이란 기업활동과 직접적인 관련을 가지는 GNP, 물가수준, 산업구조, 경제정책, 경기변동, 환율, 국제유가, 재정정책, 통화정책 등이 있다. 기업은 자본주의를 주축으로 하여 자유경제체제하에서 사유재산을 소유할 수 있으며, 이를 기반으로 이윤추구행위를 하고, 또한 자유경쟁의 원리에 따라서 시장을 대상으로 생산활동을 수행한다. 기업은 국민경제를 구성하는 개별경제로서의 생산활동을 능률적으로 수행하는 생산실체이므로, 경제적 환경은 다른 환경과는 달리 소비자의 구매력과 소비유형에 영향을 미친다. 직접적이고 또한 즉각적인 영향을 미치고 있다는 점에서 가장 중요한 요인이다.

이러한 경제적 환경에는 경제체제나 경제성장, 산업구조, 경쟁, 국민총생산, 재정정책이나 금융정책, 인플레이션, 소비성향의 변화, 수출입 동향 등 다양하게 나누어진다. 또한 기업이 위치한 특정지역의 경제적 환경이나 환율, 국제수지 등 다양한 기능적 요소가 있다.

## 1) 경제체제

경제체제란 경제의 기본적 구성요소인 경제이념, 질서 및 기술의 세 요인의 상호관계에 의해서 형성되는 경제 형태로서, 경제행위와 결과에 직·간접적으로 영향을 미치는 모든 제도, 조직, 법규, 전통, 신념, 태도, 가치, 금리 및 그 결과로 발생하는 행동패턴을 포함한 경제 형태로 정의된다. 우리가 취하고 있는 경제체제는 자본주의에 바탕을 둔 자유기업제도인데, 이는 경제적 환경의 중심이 되는 시장이 기업이나 산업과 밀접한 관련을 가지고 있음을 나타낸다. 즉, 기업은 시장을 통해서 생산에 필요한 제 자원을 획득하는 반면에, 기업이 생산한 제품과 서비스를 시장을 통해서 판매하고 있다. 따라서 이러한 시장조건에 맞추어서 기업활동은 영향을 받는다. 자본주의 경제체제하에서 기업의 경영활동은 정부가 주관하는 경제정책과 또한 규제와 통제를 원칙으로 하기 때문에, 기업으로서는 당연히 이러한 기본적 사실을 경영방침이나 경영 정책에 반영해 나아가야 한다.

### 2) 산업구조

한 나라의 경제는 여러 산업으로 구성되어 있으며, 기업은 특정의 업종에 속하여 산업을 구성하고 있다. 여기에서 산업구조란 한 나라의 국민경제 속에 있는 여러 산업이 어떠한 비중으로 구성되어 있는가를 나타내는 것이다. 일반 적으로, 산업구조는 경제가 성장함에 따라 1차 산업에서 2차 산업으로, 그리 고 3차 산업의 비중이 커지는 서비스화의 과정을 밟아 산업구조는 점차 고도 화 되어 간다. 또한 근간에는 탈공업화 사회로 진전하면서 지식집약형 산업이 차지하는 비중이 높아지고 있어 산업구조의 지식집약화에 의한 고도화가 추 진되고 있다.

산업구조가 경제적 환경으로서 중요한 의미를 갖는 것은 한 나라의 경제 를 주도하는 산업이 어떤 것인가에 따라, 그 산업에 속한 기업들의 경제활동 과 경영전략이 직접적인 영향을 받기 때문이다. 예를 들어, 현재 우리나라는 3차 산업 중 통신산업과 유통산업에 집중하고 있으므로, 이러한 산업구조의 변화는 기업의 성장전략에 영향을 미치고 있다.

### 3) 재정·금융 정책

정부의 재정 및 금융 정책은 기업에 대해 중요한 투입요소가 된다. 정부 는 경기변동의 여건에 따라 적절한 재정·금융 정책을 통해 재정지출, 세금, 통화공급 및 금리의 조정 등으로 경기의 진정과 회복을 주도하고 있다. 기업 의 성장과 위축도 이런 경기변동에 따라 결정되는 경향이 있으므로 기업은 경 기변동에 미리 대처해야 하며 또한 그에 따른 정부의 대응정책에 적응해야 한 다.

### 4) 소득의 변화와 구매력

국민소득의 규모와 그 분배양상은 그 나라의 소비수준과 규모를 결정하는 데, 그 수준과 규모는 바로 기업의 제품과 서비스의 판매와 직접 관련이 된다.

국민소득에는 GNP, NNP, NI, DI, PI 등 여러 가지가 있으나, 국민소득의 결정에 가장 큰 영향을 미치는 것은 가처분소득(disposable income)으로서, 이는 개인소득에서 일체의 개인세를 뺀 나머지 소득으로 소비 및 저축을 자유롭게 할 수 있는 소득이다. 소득분배에 의한 소득분포도 중요하다. 소득의 분배가 바람직하지 못함으로써 고소득자와 저소득자의 차이가 심할 때 소비수준은 떨어질 가능성이 있다. 그 이유는 소비성향(소비의 증가분/소득의 증가분)은 소득이 증가될수록 저하되고, 고소득층이 많아질수록 그들의 소비성향이 낮아지기 때문이다. 2010년대는 "긴축하는 소비자"의 시대가 되어가고 있다. 즉, 명목소득은 증가하였지만, 실질소득이 감소함에 따라 소비자들은 절약하면서 침체하는 기에 적응하고 있다.

### 5) 시장의 형태

기업은 시장형태의 특성에 따라 의사결정과 행동을 해야 한다. 왜냐하면 시장의 형태가 완전경쟁시장, 과점시장, 독점시장 중 무엇이냐에 따라서 기업은 각기 다른 마케팅 전략을 구사해야 하기 때문이다. 또한 시장형태에 따라 기업의 생산규모와 가격전략도 달라지게 된다. 과점상태에 있는 경우, 과점가격은 독점가격과 달라서 경직 가격화 하는데, 이는 어느 기업이 가격을 변경하면, 다른 기업도 같은 조치를 취하게 되어 과점기업이 다른 과점기업의 가격방침에 준하려 하기 때문이다. 그리고 완전경쟁상태의 시장의 경우, 기업은 시장을 주어진 경제적 여건으로 보고 자신의 가격과 생산량을 시장수요와 시장공급에 맞추어 나가야 한다.

### 6) 물가동향

한 단위의 재화와 교환하는 화폐의 단위수를 그 재화의 가격이라고 한다면, 물가는 모든 재화의 가격을 한 묶음으로 관찰함으로써 얻을 수 있는 개념이다. 이와 같은 물가현상을 표현하는 척도를 물가지수라고 하는데, 물가지수를 계산하는 목적은 생산자의 입장에서 본 화폐가치의 변동 상황을 파악하는 데 있다. 화폐가치는 경제가 인플레이션 상태에 있느냐 또는 디플레이션 상태에 있느냐에 따라 달라지며, 기업은 이와 같은 인플레이션갭과 디플레이션갭을 충분히 감안하여 경영정책을 전개해야 한다.

### 7) 국제유가

저유가는 원유를 100% 수입하고, 수출주도형인 한국경제에 양날의 칼이다. 국제유가하락은 기업생산과 가계소비의 호주머니 사정이 여유가 생기는 반면, 산유국에 대한 수출감소, 디플레이션 발생 등의 우려도 발생시킨다.

### 8) 환율 및 세계경제의 변화

수출입에 영향을 미치는 환율 역시 정부의 정책적 판단에 따라 중앙은행이 외환시장에 개입하는 사례가 일반화되고 있다. 오늘날 경제가 세계화함에 따라 국가경제는 세계경제와 분리할 수 없으므로 세계경제의 변화가 기업에 크게 영향을 미친다. 우리가 일상생활에서 사용하는 각종 제품은 하나의 국가에서 생산되지 않고 세계 각국에서 생산한 부품이 조립되어 판매되고 있는데, 이러한 경제의 세계화는 국가간의 분업구조의 변화를 의미한다.

한 국가의 경제적 환경변화는 세계시장에서의 변화와 직결되어 있으며, 결국 기업의 경영에 중대한 영향을 미치게 된다. 세계경제와 시장의 구조변화는 무역 및 투자 활동에 있어서의 국제적인 규범의 변화를 필연적으로 요구하게 된다. 경제적 현실의 변화를 반영하는 세계경제 질서의 변화도 기업으로서는 반드시 주목해야 할 환경적 요소이다. 특히 최근의 현상인 FTA협상 등은 기업에게는 새로운 경영환경을 조성하고 있다.

### (2) 인구 통계적 환경(demographics)

인구 통계적 환경이란 인구수, 인구밀도, 주거지, 연령, 성별, 인종, 직업 및 기타 인구와 관련된 환경으로서, 사람이 바로 시장을 구성한다는 의미에서 주요한 관심사 중의 하나이다.

폭발적인 인구의 증가는 기업에게 중대한 시사점을 제공하는데, 인구의 증가는 만족시켜야 할 인간욕구의 증가를 의미하므로 구매력이 있기만 하다면, 인구의 증가는 시장기회가 증가한다는 것을 의미한다.

### 1) 연령구조의 변화

가장 중요한 인구 통계적 추세는 연령구조의 변화이다. 인구는 출생률의 장기적인 둔화로 평균연령을 떨어뜨리는 젊은층이 점차 감소하고 있으며, 기대수명의 증가로 평균연령을 높아지게 하는 노인층이 점차 많아지고 있어 점차 인구가 고령화되고 있다.

특히 베이비붐(babyboomer) 시대의 지속적인 지배와 베이비버스터(baby-buster) 세대의 등장은 연령별 인구분포의 변화를 초래케 하였다. 어린이를 적게 낳는 시대인 1970년대 중반에 들어서면서 출생률이 현저하게 감소하고 있다. 개인생활수준 향상의 욕망, 산아제한 기술의 발전, 여성들의 취업욕망의 증대 등에 의해 핵가족 추세가 진행되고 있기 때문이다. 이러한 연령분포의 변화는 경영의사결정에 크게 영향을 주고 있다.

### 2) 욜로(You Only Live Once)족 등장

'인생은 오직 한 번뿐이다'라는 뜻으로 현재의 행복에 치중하며, 1인 가구의 증가, 싱글족, 포미족, 혼족 등으로 대표되는 나홀로족과 비슷한 맥락에 있다. 가족이 없는 가구, 즉 독신가구가 등장하고 있는데, 이로써 소형아파트, 작고 편리하면서도 비싸지 않은 가전제품, 가구류, 주거용품 및 작은 포장단위의 포장식품 등을 선호한다. 여행, 패션, 인테리어, 취미 등의 업종이 인기를 끌고 있다.

### 3) 인구의 지리적 이동

인구가 도시에 집중되어 있느냐 또는 농촌에 분산되어 있느냐에 따라 기업의 경영전략도 달라진다. 즉, 인구의 이동은 바로 소비자로 구성된 시장의 이동을 의미하기 때문이다. 이러한 인구의 이동은 우선 시골에서 도심지역으로 이동되며, 다시 도심지역에서 교외지역으로 이동되고 있다. 또한 도심의 재개발로 인해 교외에서 다시 도심으로 인구가 이동되고 있는데 이러한 이동은 경영전략 중에서도 특히 마케팅 전략의 변화를 촉진한다.

## (3) 자연적 환경

자연적 환경이란 기업경영활동에 의해서 영향을 받거나, 기업에 의해서 투입요소로 사용되는 자연자원의 변화를 말한다.

### 1) 원자재(부존자원)의 부족

인구는 증가하는 반면에 자원에 한계가 있을 때, 경제는 커다란 애로에 직면하게 된다. 즉, 기업의 생산활동은 유한한 자원을 가공·처리함으로써 큰 효용가치와 사용가치를 창조하는 것인데, 이와 같은 자원이 절대적으로 부족할 때, 기업의 생산활동은 불가능하게 된다. 특히, 석유, 석탄 및 광물자원 등과 같은 재생 불가능 유한자원은 심각한 문제를 제기하므로 기업경영에 있어서 부존자원의 장기적인 확보를 가능하게 할 수 있는 자원전략을 구상해야 한다. 우리나라가 그 동안 자원위기에 당면하여 합리적으로 확보하지 못함으로써, 제품의 원가상승과 국제경쟁력의 약화, 수출신장의 둔화, 국제수지의 악화 및 기타 국내시장 기반의 불안정 등 경제적 애로에 시달려 왔다. 그것은 자원을 보유한 국가들이 자원민족주의(resource nationalism)를 강화하고 있다는 것에도 연유되며, 또한 자원보유국들에 의한 카르텔 형성이라든지, 다국적기업의 종주국들에 의한 자원의 독과점 지배 등은 자원사정을 더욱 불리하게 한다. 국가와 기업은 자원 확보와 활용에 대하여 적절한 대책과 전략을 강구해야 한다.

### 2) 에너지 비용

기업의 경영활동에 커다란 영향을 미치는 에너지 자원의 확보문제는 세계 자원의 감소현상과 함께 경제문제의 중심을 이룬다. 재생 불가능 유한자원 중의 하나인 석유는 미래의 경제성장에 심각한 문제를 제시한다. 세계의 주요 산업경제는 석유에 크게 의존하고 있으며 또한 경제성이 높은 대체에너지 개발이 있기 전에는 석유가 계속 세계의 정치와 경제를 지배할 것이다. 이에 많은 기업들이 석유의 대체에너지로서 석탄을 다시 사용하기도 하며, 셰일오일, 오일샌드, 태양열, 원자력, 풍력, 수력 및 기타 에너지 등을 이용할 수 있는 실용적인 방법을 연구하고 있다. 기업경영에 있어서는 석유를 중심으로 한 에너지 자원과 함께 생산의 핵심을 이루는 모든 자원을 확보하고 또 개발하는데 총력을 기울여야 한다.

### 3) 공해수준의 증가

대부분의 기업활동은 불가피하게 자연환경의 질을 손상시킨다. 화학물질과 핵폐기물 처리문제, 해양에너지의 위험수준인 수은농도, 토양과 식물에 사용되는 화학물질, 미생물에 의해서도 분해가 불가능한 용기, 플라스틱 및 기타 포장물질에 의한 자연환경 파괴가 그것이다. 최근 자연환경에 대한 관심이 소위 "녹색운동(green movement)"으로 확산되고 있다. 즉, 기업들로 하여금 생태적인 면에 책임을 지는 기업활동을 하도록 하며, 또한 환경에 피해를 주는 활동을 하지 못하도록 하는 소비자들이 점차 증가하고 있다.

### 4) 자연자원 관리에 대한 정부의 강력한 개입

모든 국가들은 깨끗한 환경을 촉진하는데 관심과 노력을 기울이고 있다. 또한 세계의 국가들이 보다 사회적 책임을 받아들이며 환경을 예방하기 위해서 투자하고 있다. 미국의 경우, Environmental Protection Agency(EPA)가 1930년 설치되었으며, 우리나라에도 환경부가 설치되어 공해기준을 수립·설정하여 지키도록 하고 있으며, 또한 공해의 원인과 영향에 대해 조사를 실시하고 있다. 이에 기업들은 이러한 각종 규제를 반대하기보다는 세계가 직면하고 있는 자원 및 에너지 문제에 대해 적절한 해결방안을 모색해야 한다.

### (4) 기술적 환경

기술적 환경이란 기업에 영향을 미치는 산업기술의 수준 또는 상태를 말한다. 새로운 기술은 오래된 기술을 대체시키게 되는데, 그것은 어떤 산업을 약화시키게 하는 창조적 파괴의 역할을 한다. 이러한 기술은 제품이나 생산공정뿐만 아니라 기업조직의 구조, 종업원의 상호관계, 개인의 작업성취도 등을 결정하는 요인으로 평가되고 있다. 즉, 기술은 기업활동에 크게 영향을 줄 뿐 아니라 기업에 종사하는 개인의 소외를 초래하는가 하면, 외부적으로는 시장의 형태에도 영향을 준다. 새로운 기술은 그 사회가 생산할 수 있는 새로운 제품이나 서비스의 수준을 결정하고 또한 새로운 시장을 개발하고 시장을 창조하므로, 기업은 기술적 환경에 대한 추세를 살펴보아야 한다.

### 1) 기술융합의 시대: 4차 산업혁명

오늘날 우리가 사용하고 있는 제품은 100년 전에는 이용할 수 없었던 것으로, 이러한 기술변화에 따라가지 못하는 기업은 그들의 제품이 시대에 뒤떨어진 것임을 간파하게 되고, 신제품과 새로운 시장기회를 상실하게 된다. 2016년 1월 열린 다보스포럼에서 4차 산업혁명의 시대를 제시하였다. 디지털 공간, 물리적 공간 및 생물학적 공간의 경계가 무너지는 기술융합의 시대가 도래하였다. 최근 컴퓨터를 이용한 정보와 관련된 기술의 개발이 매우 빠른 속도로 진행되고 있는데, 이러한 기술적 환경의 변화는 다양한 산업에 구조적 변화를 일으키고 있다. 또한 컴퓨터의 발전에 기인하는 정보기술의 발달은 기업의 기술적 환경을 질적으로 바꾸었으며, 기업으로 하여금 이에 힘입어 과거에는 불가능했던 경영활동을 시도하게 만들었다. 오늘날 과학자들은 제품과 생산 공정을 혁신시킬 수 있는 새로운 기술개발을 위해 연구하고 있는데, 인공지능, 사물인터넷, 빅데이터, 클라우드 컴퓨팅, 모바일 등 지능정보기술, 생명공학, 3D프린팅, 로봇공학, 나노공학 등이 가장 큰 관심을 끄는 분야이다. 이 밖에도 과학자들은 소형 비행자동차, 3차원 TV, 우주식민지, 무성생식 등 꿈같은 제품을 연구하고 있다.

### 2) 기술개발 예산의 증대

신기술을 개발하기 위해서는 엄청날 정도의 연구개발(R&D)비가 소요되고 있다. 그래서 어느 경우에는 정부가 주관이 되어 투자하기도 하지만, 우리나라의 경우 정부투자는 빈약한 반면, 기업들의 연구개발비에 대한 투자 역시 미약한 수준이다. 오늘날의 연구는 독자적인 발명가가 독자적으로 연구하기보다는 연구팀에 의해서 수행되며, 또한 여러 기업이 공동으로 투자하여 공동연구를 하기도 한다.

### 3) 규제의 증가

제품이 복잡해짐에 따라 대중들은 그 제품들이 안전한가를 알고자 한다. 즉, 기술이 복잡해짐에 따라 제품이 복잡해짐으로써 잠재적으로 안전하지 못하여 소비자에게 피해를 주게 된다. 따라서 이에 관련된 규제조치가 증가하고 있다. 그러므로 기업은 기술적 환경의 변화와 신기술이 사용자를 해치는 등 기술혁신의 부정적인 측면에 주의해야 한다.

### (5) 정치적·법적 환경

정치적 환경은 어떤 특정한 사회 내의 여러 조직체와 개인에게 영향을 주고 또한 제한하는 법률, 정부기관 및 압력단체 등으로 구성되는 환경이다. 이는 기업의 전략적 관점에서 정치적·법적 환경을 정부의 정책과 방침, 법률체제 및 각 정치 집단이 기업활동에 대해 갖고 있는 태도 등이 관련된다. 기업의 활동은 국가가 규정하는 법적인 범위에서만 이루어지고 있는데, 이때 국가는 기업에 대해 일정한 의무를 부여하는 한편, 자유로운 활동을 보호하는 역할을 한다. 첫째, 국가는 기업의 활동에 대한 조세의 의무를 부여하고 있으며, 조세를 거두어들이는 권한을 독립적으로 보유하고 있다. 둘째, 기업의 활동, 소비자의 권익, 그리고 국가간의 경제적 관계를 규율하는 제도를 운영한다. 셋째, 국가는 고용, 생산, 물가 등 경제의 전반적인 목표를 달성하기 위하여 재정 및 통화금융정책을 수행한다. 국가는 기업에 대해 통제력을 갖고 있기 때문에, 기업활동에 중요시되고 있는데, 그 이유는 다음과 같다.

첫째, 법률을 통해 부분적으로 기업활동에 대한 제한을 가할 수 있는 것을 규정한다.

둘째, 그것이 기업에 지원적 또는 반지원적인가는 경영정책 및 활동에 크게 영향을 미친다.

셋째, 이러한 환경의 안전성이 기업의 정기적인 계획수립에 중요한 요인이 된다.

이렇게 볼 때, 정치적·법적 환경은 기업활동을 촉진시키고 또한 규제하기도 한다.

기업활동을 촉진시키는 측면은 정부가 기업에 대해 지원적 또는 반지원적 태도를 갖고 있느냐이다. 정부는 세금감면, 소비자보호조치, 안전기준, 공해기준, 수입제한 관세, 반덤핑 조약 등을 통해 기업활동을 촉진한다.

기업활동을 규제하는 측면은 기업간의 경쟁을 통해 경제를 발전시키기 위해 독과점금지법 등을 제정하거나, 환경 및 소비자를 보호하기 위한 법률을 제정하는 것 등이 있다.

### 1) 정부의 구매조달

정부는 매우 큰 단위의 소비자로서, 정부의 조달규모 및 대상의 결정, 경쟁입찰 또는 수의계약 등에 의한 공급자 선정방식, 나아가 외국기업의 참여 허용문제 등은 성과에 직접적으로 영향을 미친다.

### 2) 정당의 성격

정부를 장악하고 있는 정당의 성격에 따라 경영환경은 매우 달라진다. 즉, 진보적인 정당이 정권을 획득하는 경우, 기업에 대한 간섭이 심해지며, 반대로 보수적 또는 자유적 정권의 경우, 정부의 역할은 경제 질서를 유지하기 위한 객관적 심판자로서의 기능을 중시하며, 기업의 활동에 개입하기보다는 시장의 원리가 원활히 작동할 수 있도록 조정한다.

### 3) 기업관련 법규의 증가

자유시장 경제 시스템도 최소한의 법규에서 최상으로 운영되어야 한다는 이유는 잘 입안된 법규는 경쟁을 조장할 수 있고, 또한 모든 제품과 서비스에 대해서 공정한 시장을 확보할 수 있기 때문이다. 정부는 상업활동의 지침이 되는 공공정책을 수립하는데, 그 공공정책에는 사회전체에 대해 선행을 하도록 기업활동을 제한하는 법률과 법규가 포함되어 있다.

세계전역에 걸쳐 기업에 영향을 주는 법률이 꾸준히 증가되고 있는데, 여러 가지 이유가 있다. 첫째, 기업 상호간에 기업을 보호하기 위해서이다. 둘째 이유는 불공정한 기업행위로부터 소비자를 위한 것이며, 세 번째 목적은 자의적인 기업활동으로부터 사회의 보다 큰 이해관계자를 보호하기 위한 것이다.

기업의 경영활동에 있어서 구속력을 갖게 되는 법률에는 첫째, 상법으로
서, 상거래의 원만한 질서를 유지하기 위해서 필요로 하는 목적으로 존재한
다. 둘째, 정부가 기업간의 관계를 다룸으로써 기업의 공공책임을 준수케 하
기 위해 존재하는 공법으로서, 법인세법 등 세법, 공정거래법 및 환경보전법
등이 있다. 셋째, 기업이 민사적인 문제에 걸려 있는 경우, 이를 해결하기 위
해서 존재하는 사법으로서의 민법이 있다. 넷째, 기타 각종 기업의 경영활동
을 규제하는 법률 등이 있다. 이는 소비자보호법, 품질관리법, 허위광고법, 상
표법, 특허법, 근로기준법, 노동조합법 등 그 수가 많다.

### 4) 정부집행기관의 변화

기업들은 정부정책과 법규를 집행하기 위해서 설립된 수십, 수백 개의 정
부기관에 직면하게 된다. 특히 새로운 법규를 집행하기 위해서 유관정부기관
이 설립되고 있다. 예를 들어, 환경보전법을 관리·집행하기 위한 환경부가 그
것이다. 새로운 법규와 그 집행이 계속 증가될 것이므로, 기업들은 이런 법규
의 전보추세와 그 집행기관에 대해 주시해야 한다.

### (6) 사회문화적 환경(sociocultural environment)

사회문화적 환경이란 사회를 구성하는 개인의 행위에 영향을 미치는 집단
이다. 문화, 가치관, 전통 내지 관습 등과 같은 사회제도 및 사회적 태도 등을
말하며, 앞에서 연구한 여러 가지 환경 요소적 요인을 포괄하는 성격을 띠고
있다. 사회문화적 환경은 시대적으로 일정불변하지 않고, 지역적·국가적으로
엄청난 차이를 보이고 있어 기업에 영향을 미치는 정도를 파악하기란 매우 어
렵지만, 다음에 제시한 몇 가지 측면을 고려해야 한다.

### 1) 기본원칙의 복합성

이것은 현시대를 지배하고 있는 기본원칙이 복합적이라는 것으로서, 자본
주의 경제질서가 형성되면서 이에 상응하는 사회적 이념으로 등장한 것은 민
주주의, 개인주의, 그리고 자유주의이다. 이러한 자본주의적 체제하에서 과거
부터 사회를 지배해 온 각종의 원칙들도 한편으로는 상호보완관계, 다른 한편

으로는 갈등관계를 가지면서 유지되고 있다. 복합적인 사회원리는 기업의 의사결정이 자본주의적 원리만이 아니라, 상황에 따라 비경제적인 사회적 요구를 받아들이게 하고 있다.

### 2) 문화적 가치관의 지속성과 2차 문화적 가치관의 변화

한 사회에서 인간은 많은 신념과 가치관을 갖는데, 이들 핵심적 가치관과 신념은 고도의 지속성을 갖는데, 예를 들어, 사람들이 갖고 있는 일, 결혼, 자비, 정직 등의 신념은 일상생활에서 다른 특정한 태도와 행동을 형성케 하는 데 영향을 미친다. 이러한 핵심적 가치관과 신념은 부모로부터 어린이에게 전승되며, 학교, 교회, 기업 및 정부 등 사회의 주요 기관에 의해서 강화된다. 핵심적 가치관은 지속성을 갖고 있어 기업이 변화시킬 수 있는 기회는 거의 없다. 기업의 경영활동은 한 사회의 핵심적 가치관을 수용하는 범위 내에서 영향을 받게 된다.

### 3) 지역적 다양성

사회문화적 환경은 국제기업으로 하여금 국가별로 상이한 경영기법을 채택하도록 강요하고 있다. 또한 한 국가 내에서도 지역별로 사회문화적 환경 차이가 많다. 동서식품은 카자흐스탄 사람들이 각종 차에 가축의 젖을 넣어 마셔 왔다는 점을 착안해 자사 커피크림인 '프리마'를 수출하기로 하였다. 마케팅 직원들은 현지 기업들과 상담을 벌일 때 익숙한 커피 대신 연거푸 현지 차를 마시면서 미팅분위기를 좋게 하여 1,000만 달러의 실적을 올렸다.

### 4) 사회문화적 환경의 급격한 변화

경제의 산업화 및 세계화가 진전되면서 문화는 전반적으로 도시화하는 동시에 동서양 문화가 수립되는 경향이 나타나고 있다. 이러한 변화는 소비문화, 노동자의 근로의식 등에서의 새로운 양상을 초래함으로써 기업경영에 중요한 변수로 작용하고 있다.

### 5) 윤리적 행동

윤리(ethics)란 인간행동의 옳고 그름을 구별하는 선악의 표준으로서, 어떤 행위의 옳고 그름, 동기의 옳고 그름, 그리고 이와 같은 행위의 목적과 관련하여 인간행동과 관계를 맺는 일체의 가치를 다루는 철학이라고 정의할 수 있다. 그런데 오늘날 이러한 선과 악의 기준이 모호해짐으로써 각종의 사회문제가 유발되고 있다. 그래서 조직구성원이나 경영자의 도덕적 행위를 지배하는 규칙 또는 기준이 필요하다.

기업들은 모든 구성원들에게 명문화된 법규 시스템이 허용되는 차원을 넘어 "올바른 행동"을 하도록 조장하고 있는데, 사회적으로 이러한 책임을 수행하는 기업들은 능동적으로 소비자와 환경에 대한 장기적인 관심사를 보호하기 위한 방법을 추구하고 있다. 비윤리적인 행위, 부정, 부조리 등을 척결하고, 보다 정직하고 정의로우며 공명정대한 기업의 운영을 확보할 수 있도록 하기 위해서 기업은 윤리요강을 마련하도록 요청받고 있다. 이러한 윤리요강은 외적인 세력의 압력에 의해서가 아니라, 기업 자체의 노력에 의해서 수립되고 준수되어야 한다. 기업들은 복잡한 사회적 책임 문제를 다룬 정책과 지침을 수립해야 한다.

### 6) 사회적 책임 실행(social responsibility practice)

사회적 책임은 일반적으로 이윤의 극대화, 이윤을 넘어선 경영, 사회봉사 활동, 체계고려 등이 사회적 책임 용어로 사용되고 있다. 우리가 생각하는 사회적 책임은 기업이 사회에 좋은 영향을 주도록 법과 경제가 요구하는 범위를 뛰어넘는 장기적 목표를 수행해야 한다는 것이다. 이러한 정의는 기업이 법을 준수해야 하며 경제적 이윤을 추구한다는 것을 전제로 한다. 사회적 의무(social obligation)는 가장 기초적인 수준의 사회적 책임을 뜻한다. 기업이 사회적 의무를 다했다 하면 법적, 경제적 책임을 의미하며 그 이상의 의미는 아니다. 사회적 대응(social responsiveness)은 기업이 사회의 대중적 요구에 부응하여 사회적 행동을 하는 것을 의미한다. 예를 들면 직장 내 탁아소 시설이나 재활용 종이를 사용한 것은 사회적으로 대응한다.

## 2. 미시적 환경(micro environment)

미시적 환경이란 기업에 직접적인 영향을 미치는 요인으로 경쟁기업, 고객, 공급자, 정부, 노조 등으로 구성된다. 미시환경은 과업환경이라고도 한다. 기업의 경영활동은 소비자 환경, 경쟁자 환경, 원료공급업자 환경, 종업원 환경 및 공중 환경 등에 의해 좌우된다.

### (1) 소비자 환경

소비자는 기업으로부터 재화와 서비스를 구입한다는 점에서 기업이 생존하는 기본적인 조건을 구성한다. 소비자의 소비형태의 변화는 직접적으로 기업의 경영성과에 영향을 미치게 된다. 소비형태는 경제발전에 따른 소득수준의 변화, 각종 사회문화적 환경의 변화, 소비 자주권에 대한 인식을 촉발하는 교육 및 정치적 의식의 변화 등 대체로 거시적 환경요인에 의해서 많은 영향을 받게 된다.

#### 1) 고객 지향적 사고의 필요

고객가치의 창조와 고객만족의 철학을 이행하기 위해서는 무엇보다도 고객 지향적 철학에 바탕을 둔 기업문화가 조성되어야 한다. 기업이 성장·발전하기 위해서는 고객의 욕구를 먼저 파악하고, 그 욕구를 충족시킬 수 있는 제품과 서비스를 생산하여 서브해야만 한다. 이렇게 기업위주가 아니라 고객위주가 우선이 되어야 한다는 사고가 전 구성원들에게 보급되어야 한다.

#### 2) 소비자들의 가치추구

소비자들은 기업으로부터 재화와 서비스를 구입하고 그 대가로 대금을 지급하지만, 소비자는 단순히 물품을 구입하는 것이 아니라 기업에게 낮은 가격과 높은 품질, 그리고 애프터 서비스를 요구하며, 이에 대하여 기업으로 하여금 어느 정도 응하도록 만드는 힘을 갖고 있는 존재이다. 소비자들이 과거와는 달리 가치를 추구하고 있으며, 또한 여러 기업의 판매조건을 비교하여 구입할 수 있음으로써 상당한 수준의 협상력을 갖고 있다.

### 3) 소비자들의 힘의 증가

소비자가 특정기업의 제품을 구입하는 양이 많을수록 소비자의 힘은 기업에 비하여 상대적으로 커지게 된다. 즉, 소비자 시장을 구성하고 있는 중간상이나 정부는 대량으로 구입하기 때문에 공급자에 비하여 우월한 위치를 점하게 된다. 소비자운동의 결과로 소비자의 단결력이 강할수록 기업은 다소 어려운 소비자 환경에 놓이게 된다. 소비자들의 교육 및 소비수준, 각종 단체의 활동을 포함하는 사회적 분위기, 그리고 정부의 정책에 기인하여 나타난 소비자보호주의(consumerism)는 정치적인 힘을 지니게 됨으로써 소비자의 권리는 제도화될 가능성이 있다. 산업 내의 경쟁기업이 많이 존재할수록 소비자의 힘은 강해지며, 기업으로 하여금 소비자와 협상하게 만드는 경향이 커진다. 특히 오늘날 각국의 시장이 개방됨에 따라 소비자는 제품의 선택폭이 넓어지고, 기업은 그 만큼 더 경제적인 환경에 놓이게 된다. 소득이 증가됨에 따라 소비자는 매우 다양한 제품을 선택하는 경향을 띠게 된다. 다양한 제품을 제공하는 기업의 수가 증가됨에 따라 종래의 기업과 소비자간의 상대적 힘의 우위관계가 소비자 쪽으로 기울게 됨을 의미한다.

### (2) 경쟁자 환경

산업에는 반드시 기업은 경쟁자를 갖게 된다. 즉, 직접적인 경쟁 대상이 아니더라도 모든 제품은 거의 모든 경우에 대체재가 존재하기 때문에 절대적인 독점을 누리는 경우는 거의 없다. 그러므로 경쟁기업은 당기업의 경영전략의 결정과 실행에 지대한 영향을 미친다. 즉, 경쟁자가 조성하는 경쟁 환경은 기업성과에 있어서 매우 결정적으로 작용한다.

경쟁기업이 존재한다는 것은 경쟁기업의 시장점유율을 감소시켜야만 자기의 점유율을 높일 수 있기 때문에 항상 경쟁기업의 활동을 추적·예측하고, 이에 대응해 나가야 한다는 것이다. 경쟁기업의 존재를 정확하게 파악하는 것이 중요하다. 그 이유는 경쟁기업을 파악하는 것이 분명한 경우도 있기는 하지만 분명치 않은 경우가 많으므로, 경쟁상대의 파악은 보다 광범위하고 다양하게 이루어져야 한다.

## 1) 경쟁자 파악의 어려움

오늘날의 산업은 중복해서 표적고객을 서브함으로써 직접적으로 동일업종에 있는 기업만을 경쟁기업으로 간주한다는 것은 경쟁시장에서 실패하는 원인이 될 수도 있다.

첫째, 기업의 경쟁상대는 국내뿐만 아니라 국외에도 존재함을 인식해야한다. 경제의 세계화 현상이 일어나면서 국내시장에 대한 국제적 경쟁이 보편화되고 있음을 인식해야 한다.

둘째, 동종 산업에 종사하지 않던 여타 기업이 업종을 전환하는 경우가많다. 다른 목적의 제품을 생산·판매하고 있는 기업이 기술적으로 유사한 과정을 거치는 유사한 제품을 생산할 수도 있다.

셋째, 전혀 경쟁으로 간주하지 않았던 형태의 경쟁기업이 나타날 수 있다. 통신판매와 온라인 판매는 기존의 유통기업에 대해 새로운 경쟁자가 될 수 있으며, 대형 창고형 할인점의 등장이 기존의 재래시장과 백화점의 경쟁자가 될 수 있다.

## 2) 표적소비자의 욕구충족 이상의 경쟁

기업은 경쟁자보다 더 큰 고객가치와 고객만족을 제공해야만 성공할 수있다. 즉, 표적소비자의 욕구를 충족하는 것 이상으로 고객의 마음속에 경쟁사의 제품보다 강력하게 자사의 제품을 위치화 함으로써 경쟁적 우위를 획득해야 한다.

## 3) 최상의 유일한 전략이 존재하지 않음

각 기업은 규모와 산업 내에서의 지위가 상이하므로, 모든 기업에 최선이되는 유일한 경쟁적 전략은 있을 수 없다. 그러므로 그 산업 내에서 자사의 위치에 맞으며 경쟁기업보다 차별화된 핵심역량이 발휘될 수 있는 전략을 구사해야 한다.

(3) 공급업자 환경

공급업자는 기업이 제품과 서비스를 생산하는데 절대 필요한 인적자원, 물적자원 및 자본 등을 공급한다. 특히 원료공급업자는 기업의 전반적인 고객 "가치전달 시스템"에 있어 중요한 연결고리로서 제품과 서비스를 생산하는데 필요한 원재료를 공급한다.

### 1) 원료공급업자의 가격변경

원자재의 가격상승은 제품가격의 상승을 압박하여 기업의 판매를 감소시키므로, 기업은 공급업자의 가격상승에 대한 대응전략을 수립해야 한다.

### 2) 원자재 공급의 이용가능성

원자재의 품질수준의 저하, 공급부족 또는 지연, 노동자 파업 및 기타 사건들이 단기적으로는 판매비용을 증가시키며, 장기적으로는 고객만족을 손상케 한다. 그러므로 적절한 공급업자를 선정하여 공급업자와의 개별적인 관계를 조성할 수 있도록 신뢰감을 구축하고, 더 나아가 가치전달 시스템의 동반자화를 구축하도록 해야 한다.

(4) 종업원 환경

종업원은 기업의 생산활동적 측면에서 투입요소의 성격을 띠며, 경영과정에서 종업원은 독립적인 의사를 표명함으로써 경영활동의 방향에 영향을 미치는 주체로서의 기능도 있다. 기업목표를 달성하기 위해서는 종업원을 투입요소로 간주할 것이 아니라, 기업조직의 운영상 반드시 관리해야할 의사결정의 주체임을 인식해야 한다.

### 1) 노동조합의 영향 증가

종업원은 노조의 회원이므로, 기업의 의사결정은 노사관계를 원만하게 유지하기 위해서 쌍방간의 협조가 요구되므로, 노조는 경영에 있어서 매우 중요한 요소로 작용한다. 노조의 목표가 종업원의 이익을 보호하는 것이라는 점에서 기업과 노조가 적대적인 관계가 형성됨으로써, 지나친 노동조합은 기업의 비용을 증대시키고 생산성을 저해하면서 경쟁력을 떨어뜨려 결국은 작업의 안전성을 저해하는 결과를 초래하기도 한다.

종래의 적대적인 관계를 떠나 상호 협조하여 기업의 성장과 작업의 안정성 유지를 도모하기 위해서 기업은 종업원을 경영에 참가시키는 한편, 종업원 지주제도 등을 통해서 종업원이 기업의 장기적 발전에 관심을 가지도록 유도하는 정책을 사용해야 한다.

### 2) 노동조합에 대한 제도 및 기준의 국제적 기준

오늘날 경제가 세계화함에 따라 노조에 대한 제도 및 기준이 국제적 수준과 맞추어 나가야 할 필요성이 발생하고 있다. 이에 따라 최저임금제도의 실시, 복수노조의 허용 등 각종 제도적 변화가 발생하게 되고, 이에 따라 기업 내의 종업원 환경에 직접적으로 영향을 미치게 된다. 우리나라의 경우, OECD에 가입하게 됨으로써 노조에 대한 제도를 국제적 수준에 도달하도록 할 정책적 필요성이 대두될 것이며, 이는 다시 특정기업뿐만 아니라, 전산업에 있어서의 종업원 환경에 매우 획기적인 변화로 연결될 가능성이 있다

### (5) 홍보

### 1) 홍보의 의의

홍보(public relations: PR)란 기업이 다양한 대중과의 건전한 관계를 형성하기 위하여 호의적인 대중성을 획득하거나, 우호적인 기업 이미지를 구축하거나, 비우호적인 소문, 이야기거리, 사건 등을 처리하거나 방지하는 활동을 말한다. 즉, 홍보는 다수 이해자 집단이 기업에 대해서 호의·호감 내지 신뢰를 갖도록 함으로써 건전하고도 생산적인 관계를 기업과 그 이해자 집단이 유지할 수 있도록 하는 하나의 기술이다. 현대기업은 고객을 비롯하여 주주, 종업원은 물론 일반 대중의 지지와 호의 없이는 순조롭게 성장·발전할 수 없다. 그러므로 기업은 정책과 활동내용에 관한 여러 가지 정보를 일반 대중에게 알리고, 더욱이 이해집단과의 관계를 원활하게 조정해 나가야 한다. 현대기업에 있어서 이러한 홍보는 지배 내지 압력단체로서가 아니라 상호이해와 선의에

의한 원만한 관계가 형성될 때 비로소 대중관계가 형성된다.

### 2) 홍보의 대상

홍보는 기업과 대중집단과의 사이에 선의와 상호이해를 증진시킬 목적으로 기업이 전개하는 하나의 경영전략으로 이해할 수 있다. 그러므로 대중관계의 대상은 그 사업의 방향과 내용에 따라 대내적 PR과 대외적 PR로 구분할 수 있다.

- 일반적인 집단: PR의 대상이 되는 집단에는 고객, 공급업자, 주주, 종업원, 경쟁자, 일반대중, 채권자, 지역사회, 정부 및 매스컴 기관 등이 있다.
- 대내적 PR: 종업원에 대한 PR은 근로의욕을 향상시켜 주고 명랑한 직장생활을 할 수 있도록 분위기를 조성하기 위한 전반적인 활동을 말한다. 이는 종업원의 생활향상, 건전한 사회생활에 이바지하고자 하는데 그 목적을 두고 있어 "고용관계"라고도 한다.
- 대외적 PR: 이것에는 주주관계, 소비자 관계, 채권자 관계, 정부관계, 그리고 판매직, 매입처 및 동업자에 대한 PR, 지역사회에 대한 PR, 언론기관에 대한 PR, 노동조합에 대한 PR 등이 포함되는데, 역시 PR은 경영체의 대외적인 관계라는 것이 기본이 됨에 유의해야 한다.

## (6) e-비즈니스

인터넷은 디지털 컨텐츠를 다수 대 다수로 상호전달 할 수 있는 유선 또는 무선의 통신망을 말한다. 인터넷은 인류역사상 최대의 변화를 가장 짧은 기간에 창조하고 있다. 중세시대의 르네상스가 인류에게 미친 영향보다 훨씬 더 큰 영향을 끼치고 있다. 이제 기업은 인터넷을 활용할 것인가, 아닌가에 있는 것이 아니라 인터넷을 어떻게 전략적으로 활용하여 경쟁우위를 유지하는가에 있다. e-비즈니스(electronic business)란 인터넷을 포함한 정보기술을 이용하여 수·발주, 생산, 판매, 지불 등 모든 경영활동을 전자적으로 처리한다. 초기에는 기업 대 소비자(B2C) 소비자 대 소비자(C2C)와 같은 전자상거래에서 출발하여 기업 대 기업(B2B)으로 확산되고 있다. 이제는 외부조직 및 거래당사자들과의 모든 거래활동을 전자적으로 처리하는 단계에 이르렀다.

#  3절 기업의 사회적 책임(Firm's Social Responsibility)

## 1. 사회적 책임의 대두와 의의

### (1) 사회적 책임의 대두

기업의 사회적 책임은 사회의 복지를 위해 기업이 적극적으로 관여하는 것이다. 국제표준기구(ISO)는 ISO26000 국제표준을 2010년 발표하였다. 이는 기업이 사회적, 환경적, 경제적으로 지켜야 할 규범을 집약하여 사회적 책임의 국제표준이라는 점에서 의의가 있다. 경영주체인 경영자의 사회적 책임은 기업환경의 변화와 시대에 따라 그 내용이나 성격이 동태적으로 변화하게 된다. 기업은 소비자에게 원하는 제품과 서비스를 제조·판매하고, 이윤을 창출함으로써 기업의 주주들, 그리고 소비자들을 만족시키고 또한 지역의 고용기회를 창출하고, 세금을 납부하는 것 외에도 사회에 책임을 져야 할 필요성이 대두된다. 즉, 기업의 규모가 확대되고 기업이 사회 내에서 차지하는 비용이 점차 확대됨에 따라, 기업이 한 사회의 구성원이라는 인식이 팽배하게 되었으며, 이에 따라 기업은 사회에 대하여 책임을 져야 한다.

〈그림 3-2〉와 같이 기업활동의 결과와 사회가 기업에 대해 기대하고 있는 활동간의 차이는 시간이 지날수록 더욱더 커져가고 있다.

**· 그림 3-2** 시간경과에 따른 사회적 책임과 윤리

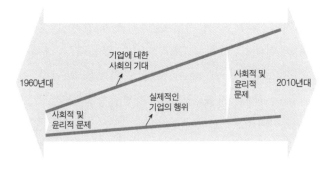

사회가 기업에 대해 기대하고 있는 기업의 역할을 제대로 행해야 할 책임이 바로 사회적 책임인데, 기업의 사회적 책임(social responsibility)이 중요성을 갖게 된 구체적인 이유는 다음과 같다.

첫째, 현대사회는 복잡하며, 사회의 여러 기관과 이익집단들이 상호불가분의 의존관계에 놓여 있는데, 특히 기업의 규모와 힘의 확장으로 기업은 사회에 막대한 영향력을 행사하게 되었다.

둘째, 사회가 보존하기를 원하는 부와 가치가 과거보다 다양해졌다는 것이다. 이에 따라 기업은 좋은 공적 이미지를 유지하기 위하여 사회적 책임을 수행해야 한다.

셋째, 기업이 사회적 책임을 게을리 하면 정부규제를 받게 된다는 점이다.

넷째, 현대의 윤리개념과 관련되는 것으로서, 현대의 윤리개념이 기업에 대해 책임 있는 행동을 취할 것을 요구하고 있다.

### (2) 사회적 책임의 의의

기업의 사회적 책임에 대한 많은 연구가 있음에도 불구하고 그 용어의 개념이 모호하기 때문에 일치된 합의가 없다. 사회적 책임에 대한 정의는 다음과 같이 다양하다.

첫째, 사회적 책임은 우리 사회의 목표나 가치적 관점에서 바람직한 정책을 추구하고, 그러한 의사결정을 하거나, 그러한 행동을 가져야 하는 기업인의 의무이다.

둘째, 기업의 사회적 책임은 기업의 활동으로 인해 발생하는 문제의 관점 및 기업과 사회의 관계를 지배하게 되는 윤리원칙의 관점에서 생각될 수 있으며, 이러한 문제의 해결과 윤리의 준수가 곧 사회적 책임이다.

셋째, 사회적 책임은 기업의 사회에 대한 경제적 및 법적 의무뿐만 아니라, 이러한 의무를 넘어서서 전체 사회에 대한 책임까지를 의미한다.

넷째, 사회적 책임은 주어진 특정시점에서 사회가 기업에 대하여 가지고 있는 경제적·법적·윤리적 및 자유재량적 기대를 모두 포함한다.

다섯째, 사회적 책임은 개인, 조직, 사회제도들간의 상호의존성의 인식과 그러한 인식을 도덕적, 윤리적, 정치적 가치의 틀 내에서 행동으로 옮기는 것이다.

상기와 같은 정의를 요약하면, 기업의 사회적 책임(corporate social respon-sibility: CSR)은 기업이 사회에 대한 경제적, 법률적 의무를 포함하여 사회로부터 정당성을 인정받을 수 있는 기업활동을 해야 한다는 것이다. 이는 기업에게 이익추구뿐만 아니라 사회 전반에 대한 책임이 있음을 의미한다.

그러므로 사회적으로 책임 있는 기업은 의사결정을 할 때, 그 결정이 기업의 이익만을 생각하는 것이 아니라 기업이 속한 사회 또는 국가전체의 이익 또는 부를 항상 고려해야 한다는 것이다.

## 2. 사회적 책임의 근거

오늘날 경영자가 사회적 책임을 져야 할 이론적 근거로는 다음을 들 수 있다.

### (1) 시장의 불완전성

오늘날 많은 기업들은 자본주의 원칙인 완전경쟁이 아니라 독점 혹은 과점상태에서 기업활동을 전개하고 있는 경우가 많다. 독점기업들은 그들 스스로가 생산량을 통제해서 시장가격을 조작할 수 있다. 이와 같은 독과점상태에서는 시장의 자동조절기능에 의해서 경제가 흘러가도록 경제활동을 자동장치에 일임할 수가 없다. 여기에서 경영자의 사회적 책임을 물어야 할 근거가 발생하는 것이며, 그것은 시장의 자동조절 기능의 불능이라는 시장구조의 변화에서 기인되는 것이다.

### (2) 외부불경제

기업은 이윤을 극대화하기 위하여 다양한 경영전략을 모색하는데, 그 과정에서 기업은 사회에 대하여 해를 끼치는 경우가 생기는 것을 외부불경제(external diseconomies)라고 한다. 외부불경제의 개념은 기업의 행위가 지역사회 등 다른 경제주체에 대하여 불이익을 초래케 한다는 현상을 뜻한다. 예를 들면 기업이 공해를 유발함으로써 환경을 파괴하면서 사람들에게 손해를 입히

고도 이에 대한 비용을 지불하지 않는 것을 의미한다.

### (3) 최저시민권의 보장

최저시민권이란 모든 사람들에게는 한 소시민으로서 최저임금은 물론이고 여가, 의료, 녹지, 교육, 주택, 도로, 교통 등의 생활환경에 있어서도 최저의 복지수준이 보장되어야 한다는 것으로, 국민적 최저권이라고도 한다. 현대기업의 경제활동은 모든 사람에게 이와 같은 최저시민권을 확보하도록 하여야 한다는 데에 기업이 져야 할 사회적 책임의 또 다른 근거가 있다.

### (4) 지속가능한 성장

기업의 경영에 영향을 미치는 경제적, 환경적, 사회적 이슈들을 고려하면서 기업의 가치를 지속적으로 증가시켜야 한다는 것을 의미한다. 단기적인 재무성과와 더불어 장기적인 비재무적 성과도 중시해야 한다. 기업의 지속가능성장 여부는 다우존스 지속가능성지수(DJSI)가 있다.

## 3. 사회적 책임에 대한 이론

기업의 사회적 책임에 대하여 모든 사람이 찬성하는 것은 아니다. 경영자의 사회적 책임은 찬반론으로 대립되고 있는데, 이것은 기업이 사회에서 수행하는 기능과 역할을 어떻게 보느냐에 따라 긍정론과 부정론으로 나누어진다.

### (1) 사회적 책임의 부정론(고전학파)

기업은 경제적 조직체이므로, 기업의 유일한 책임은 그 소유주를 위하여 가능한 한 많은 이윤을 창출하여야 한다. 그리고 기업은 그 본래의 사회적 기능인 생산적 활동범위, 즉 경제활동에 한정시키고 그 이상의 과업환경주체의 요청은 정부나 기타 제도에 맡겨야 한다는 견해이다. 기업의 사회적 책임에 반대하는 대표적인 학자는 프리드만(M. Friedman)이며, 그들의 중요한 논거는 종합해 보면 다음과 같다.

### 1) 본질적 기능수행의 저해

이것은 이익극대화라고 하는 기업의 기본목표를 저해한다는 것으로서, 기업은 시장메커니즘에 따라 경제적 기능만을 수행해야 한다는 것이다. 기업이 사회적 문제에 개입하게 되면 경제적 생산성에 대한 기업의 목표를 약화시키고 경영자의 관심을 분산시키며, 시장에서 기업을 도태시켜서, 결과적으로 기업으로 하여금 경제적 역할과 사회적 역할을 모두 충실하게 수행할 수 없게 한다는 것이다.

한편, 사회적 책임은 국제수지균형을 무시한다는 것이다. 만약 기업이 사회 프로그램에 참여하기 위하여 비용을 증가시킨다면, 그것은 제품가격을 상승시키며, 또한 기업의 생산능력을 약화시킨다면, 이러한 낮은 능률은 높은 생산비용을 초래할 것이다. 그 결과로 국내시장에서 보다 적은 판매이익을 얻게 되어 그 나라의 국제수지를 약화시키게 된다는 것이다.

### 2) 다원사회에 대한 위협

기업이 사회적 책임이라는 이름 아래 활동의 영역을 넓혀 나갈 경우, 이는 필연적으로 기업에 힘의 집중을 가져와 다원사회를 붕괴시킨다는 것이다. 이러한 권력의 집중은 현재 우리가 누리고 있는 권력의 다원적 배분을 위협하고 또한 자유로운 다원사회의 생존가능성을 감소시키게 된다는 것이다.

만약 기업이 사회적으로 개입하게 되면, 반대하는 집단들간에 커다란 마찰이 생기게 되어 오히려 사회적 과업을 충실히 수행할 수 없을 것이다.

### 3) 책임(accountability)의 문제

책임(accountability)은 기업이 특정한 기능을 수행하는데 있어서 수행할 의무를 말한다. 사회적 책임은 정확한 개념과 명백한 내용체계가 마련되지 못하고, 그 의미가 애매모호하다는 것이다. 즉, 어떤 문제가 발생하였을 때 그 문제가 왜 발생했고 누구의 잘못인지를 설명(account)하는 책임을 말한다.

### 4) 실천능력과 비용의 문제

많은 기업가들이 사회적 이슈를 효율적으로 처리할 수 있는 인식능력과 기능이 부족하다는 것이다. 그러한 상황에서 사회적 제약으로 인해 기업의 비용이 증대하게 된다는 것이다.

실제로 아무런 경제적 대안이 마련되지 않은 상태에서 기업이 사회적 책임을 이행하도록 일방적으로 강요받는다면 의무수행으로 인하여 부담해야 하는 부가적 비용 때문에 여러 산업에 존재하는 수많은 한계기업들이 도산하게 된다.

## (2) 사회적 책임의 긍정론(사회경제학파)

기업이 적극적·자발적으로 과업환경주체(이해관계자 집단)의 요청을 받아들여 이에 대응하는 것이 기업 자체의 존속·성장에 필요하다는 견해이다. 즉, 현대기업은 사회적 요구를 받아들이고 과거와 같은 선한 행위라는 관점에서 벗어나, 기업의 장기적 생존과 이익을 위해 사회의 주요 문제를 해결하고, 여러 사회적 가치에 적합한 행동을 하려는 주체적이고 자발적인 의지를 표명해야 한다. 이에 대한 대표적인 학자는 데이비스(K. Davis)이다.

### 1) 규범적 관점: 법적 책임

기업이 사회문화적 규범은 수용해야 한다는 것이다. 기업은 여타의 사회 구성원들과 동일하게 일련의 문화적인 규약조건, 즉 문화적 규범하에서 행동해야 한다. 또한 사회적 규범이 변화함에 따라서 기업가의 행동도 변화해야 한다는 것으로서, 경영자의 의사결정은 어느 정도 사회적 책임의 의식을 반영하는 방향으로 영향을 받게 된다.

문화적 규범은 기업의 사회적 책임수행과 관련된 도덕적 의무를 부여한다. 이것은 기업이 문제의 해결을 다른 누구에게 미루기보다는 사회에 미치는 어떠한 부정적인 영향을 제거할 도덕적 책임을 져야 한다는 것을 의미한다.

기업이 사회문제의 해결에 이용할 수 있는 가치있는 자원을 가지고 있기 때문에 사회는 이것을 이용해야 한다는 것이다. 즉, 기업은 다른 기관과 함께 가장 우월한 능력을 보완하고 사회적으로 유효한 결과를 낳을 수 있도록 결합되어야 한다.

기업은 혁신능력을 가지고 있으므로, 사회문제를 해결하는데 있어 보다 능률적으로 대처해야 한다는 것이다. 예를 들어, 사회의 자원보존이라는 주장을 기업이 수용하게 되면, 한정된 자원의 생산적 이용이라는 절실한 사회적 요청에 대하여 기업은 기술혁신을 발휘하여 가장 효율적으로 반응할 수 있게 된다.

### 2) 사회적 관점: 윤리적 책임

이러한 개념은 사회가 기업으로 하여금 다양한 사회재를 산출하기를 기대하는 것을 합리화시키며, 기업은 그것이 장기적으로 볼 때, 이익이 된다면 의당 사회적 재화를 산출해야 한다는 것이다.

장기적 이윤극대화와 관련된 개념으로서, 사회 프로그램의 수행결과로서 나타나는 우호적인 사회환경은 기업의 장기적 이익을 증대시키는데 기여하게 되나, 기업자가 특정한 종류의 책임 있는 행동에 참여하는 것이 주주에게 이익이 될 수 있다. 예를 들어, 종업원을 훈련시킴으로써 기업의 이익이 증대하게 되면, 최종적으로 주주에게 이익이 된다.

기업 이미지를 개선하는 것도 장기적·사적 이익과 관계가 있다. 양호한 대중 이미지를 추구하고자 하는 기업은 여러 가지 사회목적을 지원하고 있다. 즉, 기업이 현재와 같은 사회적 역할과 사회적 세력을 보유하기를 원한다면, 기업은 사회적 요구에 반응해야 하고, 사회가 원하는 바를 사회에 제공해야 한다.

### 3) 전략적 관점: 자선적 책임

예방이 치료보다 좋다는 것으로서, 사회적 문제들이 커다란 재앙이 되어서 경영자가 보다 많은 시간을 소비하기 전에 즉시 경영자가 해결해야 한다는 것이다.

기업이 정부규제를 회피하기 위해서도 사회적으로 책임 있는 행동을 함으로써, 정부가 새로운 제한을 도입하는 것을 방지한다면, 아마도 그 자신의 사적인 이익뿐만 아니라 공적인 이익까지도 성취할 수 있게 된다.

### 4) 기타 관점

기업은 많은 사회적 권력을 가지고 있으며, 생태적 및 사회적 약자, 기타의 문제에 대해 영향력을 가지고 있으므로, 이에 상응한 사회적 책임이 부과되어야 한다.

기업이 갖는 관리적, 전문적, 직능적, 자본적 자원을 사회문제에 적용하여 그 해결에 공헌하도록 해야 한다.

### (3) 사회적 책임의 내용

〈표 3-1〉과 같이 사회적 책임은 긍정론과 부정론이 대두되고 있기는 하지만, 우리는 현대기업이 갖는 사회적 책임의 중요성을 간과할 수 없다. 이것은 기업이 이윤을 추구하는 조직체로서 인식될 필요가 없다는 것을 뜻하는 것이 아니라, 기업이 사회적 책임을 보다 성실히 이행할 수 있을 때 기업의 이윤추구가 더 잘 될 것이라는 것을 의미한다.

**표 3-1 사회적 책임의 찬·반 내용**

| 찬성 | 반대 |
| --- | --- |
| 사회적 배려와 조치는 장기적 이익을 가져온다. | 사회적 책임에 관한 규정은 불법이다. |
| 기업이 처한 지역사회와의 관계 개선을 위하여 필요하다. | 사회적 활동은 측정할 수가 없다. |
| 사회적 책임은 윤리적 사항이 된다. | 그것은 이윤극대화를 파괴한다. |
| 그것은 기업의 이미지를 향상시킨다. | 사회적 책임 내용의 증대는 제품가격을 인상시킨다. |
| 사회문화적 규범은 그것을 필요로 한다. | 기업은 사회적 문제를 해결할 사회적 기술이 없다. |
| 질서정연한 법률사회를 유지하기 위하여 그것은 필요하다. | 그것은 기업의 기본적 목적을 약화시킨다. |
| 기업은 사회문제를 해결하기 위한 주요 기구이다. | 사회적 책임을 다해도 공공으로부터의 지지를 얻지 못한다. |
| 정부규제를 예방할 수 있다. | |

기업은 단순히 경제적 조직이 아니라, 그것은 하나의 사회 시스템으로서 다른 사회 시스템과의 원만한 사회 작용 속에서 더 큰 사회적 가치를 실현할 수 있기 때문이다. 즉, 기업을 하나의 사회 시스템으로 이해할 때, 그것은 경제적 재화와 서비스의 생산뿐만 아니라, 사회에 대한 봉사기능도 아울러 수행함으로써 다수인들에게 이익을 줄 수 있어야 한다.

이러한 배경에서 기업과 기타 조직들에 적용되는 사회적 책임은 기업의 내외에 둘러싸고 있는 환경주체(이해관계가 집단)에 대하여 다하는 책임으로서 활동분야별 내용은 〈표 3-2〉와 같다.

**표 3-2** 활동분야별 기업의 사회적 책임내용

| 활동분야 | 구체적 내용 |
|---|---|
| 환경 | 환경공해의 예방과 처리문제, 자연자원의 보존 |
| 에너지 | 생산에 있어서의 에너지 보존, 제품의 에너지 능률 증대노력, 기타 에너지 절약계획 |
| 소비자운동 | 진실을 밝힐 책임, 제품보증과 애프터서비스, 유행제품의 통제 |
| 사회활동 | 지역문제에 대한 협조, 보전시설 및 교육문제, 자원봉사자들에 대한 지원 |
| 정부관계 | 국회활동에 대한 제한, 정치적 활동에 대한 통제 |
| 사회의 소수집단에 대한 역할 | 실업자 교육, 평등한 취업기회의 보장, 미개발 지역에 공장설치 |
| 노사관계 | 종업원의 안전과 건강관리, 탁아소의 설치 |
| 주주와의 관계 | 이사선임, 재무상태의 개선 |
| 기업의 자선활동 | 문화예술에 대한 재정적인 지원, 연구 및 교육을 위한 지원, 기타 자선행위를 위한 지원 |
| 경제활동 | 기업합병의 통제, 거대산업의 분산, 특허권 사용에 대한 제안 |

# 4절 기업의 사회적 책임

## 1. 사회적 책임에의 전략

기업이 사회적 책임을 준수하는 수준의 범위는 〈그림 3-3〉에서 설명하는 것처럼 네 가지 전략으로 구분할 수 있다.

- 방해자적 전략
- 방어적 전략
- 화해적 접략
- 적극적 전략

● **그림 3-3**　사회적 책임에의 접근법

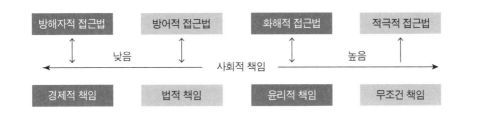

　방해자적 전략(obstructionist strategy)이란 조직과 경영자들이 사회적 책임을 무시하고 불법적이고 비윤리적으로 행동하고 그들의 행동을 조직의 이해관계자뿐만 아니라 사회가 알지 못하도록 하는 접근법이다. 예를 들면, 담배회사들은 흡연이 폐암의 원인이라는 증거를 오랫동안 숨겨왔다.

　방어적 전략(defensive strategy)이란 법규는 엄격하게 지키지만 그 이상의 사회적 책임은 회피하고 비윤리적 행동을 간헐적으로 하는 접근법이다. 예를 들면, 기업이 파산하려고 할 때 최고경영층이 다른 주주들에 앞서 그들이 주식을 매각하는 전략이다.

　화해적 전략(accommodative strategy)은 경영자가 합법적인 윤리적 행동을 하려는 전략이다. 비윤리적 행위는 이미지에 악영향을 미치기 때문에 이러한 전략을 사용한다.

　적극적 전략(proactive strategy)은 사회적 책임을 무조건적으로 인식하여 문맹퇴치, 빈곤타파에 적극적이다.

## 2. 기업의 사회적 책임의 대상내용

경영자(기업)의 사회적 책임 가운데, 보편화된 견해에 따라 책임내용을 구체적으로 설명하면 다음과 같다.

### (1) 기업의 유지·발전에 대한 책임

오늘날 기업은 사적소유물이 아니라 사회 공기관이므로, 사회적이고 공익적인 당위성면에서도 유지·성장되어야 한다. 이러한 공공성을 갖는 기업은 계속기업으로서 건전하게 유지·존속되어야 한다. 그 이유는 기업이 파산되면 국민경제 전체에 대해서 큰 손실을 자아내며, 또한 경제성장에 장애가 되기 때문이다. 그러므로 기업은 반드시 유지·존속되어야 하며 그러기 위해서는 기업존속을 위한 적정이윤을 확보하고 또한 이를 공정하게 배분하여 적극적으로 성장됨으로써, 경제성장의 핵으로서의 기능을 수행하는 것이 경영자의 사회적 책임이다. 이 책임을 본원적 사회적 책임이라고 한다.

### (2) 이해관계자 집단에 대한 이해조정 책임

이해관계는 그 하나를 극대화하면 다른 것을 희생해야 한다는 이율배반적인 경우가 있으므로 이들 이해가 충돌될 경우, 이는 경영의사결정이나 집행과정에서 커다란 문제를 야기 시킨다. 이들 이해관계자 집단의 이해 조정문제는 경영자의 중요한 사회적 책임과제가 된다. 즉, 이해관계자 집단의 모든 요구에 충실히 보답하는 사회적 책임을 충실히 이행해야 한다.

### (3) 종업원의 인간적 만족에 대한 책임

기업의 최대 자산인 인적자원, 즉 종업원들의 협력태세를 확보하지 못하면 경영성과의 달성을 기대할 수 없다. 그러므로 경영자는 인적자원을 확보하고, 적절한 리더십을 통하여 동기를 부여하여, 그들의 협동적 노력을 증대시켜야 한다. 이들 종업원들에게 경영참가제도와 복지후생제도를 도입 활용함으로써 회사와의 일체감을 형성시키고, 그들의 인간적 만족을 실현시켜 줄 때, 그들의 생산성이 높아진다. 종업원들에게 사회적, 심리적, 경제적 만족감을 주고 사기를 높여 자주적 협력을 끌어냄으로써 경영사회의 안정화와 산업평화를 추구할 수 있다.

### (4) 고객에 대한 극대만족의 실현

기업은 고객의 욕구를 충족시킬 수 있는 최적 품질의 제품과 서비스를 생산·제공함으로써, 고객의 극대만족을 실현시켜 주고, 이를 통해서 삶의 질을 향상시켜 줄 때 기업은 소비자 집단에 대한 책임을 이행하게 된다. 소비자에게 판매할 수 없는 제품, 즉 소비자가 구입할 수 없는 제품을 생산한 기업은 존속할 수 없으므로, 경영자는 기술혁신을 통하여 염가와 양질의 제품, 즉 가치지향적인 제품과 서비스를 생산·공급함으로써 고객에게 최상으로 서비스해야 한다.

### (5) 정부에 대한 책임이해의 충실

현대경영은 국가의 법규나 규제의 영역에서 벗어나지 않도록 경영활동을 전개해야 한다. 기업활동의 대전제란 정부에 대한 의식은 곧 국민에 대한 의식을 의미하는 것이므로, 거래관계와 연계된 일체의 법규를 준수해야 한다. 정부가 행하는 일에 보다 적극적으로 협력할 때 기업시민으로서 역할을 다하는 것이다.

### (6) 지역사회에 대한 책임

경영자는 지역사회에서 종업원을 고용한다거나, 그들의 복지향상을 통하여 지역사회의 발전에 기여함은 물론, 지역사회에 미치는 각종 위해에 대해 적절한 보상과 더불어 이를 방지하기 위한 적극적인 대책을 강구해야 한다. 지역사회에 대한 책임은 지역경제의 공동개발에 적극적으로 참여하고 또한 이익을 재투자함으로써 지역발전에 도모해야 한다. 또한 지역의 문화시설에 대한 적극적인 투자를 통하여 기업이 소속하고 있는 지역사회의 문화적 수준을 향상시킬 수 있어야 한다. 교통장애의 방지, 도로손상의 방지, 공장의 미화, 경관파괴의 방지, 대규모 신규노동이입의 방지, 노동자 해고의 억제, 상해자 가족에 대한 충분한 배려 등의 지역사회에 대한 책임을 성실히 이행해야 한다.

### (7) 채권자, 원료공급업자 및 유통분배업자에 대한 책임

가치공급 연결고리를 구성하며 또한 경쟁자와 대응하기 위하여 동반자화를 구축하고 있는 원료공급업자 및 유통업자와의 협력관계를 조성하도록 해야 한다. 즉, 거래조건을 성실하게 이행하고 신용을 돈독히 하여 신뢰성을 구축하도록 해야 한다.

### (8) 산업공해발생 방지에 대한 책임

기업활동으로 인해 발생하는 환경오염의 피해자는 언제나 지역사회의 주민, 더 크게는 국가전체이므로, 경영자는 피해가 생길 경우, 이에 대한 보상과 더불어 이를 방지하는데 적극적으로 노력해야 한다. 따라서 충분한 사회비용을 투입하고 또한 공해발생의 요인인 노후시설을 대체하는데 노력해야 한다. 그린라운드(GR)에 적극적으로 대응하기 위한 환경친화적인 기업이 되도록 심혈을 기울여야 한다.

### (9) 기술개발에 대한 책임

오늘날 기술의 진보 · 발전, 소비자 욕구의 다양성 및 기업간의 경쟁격화는 기업에 있어서 기술혁신에 의한 신제품 개발의 중요성을 가속화시키고 있다. 따라서 기업은 연구개발 관리를 확충하여 신제품 개발과 생산성 향상을 실천하여 사회적 이익이 증진되도록 노력해야 한다.

기술의 개발과 연구는 우리 기업의 생존과 발전에 있어서 필수불가결한 요소이다. 또한 선진국은 기술보호의 장벽을 높이고, 국제기술질서(TR: 기술라운드)의 형성이 가시화되고 있는 실정이므로, 경영자는 창의성에 바탕을 둔 기술혁신에 많은 시간과 노력 및 투자를 집중해야만 한다.

### (10) 후계자 육성에 대한 책임

기업의 성장과 발전을 위해서는 유능한 후계자를 양성하여 기업의 미래발전에 도모해야 한다. 이는 내일을 위한 유능한 경영자의 양성 없이는 기업 성장을 기대할 수 없기 때문이다.

전문 경영자를 개발하고 육성하기 위해서는 무엇보다도 사전준비에 의한 경영자교육이 철저해야 하며, 이러한 경영자 교육이 없이는 경영의 활력성을 키울 수 없다.

## 5절 사회감사(Social Audit)의 목표: 기업의 사회활동에 관하여 대중에게 보고

### 1. 사회감사의 개념

사회감사(social audit)라는 용어는 1953년 보웬(M. R. Bowen)에 의해 쓰여지기 시작하였으나, 1970년대부터 그 사용이 보편화되었다. 사회감사에 대한 일반적인 정의는 "기업의 재무성과를 보고하는 재무제표에 대비되는 기업의 사회적 성과, 즉 기업의 사회적 프로그램을 구성하는 모든 활동을 포괄적이며 단계적으로 검토하여 보고하는 것"이라고 내릴 수 있다. 즉, 사회감사는 기업의 사회에 대한 책임 이행도와 공헌도를 평가하기 위해 실행하는 것으로서, 조직이 실현한 경제적 성과가 아닌 사회적 성과를 확인, 측정, 평가, 보고 및 조사하기 위한 시스템적 접근방법이다.

사회감사란 고용활동, 환경보호 및 자선행위와 같은 사회적 사건과 관련되는 모든 기업활동의 업적 및 성과를 규명·측정하고 또한 평가하는 공식적인 절차라고 할 수 있다. 이와 같이 정의되는 사회감사에 대해 기업들이 관심을 기울이는 이유는 다음과 같다.

첫째, 기업과는 그들이 공공의 관심사와 조화되는 사회적 책임의식을 갖고 있다는 것을 나타내고 싶어 한다.

둘째, 기업가의 가치관이나 행동을 사회의 다른 부문에서와 마찬가지로 보다 큰 사회적 책임의 방향으로 변화해 가야 한다.

셋째, 상담자들이 사회감사의 수행방법을 개발하려고 노력하고 있다.

넷째, 기업이 사회적으로 더욱 책임 있게 되도록 기업 외부의 압력단체들이 영향을 미치고 있다.

다섯째, 종교단체나 교육기관과 같이 비영리조직들의 구성원들이 자기가 투자하고 있는 기업의 사회적 책임수행에 대해 관심을 갖고 있다.

여섯째, 기관투자가들이 사회적 책임을 수행하는 기업의 증권을 선호하는 경향이 있다.

## 2. 사회감사의 범위

기업의 사회감사는 외부의 전문가들에 의해 수행되는데, 그 내용은 ① 기업의 상징적 활동, ② 종업원의 복지후생. ③ 소비자보호, ④ 지역사회에 대한 서비스, ⑤ 환경보호와 생태계, ⑥ 고객서비스, ⑦ 공평한 교육, ⑧ 사회적 업적을 위해 기업에 부과된 책임 등에 대한 것이다.

스테이너(G. A. Steiner)는 사회감사에는 ① 법률이 요구하는 활동, ② 노조와의 계약을 완수하는 활동, ③ 기업에 의해 자발적으로 취해진 활동, ④ 사회적으로 유익한 활동이 포함되어야 한다고 주장하였다. 그 상세한 내용은 ① 장학금, 학자금 융자 등을 포함한 교육기관에 대한 재정지원, ② 신체장애자의 적극적인 고용, ③ 직업·경력기회의 제공, ④ 현대적인 공해방지 설비의 설치, ⑤ 사경제부문에서의 생산성 향상, ⑥ 예술단체나 예술가에 대한 재정지원, ⑦ 훈련이나 특별교육을 통한 기회균등의 보장, ⑧ 기업경영의 혁신성 및 성과향상, ⑨ 공해의 피해를 최소로 줄이는 설비운용 등이다.

상기의 내용과 여러 학자들이 주장하고 있는 사회감사의 내용을 종합하여 보면 〈표 3-3〉과 같다.

**표 3-3** 사회감사의 주요 내용

| 항목 | 내용 |
|---|---|
| 환경 | · 오염의 관리, 자연자원의 보존, 환경의 재생과 보호, 재생의 노력 |
| 에너지 | · 생산, 판매활동에서 에너지 보존 |
| 공정한 기업활동 | · 제품의 에너지 효율을 증대시키기 위해 노력<br>· 기타 에너지 저장계획<br>· 여자와 소수집단의 고용과 승진 |

| | |
|---|---|
| | · 불이익을 받는 이들에 대한 고용확대와 승진<br>· 소수인 소유회사의 보호<br>· 종업원 안전위생의 촉진, 종업원 교육 및 훈련 |
| 인적자원 | · 불이익을 받는 종업원에 대한 구체적 교육<br>· 알코올 중독자와 약물 중독자와의 상담, 경력상담<br>· 종업원 적성과 스트레스의 관리<br>· 공중위생 프로그램에 자금지원 |
| 지역사회의 관여 | · 교육과 예술에의 지원<br>· 지역사회 레크리에이션 프로그램에의 지원<br>· 지역사회의 사업에 협조<br>· 제품 안전성의 제고 |
| 제품 | · 제품 안전교육 계획에 대한 자금지원<br>· 공해제품의 제거<br>· 제품의 영양가치 개선<br>· 포장과 상표개선 |

기업이 사회에 미치는 영향을 확인·측정·평가 및 보고하고 감사하는 과정은 그 실행과정에서 여러 가지 문제점이 내포되어 있다. 사회감사를 행하는 경우, 감사대상이 되는 행위, 그런 행위를 평가하는 방법, 그리고 사회적 성과를 평가하는 방법 등의 어려운 문제가 있다.

사회감사의 일반적인 목표는 경영자들로 하여금 사회에 대한 기업의 활동조치의 영향을 인식토록 하는 것이므로, 다음과 같은 목적에 기여할 수 있다.

첫째, 기업의 사회적 활동에 관해서 이해관계자와의 일반사회 대중에게 정보를 제공할 수 있다.

둘째, 기업활동의 사회적 성과에 대한 책임의 기준을 제공한다.

셋째, 기업의 경영자에 의해서 사회감사를 이용할 수 있다. 즉, 사회감사에 포함되어 있는 정보는 정상적인 경영의사결정의 기반을 확장시키기 위해 이용될 수 있다.

## 3. 기업사명(mission)의 예

기업들은 그들의 사회적·윤리적 성과를 향상하기 위해 여러 다양한 기법을 사용하고 있는데, 그 방법 중에는 ① 윤리헌장, ② 고발제도, ③ 옴브스맨,

④ 기업윤리위원회, ⑤ 테스크포스 및 ⑥ 훈련 프로그램, ⑦ 윤리감사 등이 있다. 그 중에서도 기업들은 사회적 책임을 표현하고 또한 기업 스스로 사회적·윤리적 책임을 수행하기 위해서 윤리헌장을 제정하고 있다.

우리나라는 1996년 2월 15일 전국경제인 연합회에서 최초로 기업윤리헌장을 제정하였다. 기업윤리헌장은 전문에서 "세계가 하나의 시장으로 열리고 경제력이 나라의 흥망을 가름하게 될 세기적 변화의 문턱에서 우리 기업은 나라와 민족의 장래를 떠받쳐야 할 소중한 사명을 짊어지고 있다"고 전제하고, "우리 기업은 경영과 기술을 혁신하고 투명한 기업경영을 통해 새로운 시대정신과 국민적인 여망으로 키워나가야 한다"고 강조하고 있다. 8개항으로 구성된 본문에는 ① 기업의 사회적 책임, ② 창의와 혁신을 통한 정당한 이윤창출, ③ 공정경쟁, ④ 대·중소기업간 협력발전, ⑤ 소비자와 고객의 권익존중, ⑥ 기업구성원의 이익향상, ⑦ 환경친화적 경영지향, ⑧ 지역사회 발전기여 등의 실천 강령을 담았다.

다음은 Johnson & Johnson社의 사회적·윤리적 책임을 잘 나타내고 있는 기업사명문이 〈표 3-4〉에 제시되어 있다.

**표 3-4** Johnson & Johnson社의 기업사명문(mission statement)

- 우리가 첫번째로 책임져야 할 대상은 의사, 간호사, 환자이고, 어머니, 아버지, 그리고 우리 제품과 서비스를 이용하는 모든 소비자이다.
- 그들의 욕구를 만족시켜 주기 위하여 우리는 항상 최고를 추구하여야 한다. 우리는 적정가격을 유지하기 위하여 끊임없이 비용을 절감시키기 위한 노력을 기울여야 한다.
- 소비자의 주문은 신속·정확하게 받아야 한다. 우리의 제품을 취급하는 기업도 적절한 이윤을 보장받아야 한다.
- 우리는 전 세계에 산재하여 있는 남녀를 불문한 우리 기업의 종사자에게 책임을 가지고 있다. 모든 사람은 똑같은 개인으로 여겨져야 한다. 우리는 그들의 존엄성을 존중하고 우수함을 인식해야 한다. 종사자들은 안심하고 일에 종사할 수 있어야 한다. 봉급은 공정하고 적정하게 지급되어야 하고, 작업조건은 안전하고 깨끗하며, 정돈이 잘 되어 있어야 한다. 우리는 종사자들이 그들의 가족에 대한 책임을 다할 수 있도록 도와주어야 한다. 종사자들이 제안이나 불만을 항시 이야기할 수 있는 분위기를 조성하여야 한다. 자격이 있는 종사자들은 차별 없이 기회가 제공되어야 한다. 항상 공정하고 윤리적인 최고의 경영을 추구해야 한다.
- 우리는 우리가 살고 있고, 일하고 있는 사회뿐만 아니라, 전 세계에 대하여 책임을 진다.

- 우리는 선량한 시민으로서 자의적으로 유익한 자선사업을 추진하고 적정한 세금을 납부한다.
- 우리는 사회의 발전 및 국민건강증진에 기여한다.
- 우리는 자연과 천연자원을 보호하면서 우리가 현재 사용하고 있는 모든 시설을 항상 최상의 조건으로 유지한다.
- 우리는 마지막으로 주주에 대하여 책임을 진다. 기업은 정상적인 이윤을 확보하여야 한다.
- 우리는 항상 새로운 아이디어를 개발, 실험해야 한다. 끊임 없는 연구개발로 혁신적인 프로그램을 개발하며, 실패를 두려워하지 않는다. 새로운 장비 및 시설구입에 인색하지 않으며, 새로운 상품의 개발에 힘쓴다.
- 언제 올지 모를 불황에 항상 대비한다.
- 이러한 원칙에 의하여 영업활동을 할 때, 주주들도 적정한 보상을 받을 수 있다.

##  6절 경영자가 더욱 윤리적이 될 수 있는가?
### (How Do Managers Become More Ethical?)

윤리(ethics)는 옳고 그름을 정의하는 규범이나 기준 등을 의미한다. 옳거나 그른 행동은 시대에 따라서 달리 정의될 수 있는데, 불법적인 것들은 대부분 비윤리적인 것으로 인식되어 왔다. 윤리는 사회에서 인정하는 도덕적 기준에 근거하여 행동하는 것을 포함한다. 따라서 윤리는 법을 준수하는 것 이상을 의미한다. 계획하고 조직하고 지휘하고 통제할 때, 경영자들은 윤리적인 문제를 반드시 고려해야 한다. 윤리적 행위의 판단을 위한 기준에는 〈표 3-5〉처럼 네 가지 관점에서 서로 차이가 나는 해석을 나타내고 있다.

**표 3-5  윤리적 행동에 관한 4가지 원칙**

| 공리주의 | • 의사결정 또는 행동이 최대다수에게 최대행복을 제공하는가?<br>• 편익/비용 분석법 사용<br>• 결점: 소수에 대하여 불공평 및 불공정, 비금전적 요인무시 |
| --- | --- |
| 사회정의주의 | • 의사결정 또는 행동이 만인에게 공정하고 공평하게 보이는가?<br>• 인종, 성별, 종교에 상관없이 기회균등의 원칙 사용<br>• 결점: 생산성 |
| 도덕적 권리주의 | • 의사결정 또는 행동이 만인의 기본권(자유, 생명, 행복추구권 등)을 보장하는가?<br>• 결점: 생산성 |

| 개인주의 | • 의사결정 또는 행동이 장기적으로는 자기이익을 최대로 하는가?<br>• 단기적인 속임수는 타인으로부터 속임수로 돌아오기 때문에 타인이 원하는 윤리적 행동을 보일 수밖에 없다는 원칙<br>• 결점: 자기와 타인의 이익이 반드시 같지는 않음 |
|---|---|

## 1. 공리주의(utilitarian view)

모든 의사결정이 그것의 결과를 중심으로 이루어지는 상황을 말한다. 공리주의는 최대다수의 최대행복을 추구함으로써 이기적 쾌락과 사회전체의 행복을 조화시키려는 사상을 말한다. 한편 공리주의는 효율성과 생산성, 이익극대화 목표의 달성을 권장하였지만, 다른 한편으로는 피지배층에 분배되는 자원을 왜곡시킨다. 공리주의는 "다수에 긍정적 영향을 미치는 행위는 윤리적이고 부정적 영향을 끼치는 행위는 비윤리적 행위"로 요약된다. 극단적으로 51% 직원을 살리기 위해 49% 직원을 해고해도 무방하다는 것이다.

## 2. 사회정의주의(justice view)

정의주의는 이익과 부담이 평등하게 그리고 일정한 법칙에 따라 분배될 때 존재한다. 사람들이 공정하고 공평한 권리를 강조하고 이를 강화시키는 상황을 말한다. 남녀불문하고 동일노동 동일임금 원칙은 여기에 해당한다. 롤스(Rawls)는 정의론은 각 개인은 타인의 대등한 자유와 최대한의 기본적 자유를 누릴 공평한 권리를 갖는다고 말했다. 예를 들면, 종업원의 채용, 승진, 해고에 있어서 성별, 인종, 종교, 국적에 따라 차별대우를 받아서는 안 된다는 것을 의미한다. 윤리에 관한 정의론적 관점은 장점과 단점이 모두 존재한다. 정의론적 관점은 피지배층들의 이익을 보호할 수 있지만 반면에 위험부담, 혁신, 생산성을 악화시키려는 성향을 부축일 수 있다. 왜냐하면 이익과 비용에 대한 정확한 측정이 어렵다는 것이다. 따라서 정의적 차원의 윤리기준이 일치되기가 어렵다. 그렇다면 자국의 노동자보다 외국인 노동자에게 임금을 차별하는 것이 공정한가? 롤스의 이론은 개발도상국의 노동자들에게 도움이 된다면 공정한 것이라는 주장이다. 이를 차이의 원칙(difference principle)이라 한다.

### 3. 도덕적 권리주의(moral-rights view)

모든 인간은 사생활, 양심의 자유, 자유발언, 정당한 법절차를 포함한 개인의 자유와 특권을 보장하는 기본적 자유과 권리를 가지고 있다고 주장한다. 도덕적 권리주의의 장점은 양심의 자유, 언론의 자유, 개인의 자유와 사생활을 보호할 수 있다는 것이다. 그러나 조직의 관점에서 보면 법의 준수에 지나치게 의존하는 업무환경은 높은 생산성과 효율성을 달성하는데 장애물이 될 수 있다. 오늘날에는 도덕적 권위주의의 윤리적 판단이 중요하게 부각되고 있다. 그 이유는 많은 사람들이 인간의 생명, 존엄성에 대한 기본권리를 저해하는 행위를 비윤리적이라고 생각하기 때문이다. 따라서 우리나라에서도 공해방지법, 소비자보호법, 공정거래법 등을 제정하여 도덕적 권리기준을 보장하고 있다.

### 4. 개인주의(individualism)

개인주의 접근법은 장기적인 개인의 이익을 최대로 할 수 있는 의사결정을 한다는 것이다. 단기적인 이익에 집착하면 역효과로 되돌아 온다는 것이기 때문에 개인주의는 다른 사람들의 기대에 부응하는 윤리적 행동을 유도한다는 것이다.

결론적으로 각각의 접근법은 강점과 약점을 갖고 있기 때문에 생산성 달성을 위해 공리주의 원칙을 유지하면서 법에 의하여 요구되는 도덕적 법률주의가 확보되어야 하고, 개인주의 및 사회정의 기준을 고려할 수가 있다고 하겠다.

### 5. 기업윤리 규범 세우기

기업윤리(business ethics)란 기업이 한 조직으로서 사회 속에서 마땅히 지켜야 할 도리를 말한다. 기업윤리는 '기업의 태도, 행동의 옳고 그름이나 선과 악을 체계적으로 판단하는 기준'이 되며 기업경영에서 발생하는 도덕적 문제를 해결하는 역할을 한다.

준수기반 윤리규범(compliance−based ethics codes)과 청렴기반 윤리규범(integrity−based ethics codes)은 또 다른 규범사례이다. 준수기반 규범은 잘못을 한 사람을 벌하거나 제재하여 불법적인 행위 예방을 강조하는 윤리규범이다. 청렴기반 윤리규범은 조직의 방침과 가치관을 제시하고 윤리적으로 건전한 행동을 지지하는 환경을 조성하는 규범이다.

경영자의 윤리적 혹은 비윤리적 행위를 판단하는 다양한 요소가 존재한다. 이러한 요소들은 개인의 도덕성, 가치, 성격, 경험, 기업의 문화 등이다. 도덕적 신념이 약한 사람일수록 규칙과 정책, 직무기술서 혹은 문화적 규범에 의해 통제되어야 부정한 행위를 할 가능성이 적어진다. 윤리강령(code of ethics)은 모호성을 줄이기 위한 도구로서 널리 사용된다.

손정의 회장 강의

# CHAPTER 4

# 기업의 창업과 성장
## Starting and Growing of Business

# 기업의 창업과 성장

 일론 머스크의 10가지 창업성공 법칙(Elon Musk's Top 10 Rules for Success as an Entrepreneur)

일론 머스크(Elon Musk). 그는 혁신의 아이콘으로 불린 스티브 잡스(Steve Jobs)를 뛰어넘는 인물로 평가받고 있다. 일론 머스크가 육성으로 밝힌 '10가지 창업 성공 법칙(Elon Musk's Top 10 Rules for Success as an Entrepreneur)'을 소개한다.

### 1. 결코 포기하지 마라(Never give up)
"세 번 연속 실패했을 때, 이제 그만둬야겠다는 생각은 안 들었나요?"
"전혀 안 들었어요. 저는 절대 포기 안 해요. 내가 죽거나 완전 불구가 되지 않는 한."

### 2. 자기가 하는 일을 정말 좋아하라(Really like what yo do)
"자기 일을 정말 좋아하는 거죠. 그 분야가 무엇이 되었든. 만약 그 분야의 최고라고 하더라도 실패할 가능성은 있어요. 그래서 제 생각엔 자기 일을 정말 좋아하는 게 중요해요. 만약 그렇지 않는다면... 인생은 너무 짧아요. 자기 일을 좋아한다면 그 일을 하지 않을 때도 막 생각이 나요. 자기 생각이 그리로 막 이끌리는 거죠. 만약 자기 일을 좋아하지 않으면, 그걸 계속하기가 힘들죠."

### 3. 다른 사람의 말을 듣지 마라(Don't listen to the #littleman)
"제가 회사를 차리려 했을 때 정말 많은 사람들이 미친듯이 저를 말렸어요. 친한 친구 한 녀석이 로켓이 폭발하는 비디오만 가득 모아서 제게 보여줬죠. 친구는 제가 전 재산을 잃는 것을 원치 않았어요. 저희는 성공하기 힘들어 보이는 일들을 하고 있어요. 그리고 우리는 운이 좋았죠. 그래서 지금까지는 성공적이었어요."

## 4. 위험을 감수하라(Take a risk)

"지금이 바로 도전할 때입니다. 자식도 없고... 나이가 들면 의무가 늘어나요. 그리고 가족이 생기면 도전이 자기뿐만 아니라 가족 전체에게 위험해지죠. 그래서 실패할지도 모르는 일에 도전하기가 훨씬 힘들어져요. 그렇기 때문에 지금이 바로 도전할 때예요. 대담해지세요! 후회하지 않을 거예요."(대학생 대상 강연회에서)

## 5. 중요한 일을 하라(Do something important)

Q: "자동차 회사를 세우고 성공할 것이라는 것을 어떻게 알았죠?"

"사실 테슬라가 성공할 것이라고는 생각하지 못했어요. 오히려 실패할 것이라고 생각했죠. 그래도 최소한 사람들이 갖고 있는 잘못된 생각을 바꾸길 기대했죠. 전기자동차는 못생겨야만 한다, 그리고 골프카트처럼 느리고 재미없다는 생각 말이죠."

Q: "그런데 사업이 성공할 거라고 생각하지 않았다면 왜 시도를 했죠?"

"무언가가 정말 중요하다면, 비록 실패의 가능성이 높더라도 시도를 해야죠."

## 6. 소음을 넘어 신호에 집중하라(Focus on signal over noise)

"저희는 이슈를 만드는 것보다 품질에 집중했어요. 여러 기업들이 혼동하는 부분이, 제품의 품질과는 상관없는 부분에 돈을 쓴다는 거죠. 예를 들면, 테슬라에서는 광고에 결코 돈을 쓴 적이 없어요. 우리는 모든 돈을 연구개발과 생산 및 디자인에 투입해서 최대한 좋은 자동차를 만들어냈죠. 제 생각에는 그게 옳은 길인 것 같아요. 그 어떤 기업이든 간에 여러 노력을 기울이되, 그 노력이 더 나은 제품/서비스로 이어지는지 질문해야 돼요. 만약 아니라면 그런 노력은 멈추세요."

## 7. 문제해결자를 찾아라(Look for problem solvers)

"제가 저희 회사에서 일할 누군가와 면접을 볼 때는 이전에 경험해본 문제해결 과정을 물어봐요. 어떻게 문제를 해결했는지, 그리고 정말 그 사람이 그 문제를 해결했는지 말이죠. 그들은 여러 단계로 나뉜 대답을 할 수 있죠. 그러나 결국 본질적인 대답을 해야 해요. 만약 머뭇거리고 대답을 못하면 '아, 이 사람이 정말 그 문제를 해결한 것이 아니구나'라고 판단합니다. 왜냐하면, 문제해결을 위해 고군분투한 사람은 절대 잊지 않거든요."

### 8. 탁월한 인재를 끌어들여라(Attract great people)

"당신이 회사를 설립하거나 입사를 할 때, 가장 중요한 것은 탁월한 인재를 끌어들이는 거예요. 그러니까 내가 존경하는 정말 멋진 집단의 일원이 되거나, 탁월한 인재를 내 회사로 끌어들여야 해요. 따져보면 회사란 어떤 제품이나 서비스를 함께 만들기 위해 모인 사람들의 집단이거든요. 그래서 그 집단이 얼마나 재능 있고 노력하는가에 따라, 그리고 얼마나 집중력이 있는가에 따라 옳은 방향으로 화합하여 나아가는 것. 그 회사의 성공 여부는 거기에 달렸죠. 따라서 탁월한 인재를 끌어들이기 위한 모든 일을 하세요. 당신이 새로 회사를 설립한다면 말이에요."

### 9. 탁월한 제품을 만들어라(Have a great product)

"내가 만들고 있는 제품/서비스가 탁월한지 항상 확인해야 해요. 반드시 탁월해야 해요. 만약 당신의 회사가 신규 기업이고, 완전히 새로운 사업이나 한 번도 건드리지 않은 새로운 시장에 진입한다면, 기준점이 낮죠. 그런데 당신의 제품/서비스가 진입하는 곳이 이미 존재하는 시장이라면, 그래서 여러 거대하고 견고한 경쟁자들을 상대해야 한다면, 당신의 제품이나 서비스는 경쟁자들보다 훨씬 뛰어나야 해요. 조금 뛰어나면 안 돼요. 왜냐하면 고객은 '내가 왜 이걸 사지?'라고 물어보게 되고, 결국 믿을 만한 브랜드를 사게 되죠. 엄청 큰 차이가 있지 않은 이상은요. 대개의 경우 창업가들이 경쟁자들보다 조금 뛰어난 것을 만들어내는데, 그러면 안 돼요. 훨씬 뛰어나야 해요."

### 10. 미친듯이 일하라 (Work super hard)

"당신이 얼마나 성공하고 싶은지에 따라, 특히 새로운 사업을 시작한다면 정말 미친듯이 열심히 일해야 해요. 저와 제 동생이 함께 첫 회사를 창업했을 때는 우리가 살 곳을 구하기보다 그냥 작은 사무실을 임대했어요. 그리고 그냥 소파에서 잤죠. 샤워는 근처의 YMCA 회관에서 했고요. 우리가 그때 얼마나 힘들게 일했냐면, 컴퓨터가 1대밖에 없었어요. 그래서 낮에는 저희 회사 웹사이트를 운영했고, 밤에는 코딩을 했죠. 일주일에 7일, 하루도 빠짐없이 매일 말입니다. 그때 잠시 여자 친구가 있었는데, 저랑 함께 하려고 그녀는 우리 사무실에서 잤어요. 그러니까 열심히 일하세요! 얼마나? '깨어 있는 모든 순간!' 그게 제가 하고 싶은 말입니다. 특히 창업을 할 땐 말이죠. 쉽게 말해 남들이 50시간 일할 때 100시간 일하면 결론적으로 1년 동안 2배의 일을 하게 되는 거죠."

# 도입사례
## 테슬라는 전기차 기업이 아니라, 데이터 플랫폼 기업이다

테슬라는 그전까지도 차량을 팔았고 판매대수도 증가해왔지만, 2019년부터 왜 급상승했을까? 그것은 이제 더이상 테슬라는 전기차를 판매하는 기업이 아니라 모빌리티 플랫폼 업체라는 것을 인정하기 때문이다. 테슬라와 같은 혁신 기업들에 투자하는 대표적인 곳이 ARK invest이다.

그들은 혁신적인 플랫폼에 투자한다. 성장에 초점을 두고 있으며, 테슬라가 만들어내고 있는 사업으로는 에너지, 배터리, 자율주행, 보험, AI, 데이터, 스페이스x를 통한 로켓과 통신시스템, 뉴럴링크, 하이퍼루프 등 혁신적인 사업을 펼치고 있다. 테슬라는 이번 배터리데이에서 낮은 가격으로 높은 효율을 낼 수 있는 배터리를 만들어내고, 그로 인하여 시장에 수백~수천만대의 테슬라 차량이 깔리는 것을 목표로 하고 있다. 테슬라와 같은 자율주행 플랫폼을 가진 차량이 늘어난다는 것은 단순한 의미가 아니다. 판매 이익을 넘어 자율주행에서 얻어지는 서비스 분야의 현금흐름이 어마어마하게 늘어난다는 이야기가 된다.

테슬라는 캘리포니아에서 보험 상품을 출시했다. 기존 보험회사는 차량 이동에서 얻어지는 데이터가 없지만, 테슬라는 29단계로 주행데이터를 알고리즘화 하고 보험가격을 책정한다. 보통 보험료는 차량의 가격과 사고여부 등에 따라 책정되는데 테슬라는 굉장히 낮은 가격을 책정하고 있으며, 자율주행으로 인해 낮아지는 사고율은 더욱 더 합리적인 보험가격이 출시된다. 이런 보험 상품은 캘리포니아를 넘어 중국과 유럽시장에도 진출하는데, 테슬라 차량을 사용한다면 이 보험상품을 사용하는 것이 이득이 될 것이다. 향후 몇년 뒤 천만대만 깔리더라도 거기에서 발생하는 보험 상품의 매출은 30조에 달한다고 한다. 또한 보험 상품이기에, 큰 수익율을 보여준 것이다.

보험은 여러모로 큰 의미가 있다. 워런 버핏 또한 보험에서 얻어지는 제로의 이자율로 어마어마한 레버리지를 통해 투자함으로써 지금과 같은 부를 얻게 되었다. 앞으로 여기에서 얻어지는 수익은 테슬라의 투자에 커다란 도움이 될 것이며, 그로인한 성장속도가 기대된다.

### 배터리의 중요성, 그리고 테슬라가 만들어내는 효율성과 기술 극대화

테슬라는 로드스터를 시작으로 모델 S를 통해 올해의 차로 선정이 됐으며, 모델X, 모델3, 모델Y에 이르기까지 (세미트럭, 사이버트럭 포함) 디바이스 장치로의 기반은 확실히 다지게 되었다. 물론 앞으로 소형의 모델2를 출시할 계획을 가지고 있다. 그렇다면 앞으로의 계획은 뭘까?

그것은 바로 배터리 사업이다. 테슬라가 가지고 있는 특허의 70%는 배터리에 관련된 것이다. 예전 모델 차량들을 만드는 것에서 스페이스x의 펠컨 로켓을 만들 때에도 원가 절감에 굉장히 노력한 사람이 일론 머스크이다. 앞으로 테슬라가 이루어 나가는 사업에서 배터리는 전기차뿐만 아니라, 스페이스x의 로켓, 스타링크 수만개의 인공위성 등에서 말도 안 되는 배터리의 수요가 필요하다. 단순히 많은 양이 필요한 것이 아니라, 많고 싸고, 효율이 좋아야 한다. 그런 배터리 생산이 뒷받침 되어야 테슬라의 이 모든 사업의 속도가 붙게 될 것이다. 이번 배터리데이에서의 발표 또한 그것과 관련이 있다. 그 배터리 중 효율성이 더욱 좋아질 배터리로 4680이 언급된 것이다.

테슬라의 컴퓨터가 만들어내는 데이터는 FSD와 클라우드 컴퓨터에서 계속해서 성장하고 있는데, 아직 인간의 모든 운전에 대한 데이터가 있지 않기 때문에 현재 깔려있는 약 130만대의 테슬라 차량이 정보를 모아 연산(딥 러닝)하고 훈련하여 새롭게 자율주행 시스템을 업데이트하는 무한반복시스템이다. 이런 발전을 통해 과거 사고가 났던 부분들도 보완할 것이다.

테슬라는 현재 애플, 아마존, 마이크로소프트, 구글, 페이스북과 같이 데이터 플랫폼 기업이 될 기업이다. 하지만 그들과의 방향은 약간 다르다. 테슬라가 그리는 시장의 규모는 상당하다. 현재 이와 같이 만들어내는 기업은 없다고 생각한다. 도요타, 포드, 현대, 폭스바겐 등이 전기, 수소차를 만들어 발표를 하고 있다고 하지만 전혀 다르다. 앞으로 시장 점유를 확대하기 위해서는 테슬라와 같은 길을 가야 할 것인데 어떤 기업이 어떻게 탄생할지도 지켜봐야할 것이다. 경쟁 기업들은 어디에서 어떻게 준비하고 있는지 모르기 때문이다.

 1절 **기업형태의 분류(Classification of Corporation Types)**

기업은 사유재산제도를 전제로 하는 자본주의의 시장경제체제의 경제단위로서 영리추구를 목적으로 인간의 욕구를 충족시키기 위해서 재화나 서비스를 생산하는 개별경제주체이다.

기업을 창업해서 경영을 하려는 경우, 우선 기업의 형태를 결정해야 한다. 기업의 종류를 정해야 하는데, 이는 창업할 기업에 대한 출자를 누가 하며, 설립된 후에 경영을 누가 담당할 것이며, 경영을 담당할 경영권을 누가 임명하고, 경영전체로서의 자본운용에 대한 감독과 통제를 누가 할 것인지를 결정하는 지배, ① 출자, ② 경영, ③ 지배 등의 세 가지 요소에 의해서 기업의 형태(종류)가 결정된다.

기업형태를 보는 관점에 따라 다른 의견이 제시되는데, 첫째, 보통기업의 규모, 업종, 출자자, 법제도 및 정부와의 관계 등에 따라 분류될 수 있다. 먼저

규모에 따라 대기업, 중소기업으로 분류하고, 규모의 크기는 매출액, 종업원
수, 자본금에 따라서 기준을 정한다.

둘째, 종사하는 업종에 따라 광업, 공업, 상업, 금융업, 통신업 등으로 구
분될 수 있다. 셋째, 출자성격에 따라 공기업, 사기업 또는 공사공동기업으로
구분된다. 넷째, 법률의 규정에 따라 합명회사, 합자회사, 유한회사 또는 주식
회사 등으로 구분된다. 다섯째, 소유와 지배를 중심으로는 개인기업, 인적 공
동기업, 자본적 공동기업 등으로 구분된다.

기업은 〈그림 5-1〉과 같이 출자, 경영, 지배를 기준으로 분류되는데, 기
업자본의 출자관계에서 본 법률적 형태와 경영활동의 견지에서 실질적인 출
자에 따르는 책임부담의 관계에서 본 경제적 형태에 의해 분류되는 것이 일반
적이다. 사기업은 출자, 경영 및 지배가 민간인에 의해서 이루어지는 기업이
며, 공기업은 공적기관, 즉 국가나 지방자치단체가 중심이 되어 출자, 경영 및
지배를 하는 기업이고, 공사공동기업은 민간인과 공적기관이 공동으로 출자하
고 경영하며 지배하는 기업이다.

**그림 5-1**  기업의 형태 분류

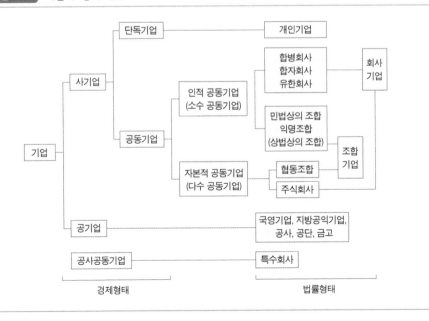

사기업은 기업에의 참여자의 수가 단수이냐 복수이냐에 따라 단독기업과 공동기업으로 구분되며, 공동기업은 그 기업의 특성이 구성원간의 인적 유대 관계 또는 자본적 특성이 중요하냐에 따라 인적 공동기업과 자본적 공동기업 으로 분류된다.

 ## 2절 사기업(Sole Proprietorship)

### 1. 단독기업(개인기업)

개인기업(sole proprietorship)이란 개인이 출자하여 경영지배하는 기업으로서, 가장 원시적이며 자연발생적인 기업형태이다. 개인기업은 출자자인 기업가가 경영상의 모든 위험과 손실을 직접 부담하고, 이윤도 단독으로 획득할 수 있 으므로 단독기업이라고 한다. 개인기업은 대체로 기업주 또는 소수의 사용자 에 의해 경영할 수 있고, 대자본을 요하지 않는 사업에 적합한 기업형태로, 그 수가 모든 기업형태 중에서 가장 많다.

개인기업의 운영상의 장·단점은 〈표 5-1〉과 같다.

**표 5-1** 개인기업의 장·단점

| 장점 | 단점 |
|---|---|
| ① 기업의 설립과 폐쇄가 용이하며 창업비가 적게 소요 | ① 자본조달의 한계 |
| ② 신속한 의사결정 | ② 사업능력에 한계 |
| ③ 위험부담과 이익획득을 단독으로 부담하므로 기업경영에 전력투구 | ③ 기업의 부채에 대한 무한책임 |
| ④ 경영상의 기밀을 유지 | ④ 무계획적이고, 사회전체적으로 무모한 중복투자 가능 |
| ⑤ 법인세가 없고, 개인소득세만 납부하므로 세제상의 혜택 | ⑤ 기업의 운영이 경영자 개인의 운영에 좌우됨 |

## 2. 공동기업

### (1) 인적 공동기업

개인기업의 단점과 한계를 극복하기 위해 등장한 것이 공동기업인데, 기업의 특성에 따라 인적 공동기업과 자본적 공동기업으로 분류된다.

#### 1) 합명회사

합명회사(general partnership or unlimited partnership)는 중세 유럽의 내륙상업도시를 중심으로 발전한 소시에타스(societas)라는 공동기업에서 기원이 된다. 합명회사는 2명 이상의 사원(출자자)이 공동으로 출자하고, 회사의 채무에 대해 연대무한의 책임을 지면서 직접 회사경영에 참여한다. 인적기업의 대표적인 기업형태로 각 사원이 정관을 작성하고 법원에 등기함으로써(법인) 설립된다. 회사운영에 대한 의사결정뿐만 아니라, 사원의 지분양도에 있어서도 전 사원이 동의하므로(상법 197조) 사원총회가 없다. 이는 인적 공동기업의 특징이 가장 강하므로 혈연관계가 있거나 이와 유사한 관계에 있는 사람들간에서 소규모 기업으로 이루어지는 기업형태이다.

#### 2) 합자회사

합자회사(limited partnership)의 기원은 코멘다(commenda: 보험대차)에서 찾을 수 있는데, 이 회사는 출자와 업무집행을 담당하는 무한책임사원과 출자만을 하는 유한책임사원을 구성된다. 합자회사는 합명회사에 비해 자본조달이 용이한데, 유한책임사원이 출자를 하기 때문이다. 유한책임사원은 직접 경영에 참여할 수 없을 뿐만 아니라(상법 278조), 지분을 양도할 때 무한책임사원 전원의 승인을 얻어야 하기 때문에(상법 272조) 지분양도가 어려워 대기업으로 성장하는 데 한계가 있다.

#### 3) 유한회사

유한회사(private company)는 출자자에 대한 무한책임의 부담을 없애고, 가족기업과 같은 적당한 규모의 기업으로서 유지·성장할 수 있도록 하기 위해 창안된 기업형태이다. 유한회사는 유한책임사원만으로 설립된 법인으로서(상법 553조), 출자자인 사원의 수는 2인 이상 50인 이하로 한정하고(상법 609조 1항 3호), 자본금은 1,000만원 이상으로(상법 546조 1항) 일시불입하도록 하였으며, 출자일좌의 금액은 균일하게 하되 그 금액은 5,000원 이상으로 되어 있다. 사원은 출자에 비례한 지분(의결권)을 받게 되는데, 지분을 타인(사원 이외의 자)에게 양도할 때에는 사원총회의 특별의견을 얻어야 한다(상법 556조 1항).

유한회사의 기관으로는 사원총회, 이사회 및 감사가 있으나, 감사는 법정의 필수기관이 아니고, 임의기관이어서(상법 568조), 그 설치의 여부는 자유이다. 사원총회는 이사 및 감사의 선임과 회사의 중요 사항을 결정한다. 이사는 반드시 사원 중에서 선임될 필요성은 없으며(상법 547조 1항), 회사의 운영에 관한 총체적인 책임을 진다.

유한회사는 특히 기업을 공개할 의무가 면제됨으로써 재산목록이나 대차대조표, 손익계산서, 영입보고서, 준비금과 이익배당안, 사원명부 및 의사록 등을 공개할 필요성이 없다(상법 449조). 유한회사는 비교적 소수의 사원과 소수의 자본으로 운영되므로 중소기업경영에 알맞은 기업형태이다. 우리나라에서는 이 회사가 보편화되지 못하고 있다.

### 4) 민법상의 조합

민법 703조에 의하면, 민법상의 조합은 2인 이상이 공동출자하여 공동사업을 경영할 것을 약정함으로써 그 효력이 발생하는 기업형태이다. 민법상의 조합이 설립되는 경우는 ① 한 번의 거래 또는 몇 번의 거래로서 사업이 끝나는 프로젝트 사업을 공동으로 경영하는 경우, ② 공·사채와 주식 등 유가증권을 공동으로 인수하기 위해 증권인수단(syndicate)을 결성한 경우, ③ 사업 창설시의 과도적 형태 또는 단기적인 잠재적 기업형태가 필요한 경우이다.

민법상의 조합은 법인이 아니기 때문에 권리의무와 재산이 모두 조합원에 귀속되어 운영도 조합원에 의해서 이루어지며, 조합원은 유한책임을 지고, 조합의 의사결정은 과반수 이상의 찬성으로 가능하다.

#### 5) 익명조합

익명조합은 코멘다(commenda)에서 유래된 것으로서, 업무를 직접 담당하며 무한책임을 지는 영업자로서의 현명조합원과 유한책임을 지고 출자의무를 부담하고, 업무를 수행할 권리가 없는 익명출자자로서의 익명조합원으로 구성되는 상법상의 조합이다. 상법에서는 익명조합원은 영업자를 위해 출자를 이행하고, 영업에서 획득한 이익을 배분한다는 계약을 규정하고 있기 때문에 익명조합원은 채권자의 위치에 서서 표면에 나타나지 않아 익명조합원이 출자한 재산은 법률상 영업자의 재산으로 본다(상법 79조). 익명조합과 합자회사는 무한책임사원과 유한책임사원으로 구성되어 있어 유사한 형태이지만, 그 차이는 익명조합은 비법인이고, 합자회사는 법인이다.

### (2) 자본적 공동기업

소수 공동기업이 갖는 자본조달의 어려움과 출자자와 경영자의 비분리에 의한 경영의 비능률 등의 제약요인을 극복하기 위해 나타난 기업형태가 다수 공동기업이다. 소유와 경영의 분리에 의해 경영에 직접 관계하지 않는 다수로부터 거액의 자본을 조달하고, 전문경영자가 관리하는 기업이 자본적 공동기업인데, 이에는 주식회사와 협동조합이 있다.

#### 1) 주식회사

① 주식회사의 의의

주식회사(corporation, stock company)는 자본적 공동기업의 대표적 형태로 다수인의 출자에 의해서 성립되는 자본단체이다. 주식회사는 출자자와는 별개로 독립적인 법적 지위를 갖고 출자자는 회사의 부채에 개인적인 책임이 없다. 주식회사는 회사명의로 부동산을 소유할 수 있고, 계약 및 소송의 주체가 될 수 있으며, 정관에 정한 바에 따라 경제활동의 주체가 된다. 개인회사나 공동회사와는 달리 주식회사는 그 자체로 과세의 대상이 된다. 그런데 2001년에 개정된 상법은 한 사람이 전액을 출자하여 일인주주로 회사를 설립할 수 있도록 하였다. 이런 '일인주식회사'에서는 일인주주가 대표이사가 되는 사례가 많다.

② 주식회사의 특징

- 자본의 증권화제도: 기업자본의 영구화를 바라는 경영자와 투자자본의 고정화를 원하지 않는 투자자의 욕구를 동시에 충족시키기 위해 고안된 제도가 바로 자본의 증권화제도이다. 주식회사의 출자자본은 주식(stock)이라는 유가증권으로 분할 발행하여, 이를 주주에게 매각함으로써 조달된다. 주식은 유가증권이기 때문에 주식시장 또는 증권시장을 통해 매매 및 양도가 가능하여 회사에의 참여와 탈퇴가 자유롭게 됨으로써 출자자의 편익을 도모하고 있다. 이와 같은 특성 때문에 주식회사는 일반대중으로부터 소액의 자금을 용이하게 조달하고, 대자본을 조성하여 그 규모를 크게 확대할 수 있다.
- 유한책임제도: 주주는 출자액인 주식금액의 한도 내에서 회사의 자본위험으로부터 발생하는 회사채무에 대해 책임을 지는데, 이것을 주주의 유한책임이라고 한다. 이러한 특징 때문에 주주의 투자유치를 보다 용이하게 하여 대규모 자본을 조달하기가 용이하다. 또한 대규모한 모험적 사업도 운영이 가능하다.
- 소유와 경영의 분리: 자본과 경영의 분리라고도 불리 우는 것으로서 자본의 증권화제도의 특징과 관련이 된다. 출자자인 주주의 유형이 변화되는 것과도 관련된다. 출자의 목적이 사업에 관여하는 사업주주에서 이익배당을 받는 투자주주로 변화되고 있다. 이들이 사업경영에 거의 관여하지 않음으로써 기업경영은 주주가 아닌 전문경영자가 수행하게 되어 소유와 경영이 분리되고 있다. 주주의 형태가 변화됨에 따라 자연적으로 경영자의 형태로 소유경영자에서 고용경영자로, 전문경영자가 등장하게 되었다. 전문지식을 갖춘 전문경영자가 등장하여 경영활동을 수행하게 됨으로써 소유와 경영의 분리가 기정사실화되고 있다.

③ 주식회사의 장·단점

주식회사는 상기에 제시한 세 가지 특징, 그리고 주식회사의 운영방식에 의해 〈표 5-2〉와 같이 장·단점을 가지고 있다.

**표 5-2** 주식회사의 장·단점

| 장점 | 단점 |
| --- | --- |
| ① 생명이 영구적 | ① 세금 종류가 많음 |
| ② 주주는 유한책임 | ② 설립이 복잡하고, 비용이 많이 소요됨 |
| ③ 소유권 이전이 용이 | ③ 정부의 규제와 보고 요구가 많음 |
| ④ 전문경영자의 활용기회가 많음 | ④ 업무활동에 대한 비밀유지가 곤란함 |
| ⑤ 기업의 성장이 용이 | ⑤ 기업활동의 확대가 정관의 변경 범위에서 |
| ⑥ 대규모 자본조달이 용이 | 가능함 |

④ 주식회사의 기관

• 주주총회: 회사의 기본조직과 경영에 관한 주요 사항에 대하여 주식회사의 소유자인 주주들이 의사를 표시하여 처리하는 최고의 의사결정기관이다. 주주는 상법과 정관에 정해진 사항에 대해 결정할 수 있는데, 이에는 이사와 감사의 선임이나 해임권, 정관의 변경, 주식배당, 신주인수권 등에 관한 사항에 대해서 의사결정권을 갖는다. 주주총회는 정기총회와 임시총회로 구분되며, 정기총회는 매 결산기에 정기적으로 소집되어 계산서의 승인이나 이익 또는 이자의 배당에 관한 것이 주로 결의된다. 임시총회는 필요에 따라 수시로 소집된다.

• 이사회: 이사회(board of directors)는 주주총회로부터 업무진행에 관한 일체의 권한을 위임받은 수탁조직이다. 이는 회사의 업무집행에 관한 의사결정 및 이사의 직무집행을 수행하는 이사 전원으로 구성하는 필요상설기관이다. 이사는 주주총회에서 선임되며, 최소한 3인 이상이며, 그 임기는 3년이다. 그 이사회는 이사 중에서 대외적으로 회사를 대표하고 대내적으로 업무집행을 하는 최고경영자인 대표이사를 선임한다. 이사회가 결정하는 상법상의 주요 사항으로는 신주의 발행, 사채의 모집, 지배인의 선임 및 해임, 대표이사의 선임, 이사와 회사간의 거래에 대한 승인 및 이사의 직무집행을 감독하는 권한 등이 있다.

• 감사: 감사는 주주총회에서 선임되며, 이사의 업무집행을 감사하는 필요상설기관으로서 회사의 회계를 감사할 권한을 가지고 있다. 감사임기는 2년이며, 인원수는 제한이 없다. 감사의 선임방법에 있어서 대주주의 횡포를 막기 위해서 그 의결권을 제한하는 제도적 장치가 마련되어 있다.

⑤ 기업공개와 종업원지주제도

주식소유를 대중함으로써 민간자본을 동원하여 산업자본화가 이루어지고, 이를 기초로 하여 자본축적을 통해 경제성장을 실현하기 위해서는 기업공개와 자본시장육성이 조성되어야 한다. 기업의 민주화를 통해서 국민자본주의를 실현하고, 이를 바탕으로 적극적인 경영합리화와 산업협력체제를 구축할 수 있기 때문이다.

기업공개란 일반 투자자들에게 자사에의 투자를 유인토록 할 목적으로 자산상태와 영업성과, 장기적인 경영목표와 정책 등을 널리 공표하는 것이다. 즉, 회사의 발행주식을 일반대중에게 널린 분산·소유토록 함으로써 주식대중화를 통한 경영민주화를 실현하는 것이 기업공개 목적이다. 경영에서 민주주의 이념을 실현하기 위한 방안으로서 대표적인 방법은 종업원지주제도(employee stock ownership system)이다. 종업원지주제도란 종업원에게 자사의 발행주식을 분배·소유토록 하는 제도로서 ① 종업원의 경영참가 의식을 고취시키고, ② 노사협조를 원활히 하며, ③ 주식대중화를 촉진시킴으로써 기업민주화의 실현과 경영능률의 향상을 그 목적으로 하고 있다. 즉, '우리사주조합제도'를 통하여 자기회사의 주식을 소유토록 함으로써 높은 소속감과 사기를 갖게 하여 생산성을 제고시키도록 하는 노사협력방안이 된다. 종업원에게 주식을 소유하도록 하는 지주제도의 형태로는 주식매입형, 저축장려형, 이익분배형 등이 있다.

## 2) 협동조합

① 협동조합의 의의

자본주의 경제의 발달과 대규모 기업의 방생으로 인해 소비자, 중소기업인들의 경제적 지위가 상대적으로 불리해짐에 따라 이들 약자들이 결합하여 그들의 이익을 향상시키고자 협동조합이 발생하였다. 협동조합은 1844년 영국의 맨체스타(Manchester) 지방에 있는 로치데일(Rochdale)에서 28명의 가난한 직조공들이 1파운드의 돈을 내어 소비조합을 결성한 데에서 비롯되어 오늘날 전 세계에 보급되었다.

협동조합(cooperative)은 경제적 약자로서 소비자, 생산자 또는 민간인, 소상인들이 경제적 약점을 보완하기 위해서 상호협조와 협동정신으로 공동출자하여 조직하는 공동기업의 형태로서 영리의 목적이 아니라, 출자자 자신을 위해서 설립된 협동체이다.

② 협동조합의 특징과 원칙

협동조합은 일반기업과는 상이한 원칙으로 운영하고 있어 다음과 같은 자주적 특징을 갖고 있다.

첫째, 협동을 통한 상호이익을 추구한다. 즉, 조합은 개인주의가 아니라 협동주의를 목표로 하여 영리보다는 조합원의 상호부조를 목적으로 한다.

둘째, 조합의 운영은 조합원을 중심으로 출자액에 관계없이 일인 일표의 민주적 관리방식을 따른다. 출자액에 비례한 독재주의가 아니라, 조합을 더 많이 이용한 자가 더 대접을 받는 민주적 방식을 따른다.

셋째, 조합은 영리주의 원칙이 아니라, 이용주의 원칙으로 운용된다. 협동조합은 각종의 생산시설이나 자금을 공동으로 이용하여 상호이익을 향유할 목적으로 설립된 것이다.

이상과 같은 특징을 갖는 협동조합은 타기업에 비해서 〈표 5-3〉과 같은 장·단점을 가지고 있다.

협동조합의 조성목적을 달성하기 위해서는 원칙을 준수하여야 한다. 이러한 지도원칙은 로치데일에서 활용했던 것인데, 현대까지도 중요한 관리지침으로 삼고 있다. 로치데일 원칙은 바로 협동조합의 원칙으로 가늠되고 있는데, 원칙에는 조합가입의 자유, 일인일표주의, 자본에 대한 이자의 제한, 구매에 따른 배당, 현금주의의 원칙, 교육의 촉진, 정치 및 종교로부터의 중립 등이다.

**● 표 5-3　협동조합의 장·단점**

| 장점 | 단점 |
|---|---|
| ① 잉여금은 조합원의 이용정도에 따라 비례배분함 | ① 이윤증대 유인의 결여 |
| ② 잉여금에 대한 조세부과면제 | ② 자본조달의 한정 |
| ③ 경제적 약자인 조합원의 상부상조에 의한 상호이익 증대 | ③ 유능한 경영능력의 결여 |

③ 협동조합의 형태

협동조합은 조합의 주체가 누구냐에 따라 세 가지 유형으로 구분된다.

- 소비자 협동조합: 조합원의 생활에 필요한 물자를 공동 구매함으로써 그들의 경제적 이익을 증대하려는 것이다. 이와 같은 조합은 공장, 회사, 학교, 종교단체와 같은 직장별로 조직할 수 있고, 동일한 지역에 사는 주민들을 중심으로 지역조합을 결성할 수도 있다.
- 생산자 협동조합: 중소생산업자들이 그들의 상호이익을 위해서 결성하는 조합으로서 판매조합, 구매조합, 이용조합, 생산조합 등이 있다. 판매조합은 조합원이 생산한 생산물을 협동 판매하는 조합이다. 구매조합은 조합원이 필요로 하는 각종 물자나 기계, 원료 등을 공동 구입함으로써 염가로 구입하고자 조직한 조합인데 이를 생산조성조합이라고도 한다. 생산조합은 협동조합이 모든 생산과 판매활동을 조합 자체에서 실행함으로써 공동원료의 확보, 공동생산, 공동판매를 모두 협동조합에서 행한다.
- 신용협동조합(credit union): 신용협동조합은 비영리조합원 소유의 금융협동체이다. 신용협동조합은 그들의 자산이나 저축을 집합해서 조합원들에게 대출을 하거나 다른 서비스를 한다. 따라서 좋은 이자율로 대출을 해줄 수 있도록 한다. 우리나라에서는 농업협동조합, 수산업협동조합, 축산업협동조합, 새마을금고, 상호저축은행 등이 이에 속한다.

## 3) 프랜차이징: 또 하나의 유행

프랜차이즈는 우리의 일상생활에서 쉽게 찾을 수 있다. 타코벨(Taco Bell)이나 빕스(Vips)에서 점심식사를 하고, 스타벅스(Star Bucks)에서 커피를 마시며, DHL에서 소포를 부치는 행동은 이미 일상생활이 되었다. 자신도 모르는 사이 이미 여러분은 프랜차이즈 업체들과 거래를 하고 있는 것이다. 위에 언급한 브랜드 외에도 수많은 업체들이 자신의 브랜드를 걸고 품질과 서비스로 고객에게 봉사를 약속하고 있다.

사업을 시작할 때 모든 것을 혼자서 해결하고 싶은 마음이 없다면 아마도 프랜차이즈는 그 욕구를 적절히 채워주는 사업 형태일 것이다. 우리 경제에서 가장 급속도로 성장하는 사업이 프랜차이즈인 것도 그 때문일 것이다. 프랜차이즈(franchise)는 프랜차이저(franchisor: 가맹주)가 제공하는 상품과 브랜드를 프랜차이지(franchisee: 가맹점)가 개인 혹은 회사형태로 제공받아 일정지역에서 재화 및 서비스를 판매하는 일종의 사업조직이다. 가맹점은 이미 입증된 제품과 운영방식, 경영기법 등을 전수받아 이를 기반으로 사업을 한다.

프랜차이즈 협정(franchise agreement)은 가맹점이 가맹주의 브랜드명, 저작권, 로고 등을 사용하도록 허가하는 일종의 계약이다. 여기에는 프랜차이즈를 운영하는데 지켜야 할 규정, 가맹주로부터 제공되는 서비스, 재정적 조건 등이 명시되어 있다. 가맹주는 자사의 브랜드를 제공함은 물론 사업장 물색, 임대 계획, 경영기법 전수, 회계절차 교육, 직원교육, 도매가 공급, 재정적 지원 등을 가맹점에 제공할 의무가 있다.

**표 5-4** 프랜차이즈의 장·단점

| 장점 | 단점 |
| --- | --- |
| ① 가맹주의 사업 확장 용이 | ① 통제력 제한 |
| ② 친숙한 브랜드, 상품 그리고 운영 컨셉 | ② 프랜차이즈 초기 가맹비용 및 로얄티 |
| ③ 경영지도 및 지원 | ③ 운영의 자율성 제약(규정, 재고 등) |
| ④ 재정적 지원 | ④ 광고료 및 수수료 등 |

# 3절 공기업(Public Corporation)

## 1. 공기업의 의의

공기업(public corporation)이란 공적기관, 국가나 지방자치단체 및 공공단체가 공익을 목적으로 출자하고 직·간접적으로 경영·지배하는 기업형태이다. 이는 공공의 이익증진을 본질적인 목적으로 한다는 점에서 영리를 목적으로 경영하는 사기업과는 다른 점이 많다.

## 2. 공기업의 존재이유

공기업이 사유재산과 기업창설의 자유 및 자유경쟁을 특징으로 하는 자본주의 사회에서 여러 가지 이유로 설립되었는데, 그 존재이유가 어디에 있는지는 일정하지 않지만, 다음과 같은 이유 때문에 공기업이 설립되고 있다.

### (1) 공공사업의 목적

공공의 편익을 도모하기 위하여 국가가 전신·전화·우편·철도·전기·수도·도로·항만 등 사회생활의 필수적인 기반이 되는 공익사업(public utilities)을 직접 운영하는 경우에 설립되는 공기업이다.

### (2) 경제 및 사회정책적 목적

국민경제의 안정과 발전을 위해서 국가가 산업육성, 국토 및 지역개발 등 경제정책 과제와 근로자의 생활안정, 실업구제, 사회복지 등 사회정책적과제를 수행하기 위해서는 거액의 자본이 필요한데, 사기업에서 담당할 수 없는 경우에 설립되는 것이 공기업이다.

그 대표적인 예가 미국의 TVA(Tennesse Vally Authority)인데, 이는 대공황에 빠진 미국의 경제문제를 해결하고, 국가경제의 목적을 달성하기 위해 발족된 것이다. 1933년 미국의 루즈벨트 대통령이 주도한 뉴딜정책의 일환으로 국가가 거대한 다목적 댐 및 다리 등을 건설하는 사업을 행했다. 이는 다목적 공사로서 미국의 경제문제를 해결할 수 있었는데, 예를 들면 후버댐과 금문교를 들 수 있다.

우리나라에서도 국토개발 및 산업육성을 목적으로, 국가의 생활안정이나 복지증진 및 사회정책적 목적을 위해 설립·운영되는 공기업이 있는데 대한재보험공사, 한국토지주택공사, 한국주택은행 등이 있다.

### (3) 재정정책적 목적

국가나 지방자치단체의 재정수입을 충당하기 위해서 설립된 공기업으로서 우리나라의 경우 담배나 홍삼을 취급하는 담배인삼공사가 그 대표적인 예이다.

## (4) 기타의 목적

국가기관이 필요로 하는 물자와 용역을 직접 생산하기 위해서 설립된 공기업으로서 한국조폐공사가 있다.


## 3. 공기업의 형태

공기업의 형태와 종류는 보통 독일에서 분류하는 것으로서 대표적으로 다음과 같다.

첫째, 순수행정기업은 국가의 행정기관과 같은 공기업으로 국가의 예산제도 하에서 운영되므로 일반 사기업이 갖는 특성은 거의 없다.

둘째, 독립공기업은 경영상의 자주권이 부여된 기업형태로서 독립채산제가 채택되고, 이사의 지위도 한층 강화되어 경영상의 자주권을 행사한다. 현재 우리나라에는 이런 형태의 공기업은 거의 없다.

셋째, 독립경제체제로서의 공기업은 독립성을 보다 크게 하기 위해서 행정기업과는 다른 별개의 독립된 사업체로 설립·운영토록 할 경우에 생긴 공기업이다. 이는 특별법에 의해 설립된 것으로 미국에서 TVA가 대표적인 것이고, 우리나라에서는 한국은행, 한국산업은행, 대한석탄공사, 한국토지주택공자, 농어촌개발공사가 이에 속한다.

넷째, 사법형태의 공기업으로서, 이의 출자는 공적기관이 행하지만, 운영체제와 운영방식은 일반 사기업과 같은 형태를 취하는 기업으로서 기업의 독립성과 운영성의 자주성이 가장 크다.

그 밖에도 공기업은 〈그림 5-2〉와 같이 분류될 수 있다.


## (1) 행정기업(관청기업)

행정기업이란 국가 또는 지방공공단체가 필요한 자금을 전액 출자하고, 그 운영도 행정기관이 직접 지휘하는 것으로서 체신사업, 전매사업, 철도사업, 국민생명보험 등이 이런 형태이다.

**그림 5-2  공기업의 유형**

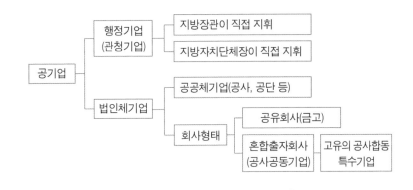

### (2) 법인체기업

법인체기업은 국가 또는 지방공공단체와는 별개로 독립의 법인격을 부여함으로써 그 관리, 조직, 재무, 인사 및 노무관계 등에 대하여 경영의 자주성이 부여되어 있는 것을 말한다. 이 법인체기업에는 주식회사 형태의 것과 공사, 공단, 금고, 사업단 등 특수한 형태를 갖는 것이 있다.

우리나라에 있어서 공기업은 일반 행정기관으로서의 공기업을 말하는데, 정부관리기업은 자본금의 50% 이상이 정부의 의해서 출자되거나, 귀속재산 중 그 재산의 50% 이상이 정부에 귀속되어 있는 기업체를 말한다. 정부관리기업체의 경우 경영주체는 기업이지만, 지배·관리의 주체는 정부가 되는 것이 일반적이다. 이에는 특수은행, 공사 및 특수회사가 모두 포함되며, 정부투자기관 예산회계법과 정부투자기관 관리법의 적용을 받는데, 〈표 5-5〉와 같은 공기업이 이에 속한다.

최근 정부는 상기의 공기업들 중 상당수를 민영화할 것을 공시하여 그 운영체제를 바꾸고 있는데, 민영화를 추진한 공기업에는 한국외한은행, 국민은행, 기업은행, 한국담배인삼공사, 대한중석, 한국중공업, 국정교과서, 기지공사, 남해화학, 고속도로시설공단 등이 있다.

**표 5-5**  우리나라의 주요 공기업

| | | |
|---|---|---|
| 1. 한국은행 | 10. 한국조폐공사 | 19. 한국방송공사 |
| 2. 한국수출입은행 | 11. 한국전기통신공사 | 20. 한국해외개발공사 |
| 3. 한국산업은행 | 12. 대한석탄공사 | 21. 포항제철주식회사 |
| 4. 기업은행 | 13. 대한광업진흥공사 | |
| 5. 농수산물유통공사 | 14. 무역투자진흥공사 | |
| 6. 석유개발공사 | 15. 농어촌공사 | |
| 7. 수자원공사 | 16. 한국토지주택공사 | |
| 8. 가스공사 | 17. 도로공사 | |
| 9. 담배인삼공사 | 18. 관광공사 | |

이들 기업들은 국가나 지방공공단체와 개인이나 사기업들이 공동으로 출자하고 공동으로 경영하는 공사공동기업의 형태로 운영되고 있다. 경영자는 정부에서 일부를 임명하고 일부는 민간인 또는 민간출자자로부터 선임하여 기업을 운영한다.

공사공동기업은 공기업의 장점인 대규모한 자본조달의 용이성과 사기업의 장점인 경영능률향상을 결합한 것이다. 이와 같은 기업은 공익성이 큰 전기, 교통, 전신, 전화, 수도 등에서 볼 수 있는데, 우리나라의 공사공동기업에는 한국증권거래소 등을 들 수 있다.

## 4. 공기업의 장·단점

공기업의 장·단점은 그 형태에 따라 다소 다른 점이 있지만, 〈표 5-6〉과 같다.

〈표 5-6〉에서 살펴본 바와 같이 공기업은 장점도 있지만 단점도 많으므로, 공기업의 운영에 있어서 효율을 기하지 않으면 국민경제상 커다란 문제점을 야기 시킨다. 이와 같은 단점에 의한 경영부실을 없애기 위해 공기업을 사기업으로 민영화하는 방법을 강구하고 있으며, 공기업의 경영에 새로운 방법을 도입하고 있다.

**표 5-6** 공기업의 장·단점

| 장점 | 단점 |
|---|---|
| ① 자본조달 용이: 국가 또는 지방자치단체가 출자하므로 공채발행으로 저리의 자본조달이 가능 | ① 자유재량권의 결여: 국가 및 공송단체의 법령이나 예산에 구속되어 경영상의 자유재량이 결여 |
| ② 구매 및 판매상의 특전: 시설재도입, 원자재 배정, 제품과 서비스의 판매에 있어서 우대 | ② 경영능률의 저하: 정치적 인사행정, 관료주의, 무사안일주의, 경쟁의 결여 등으로 기동적인 관리능력 향상이 어려움 |
| ③ 조세감면의 특혜: 세금과 공과금이 면제되거나 낮은 경우가 많음 | ③ 세금처리의 복잡성: 행정기관의 감독, 경영상이 결과보고, 회계감사 때문에 복잡한 사무가 따름 |

## 5. 공기업경영과 독립채산제

### (1) 독립채산제의 의의

독립채산제(business calculation)는 공기업 경영의 독자적인 경영방식으로서 이는 공기업의 재정과 경영을 분리함으로써 공공단체와는 별개로 자주 독립적인 경영활동을 유지하는 데 목적이 있다. 독립채산제의 용어는 소련의 호즈라슈초트에서 유래된 개념으로 공기업 경영의 주요 지도 원리로서 채택되고 있다.

공기업 경영에 대한 분권관리의 한 제도로서 자주적 재무관리 방식을 말한다. 공기업이 공적기관에 의해 투자, 경영, 지배된다고 하더라도, 그 경영관리 방식은 국가의 규제에서 벗어나 독자적인 재정적 자유를 가지고 책임 있는 경영을 하려는 것이다. 독립채산제는 독자적인 수지계산제도와 이익책임제를 가진 자주적 경영단위에 대해 분권화를 행하고, 획득한 이익을 경영관리의 기준 또는 자원배분의 기준에 따라 배분하는 경영관리제도이다.

### (2) 독립채산제의 원칙(3가지 원칙)

독립채산제에서 지켜야 할 제반원칙은 다음과 같다.

- 수지적합의 원칙: 기업경영에서 발생한 지출은 그 자체의 수입, 즉 공동자금의 범위 내에서 충당하고 경영의 채산에 맞도록 한다는 원칙이다.
- 자본의 자주적 조달의 원칙: 이는 자본조달 및 채권의 발행 등 자본조달의

방법과 조달시기 등의 결정에 자주성을 보장해야 한다는 원칙이다.
- 이익의 자주적 처분의 원칙: 이익의 처분에 대해 자주성을 부여함으로써 자본에 대한 자기충실의 원칙을 지킬 수 있도록 보장하려는 원칙이다.

## 6. 공익기업(public utilities)

공익기업이란 전기, 철도, 수도, 전신, 전화 등의 사업과 같이 공중의 일상생활과 직결되는 서비스를 실비 내지는 염가로 제공하는 기업을 말한다.

공익기업의 성격이 공익성과 공공성을 가지고 있기 때문에 국가의 특별한 규제를 받는다. 이러한 공익기업을 민간에 맡길 경우, 독점화되어 국민경제에 대해 나쁜 영향을 미칠 수 있기 때문에 이러한 기업에 대해서는 정부의 특별한 공적 통제와 규제가 행해지고 있다. 이 경우 대표적인 공적 통제의 방법은 요금에 대한 규제이다. 즉, 공정한 요금을 책정함으로써 공중의 공정한 권익옹호와 사업의 건전한 발전을 도모할 수가 있다.

우리나라에서 볼 수 있는 공익기업에는 첫째, 도시교통사업으로서의 버스, 택시, 전철사업과 철도사업 및 항공사업과 해운사업을 하는 운수서비스를 제공하는 공익기업, 마지막으로, 수도, 전기, 가스 사업을 하는 서비스를 제공하는 공익기업 등이 있다.

## 4절 기업의 창업(Start-up Business)

### 1. 기업창업의 의의와 창업방법

기업의 창업이란 재화나 서비스를 생산·판매하는 하나의 시스템을 구축하는 일로서, 일반적으로 기업을 처음 만드는 것을 창업이라고 한다. 기업을 시작하는 방법에는 기존의 기업을 새로 인수하는 방법인 기업인수와 완전히 새로운 기업을 설립하는 방법인 기업의 창업이 있다.

### (1) 기업인수

창업자는 인수결정을 하기 앞서 위치, 형태, 그리고 구매능력을 검토해야 한다. 기업인수시, 첫째, 기존의 회사가 요구하는 가격이 합당한가를 전문가를 통해 그 가치를 분석해야 한다. 둘째, 유사한 사업을 물색하여 그 사업 기회성을 분석하여 창업자의 관리능력을 고려해야 한다. 최종인수결정을 하기 전에 체계적으로 타당성을 분석해야 하는데, 세부 분석항목에는 기업의 가치분석, 현소유자의 동태, 시장분석, 소비자분석, 설비분석, 효과적인 기업운영, 재무상태분석, 추가적인 투자의 필요성, 예상수익분석, 의사결정분석 등의 타당성을 분석하여 인수여부를 결정해야 한다.

### (2) 기업의 창업

기업을 창업하기 위해서는 창업을 위한 충분한 사전조사를 통하여 투자수익, 기업의 위험정도, 미래의 성장가능성 등을 종합·검토해야 한다. 이에 기초하여 기업의 업종, 경영규모 및 경영활동의 범위 등을 결정해야 한다.

## 2. 기업창업시 고려사항

기업을 창설하려고 할 경우, 사업의 타당성을 분석하기 위해 여러 가지 요소를 고려해야 한다.

### (1) 업종의 선택

어떠한 사업에 진출할 것인가를 결정할 때는 업종선택이 우선적이다. 업종선택은 원재료의 처리과정을 검토해 봄으로써 진출업종의 선정에 도움이 될 수도 있다. 업종분류는 우리나라의 경우, 중소기업기본법이나 한국표준산업분류 기준을 이용할 수도 있다.

### (2) 타당성분석 고려요소

사업의 타당성을 분석하기 위해서는 여러 요소를 고려해야 한다.

- 시장성 분석: 표적이 되는 시장의 특성을 분석함으로써 판매가능성을 예측하고, 이 표적세분시장에 내놓은 제품의 특성에 대해 검토해 봄으로써 장래의 시장점유에 대한 가능성을 밝힐 수 있다. 시장의 특성을 확인·규명하기 위해서는 소비자 조사와 경쟁자 조사를 실시하고, 시장 특성에 맞는 제품계획을 수립함으로써 마케팅 측면에서 사업의 타당성을 검증한다.

- 환경분석: 내부환경은 기업의 강점(strength)과 약점(weakness)이 무엇인지 검토해야 할 것이다. 외부환경은 기회(opportunity)와 위협(threats)을 파악하여야 한다.

- 제품라인 결정: 기업이 생산할 제품계열(product line)을 중심으로 기업이 목표로 하는 사업의 활동범위를 결정하는 것이다. 즉, 제품의 단순화 또는 다양화를 제품전략의 차원에서 검토하고 사업의 지역적 활동범위도 예측해야 한다.

- 제품설계: 표적고객에게 제공할 제품의 특성이 가격, 품질, 디자인, 성능 등의 면에서 고객에게 적합한가를 밝히고, 또한 특정제품의 판매가능성과 제조가능성을 분석해야 한다.

- 경제성 분석: 총수익과 총비용, 수익 등의 분석을 하며 손익분기점 분석의 도구가 이용된다.

- 입지의 결정: 표적세분시장에의 근접성과 노동력 및 원자재의 확보 측면에서 가장 이성적인 경제적 입지를 결정해야 한다. 이 외에도 공업용수 등 지역사회의 여건도 고려해야 한다.

- 부품의 자체생산 또는 외주의 결정: 제품에 사용되는 부품을 직접 생산(make)할 것인지 또는 하청공장에 외주(buy)할 것인지를 결정해야 한다. 이것은 생산원가를 절감하고 생산공정을 합리화할 수 있는 방안을 강구하는 것이다.

- 기술성분석: 제품을 가장 효율적으로 생산할 수 있는 생산 시스템은 있는지, 물적, 인적자원은 있는지, 관리능력은 어떤지 등에 대해 분석한다.

- 제품관리: 제품을 생산하여 획득하게 될 예상이익과 그에 소요되는 자금을 예측해야 한다. 그 소요자금을 어떤 방법으로 조달할 것인가를 결정

해야 한다.

- 조직화: 목표와 활동범위에 따라 조직구조를 구축하고, 이에 필요한 요원을 충원해야 한다.
- 사업계획수립: 타당성이 높다고 판단되면 세부계획을 세워야 할 것이다. 그렇지 못할 경우 혼란이나 비효율성을 경험할 것이므로 실천행동순서, 실천방법, 전략 등이 수립되어야 할 것이다. 그 다음 생산활동을 전개하고, 생산된 제품과 서비스를 판매함으로써 자금을 회수해야 한다.

 **5절 기업의 규모(Distinguish Between Small and Large Businesses)**

## 1. 기업규모의 의미와 최적규모

기업의 규모란 기업의 크기를 의미하는데, 기업의 살림규모와 그에 따른 관리능률과 관계된다. 기업의 규모는 기업의 업종, 입지조건, 기타 소요자산에 따라서도 달라질 수 있다. 모든 기업에 대해 적합한 기업의 최적규모가 있는데, 일반적으로 제품단위당 평균비가 최소가 될 수 있는 경영규모라든가, 노동자 일인당 부가가치가 최대가 될 수 있는 경영규모가 최적규모라 할 수 있다. 최적규모는 대량생산의 법칙에 따른 원가절감의 효과가 대규모화에 따른 평균생산비용이 절감되는 경영규모를 의미한다.

## 2. 대기업과 중소기업의 구분

기업의 규모는 대기업과 중소기업으로 분류될 수 있다. 대기업과 중소기업을 구분하는 기준은 명백하지 않지만, 중소기업을 규명하면, 그 이상의 기업은 대기업이라고 규정하고 있다. 중소기업이란 기업의 규모, 경영형태, 종업원의 수, 자산총액 내지 판매액 등을 기준으로 일정한 범주에 속한 작은 기업을 말하는데, 이러한 정의는 특정국가의 경제적, 사회적 여건 및 시대와 업종에 따라 달라질 수 있으므로 한 마디로 정의하기 어렵다.

미국의 경우, Small Business Administration 의하면, 중소기업이란 독립적으로 소유되고 운영되는 기업으로서, 그의 사업 분야에서 지배적인 위치에 있지 않으며 또한 수입이나 종업원 수에 대해서 어떤 규모의 표준을 충족하는 기업이라고 정의하고 있다. 그리고 일반적으로 중소기업은 ① 독립적으로 소유되며, ② 독립적으로 운영되고 관리되며, ③ 그 업계에서 소규모하게 사업을 하며, ④ 400명 이하의 종업원으로 구성되고, ⑤ 제한된 자본을 보유하고 있는 특징을 가지고 있다. 우리나라에서는 중소기업법에 명시된 정의를 법률적으로 채택하고 있다. 이에 의하면, 종업원 수와 자본액을 중심으로 상시종업원 수가 5명 이상 300명 이하이고, 자본액이 5억원 이하인 제조업을 중소기업이라고 하고, 그 이상인 기업을 대기업이라고 한다. 중소기업은행법에서는 구분기준을 종업원 수와 총자산액을 설정하여, 두 기준 중에서 어느 하나만을 충족시키면 중소기업으로 간주하고 있다.

## 3. 중소기업의 특성

중소기업은 대기업에 비하여 양적 규모가 작기도 하지만, 질적인 측면에서 기업의 행동원리와 운영분야에서 다른 특징을 갖고 있다.

첫째, 중소기업은 시장점유율이 상대적으로 낮아 매출액이 적다.

둘째, 중소기업은 소유와 경영이 분리되지 않았다.

셋째, 중소기업은 독립적이다.

이 외에도 중소기업은 대기업에 비해 신용도가 낮고, 경영이 정식절차에 따라 행해지지 않으며, 제품계열과 생산기술의 종류가 적고 조직구조가 단순하다는 등 경영적 특성을 지니고 있는데, 대기업에 비교한 내용은 〈표 5-7〉과 같다.

**표 5-7** 기업규모에 따른 특성

| 중소기업 | 대기업 |
|---|---|
| ① 소유자가 경영담당 | ① 소유와 경영의 분리 |
| ② 조직구조의 단순화 | ② 조직구조의 복잡화 |
| ③ 전문경영자의 부족 | ③ 전문경영자의 활용 |
| ④ 자본의 한계성 | ④ 자본의 비한계성 |
| ⑤ 시장범위의 한계성 | ⑤ 시장범위의 비한계성 |
| ⑥ 기업의 실패율이 높음 | ⑥ 기업의 실패율이 낮음 |
| ⑦ 대기업에의 종속성 | ⑦ 독립성 |
| ⑧ 경영관리기술의 낙후성 | ⑧ 경영관리기술의 진취성 |

## 4. 중소기업의 중요성과 역할

### (1) 중소기업의 중요성

중소기업 존립의 중요성을 단적으로 고찰하기는 어려우나, 기업경영자의 측면과 경영 시스템의 측면에서 고찰할 수 있다.

첫째, 기업경영자의 입장에서 중소기업은 대기업에 비해 기업환경의 변화에 임기응변적으로 대처해 나갈 수 있을 뿐만 아니라, 특히 노동집약적 제품이나 서비스를 생산하는데 적합한 형태이다. 또한 중소기업의 발전여지도 그만큼 많아지고 있다.

둘째, 중소기업은 국가경제 차원에서도 그 존립의 필요성이 대두되고 있다. 즉, 수공예나 특수기술은 대기업의 대량생산보다는 오히려 중소기업에 의해서 더 능률적으로 생산될 수 있는 분야가 항상 존재한다. 더욱이 중소기업은 미숙련노동이나 저임금노동의 중요한 흡수처가 될 뿐만 아니라, 대기업과의 계열관계를 유지함으로써 국가경제의 균형적 발전에도 중요한 이익을 담당하고 있다.

### (2) 중소기업의 역할

중소기업은 국민경제·사회·국방·지역사회 등에 커다란 영향을 미친다는 점에서 그 중요성을 부인할 수 없다. 따라서 한 국가에 있어서 중소기업이 차지하는 위치는 국민경제상의 경제적 역할뿐만 아니라 사회적 기능과 지역발전에의 기여 등에서 매우 중요하다.

우리나라 경제에 있어서 중소기업의 역할은 다음과 같다.

### 1) 국민경제의 안정대 역할

중소기업은 산업의 생산과 고용 및 소득증대에 크게 공헌하며, 그 비중 또한 크기 때문에 국민경제의 안정대로서의 역할을 담당한다.

### 2) 산업간 균형발전의 유지 및 수출산업의 저변 구축

중소기업은 대기업 및 중화학공업과 경공업간의 상호보완관계를 유지함으로써 공산품의 품질향상, 생산성 향상 및 기술혁신을 도모할 수 있고 또한 수출산업의 저변을 구축한다.

### 3) 투자의 효율화와 불황위험의 분담

중소기업은 자본의 회임기간이 짧고, 투자액이 적은 반면에 상품의 수요변동에 탄력적으로 대응할 수 있기 때문에 투자의 효율화를 기할 수 있다. 불황시에는 타 산업으로의 전환 또는 투자액의 신속한 회수 등 위험의 분담이 용이하다.

### 4) 지역사회의 균형적인 공업화

중소기업은 각 지방에 광범위하게 분산되어 있기 때문에 지역사회의 균형적인 발전과 공업화를 촉진한다.

## 5. 우리나라 중소기업의 문제점

일반적으로 중소기업의 경영상 문제점으로는 기업경영의 합리성 부족, 급변하는 기업환경에서의 생존능력 부족 및 인력확보상의 문제 등이 제시될 수 있다. 중소기업은 물론 대기업에도 포함되는 다음의 경쟁요인이 취약하기 때문이다.

### (1) 생산성 증가분을 상회하는 임금상승

1988년 이후 임금은 계속 상승한데 반해(제조업 87~93년 평균 17.1%, 1990년 이후는 16.2% 상승), 노동생산성은 향상되지 못함으로써 경쟁력이 약화되고 있다.

### (2) 노동생상성의 하락

노동생산성은 싱가포르가 1위, 일본 5위, 미국 6위인 반면에 한국은 20위로서, 생산성 향상이 없는 임금상승은 경쟁력을 약화시키고, 기업의 국외탈출, 그리고 실업증가로 이어지고 있다.

### (3) 근로자 위주의 근로기준법

법정근로시간의 경우, 대만은 48시간, 한국은 44시간 그리고 일본, 대만, 홍콩, 싱가포르에는 없는 월차휴가가 한국은 12일, 여성생리휴가가 다른 나라에는 없는데 한국에는 12일, 잔업수당이 일본은 25% 수준인데, 한국은 50%를 제공하고 있다.

### (4) 금융비용증가와 자금난

스위스 IMD의 발표에 의하면, 자본비용, 자금가용성, 금융서비스, 금융시장의 다양성, 은행의 자율성 등 금융부분 경쟁력 순위가 대단히 저조하다. 그럼으로써 우리나라의 시장금리 및 실질금리는 경쟁상대국에 비해 과대하게 높아 제조업의 경쟁력을 크게 악화시키고 있다. 우리나라 기업의 매출액 대비 금융비용은 일본 및 대만에 비해 월등히 높다. 물론 이러한 이유는 대출 등의 이자율이 높은 이유도 있지만, 근본적인 원인은 기업의 부채비율이 외국에 비해 매우 높은 데에도 연유된다.

### (5) 많은 단계의 유통경로와 과다한 유통마진

중소기업중앙회가 중소기업을 대상으로 조사한 결과, 중소기업 제품은 평균 2.5개의 유통망을 거치며 소비자들은 공장출고가의 대략 2배를 주고 구입하고 있음을 밝혔다. 가장 심한 경우는 3.8단계의 유통단계를 거치며 유통마진이 236%인 일회용 라이터이었다.

### (6) 물류비용의 증대

사회간접자본의 투자소홀로 우리나라 기업들이 부담해야 하는 물류비용은 매우 높아 경쟁력 약화의 주요한 원인이 되고 있다. 매출액대비 물류비가 높아졌으며, 경제성장률보다 물류비의 증가율이 높게 나타나고 있다.

### (7) 기술교육의 취약과 인력의 비효율적 활용

기술교육 부족으로 현장에서는 활용가능한 전문기술 숙련인력을 공급받지 못하고 있다. 제조업(3d 업종)에 대한 취업기피 현상으로 인력난이 가중되거나, 대졸 고학력자의 취업난이 심각하는 등 구조상 왜곡현상이 두드러지고 있다.

### (8) 기업의 대응능력 부족

1980년대 이후 임금상승 및 물류비의 상승 등을 제품원가가 상승하여 가격경쟁력이 현저히 떨어졌고, 품질면에서도 세계시장에서 좋은 이미지를 심지 못하는 등, 경쟁에서의 대처능력면에서 문제점이 많다. 특히 우리나라 기업들은 정부의 지원과 국내시장 보호정책에 안주하게 됨으로써 경영풍토가 관료주의적 병리에서 벗어나지 못하는 등, 경영 대처지향적 조직문화가 이룩되지 못하고 있다.

이 밖에도 정부의 지나친 행정규제, 지가상승에 의한 공업용지의 확보 곤란성, 지나치게 긴 어음결제기관으로 인해 기업들의 자금회수기간이 길고 회전율이 낮으며, 기타 기술개발의 취약현상을 면치 못하고 있는 점 등은 우리나라 기업들이 가지고 있는 경영상의 애로사항이 되고 있다.

## 6. 중소기업의 생존전략

세계화와 무한경쟁 속에서 중소기업이 살아남고 또한 발전하기 위해서는 국가, 기업, 그리고 기업구성원들은 과거의 가격전쟁, 정부의 보호 및 지역적인 경쟁 등이 이제는 너무나 크게 변화되고 있음을 인식하는 대전환이 요구된다. 즉, 단순경쟁에서 총체적 경쟁으로 정부의 보호막이 무너지고, 국경 없는 경쟁이 초래되고 있으며, 또한 경쟁의 형태도 요소주도형(생산요소 중심의 경쟁)에서 투자주도형(규모의 경제적 이익확보)으로, 다시 혁신주도형(기술혁신에 의한 신제품개발)으로 바뀌고 있다. 기업의 생존전략은 경영혁신 및 기술혁신을 도입하는 사고의 틀 속에서 강구되어야 한다.

## (1) 품질경쟁에 전사적 노력을 경주

제품에 대한 품질은 바로 고객이 원하는 성능으로 판단되고 있으며 또한 그러한 품질 오직 생산이나 제조과정에서만 이루어지는 것이 아니다. 그러므로 제품을 설계하기 전부터 시작되어야 하며, 더 나아가 전사적인 차원에서 구성원이 품질향상에 전력투구한다는 몰입자세를 의미하는 전사적 품질경영(TQM)이 확산되어야 한다. 품질경영은 최소의 미세한 불량이 제품전체를 불량화 시키며, 고객에게는 불만족을 초래한다는 사실에 바탕을 두어 예방적 차원에서 이루어져야 실효를 거둘 수 있다.

## (2) 가격경쟁력 강화

고객의 구매가치가 과거와는 달리 크게 변화되고 있다. 즉, 저가격·저품질에서 고가격·고품질로, 그리고 이제는 저가격·고품질로 점차 가치 지향화되고 있다. 현대의 고객들은 계속되는 경기침체로 가치를 추구함으로써 기업은 이에 부응하는 것만이 생존할 수 있음을 인식하여 품질을 현 수준에서 유지하거나 향상하면서, 반대로 가격을 인하하기 위해 노력해야 한다. 이에 대한 대응책은 원가절감이다. 원가를 절감하기 위해서는 생산라인이나 부품을 축소한다거나, 생산성을 향상하기 위해서 기술개발에의 투자, 그리고 자동화와 근로자의 기술연마와 근로의욕을 고취시켜야 한다. 구조개혁(restructuring)이나 경영혁신(reengineering), 구조조정(downsizing), 전략적 제휴(strategic alliance), 통합적 로지스틱스 관리(integrated-logistics management) 등을 통하여 원가를 절감할 수 있는 방안을 모색해야 한다.

### (3) 기술경쟁력 강화

저가격과 고품질의 가치 있는 제품을 생산하기 위해서는 기술개발과 경영 혁신을 도모해야 한다. 기술을 개발하기 위해서는 우선적으로 내재적 기술개 발을 촉진하도록 전사적인 노력을 기울여야 하며, 불요불급한 기술의 경우에 만 선진외국의 기술을 도입하여 보완토록 해야 한다.

### (4) 납기경쟁력 강화

성공적인 사업이 되기 위해서는 업무처리과정을 신속하게 처리할 수 있도 록 관리해야 한다. 이것은 신속한 사건이 경쟁력을 차별화 할 수 있는 수단이 기 때문이다. 즉, 고객들은 그들이 원하는 시간에 제품을 제공하는 기업을 선 호하므로 기업은 공급과정을 신속하고도 신뢰적으로 이행할 수 있으며, 또한 JIT 등의 기법을 도입함으로써 적시에 원료가 공급되며, 재고를 줄임으로써 최적의 시간에 낮은 원가로 제품을 생산하여 공급할 수 있어야 한다.

### (5) 정보능력의 배양

현대는 정보화 사회이므로 적절한 정보능력을 갖추지 못한다는 것은 경쟁 력을 상실하는 것이다. 중소기업의 경우, 경영자들의 정보요구를 충족시킬 수 있는 정보능력을 확보하여 올바른 의사결정을 할 수 있도록 정보를 관리하는 시스템을 마련해야 한다. 이에 대해, 정보제공체제를 구축한다든지, 정보화 기반조성사업을 위하여 정보전문인력을 양성하며 또한 정보화 추진사업의 기 술적 애로사항을 타개하기 위하여 진단·지도사업을 확충해야 한다. 아울러 중소기업들의 공동 정보화 사업을 활성화하는 방안도 강구해야 한다.

### (6) 고객가치창조 및 고객만족 경영체제의 도입

외부고객은 물론 내부고객을 만족시킬 수 있는 기업 내 문화를 조성하여 내부구성원들의 사기를 진작시키며, 동기를 부여할 수 있도록 교육과 훈련을 실시해야 한다. 또한 외부고객들에게 가치를 제공할 수 있도록 내부적으로 차 별화 전략을 외부적으로는 가치공급연결을 마련하며, 전사적인 입장에서 고객만족을 실천할 수 있도록 경영활동을 전개해야 한다. 고객을 위해 가치를 창조하며, 고객을 만족시킬 수 있는 마케팅 문화를 조성할 수 있도록 고객지향적 마케팅 활동을 중심으로 전 부서가 서로 협력하여 상호기능적 팀을 구성해야 한다. 고객들과 긍정적이며 장기적인 CRM(고객관계경영)을 통하여 기업의 발전이 모색되어야 한다.

### (7) 대기업의 계열화 유지

중소기업의 계열화(integration)란 대기업이 중소기업에 대해 법률적·경제적인 독립성을 유지시면서 자본적·기술적 결합을 시도할 경우에 발생하는 개념이다. 이 경우, 대기업은 모기업이 되고, 중소기업은 하청공장이 되어 양자는 생산공정의 합리화를 도모할 수 있다. 즉, 분업에 의한 상호간의 이익을 증진함과 아울러 부품수출을 촉진하는 제조과정상의 애로부분을 효율적으로 제거할 수 있다. 중소기업은 판매시장을 용이하게 확보할 수 있어 그 생존이 가능하게 되고, 대기업은 제조공정상의 애로가 되는 공정을 중소기업에 하청함으로써 제조공정상의 애로부분을 효율화할 수 있다.

대기업은 하청의 대상을 해외에까지 확대함으로써 세계화된 외주(out-sourcing)를 과감하게 시행하여 원가절감은 물론 양질의 원자재를 공급 받을 수 있도록 해야 한다.

### (8) 중소기업의 협업화 도모

협업화란 규모의 경제에 따른 이익을 획득하기 위해서 동일한 업종의 중소기업들이 생산·판매에 대해 협업체제를 이룩하는 것이다. 이 경우 중소기업들은 법률적·경제적으로 독립성을 유지한다. 이는 자금능력의 부족, 경영능력 부족, 시설 및 기술의 낙후로 근대화가 어려운 중소기업들이 공동으로 집단화, 아파트형 공장, 공동공장, 공동시설에 참여하는 협동화 사업으로서 생산성 향상, 품질향상, 경쟁력 강화 등을 추진할 수 있다. 중소기업들은 협업화로 생산을 전문적으로 분업화할 수 있고, 시설의 공동구입 및 공동이용함으로써 시설투자와 낭비를 줄일 수 있다. 고성능 기계를 공동으로 구입하여 생산의 효율화를 기할 수 있다. 이와 더불어 원료를 공동으로 구입함으로써 원가를 절감할 수 있다.

### (9) 생산의 전문화

중소기업이 독자적으로 생산해 낼 수 있는 제품생산에 전문화함으로써 경쟁력을 키워나가야 한다. 대부분의 중소기업들은 다품종소량생산을 취하므로 부품공업을 육성하여 전문생산체제를 갖춤으로써 대기업과의 상호보안관계를 유지하고, 생산성 향상, 원가절감, 기술개발촉진 등으로 경쟁력을 강화해야 한다.

### (10) 경영합리화

중소기업은 통상 관리체제가 비과학적이고 비구조적이다. 중소기업의 경영합리화를 위해서는 모든 관리체제를 정비하고, 보다 과학적이고 계획적인 집행을 확보하도록 해야 한다.

### (11) 정부의 제도적 지원

정부는 중소기업의 국민경제상 차지하는 비중과 역할을 감안하여, 이를 뒷받침하기 위한 제반의 정책적 방안을 강구해야 한다. 특히 중소기업의 구조적 조정을 정부와 관련정부기관들이 적극적으로 지원해야 한다. 이를 위해서는 금융적 지원을 위한 제도적 장치, 경영 및 기술지도, 세제상의 지원, 구성원에 대한 교육지원, 정보제공, 유통단계의 축소와 중소기업 전문유통망 구축, 사회간접자본에의 효율적인 투자 등 경영여건이 조성되도록 해야 한다.

## 6절 벤처 비즈니스와 벤처 캐피탈
(Venture Business and Venture Capital)

### 1. 벤처 비즈니스

#### (1) 밴처 비지니스의 의의

벤처 비지니스(venture business＝adventure business)란 모험기업이라는 뜻으로

서, 최근에는 유망한 신기술을 개발하여 기업화하는 것을 강조하여 첨단기술과 높은 위험요소를 내포하는 기업을 의미한다.

기술혁신의 급속한 진전과 정보화 사회의 출현으로 연구개발집약적 산업이 크게 성장함에 따라 독자적인 고도와 기술을 가지고 시장을 개척하는 소규모의 기업이 군생하여 왔다. 이러한 기업을 기존의 중소기업과 대비하기 위하여 세계 각국에서는 창조적 기술지식집약형 중소기업, 연구개발형 중소기업, 기술지식선행형 중소기업, 기술지향적 중소기업, 벤처 비지니스, 하이테크기업, 특정중소기업자 등으로 다양하게 불리우고 있는데, 오늘날 중요한 기술개발을 담당하는 중소기업으로 인식되고 있다.

여기에서 벤처기업은 일반적으로 모험성이 크나 성공할 경우 높은 기대수익이 예산되는 신기술, 아이디어를 응용하여 독립기반 위에서 영위하는 고위험·고수익 신생기업(New Business with High Risk−High Return)이라는 개념으로서, 창업가 정신에 입각하여 독자적인 새로운 기술이나 경영 노하우를 바탕으로 시장을 개척해 나가기 위한 모험적 기업으로 정의한다.

이처럼 벤처기업은 위험을 수반하지만, 수익성이 높은 이율배반적인 상황 속에서 빠른 변화에 대응하기 위해 규모가 작게 창업할 수가 있어 벤처창업의 묘미를 느낄 수 있는 것이다.

현재 우리나라에서는 벤처기업육성에 관한 특별조치법 2조에 벤처기업의 범위와 정의를 다음과 같이 정하고 있다.

- 벤처캐피탈회사의 주식인수총액이 자본금의 10% 이상이거나 투자총액이 20% 이상인 기업
- 연간매출액 대비 연구개발투자비가 5% 이상인 기업
- 특허권, 신용신안권 등을 사업화한 기업(생산비중 50% 이상)
- 정부출연 기술개발사업의 성과, 우수 신기술 등을 사업화한 기업(생산비중 50% 이상)

한편 벤처산업(venture industry)은 두 가지 종류가 있다. 첫째는 상기에 설명한 벤처기업이고, 둘째는 벤처 캐피탈(venture capital)이다. 벤처 캐피탈은 일반 대중에게 주식을 판매하기에는 아직 충분치 않은 중소기업이나 모험기업에

의해 주로 사용된다. 이런 유형의 자금은 대규모 자금을 필요로 하는 하이테크 기업들이 많이 사용한다. 벤처 캐피탈리스트(venture capitalists)는 많게는 60%까지 해당 기업의 소유지분을 대가로 투자한다. 기업의 초기단계에 투자함으로써 그들은 매우 낮은 가격에 해당 기업의 주식을 취득하게 된다. 예를 들면, 재일교포 손정의가 2000년 200억원의 알리바바의 주식을 취득하여 2014년 뉴욕증권거래소 상장 때 80조원을 창출하였다.

## (2) 벤처기업의 특성과 유형

벤처기업은 다음과 같은 특성을 가지고 있다.

첫째, 자체의 전략과 기업특성을 가진 중소기업 규모이다.

둘째, 기술집약적 기업이다.

셋째, 지식집약적 기업이다.

넷째, 신시장 지향적 기업이다.

다섯째, 구성원이 전문가들이다.

여섯째, 동태적 조직이다.

일곱째, 환경창조적 기업이다.

한편 벤처기업의 유형은 대기업의 입장에서 참여정도가 낮은 순서로부터 여섯 가지로 분류된다.

① 모험자본(venture capital): 타기업이 소유하고 있는 고도의 기술에 대해 투자의 형태로 자본만을 제공하고 경영에는 관여하지 않는 모험사업 조직형태

② 모험사업육성(venture maturing): 자본의 투자 외에 관리적 지원을 포함하는 형태

③ 모험사업의 분리 독점(venture spin-off): 기업의 주요 관심사가 아니거나, 모기업에 상당한 위험을 내포하는 경우, 또는 독립적 기반으로 운영하는 것이 유리한 아이디어나 기술을 개발하는 경우의 형태

④ 합작모형사업(new style joint venture): 중소기업의 고도기술, 융통성을 대기업의 자본 및 판매망과 연결하는 사업형태

⑤ 모험사업의 흡수합병(venture merging): 흡수합병을 통해 새로운 분야로 진출하는 형태

⑥ 내부모험사업(internal venture): 새로운 시장에 진입하기 위해 또는 신제품을 급속히 개발하기 위해 기업 내에 독립된 조직을 설립하는 형태로서 벤처 팀(venture team)을 형성하는 것이다.

## (3) 벤처기업의 역할

미국과 일본에서 새로운 기술과 서비스를 기업화하는 벤처기업(벤처 비즈니스)이 새로운 산업분야로 등장한 이래, 우리나라에서도 여러 분야에서 벤처기업이 탄생하여 상당한 수준의 중견기업으로 성장한 기업도 생겨나고 있다.

첫째, 중소기업 활성화의 선도적 역할을 담당한다. 견실한 경제발전을 위해서는 중소기업이 안정적으로 발전해야 한다. 이러한 중소기업에 기술혁신이 이루어지고 기업가 정신과 기술개발력의 향상 등 벤처기업의 탄생은 중소기업으로 하여금 국제경쟁력을 확보할 수 있도록 육성하는 바탕이 된다.

둘째, 기술개발의 기반을 강화한다. 대기업의 일방적인 기술도입에 따른 대량생산, 대량판매가 지금까지 행해졌다. 그러나 80년대 이후에는 기술이 세분화되고 또한 첨단기술의 응용개발 현상이 폭넓게 나타나고 있어 정부도 이에 적극적으로 기술개발산업을 지원하고 있다. 중소기업들도 이의 지원을 바탕으로 독자적인 연구개발 활동을 적극적으로 추진하여 기술수준을 향상할 수 있다.

셋째, 산업조직의 활성화에 기여한다. 벤처기업은 독창성이 강하여 특정한 대기업이 지배하는 것을 거부하며 또한 독자적인 시장지향과 기술이전을 원치 않는다. 따라서 산업조직간의 경쟁을 촉진함으로써 산업조직의 활성화에 기여한다.

넷째, 지방경제의 활성화에 공헌한다. 대기업이 중심이 되어 시행되어온 고도성장정책이 불균형을 노출시킨 우리나라의 현실에서 지방의 벤처기업은 지역간 산업격차를 해소하고 또한 지방 특유의 지역경제에 활력을 불어 넣어준다.

다섯째, 고임금·고금리 등 고비용 문제와 저효율 문제를 해결한다. 우리

나라의 고질적인 병리현상인 고비용과 저효율의 문제는 기술·지식집약적 벤처기업을 통해서 해결될 수 있다 벤처기업은 높은 수익성과 설비·노동절약적 특성을 보유하며, 아울러 토지절약적이어서 공장부지문제나 물류비용의 대체가 용이하다. 또한 벤처기업은 기술·지식을 기반으로 자원절약적 고부가가치 창출 특성을 보유하므로 저효율 문제를 해결할 수 있다.

여섯째, 신규 고용창출과 국제수지개선에 기여한다. 우리나라에는 고급인력자원이 풍부하므로 창의적 인력위주인 벤처기업의 활성화는 많은 일자리를 창출해 준다. 또한 기존의 대기업과는 달리 대규모 생산설비의 설치로 인한 수입유발효과가 적으므로 국제수지를 개선하는데 한 몫을 할 수 있다.

일곱째, 경제의 활력과 21세기 지식정보화 사회에 대처한다. 세계 각국이 벤처기업을 육성함으로써 경제활력과 산업경쟁력의 회복 등의 목적을 달성하고 있다. 또한 정보통신, 생명공학 등 새로운 분야에 진출함으로써 경제력을 회복하며, 신산업(3C: computer, communication, control, 3S: S/W engineering, system engineering, service engineering)에 진출함으로써 지식정보화 사회를 준비할 수 있다.

## (4) 벤처기업의 경영과제

벤처기업이 모험사업의 특성을 갖고 있기는 하지만, 일반기업의 경영에 필요한 세 가지 경영자원, 즉 인적자원, 물적자원 및 자금의 3요소를 균형적으로 관리해야 한다. 그러나 벤처기업을 운영하려면 상기의 세 가지 경영자원 이외에 몇 가지 경영상의 과제가 제시되어야 한다.

### 1) 자금의 조달

벤처기업에게는 자금의 조달이 사업개시에 가장 큰 애로사항이다. 부족한 자금을 외부로부터 조달하기가 어려운 것이 또한 현실이다. 벤처기업의 창업자들은 벤처 캐피탈을 통한 투자·융자, 중소기업창원지원법 및 신기술사업금융지원법 등의 금융지원제도를 검토하여 가장 바람직한 제도를 확인·이용해야 한다.

### 2) 전문 기술체제의 확립

벤처기업은 새로운 제품을 계속 개발해 나갈 수 있도록 R&D 활동을 추진해 나가야 한다. 이를 위해서는 전문기술 시스템을 확보하여, 이를 바탕으로 독창적인 상품개발력을 키워야 한다. 전문기술 시스템을 확립함으로써 벤처기업은 잠재수요를 개발할 수 있으며 또한 시장에서의 주도권을 장악할 수 있다.

### 3) 집중적인 시장개척과 철저한 품질보증

전문성을 바탕으로 독창적이고 다양한 제품을 개발하고, 핵심기술을 다양하게 응용하여 다양한 제품을 소비자에게 제공하고, 신뢰를 구축함으로써 경쟁력을 제고시켜야 한다. 더불어 철저한 품질보증제도를 확립하여 소비자에게 가치와 만족을 제공하는데 최선의 노력을 경주해야 한다.

### (5) 우리나라 벤처기업의 현황과 문제점

업종은 주로 첨단업종으로서 정보통신, S/W, 산업기기, 전자, 의료생명공학 등으로 구성되어 있다. 특징적으로 벤처기업은 일반 중소기업에 비해 매출성장률, 영업이익률 등이 월등히 높게 나타나고 있다. 우리나라의 벤처기업은 여러 가지 문제점을 안고 있다.

첫째, 벤처 캐피탈의 투자 미흡으로 부채비율이 높아 자본비용이 과다하다. 즉, 자기자본비율이 미국에 비해 현저하게 낮다.

둘째, 창업기업의 수의 절대부족이다. 인구 1,000명당 창업수가 우리나라는 미국, 일본에 비하여 절대적으로 부족하다. 부족한 이유는 기술의 국제경쟁력과 시장성이나 또는 두 가지 모두를 갖춘 아이디어를 우리나라에서 찾기 힘들기 때문이다. 벤처기업을 키우기 위해서는 세계시장을 상대하겠다는 기술력과 함께 가능성을 따져 실패를 각오하고 투자할 수 있는 사회적 여건이 마련되어 있지 않기 때문이다.

셋째, 벤처창업관련 산·연대기반이 극히 취약하다. 벤처기업 창업의 산실이 대학임에도 불구하고, 그 동안 대학을 기술개발 지원기관으로만 활용하였기 때문이다. 즉, '창업은 기성세대의 몫이지, 대학생 또는 연구원들은 대상이 아니다'라는 사회인식이 만연되어 있기 때문이다.

넷째, 벤처 캐피탈 산업이 취약하다. 국내 벤처 캐피탈의 규모는 미국, 일본에 비하여 아주 열악하다. 그 이유는 미국 등 선진국들의 투자재원은 개인투자가 또는 연기금 등에서 조달하고 있느냐, 우리나라는 주로 금융기관에서 차입하고 있기 때문이다.

다섯째, 창업에서 공개까지 성장단계별 직접금융조달자체가 정립되어 있지 않다. 창업초기자금의 조달이 매우 어려운데, 그 이유는 담보부 금융대출이며, 창업투자회사는 성장기업에 주로 지원하기 때문이다. 즉, 정부가 마련한 벤처기업육성법 지원대상은 6개월 이상의 영업실적을 갖고 있거나, 특허나 실용신안을 받은 경우로 한정하고 있어 수많은 젊은 두뇌의 아이디어가 초기자본금이 없거나, 평균 37개월이 걸리는 특허출원기간을 기다리지 못하고 사장되어 버린다. 주식시장의 미발달로 투자자금의 회수기간이 매우 길다.

## 2. 벤처 캐피탈

### (1) 벤처 캐피탈의 의의

벤처 캐피탈(venture capital)이란 모험자본으로, 이는 첨단기술 산업 등에서 고도의 기술력을 가지고 자본과 영영능력이 취약한 벤처기업에 대해 미래의 높은 자본이득을 얻고자 창업초기단계부터 자본과 경영능력을 지원하는 자금이다. 벤처 캐피탈은 투자기업을 육성한 후 KOSDAQ시장 또는 증권거래소 시장에 상장한 후 투자자본을 매각하여 수익실현 시키는 투자회사 등을 의미한다.

벤처 투자자 또는 투자기업(venture capitalist)은 벤처기업에 투자하는 외부의 투자가로서 적극적으로 경영에 협력한다. 투자한 벤처기업이 성장·발전하여 주식을 공개할 단계에 이르면 보유하고 있는 주식을 처분하여 높은 자본이득을 얻게 된다. 따라서 벤처 캐피탈 기업은 '기업을 개발하는 기업'이라 부르기도 한다.

### (2) 벤처 캐피탈의 특징

벤처 캐피탈은 기존의 금융기관과는 자금의 지원방식, 투자자금의 회수방법, 성과보수, 리스크 등에서 현격한 차이가 있다.

첫째, 기존의 금융기관은 일정한 담보를 조건으로 융자형태로 자금을 지원하는 반면, 벤처 캐피탈은 유형의 담보를 요구하는 것이 아니라, 투자기업의 기술력, 성장성을 평가하여 무담보 주식투자를 원칙으로 한다.

둘째, 성과보수면에서 일반 금융기관은 투자기업의 경영성과에 관계없이 대출시점에서 정한 일정금리를 얻는 대신, 벤처 캐피탈은 투자업체의 성과 여부에 따라 많게는 투자자금의 수 배, 수십 배의 이익을 얻을 수 있는 반면, 실패하는 경우에는 투자자금을 전혀 회수할 수 없는 리스크를 가지고 있다.

셋째, 벤처기업의 측면에서는 자본이나 담보능력이 부족하더라고 충분한 기술력과 성장가능성만 있다면 벤처 캐피탈 회사의 지원의 받아 창업할 수 있고, 성장기업으로서 성장이 가능하다.

### (3) 벤처 캐피탈의 역할

#### 1) 벤처 캐피탈의 기본역할(자금지원)

벤처 캐피탈이 모험자본이라고 불리우는 이유는 모험기업(벤처기업)에 투자하기 때문이다. 새로운 기술이나 노하우 혹은 아이디어를 상품화·시장화하는 목표를 달성하고자 하는 벤처기업에게 자금을 지원함으로써 모험을 거는 금융서비스업의 새로운 업종이다. 이와 같이 장래에 성공할 가능성이 높고 또한 새로운 기술을 가지고 있지만, 기업자금이 없는 기업들에게 사업자금을 융자해 주는 것이 벤처캐피탈의 기본적인 역할이다.

#### 2) 벤처 캐피탈의 보조역할(경영지원, 고급기술인력 활용)

벤처 캐피탈은 벤처기업에 대하여 경영이나 재무에 관한 여러 가지 자문이나 조언·상담 서비스를 제공하는 보조역할을 수행한다. 벤처 캐피탈은 투자자로부터 자금을 수탁하여 유망한 투자처를 발굴하여 투자함으로써 자본이득을 증대시킨다는 기능도 수행하므로, 이러한 기능을 수행하기 위해서 벤처 캐피탈의 경영자나 스탭들은 투자 프로젝트나 벤처기업의 경영능력에 대한 평가능력, 적절한 경영지도 등을 하기 위한 지식이나 경험을 가져야 한다.

그 밖에도 벤처 캐피탈의 지원내용이 대부분 창업초기단계부터 이루어져 중소기업의 창업을 활성화할 뿐만 아니라, 기계, 전자, 화학, 정보산업 등 고부가가치의 기술집약형 중소기업에 집중투자함으로써 고용증대효과는 물론 우리가 추구하는 산업구조의 고도화에 일익을 담당하고 있다. 또한 비공개기업을 대상으로 자본참여방식으로 자금을 공개함으로써 기업의 자본구조 개선 및 경쟁력 제고에 기여한다.

### (4) 벤처 캐피탈의 성장

벤처 캐피탈은 미국에서 1940년 최초로 탄생한 이후, 1960년대 이후 크게 발전하였다. 벤처 캐피탈의 효시는 록펠러가와 휘트니가의 투자사업에서 찾아볼 수 있다. 그 후 1946년 산학협동으로 설립된 ARDC(American Research Development Corporation)에 의해서 그 개념이 정립되었다. 우리가 잘 알고 있는 Apple Computer, Microsoft Inc., Intel, Sunmicro System 및 Data General 등이 벤처기업으로 시작된 것으로서 대형 벤처 캐피탈 기업인 Apollo Adimisors 는 Perry Ellis 의복, Converse 신발, Samsonite 가방 및 Chischis 식당으로부터 Telemundo 스페인어 사용 TV방송국 등에 이르는 여러 기업 등의 주식을 소유하고 있다. 최근 미국에서는 의료기술, 생물공학, 컴퓨터, 하드웨어, 환경 쓰레기 등과 같은 최첨단 산업에 대해 벤처 캐피탈이 집중되고 있다.

## 3. 벤처빌딩 및 벤처기업 전용단지

벤처빌딩과 벤처단지는 벤처기업과 벤처관련 지원시설을 집단 거주케 유도함으로써 벤처기업간의 시너지 효과를 증대하기 위한 것이다.

### (1) 벤처빌딩(벤처기업 집적시설)

벤처빌딩이란 벤처기업과 벤처기업 지원시설이 집중적으로 입주된 건축물로서 다음의 조건을 갖추어야 한다.
- 3층 이상의 건축물로서 6개 이상의 벤처기업이 입주
- 전용면적의 50% 이상을 벤처기업에 분양
- 전용면적의 75% 이상을 벤처기업 및 벤처 지원시설에 분양

• 특별시장, 광역시장 또는 도지사의 지정을 받은 경우

특히 벤처빌딩 건축자들은 궁유지 및 공유지의 활용, 건축관련 규제완화, 세금 및 부담금 감면 등의 혜택을 얻을 수 있다. 또한 벤처빌딩 입주 벤처기업들은 각종 세금의 감면 및 기타 편의성 등의 혜택을 받을 수 있다.

### (2) 벤처기업 전용단지

벤처기업을 활성화하기 위해서는 우수 기술인력의 창업촉진이 전제가 되어야 하기 때문에 창업에 필요한 공간확보가 선결되어야 한다. 예를 들어, 미국(실리콘벨리), 대만(신축단지) 등이 벤처기업 육성에 성공한 것은 상업입지의 위치와 인적, 물적, 네트워크가 조화를 이루었기 때문이다. 벤처기업 전용단지란 벤처기업 및 그 지원시설을 집단적으로 입주하게 함으로써 벤처기업의 영업활동을 조장하기 위해 법규에 의해 지정된 산업단위를 말한다. 즉, 벤처기업 전용단지는 입지관련 세제경감, 입지관련 부담금 면제 등의 재정지원, 지방세 감면의 혜택을 제공하여 벤처기업의 창업을 촉진하기 위해 일정지역에 벤처기업을 입주케 하는 지역을 말한다. 우리나라의 경우, 벤처기업의 창업수요가 많고, 인적, 기술적 네트워크가 비교적 잘 구축된 지역마다 벤처기업 창업타운을 건립하였다.

## 4. 기타 자금조달

### (1) 엔젤

엔젤(angel)이란 창업 초기에 자금이 부족한 벤처기업에 자금지원과 경영지도를 해 주는 개인투자자를 말한다. 이러한 엔젤에 의한 투자는 유망한 벤처기업을 발굴해 장기적으로 투자하는 고위험·고수익 투자 수단으로 볼 수 있어 투자위험은 높지만 미래의 성공가능성과 성장성이 높은 기업에 투자하여 투자금액보다 많은 수익을 기대하며 투자하는 특성을 보이고 있다.

또한 엔젤은 기업에 자금을 빌려주는 것이 아니라 지분을 매입하여 주인이 되는 특성을 보이고 있어 주식투자와 유사하다고 할 수 있다. 일본 Soft

Bank의 손정의는 유명한 엔젤투자자로 알려져 있다. 그는 2000년 알리바바의 마윈에게 200억원을 투자하여 2014년 38조원의 수입을 창출하였다.

### (2) 투자조합

투자조합은 전문투자금융기관들이 조합을 결성해서 조성된 자금을 재원으로 하여 고성장·고수익이 예상되는 유망한 벤처기업을 대상으로 이들 기업이 발행하는 주식, 전환사채 등을 획득함과 동시에 각종 경영, 기술상의 자문을 제공하여 투자기업의 육성발전을 지원하고 향후 공개시장에서 투자수익을 환수함으로써 조합 출자자들에게 높은 수익을 분배하는 제도이다.

### (3) 증권형 크라우드 펀딩(crowd funding)

증권형 크라우드 펀딩은 비상장법인이 주식발행을 통해 일반투자자로부터 투자금을 모을 수 있는 제도화된 자금조달방법이다. 투자자보호차원에서 한 기업당 200만원까지 투자할 수 있도록 정해져 있다. 연간소득이 1억원을 초과하는 사람은 1,000만원까지도 투자가 가능하다.

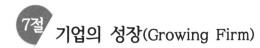

## 7절 기업의 성장(Growing Firm)

기업성장이란 기업의 동질성(identity)이 유지되는 범위 안에서 기업의 규모나 능력이 변화되는 것을 의미하는데, 이는 경영자의 능동적 역할에 의한 의사결정의 결과이다. 양적 성장은 기업에 투입된 인적 및 물적 자원이 확대되어 기업의 규모가 선장하는 것으로서 기업을 흡수, 합병(M&A)함으로써 이룩되는 기업 확대가 있다. 이에 반해 질적 성장은 기업의 규모 확대라든지 질의 향상을 포함한 의미로서 사용되며, 기업의 능력 내지 생산성의 향상을 뜻한다.

## 1. 기업성장전략(growth strategy)

성장전략은 기업이 새로운 사업을 통해서 시장점유율을 확대하는 것을 말한다. 기업은 〈표 5-8〉과 같이 세 가지 전략으로 성장할 수 있다. 첫째로 그 기업의 사업 내에서 성장할 수 있는 추가적인 기회를 확인할 수 있다(집중적 성장전략). 둘째는 기업의 사업과 관련되는 사업을 시작하거나 획득할 수 있는 성장기회를 확인할 수 있다(통합적 성장전략). 셋째로 기업의 사업과는 전혀 관계가 없는 매력적인 사업을 추가하기 위한 성장기회를 확인하는 것이다(다각화 성장전략).

**표 5-8 성장기회전략**

| 집중적 성장<br>(intensive growth) | 통합적 성장<br>(integrative growth) | 다각화 성장<br>(diversification growth) |
| --- | --- | --- |
| ① 시장침투<br>② 시장개발<br>③ 제품개발 | ① 후방통합<br>② 전방통합<br>③ 수평적 통합 | ① 집중적 다각화<br>② 수평적 다각화<br>③ 복합적 다각화 |

(1) 집중적 성장전략(intensive growth)

1) 시장침투 전략(market penetration strategy)

이것은 현존시장에서 현제품의 시장점유율을 증가시키는 전략으로서 제품을 변경시키지 않고 기존고객들에게 보다 많이 판매하도록 하는 전략이다. 예를 들면, 기업은 매출액을 증가시키기 위해 가격을 인하하거나, 광고를 증가하거나, 더 많은 취급점포를 확보하거나, 소매점의 보다 좋은 진열위치를 확보하여 구매시점 구색전시를 할 수 있다. 또한 현재의 고객들에게 기존의 제품을 더 많이 사용하도록 고무하거나, 기존고객들의 사용빈도를 증가시키거나, 경쟁자의 고객들로 하여금 상표를 변경하여 당기업의 제품을 구입하도록 할 수 있다. 또는 미사용자에게 당사 제품을 사용하도록 설득하는 전략이 있다.

2) 시장개발 전략(market development strategy)

시장개발 전략은 기존제품으로 충족시킬 수 있는 욕구를 가진 새로운 시

장을 추구하는 것이다. 이에 대한 세부적인 전략으로는 우선 제품시장의 잠재
사용자 집단을 확인하는 것이다. 첫째, 인구 통계적 시장을 검토하여 어떤 새
로운 집단으로 하여금 그 제품을 구입하도록 고무할 수 있다. 둘째, 현재의 위
치에서 추가적인 유통경로를 추구할 수 있다. 셋째, 새로운 다른 지역이나 해
외에 판매할 수 있도록 지리적 시장을 검토할 수 있다.

### 3) 제품개발 전략(product development strategy)

이것은 현재의 고객들에게 새로운 제품을 제공하는 전략으로서 기존시장
에 신제품 또는 수정된 제품을 공급하는 전략이다. 즉, 새로운 스타일, 크기
및 색상 등의 새로운 특성이 추가된 제품을 개발하거나, 또는 고품질의 제품
을 개발할 수 있다. 또한 새로운 제품계열을 출시하거나, 새로운 상표를 출시
할 수도 있다. 그리고 기존제품에 대해 대안적인 기술을 이용한 제품을 개발
하는 전략이 있다.

### (2) 통합적 성장전략(integrative growth)

통합적 성장전략은 기업의 현사업과 관련되는 사업을 시작하거나 획득할
수 있는 기회를 이용하는 전략이다.

### 1) 후방통합 전략(backward integration strategy)

이것은 보다 많은 이익을 창출하거나 통제하기 위하여 한두 개의 원료공
급업자를 인수하는 전략이다. 사례는 현대자동차가 철강회사를 인수하는 경우
를 말한다.

### 2) 전방통합 전략(forward integration strategy)

이것은 도, 소매상들이 상당히 이익적일 경우, 도, 소매상 등 유통기관을
인수하는 전략이다. 사례는 현대자동차가 자동차 대리점을 인수하는 경우를
말한다.

### 3) 수평적 통합전략(horizontal integration)

후방적 통합과 전방적 통합을 수직적 통합이라고 한다. 수평적 통합은 경쟁기업을 흡수하는 통합방법이다. 사례는 현대자동차가 기아자동차를 인수하는 경우를 말한다.

### (3) 다각화 성장전략(diversification growth)

### 1) 다각화의 의의

다각화 성장은 기존사업 분야와는 별개의 분야에서 좋은 기회가 발견되어 기업이 새로운 업종에 진출하여 경영활동의 범위를 확대하는 것이다. 즉, 전혀 새로운 분야의 제품과 서비스의 생산을 시도하거나, 현재의 품목에 새로운 특성을 부여하는 것이다.

### 2) 다각화의 이유와 목적

다각화 전략은 기업의 존립과 성장을 위한 내적 및 외적의 필요성 때문에, 혹은 기업 확장을 위한 경영자의 의욕이나 기업성과의 필연적 결과로서 도모하게 된다. 물론 다각화의 이유와 동기는 명확치 않으나, 대체로 기업의 체질개선, 성장분야의 포착, 경영구조의 변혁 등을 겨냥한 경영자의 판단이 다각화의 행동 등을 결정하게 된다.

기업이 다각화하는 이유로는 ① 기업성과의 추구, ② 기업경영의 안정화, ③ 시장변화에의 대응, ④ 간접비의 부담감소, ⑤ 시장기회의 활용, ⑥ 기업 내 제자원의 활용, ⑦ 연구개발의 성과, ⑧ 경영자의 의욕, 능력을 들 수 있다.

### 3) 다각화 전략 유형

첫째, 집중적 다각화 전략(intensive diversification)이란 신제품이 상이한 고객계층에 소구될 수는 있지만, 현존 제품계열과 기술적 또는 마케팅 시너지를 갖는 신제품을 추구하는 전략이다. 이는 현재의 마케팅, 생산기술, 연구개발 등을 기초로 하여 기존의 것과 쌍방의 관련성이 강한 경우에 다각화함으로써 중심제품의 판매를 강화할 수 있는 것이다.

둘째, 수평적 다각화 전략(horizontal diversification strategy)이란 현재의 제품 계열과 기술적으로 무관하지만, 현재의 고객에게 소구될 수 있는 신제품을 추구하는 전략이다. 즉, 이것은 기술적으로나 마케팅적으로나 동종 산업의 다른 제품을 추가적으로 생산, 판매하는 다각화이다.

셋째, 복합적 다각화 전략(mixed diversification strategy)이란 현재의 기술, 제품 및 생산과 관련이 전혀 없는 신사업을 추구하는 전략으로서 마케팅과 기술의 쌍방에 대해 기존의 것과 관련이 없는 분야에의 다각화를 말한다. 그러므로 다각화 전략은 상대적으로 시너지효과가 거의 없고 위험이 크다고 밖에 볼 수 없다.

# PART 3

# 조직활동
## Organizing

마크 저커버그,
매일 같은 옷을 입는 이유

품질관리 및 고객서비스

# 의사결정

# 의사결정

## 도입사례
### 3-Room 회의기법 통해 아이템 걸러내야

첫째방, 몽상가처럼 상상하라.

둘째방, 현실가처럼 검토하라.

셋째방, 비평가처럼 따지라.

회의를 하다보면 가끔 언성이 높아질 때가 있다. "아이디어가 없느냐?"는 호통부터 "그건 말이 안 되잖아!"라는 비난, 심지어 "구체적인 방법이 없잖아!"라는 비아냥거림에 이르기까지 다양하다. 왜 이런 일이 벌어질까? 너무 다양한 사람이 회의에 들어와서다. 참석자가 많다는 게 아니다. '다양한 성향'의 사람이 한꺼번에 들어와 있다는 뜻이다. 누구든 상상력이 풍부하다. 어떤 사람은 시장동향을 읽는 눈이 좋다. 또 어떤 이는 현실감각이 매우 높다. 이런 사람들이 한 번에 회의를 하니 제대로 진행이 안 되는 것은 당연하다.

이를 막는 방법이 회의에 들어오는 사람들을 '걸러내는' 것이다. 회의참석자를 제한하라는 말이 아니다. 일정한 시간과 장소에서는 특정관점에서만 생각하도록 회의규칙을 정하라는 의미다. 이른바 '3-룸(Room)'회의 기법이다. 방법은 이렇다.

첫 번째 시간은 '몽상가(Dreamer)'의 방이다. 이 방의 규칙은 간단하다. 가능한 모든 것을 상상하라. 단, 비판은 금지다. 하고 싶은 얘기를 다 쏟아내는 게 중요하다. 아이디어가 충분히 나왔다고 생각하면 두 번째 방으로 간다. 이곳은 '현실가(Realist)'의 방이다. 여기선 실현가능성만 검토한다. 예산은 얼마나 필요하고 시장성은 있는지, 경쟁사 현황은 어떠한지 등의 질문을 한다. 이를 통해 첫 번째 방에서 나왔던 안들 중 많은 것이 걸러지고 '될법한 것들'만 남는다. 그럼 마지막 세 번째 방으로

가면 된다. 바로 '비평가(Critic)'의 방이다. 여기서는 '무조건' 트집을 잡는다. 사소한 문제라도 다 지적해 위험요소를 점검한다. 이 세 개의 방을 다 통과해 살아남은 안건만 실행 아이템으로 결정한다. 이 절차는 실제 월트디즈니에서 새로운 애니메이션을 제작할 때 거치는 회의 프로세스다. 여기서 살아남은 '겨울왕국'도 '빅히어로'도 만들어졌다.

2015년 2월 9일 동아일보에서 발췌 정리

계획활동(계획화)은 첫 번째 경영기능이라 불린다. 그 이유는 계획은 경영자들이 하는 조직화, 지휘, 통제 등 모든 경영활동의 기초가 되기 때문이다. 경영자들은 관리과정인 계획수립, 조직화, 지휘, 통제활동에 관한 여러 의사결정을 한다. 따라서 경영자는 조직에서의 의사결정자(decision maker)라고 할 수 있다. 이 장에서는 의사결정과 계획화에 대한 기초를 살펴본다.

 **1절 경영의사결정(Decision Making Process)**

## 1. 의사결정의 중요성

의사결정은 대안들 중 하나를 선택하는 과정이라고 정의할 수 있다. 기업환경은 과거의 비교적 안정적인 것과는 대조적으로 경영·사회·기술적 환경이 급격하게 변화하고 있다. 즉, 경쟁이 심화되고, 소비자의 기호와 욕구가 다양하며, 기술혁신의 주기가 단축됨에 따라 안정된 이윤추구가 불가능하게 되었다.

이러한 상황은 현재의 의사결정이 미래에 영향을 미친다는 것을 의미하는데, 미래의 사태변화는 지금 이루어지는 의사결정에 의해 크게 영향을 받는다는 것이다.

경영여건의 변화가 극심하기 때문에 의사결정은 최고경영자 한 사람이 아니고 경영계층의 모든 수준에서 이루어져야 하며, 이로 인해서 분권관리제를 도입하게 된다. 분권관리제가 도입되면서 이를 유효하게 운영하기 위해서는 의사결정권이 하부로 위양되는 추세이다.

## 2. 의사결정의 의의와 과정

### (1) 의사결정의 의의

의사결정(decision making)이란 일정한 목표를 달성하기 위한 몇 가지 대안 (alternatives) 중에서 특정상황에 가장 유리한 하나의 행동방안을 선택하는 인간의 합리적 행동이라고 할 수 있다.

의사결정은 인간의 개인적 행동과 조직행동의 모든 측면에 관련되며, 관리기능도 항상 의사결정에 의해서 수행된다.

### (2) 의사결정의 특성

경영자가 당면하게 되는 경영문제는 경영의 사활을 결정하게 되는 중요한 문제로서 창조적이어야 하는데, 이러한 의사결정 문제는 다음의 몇 가지 특징이 있다.

- 집단성의사결정: 여러 분야에 걸친 전문적 식견을 통합하여 보다 합리적인 의사결정을 내리고자 이사회, 위원회 등과 같은 의사결정기관을 통해 집단적으로 이루어진다.
- 기업환경요인에의 적응성: 의사결정은 대내외적인 환경요인을 충분히 고려하여 내려져야 한다.
- 의사결정의 미래지향성: 의사결정은 미래의 목적달성을 위한 수단을 선택·결정하는 행위이며, 그 결과도 미래에 발생한다.
- 선택의 제한성: 의사결정은 독특한 상황에 대한 것이므로 이용가능한 정보가 불충분할 뿐만 아니라 결정이 내려지기까지도 시간이 한정되어 있다.
- 합리성의 중시: 합리적인 의사결정의 가정은 3가지가 있다. 첫 번째는 결정을 내리는 사람은 필요한 모든 정보를 가지고 있어야 한다. 두 번째는 아무런 편견 없이 관련 있는 정보를 알아볼 수 있어야 하고, 마지막

으로 가장 효율성이 높은 결정을 내려야 한다. 하지만 현실은 이와 다르다. 즉, 현존하는 시간과 경제적 제약조건하에서 가치를 극대화하는 최선책에 도달하려는 제한된 합리성(bounded rationality)을 추구해야 한다. 제한된 합리성은 합리적 의사결정보다는 재빠른 판단을 할 수 있게 된다.

## (3) 합리적인 의사결정의 과정

### 1) 일반적인 견해

합리적인 의사결정은 8단계 과정으로 되어 있다.

① 문제의 인식(problem): 일정 상황에서 중요하고도 관련되는 조직상의 문제를 확인한다(예: A기업이 자동차가 자주 고장을 일으켜 새 차를 구입 하는 것에 대한 의사결정사례).

② 의사결정기준(decision criteria): 여러 요인들, 즉 자동차의 크기, 브랜드, 모델 가격 등과 같은 기준들이다.

③ 기준별 가중치 할당(weights): 가장 중요한 요인에 최고 가중치 10을 주고 나머지 요인에 순차적으로 가중치를 할당하는 것을 말한다.

④ 대안의 개발(alternative): 모든 대안, 즉 선택 가능한 모든 자동차를 나열한다.

⑤ 대안의 비교·평가: 각각의 대안에서 예상되는 강점과 약점을 시험 운전 후 평가수치를 확인하고 가중치를 부여하여 평가한다.

⑥ 대안선택(selection): 평가한 것들로부터 최적의 대안, 즉 최고점수를 선택한다.

⑦ 의사결정의 실행(decision implementation): 그 결정을 전달하는 것과 사람들이 실행에 옮기도록 하는 것이다.

⑧ 효과성 평가(evaluation): 마지막 단계는 선택된 대안이 문제를 해결했는지 안 했는지 여부를 확인하기 위하여 그 결과를 평가하는 것이다.

### 2) 어떤 오류들이 의사결정과정에 개입되는가?

의사결정자가 흔히 사용하는 오류들은 재빠르게 판단을 내릴 수 있지만 종종 문제를 발생시킨다. 합리적인 의사결정과 직관이 더해지면 좋은 효과가 나타날 수 있다. 의사결정자가 자신이 더 많이 알고 있다고 생각하고 자신의 행동에 대해 비현실적으로 긍정적인 태도는 자만적 편견(over-confidence bias)으로 볼 수 있다. 닻 내리기 효과(기준점 효과, anchoring effect)란 의사결정자가 출발점에서 얻은 첫 번째 정보에만 집착하고 그 후에 주어지는 정보들은 받아들이지 않는 태도를 말한다. 첫 인상, 첫 번째 아이디어, 처음 평가는 그 후에 주어지는 정보에 대해 부적절한 가중치를 부여한다. 의사결정자가 자신의 편견에 의존하여 자신이 보고 싶은 것만 보고 선별적으로 정보를 해석하는 태도는 선택적 지각 편견(selective perception bias)이라고 한다. 성공을 자기의 노력으로 삼고 실패의 요인을 외부에서 찾는 의사결정자들은 자기중심적 편견(self-serving bias)을 나타낸다. 최근에 만난 다른 사람과 비교하여 평가하는 대비효과(contrast effect), 그 사람이 속한 그룹에 대한 인지에 기초하여 판단하는 스테레오타이핑(고정관념, streotyping), 한 가지 특성으로 그 대상 전체를 평가하는 후광효과(halo effect) 그밖에 주관적 투사(projection), 초두효과(첫인상 효과, primacy effect), 중심화 경향, 관대화 경향 등이 있다.

 ## 2절 계획활동의 기초(Fundamentals of Planning)

### 1. 계획활동의 의의와 중요성

우리는 해야 할 활동 및 업무가 모두 준비되어 있는 세상에 살고 있다고 상상해 본다면, 무엇을 해야 할지 그리고 어떻게 해야 할지 결정을 내릴 필요가 없을 것이다. 그러나 어느 날 갑자기 모든 일을 우리 스스로 해야 한다고 하면 살아남기 위해서 우리는 결정을 해야 할 것이다.

우리는 경영활동 또는 계획화의 중요성을 인식해야 하며, 공식적인 계획과 비공식적인 계획의 차이점은 무엇인지, 경영자는 왜 계획해야 하는지, 계획의 종류는 무엇인지, 서로 다른 상황에서 계획에 영향을 주는 상황요인이 무엇인지를 알아야 할 것이다. 계획활동은 조직에서의 계획을 개발하는 과정을 의미하며 계획(plan)은 조직이 목표를 달성하는데 필요한 방법이나 과업을 상세히 기술한 틀을 의미한다.

계획활동은 조직이 맞닥뜨릴지도 모르는 발생가능성이 있는 문제와 기회를 예측하는 것으로 시작한다. 경영자는 현재의 문제를 해결하거나 또는 미래의 문제를 예방하거나 기회를 활용하기 위한 전략을 짠다.

계획활동은 조직의 목표를 달성하기 위한 종합적 전략을 수립한다. 계획은 수단, 즉 어떻게 수행해야 하나(how it is to be done)와 목적, 즉 무엇을 수행해야 하나(what is to be done)에 관련된 질문에 관계한다. 계획활동(planning)이란 조직의 목표를 달성하기 위하여 무엇을 해야 할 것인가 그것을 어떻게, 언제 해야 할 것인가, 그리고 누가해야 할 것인가를 결정하는 과정이라고 정의할 수 있다. 즉, 계획활동이란 기업의 미래지향적인 목표, 방침, 절차, 예산, 활동과정 등을 설정하고 이를 가장 합리적으로 달성할 수 있도록 미래를 설계하고 구상하는 과정을 말한다.

계획활동은 방향을 제시하고, 변화의 영향을 감소시키며, 낭비와 과잉중복을 최소화하며 또한 통제에 사용되는 표준을 설정하는 등의 목적을 달성하는 역할을 하는데, 구체적으로 다음과 같은 목적을 달성하는데 기여할 수 있어야 한다.

첫째, 계획활동은 미래의 불확실성과 변화에 대처하기 위해 방향을 제공한다. 즉, 경영활동의 미래는 기업내외의 불확실성과 변화에 의해서 특정지어질 수 있으므로 기업은 미래의 여러 가지 불확실성의 변화를 예측하고 변화의 충격을 고려하고, 불확실성의 위험을 최대한 감소시켜야 한다.

둘째, 계획활동은 경영자가 경영목표에 주의, 집중할 수 있도록 해 준다. 모든 계획은 기업의 목표달성을 지향하고 있기 때문에 경영자들은 계획수립 활동에 참여함으로써 구성원의 모든 노력을 기업의 목표에 집중시키며, 일을 할 수 있게 한다.

셋째, 계획활동은 기업의 목표나 정책방향에 따라 부문별 계획으로서 구체화된다.

넷째, 계획활동은 기업경영에 있어서 경제적인 운영의 확보를 가능하게 한다. 즉, 계획수립은 중복과 낭비적인 활동을 감소시켜 최소의 비용으로 경영활동을 할 수 있게 된다.

다섯째, 계획활동은 경영자에게 통제활동을 수행할 수 있게 하는 기초를 마련해 준다. 즉, 구성원들의 성과를 평가하기 위해서는 기준으로 표준이 필요한데, 이러한 표준은 계획에 의해서 설정된 목표이다.

계획에는 조직의 계층별로 전략계획(strategic plans)과 운영계획(operational plans)으로 나눌 수 있다. 전략계획은 상위경영층에서 수립되는 계획으로 조직의 목표를 달성하는데 초점이 있다. 운영계획은 전략계획을 실행하기 위한 구체적 계획을 말한다. 행동계획은 운영계획의 하부계획으로서 일시적 계획(single-use plans)과 상용계획(standing plans)으로 구분한다.

한편, 계획은 실행되는 기간에 따라 장기, 중기, 단기 계획 등으로 구분할 수 있다. 일시적 계획은 프로그램, 프로젝트, 예산 등 세 가지가 있다. 프로그램은 조직의 전반적인 활동을 조정하는데 이용되는 일시적인 계획이다. 프로젝트는 프로그램과 유사하지만 범위가 제한되고 복잡성이 적은 일시적 계획이다. 즉, 프로젝트는 프로그램의 일부라고 할 수 있다. 예산은 주어진 기간 내에 특정활동을 수행하는데 필요한 재무적 자원의 할당을 규정한 일시적 계획이다. 예산은 또한 프로그램이나 프로젝트에 대한 재무적 자원의 분배방법도 포함된다.

상용계획은 반복 사용되는 계획이다. 상용계획에는 방침, 절차, 규칙 및 규제 등이 있다. 학사학위 취득 후 박사학위에 도전할 계획 같은 일부 계획은 아주 광범위하고 장기적이다. 이번 주말 도서관에서 몇 시간을 보내겠다는 계획처럼 일부 계획은 더욱 구체적이고 단기적이다.


## 2. 계획활동의 기본적 성격

쿤츠(H. Koontz) 등의 계획활동의 기본적 특성을 원칙과 관련시켜 다음과 같이 네 가지를 제시하였다.

### (1) 목표에 대한 공헌성 원칙

모든 계획활동의 목적은 기업목표를 적극적으로 달성하는 데 공헌하여야한다. 이 경우 계획은 행동을 목적에 집중시키는 힘을 갖는 것으로서, 행동을통하여 목적을 달성하기 위해 존재한다는 조직체의 기본성격에 바탕을 둔 것이다.

계획활동은 기대하는 목표에 초점을 두고, 이를 실현하기 위해서 필요로하는 모든 조치를 강구함으로써 목표성취를 보다 효과적으로 이룰 수 있도록하는 데에 그 특징이 있다.

### (2) 계획의 우선성 원칙

계획 이외의 관리활동, 즉 조직, 충원, 지도 및 통제활동은 조직목표를 달성하는 데 지원하기 위해서 설계된 활동이지만, 계획화는 이들 제기능의 필수전제로서, 모든 집단노력에 필요한 목표를 수립한다는 점에서 다른 관리기능의 수행에 우선해야 한다는 특징을 갖는다.

특히 계획은 통제와 불가분의 관계를 가짐으로써 계획이 수립되지 않으면통제의 기준을 제공할 수 없으므로, 통제를 할 수 없기 때문에 계획은 우위성을 갖는다.

### (3) 계획의 보편성 원칙

계획은 계획수립자의 권한이나 방침의 내용에 따라 그 특징과 범위가 다양하지만, 모든 계층의 경영자가 다 해야 하는 기능이다.

모든 경영자가 같은 특성의 계획을 수립하는 것은 아니다. 상위자가 계획중의 계획인 전반적인 계획을 수립한다면, 하위자는 전반적 계획에서 제시한목표를 실현하기 위한 집행계획을 수립한다. 이와 같이, 관리자들에게 어느정도의 재량과 계획화에 대한 책임이 부여되어 보편화 되니 파급화가 이루어지고 있다. 그러나 일반적으로 최고경영층에 의해서 더 많이 수립되고, 또한중요성을 띠는 계획을 수립한다.

### (4) 계획의 능률성 원칙

계획의 능률성은 기업이 추구하는 목표에 대한 기여도라고 할 수 있으므로 계획의 효과는 목적과 목표를 수행하는 데 소요되는 비용과 다른 형태로 투입된 공헌의 양으로 특정된다. 그러므로 계획은 최소의 비용을 투입하여 최대의 능률을 획득할 수 있도록 수립되어야 한다. 이 경우, 계획수립은 문자의 형태로도 가능하지만, 물량적인 수치로 나타내고, 또한 화폐가치로 환산하므로 보다 능률적인 판단기준으로 삼을 수 있다.

## 3. 경영계획의 수립절차

미래가 불확실하다고 해도 과학적인 경영계획을 통해서 보다 확실하게 목표를 달성할 수 있다. 합리적인 의사결정에 도달하기 위해서 계획을 수립하는 경우, 과학적 방법에 기초한 계획순서를 마련해야 한다.

### (1) 기회의 인식

계획의 출발점은 문제나 기회의 인식부터이다. 여기에서 기회란 해결해야 할 문제의 발생을 의미하므로 기회의 인식은 계획의 첫 단계라기보다는 계획의 전제조건이라고 간주되어야 한다.

### (2) 목표의 설정과 상호주지

계획의 첫 단계는 기업전체에 대한 목표를 수립하고, 이에 따라 각 부문별 목표를 세우는 것이다. 목표는 경영계획의 지향이라고 할 수 있다. 그러므로 경영활동을 보다 유효하게 실천하기 위해서는 신중하게 목표를 설정해야 한다.

기업들은 수익성, 시장점유율 향상, 위험감수, 혁신성 및 명성, 평판 등을 포함한다. 여러 가지 목표들은 첫째, 가장 중요한 것으로부터 중요하지 않은 것으로 우선순위를 두어야 한다. 둘째, 가능하다면 모든 목표는 정량적으로 표시되어야 한다. 목표는 구체적이며 특이해야 한다. 셋째, 현실적인 목표를 설정해야 한다. 넷째, 기업의 기타 목표들과 일관성이 있어야 한다. 다섯째, 목표는 정해진 기간 내에 달성되어야 한다.


### (3) 계획전제의 확인

전제란 계획이 기초로 삼는 가정으로서, 계획전제는 계획설정을 위한 기초가 되는 예측자료, 기본방침, 기존의 계획안 등을 의미한다. 그리고 전제의 확인이란 전제를 설정하는 것을 의미하며, 그것은 미래를 평가하는 것을 말한다. 모든 계획전제는 장기적 전망에서 이루어져야 한다.

장기경영계획을 수립하고, 그에 따른 실패와 위험수준을 최소화하기 위하여 전제를 확인하고, 전제확인을 보다 합리적으로 실현하기 위해서 미래적 전망을 주의 깊게 받아들인다. 뿐만 아니라, 델파이 예측기법(Delphi method)을 이용함으로써 계획전제에 대한 보다 전문화되고 객관화된 정보를 수립할 수 있다.

델파이 기법은 정책, 계획의 수립과정에서 전문적 지식과 판단을 필요로 할 때 이용되는 기법으로서, 다수전문가들로부터 수차에 걸친 질문과 그에 따른 의견을 받아 내고, 또 이를 여과하여 의사결정을 하는 방법을 말한다.


### (4) 자원의 조사

자원의 조사는 이상적 계획을 현실적 계획으로 구체화할 때 필요하다. 즉, 인력, 자산, 설비, 시간 등의 제약요인이 목표를 달성하는 데 있어서 장애요인으로 나타날 수 있으므로, 이들 요인에 관하여 철저한 사전점검이 필요하다.


### (5) 방침의 수립

방침(policy)이란 특정 조직의 목표 등을 실현하기 위하여 구체화된 행동지침으로 나타낸 하위계획으로서, 그것은 관리적 활동과 의사결정을 위한 지침이다. 조직구성원들은 대안을 모색할 때 방침에 위배되는 사항을 자동적으로 제외시킨다.

방침을 설정하기 위해서는 ① 방침에서 다루어야 할 전반적인 내용을 보다 잘 커버할 수 있도록 주제가 되는 안건을 명백히 한다. ② 전반적인 방침을 자세히 기술한다. ③ 권한의 범위와 내용을 확정한다. ④ 필요한 경우 방침을 지원할 수 있는 여타의 준비사항을 체크해 둔다. ⑤ 이의 실천을 도울 수 있는 행동규범(manual)을 작성해 두어야 한다.

### (6) 대안의 선택과 실행

이 단계는 계획을 수립함에 있어서 여러 가지 대체적인 행동방안을 탐색, 검토하는 단계이다. 모든 가능한 대안들을 검토한 후에 경영자들은 각 대안들을 목표에 관련시켜 다양성과 성과의 관점에서 각 대안들의 장·단점을 평가하여야 한다.

여기에서 문제가 되는 것은 어떤 것을 선택하는 데에 의사결정이 중요하므로 경영자는 신축성과 과단성을 통해서 결단을 내릴 수 있어야 한다.

### (7) 절차와 규칙의 제정

절차와 규칙은 일반적이고 전사적인 성격을 갖는 방침의 틀 안에서 이루어지는 행위들을 지도하는 구체적인 수단으로 하위방침이다.

절차(procedure)는 특정상황에서 구성원이 수행하는데 필요한 특정행동을 규정하는 상용계획이다. 예를 들면, 백화점에서 고객이 반품을 요구하는 경우 판매원은 절차에 따라 행동할 수 있다.

절차를 수립할 때는 사고보다는 행동이 더 중요하므로 실천을 전제로 특정계획을 실행함에 있어서 필요로 하는 방법과 내용이 구체적으로 명시되어야 한다. 방침을 실천할 구체적인 실행계획을 절차로서 확정해야 한다.

한편, 규칙(rule)은 사고에 대한 지침이라기보다는 행동에 대한 지침이다. 즉, 규칙은 반드시 수행되어야만 하거나, 아니면 해서는 안 되는 행동을 미리 정해 놓은 행위의 기준을 말한다.

규칙에는 시간적 순서가 없으며 순서와는 별개의 것으로 존재하므로 절차와도 상이하며 또한 그 적용과정에서 자유재량의 여지가 없기 때문에 방침과도 다르다. 어떤 형태이든 규칙을 정해 놓으면, 그것은 경영활동의 차질 없는 수행에 도움이 되기 때문에 규칙은 계획의 한 영역이 된다.

## (8) 예산의 편성

예산은 계획을 숫자화하는 것으로서, 편성된 예산은 경영활동의 통제지침이 되며, 예산은 자금의 사용을 사후적으로 검토하기 위하여 쓰여지기보다는 사전적으로 자금의 용도를 계획하기 위하여 채택된다.

금액으로 표시된 계획인 예산을 편성하는 경우, 과거를 기준으로 해서 책정된 예산이 미래의 상황변동에 반드시 일치하리라는 보장이 없으므로 예산은 신축성 있게 편성되어야 한다.

각 부문은 별도로 독립된 예산을 가지게 되는데, 이는 전체적인 종합예산과 연결되어 있어야 하위계획들을 서로 통합시키는 하나의 수단이 됨과 동시에 계획의 집행결과를 측정하는 통제의 기준이 된다.

## (9) 시간표의 작성

특정 공정이나 사업계획에 소요되는 비용을 파악하는 것도 중요하지만, 여기에 소요되는 시간을 파악하는 것도 중요하다.

어떤 계획에 있어서도, 완료일자는 업무활동의 추진을 보다 확실하게 할 수 있도록 계획의 중간과정에서 이정표로서 세워질 필요가 있다.

사업계획의 추진과정에서 적당한 간격을 두고 세워지는데, 그렇게 함으로써 사업 연도 말에 중요한 목표가 완전히 달성되지 않았다는 것을 뒤늦게 발견하는 과오로부터 벗어날 수 있다.

## (10) 표준의 설정

계획과정의 마지막 단계로서, 경영자는 계획이 성과를 측정하는 표준이 된다는 사실을 인식해야 한다. 이를 위하여 계획은 측정 가능하도록 수립되어야 되며, 그렇게 됨으로써 그것은 표준의 설정으로서 가능하게 된다.

이 경우, 계획수립자가 내리는 의사결정은 조직의 미래에 결정적인 영향을 미칠 것이라는 점과 계획수립에 소요된 시간이 계획의 질을 결정하게 된다는 사실을 간과해서는 안 된다.

## 4. 경영계획의 종류와 상황요소

### (1) 경영계획의 종류

경영계획의 종류는 크게 ① 계획의 조직적 범위, ② 계획기간, ③ 구체화 정도에 따라서 다양하게 분류할 수 있다. 계획의 조직적 범위는 다시 전략적 계획(strategic plans)과 실행계획(operational plans)으로 구분되며, 계획기간에 따라서 단기(short-term)와 장기(long-term), 구체화 정도에 따라서 구체적(specific) 및 지침적(directional)인 계획으로, 사용빈도에 따라 일회성(single)과 지속성(standing)으로 구분할 수 있다. 이러한 계획들은 독립적이지는 않다. 예를 들면, 단기적인 계획과 장기적인 계획은 전략적인 계획과 실행적인 계획에 밀접한 관련이 있다.

### 1) 전략적 계획과 실행계획

조직의 전 부서에 적용되며, 조직의 총체적 목표를 수립하고, 외부환경을 감안한 조직의 재정립을 추구하는 것을 전략적 계획이라 한다. 한편 어떻게 총체적 목표를 달성시킬 것인가에 초점을 맞추면서 구체적으로 상세하게 계획을 수립하는 것을 실행계획이라고 한다.

전략적 계획과 실행적 계획은 시간에 따라 차이점이 있는데 전략적인 것은 장기계획수립을, 실행계획은 단기성을 지니는 경향이 있다. 예를 들어, 조직에서 월간, 주간, 그리고 매일 매일의 계획은 항상 대부분이 실행적이고, 전략적인 계획은 보통 5년 또는 그 이상의 시간을 요한다.

마지막으로, 전략적인 계획은 목표의 공식화인 반면, 실행적인 계획은 목표를 달성하는 방법을 분명히 한다.

### 2) 단, 장기 계획

전통적으로 경영자는 투자를 단기간, 중간, 장기간의 순환으로 표시한다. 단기간은 1년보다도 짧은 것이며, 5년 이상의 시간구조는 장기간으로 간주된다. 중간은 장기간과 단기간 사이, 즉 1~5년을 가리킨다. 그러나 경영자는 기간에 따른 계획의 성격은 절대적인 시간의 길이에 의해서가 아니라 계획자체의 성격에 의해서 결정되어야 할 것이다.

### 3) 구체적 및 지침적인 계획

구체적 계획은 분명하게 정의된 목표를 가지고 있다. 따라서 계획내용이 명확하고 분명하며, 이해가 100% 가능하다. 예를 들어, 회사의 매출을 향후 1년 안에 20% 이상 올리려는 경영자는 구체적으로 예산 배정, 활동 스케줄을 확립한다. 이것이 구체적인 계획이다. 그러나 구체적인 계획에는 항상 예상 가능해야 하기 때문에 단점으로 작용할 수 있다. 계획이 예상치 않은 변화에 신축적으로 대응할 필요가 있을 때에는 지침적인 계획이 더 낫다.

지침적인 계획은 일반적인 지침이 된다. 구체적인 계획이 향후 6개월간 4%의 비용을 절감하고 6%의 매출을 향상시키는 것이라면 지침적 계획은 같은 기간 동안 5%에서 10%정도의 회사이익을 달성하는 것이다. 지침적인 계획은 신축성이 있지만 구체적인 계획의 특징인 명확성은 떨어진다.

### 4) 일회성 및 지속성인 계획

조직의 어떤 계획은 경영자가 지속적으로 개발하는 반면 다른 계획은 오직 한 번에 그칠 수 있다. 일회성 계획(project plan)은 특별한 상황에서만 필요한 것으로, 사업에 따른 계획이므로 경영관리계층이나 기간에 구애받지 않는 계획이다. 예를 들면, 어느 한 기업이 다른 기업을 인수하거나 합병할 때 하는 계획, 신제품개발계획, 설비투자계획, 증자계획 등이 일회성 계획이다. 지속성인 계획은 반복적으로 지속적으로 유효한 계획이다. 그러나 이 일회성(개별) 계획이 어떤 시간의 흐름에 관련되는 경우, 기간계획적인 측면에서 잘 조정되어야 한다.

### (2) 상황요소와 경영계획

어떤 상황에서 장기 계획은 이해가 되지만 다른 상황에서는 그렇지 않다. 유사하게 어떤 상황에서 지침적 계획은 구체적인 것보다 더 효과적이다. 그렇다면 이와 같은 상황들을 무엇인가? 몇 가지 상황요소들을 설명하면 다음과 같다.

## 1) 조직에서의 수준

〈그림 6-1〉은 조직에서의 경영자의 수준과 계획의 종류 사이와의 일반적 관계를 보여 준다. 실행적 계획은 하급수준의 경영자들의 계획활동을 지침한다. 따라서 직급이 올라갈수록 전략적인 계획은 더욱 중요하게 작용된다.

**그림 6-1** 경영자의 수준별 계획

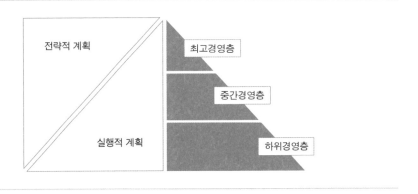

## 2) 환경의 불확실성

환경이 불안정하면 할수록 더욱 지침적이고 단기적으로 흘러야 한다. 만일 기술적, 사회적, 경제적, 법률적 혹은 다른 환경의 변화가 빠르게 발생한다면 정확하게 계획된 행동은 조직을 이롭게 하기보다는 조직의 수행을 방해하기가 쉽다. 환경 불안 요인이 증가할 때 구체적인 계획은 비용이 증가하고 능률을 감소시키므로, 이런 계획은 수정되어야 하고 환경에 적응되어야 한다. 변화가 클수록 계획의 정확성이 떨어지기 때문이다. 불안정한 세계에서 유일한 어리석음은 미래에 대해 정확하게 예측할 수 있다고 믿는 자만심이다.

## 5. 장기경영계획

### (1) 장기경영계획의 의의

오늘날의 시장여건은 소비자의 욕구가 변화하고 또한 예측불가능하며 복잡하다. 뿐만 아니라, 기술혁신의 주기가 가속화되고 있으며, 시설투자에 대한 관심은 더욱더 커져 가고 있다. 따라서 시장경쟁은 날로 격화되고 있으며, 장기경영계획의 필요성을 가중시키고 있다.

장기경영계획(long-range planning)이란 5년 이상의 기간을 전망하는 미래의 전략적 계획을 말한다. 기업성장률의 계획, 기업의 성장방식의 결정, 자본이익률의 향상 등 세 가지 주요한 과제를 결정하는 데 본질적인 목표를 두고, 구체적인 행동과정을 장기간에 걸쳐 그 실행을 수립하는 계획을 의미한다.

이를 통해서 기업은 불확실한 미래에 대한 예측을 보다 확실하게 할 수 있다. 이에 따라 장기경영계획이 합리적인 자원배분을 할 수 있도록 하고, 장래의 경영 내, 외적인 환경변화에 보다 잘 적응할 수 있도록 하며, 기업의 혁신기능을 조장함으로써 여러 위험을 최소화하고, 기업의 목표달성을 활성화할 수 있는 이점과 효과를 제공한다.

## (2) 장기경영계획의 내용

장기경영계획은 전략적 계획의 관점에서 수립되어야 한다. 그 이유는 장기적인 안목에서 자원의 활용을 최적화하고, 경영기회를 장기적인 관점에서 효과적으로 가지기 위해서 모든 계획은 전략화 되어야 하기 때문이다.

이와 같은 전략적 계획은 기업의 확대화 전략이나 다각화 전략이 중심전략으로 다루어질 뿐만 아니라, 성장목표와 수익성 목표, 그리고 생산성 목표를 보다 잘 실천할 수 있도록 전략적 계획을 구체화하여 실행되어야 한다.

### 1) 장기적 목표의 수립

장기경영계획을 수립함에 있어서 다음의 사항에 대해 장기적인 전망을 하고, 그에 기초하여 장기적 목표를 세워야 한다.

- 자본구성에 대한 목표
- 자산구성에 대한 목표
- 자본이익률에 대한 목표
- 매출액이익률에 대한 목표
- 자본회전율에 대한 목표

• 시장점유율에 대한 목표

## 2) 장기경영계획 수립을 위한 기본전제

장기경영계획을 수립하려면 다음 사항에 대해 정확한 예측을 해야 한다.

• 경기예측
• 수요예측
• 판매가격과 원재료 및 에너지가격에 대한 전망
• 업계전체에 대한 수요예측
• 경쟁기업의 설비투자나 신제품개발에 관한 계획의 예측
• 정부의 장기경제계획에 대한 예측
• 정부의 경제정책과 그의 영향에 대한 예측
• 기술에 대한 예측
• 사회변동에 대한 예측
• 정치변동에 대한 예측

## 3) 장기경영계획의 실행을 위한 부문계획

장기경영계획을 실행하기 위해서는 하위계획으로서 구체화된 부문계획이
필요하다.

• 설비투자에 대한 계획
• 장기 자금에 대한 계획
• 장기 노무, 인사에 대한 계획
• 장기 판매, 생산에 대한 계획
• 장기 원재료 구매에 대한 계획
• 장기 조직에 대한 계획

## 4) 장기의 개별계획

장기경영계획의 범위 내에 다음과 같이 프로젝트를 중심으로 한 개별계획
이 수립될 수 있어야 한다.

• 해외투자에 대한 계획

- 특정시장개척에 대한 계획
- 신제품 개발계획
- 신기술의 도입에 대한 계획
- 신공정의 도입에 대한 계획
- 판매경영합리화를 위한 계획
- 합병과 매수에 대한 계획
- 다른 기업과의 전략적 제휴에 대한 계획

장기경영계획은 기업의 장기사업방향결정, 주력제품개발, 목표시장 및 표적고객 등에 관련된 계획으로서 사명, 경영목표 및 전략에 의해 결정된다. 따라서 장기경영계획을 수립하는데 최고경영층의 적극적인 지원, 총괄 스탭의 설치, 기획위원회의 운영 등에 관한 조직 등을 고려해야 한다.

## 6. 경영계획과 관리계층

최고경영자들은 계획의 수립과 집행에 대해 총체적인 책임을 진다. 물론 모든 조직구성원들이 계획을 통해서 업무를 수행하지만 상위계층의 경영자들이 보다 더 많은 시간을 계획에 할애한다. 반면에 하위의 감독자들은 조직의 일상적인 업무활동을 매일매일 수행해 나가는 데에 주력한다.

하위직에서 상위직으로 이행될 경우 계획에 필요한 소요시간 뿐만 아니라, 경영계층이 달라짐에 따라서 경영자들이 주행하는 계획의 유형도 달라진다. 즉, 하부감독자들은 단기계획을 수립하고, 중간관리자들은 중기계획을 수립하며, 최고경영자들은 장기계획을 주로 수립한다.

**3절 조직목표와 목표관리(MBO)**

## 1. 조직목표

### (1) 조직목표의 성격

조직목표란 개방 시스템으로서의 경영이 지향하는 목표를 말하는데, 조직이 생산요소를 투입하고 그에 따라 일정한 생산을 실현함으로써 조직의 목표를 달성하기 위한 활동을 시작한다. 이 경우 조직이 지향하는 목표는 일반적으로 이윤을 추구하는 것이라고 이해할 수 있지만, 현대기업들은 이윤목표를 세우지 않고 있다.

조직목표는 분명 첫째, 이윤이 경영자를 위한 동기부여의 요인이 되며 둘째, 바람직한 경제적 가치를 창조, 제공함으로써 고객에게 서브할 수 있을 때 이는 기업의 존립을 정당화시킨다. 셋째, 오늘날 기업에 대한 사회적 책임의 문제가 기업의 윤리요강에 맞추도록 강력히 추궁하고 있다는 내용이 포함되어야 한다.

### (2) 조직목표의 중요성

조직목표는 다음처럼 조직의 운영에 있어서 대단히 중요한 지침이 된다.

#### 1) 의사결정의 지침

경영자는 조직과 그 구성원들에게 적절하게 행동할 수 있도록 의사결정을 해야 한다. 즉, 경영자들이 조직의 목표를 명백히 이해하는 경우, 그 조직이 지향해야 할 관리의 향방을 이해할 수 있게 되고, 그에 따라서 관리를 유도할 수 있다.

#### 2) 조직능률의 지침

조직의 능률을 기하기 위해 경영자의 노력이 필요한데, 조직의 능률을 개선하기 위해서 조직목표를 명백히 이해해야 한다. 그렇게 할 때, 경영은 한정된 자원을 효과적으로 활용할 수가 있다.

### 3) 일관성 있는 의사결정의 지침

구성원들은 상사의 지시에 따라 업무를 수행하므로, 조직의 목표가 그와 같은 지시를 위한 기준이 될 때, 목표는 일관성이 있어야 한다. 이럴 경우, 보다 효과적인 의사결정을 통하여 차질 없는 경영활동을 전개할 수 있게 된다.

### 4) 업적평가의 지침

모든 조직구성원의 업적이 개인별로 평가될 수 있도록 하기 위해서 또는 생산성 제고를 위해서 개개인이 해야 할 것이 무엇인가를 결정하기 위해서 조직은 업적평가의 지침을 마련해야 한다. 이 경우 조직목표가 업적평가의 지침이 된다.

### (3) 조직목표의 분류

조직목표는 조직 고유의 목표와 개인의 목표로 분류된다. 조직목표는 공식적인 목표이고, 그것은 조직으로 하여금 그의 목표를 성취하도록 하는데 도움을 준다. 그리고 조직목표는 주로 조직의 능률, 높은 생산성 및 이윤의 극대화를 실현하는 것에 주로 관심을 기울인다.

한편, 개인의 목표는 조직 내의 개인이 갖는 목표를 말하는데, 높은 봉급, 개인적 성장과 발전, 동료 및 사회로부터의 인정 등이 포함된다.

그런데, 이 두 가지 목표가 상호 양립될 수 없을 때, 경영상의 많은 문제가 생기게 된다. 따라서 이 경우에는 양 목표를 통합하여야 한다.

현대경영은 경영 시스템의 존립을 정당화하기 위해서 보다 다원화된 목표 하에서 경영활동을 전개해야 한다. 그 조직목표로서는 시장지위 획득, 기술혁신과 연구개발, 생산성 향상, 물적·재무적 자원활용, 이익실현 가능성, 경영자의 업적향상과 개발, 종업원의 업적향상과 태도변화 및 공공적 책임 등이 있다.

〈표 6−1〉은 재무적인 목표와 전략상의 목표에 관한 예를 보여 주고 있다. 전략적인 목표는 회사의 다른 부분에서의 실적을 나타내는 반면에 재무적인

목표는 회사의 재정상의 성과와 관련을 나타내고 있다.

**: 표 6-1** 재무적 목표와 전략적 목표의 예

| 재무적 목표 | 전략적 목표 |
| --- | --- |
| 수입성장률 촉진 | 시장점유율 확대 |
| 수익성장률 촉진 | 우량회사로 확정 |
| 높은 주식수익률 | 품질제고 |
| 현금회전율 | 원가절감 |
| 우량상장회사 지명 | 서비스 강화 |

### (4) 조직목표의 수립

경영자들이 조직목표를 수립할 경우, 우선 기간을 중심으로 ① 5~7년의 장기목표, ② 1~5년의 중기목표, ③ 1~2년 이하의 단기목표로 이를 구체화시킬 수 있다.

이러한 경우 계획을 수립할 때에는 목표의 원리를 반드시 준수해야 한다. 목표의 원리(principles of objectives)란 경영자들이 어떤 활동을 지시하기 전에 우선 조직목표를 명백히 결정하고 또한 그 내용을 부하 구성원들이 이해할 수 있도록 기술해야 한다는 원칙이다. 경영자는 조직목표를 수립하기 위해서 다음의 3단계를 거쳐야 한다.

### 1) 추세분석

조직목표를 수립하는 경우, 지난 5년간의 조직환경, 즉 경쟁자의 마케팅 혁신, 정부의 규제 및 사회의 추세 등을 진단하고, 이들 환경특성이 향후 수년 동안 조직의 성공에 어떤 영향을 미칠 것인가를 분석한다.

### 2) 전사적인 조직목표의 개발

경영자는 환경추세를 분석한 후, 전사적 차원에서 조직의 현황과 목표를 재분석하고, 필요한 경우 적절한 대응책을 강구할 수 있어야 한다.

### 3) 계층별 조직목표의 수립

모든 조직목표는 전체 조직구성원들로 하여금 총괄적인 조직목표에 가장 효과적으로 공헌할 수 있도록 개인별 목표로 구체화되어야 한다. 이것은 전체 조직목표가 하위목표화하는 것으로서 목표의 계층이라고 한다. 즉, 조직목표는 최고경영층의 목표에서부터 기능별, 부문별 목표(생산, 마케팅, 재무, 인적자원, 회계 등)로 하향적으로 목표가 수립되고, 더 나아가 기능별 담당자별로 목표가 정해진다.

〈그림 6-2〉를 보면 최고경영자가 넓은 의미로 '회사의 실적을 증가시키자'라고 하면 그 아래의 각 수준에서는 각 수준에 맞게 해석하여 구체화한다. 목적은 상위에서 하위로 갈수록 뚜렷해진다.

**∷ 그림 6-2  전통적인 목표수립**

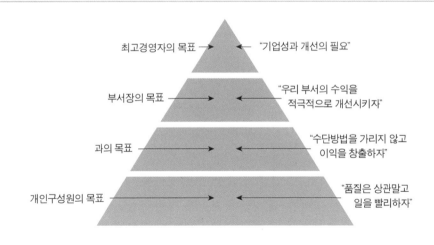

최고경영자의 목표 →  ← "기업성과 개선의 필요"

부서장의 목표 →  ← "우리 부서의 수익을 적극적으로 개선시키자"

과의 목표 →  ← "수단방법을 가리지 않고 이익을 창출하자"

개인구성원의 목표 →  ← "품질은 상관말고 일을 빨리하자"

### (5) 조직목표 설정시의 기본지침

보다 수준 높은 조직목표를 설정하기 위해서는 다음의 지침을 준수해야 한다.

첫째, 경영자는 목표성취의 당사자인 부하 구성원들에게 목표수립과정에서 그들의 의사를 반영해야 한다.

둘째, 경영자는 목표를 가능한 한 명시해야 한다.

셋째, 경영자는 필요한 경우에 언제나 목표를 특정행동과 연계시켜야 한다.

넷째, 경영자는 기대되는 결과를 지시해야 한다.

다섯째, 경영자들은 종업원들이 열심히 노력해야만 실현할 수 있는 정도의 목표를 수립해야 한다.

여섯째, 경영자는 목표가 달성되기를 기대한 경우, 그 시기가 언제인가를 부하구성원들에게 알려야 한다.

일곱째, 경영자는 어떤 목표를 다른 목표와 항상 관련시켜 수립해야 한다.

여덟째, 경영자는 명백하고 구체적인 목표를 수립하도록 노력해야 한다.

이렇게 수립된 조직목표를 실현하기 위해서는 수단-목표의 연결고리를 통해서 가능하다. 이것에는 첫째, 달성해야 할 전반적인 목표를 수립하고, 둘째, 그와 같은 목표달성을 위해서 필요한 일련의 수단을 명시한다. 셋째, 이들 각각의 목표를 하위목표로 구체화하고, 이를 실천할 수 있는 상세한 수단을 강구해야 하는 것이 포함된다.

## 2. 목표관리

### (1) 목표관리의 의의

목표관리(management by objection: MBO)란 경영자가 자기 부하와 합의하여 특별한 활동목표를 정하고, 목표에 대한 진행정도를 주기적으로 검토하며, 이를 바탕으로 부하의 실적을 평가하여 보상을 주는 시스템을 말한다. 즉, 이것은 참여의 과정을 통하여 조직의 목표를 명확하고 체계 있게 설정하여 그 목표를 성취하도록 함으로써 관리의 효율화를 기하려는 관리방식이다. 이 목표관리는 이익관리적 측면과 인력관리적 측면에서 설명할 수 있다.

### (2) 이익관리적 측면

#### 1) 목표이익의 계획

이것은 회사의 전반적인 경영전략을 구상할 때 채택되는 이익관리적 측면에서 설명하는 것이다. 즉, 경영에서 일정한 자본을 투자하였을 때, 기업이 회수해야 할 목표이익을 사전에 정하고, 그것을 지향하여 모든 관리적 노력을 경주함으로써 경영성과를 올릴 수 있도록 노력하게 된다. 이런 관리방법을 이익계획에 기초한 목표관리라고 한다.

### 2) 손익분기점 분석

손익분기점 분석기법은 비용을 생산량에 관계없이 발생하는 고정비와 생산량에 비례하는 변동비로 나누어 조업수준에 따른 총비용의 변화를 분석하고자 하는 기법이다. 이 방법은 수요의 변화는 외생적인 것으로, 입지와는 무관하다는 가정을 전제로 한다. 다음의 예를 통해 이 분석기법을 구체적으로 알아보기로 하자.

정성적인 평가기준을 통과한 세 곳의 후보입지를 대상으로 하여 손익분기점 분석을 하고자 한다. 에너지비, 용수비, 세금 및 부지매입에 따른 자본비용을 연간 고정비로 총괄하였고 변동비는 노무비, 원료비 및 수송비 등으로 구성되어 있다. 공장부지의 가격은 앞으로 변동이 없다고 가정하며, 건설비용 역시 입지에 관계없이 일정하다고 가정해 보자. 세 후보지의 비용항목을 요약해 보면 다음과 같다.

| 단위(천원) | A | B | C |
|---|---|---|---|
| 고정비 | 160,000 | 200,000 | 400,000 |
| 단위당 변동비 | 2 | 1.4 | 0.8 |
| 총비용 | 160,000+2Q | 200,000+1,4Q | 400,000+0.8Q |

생산량의 변화에 따른 총비용을 그래프로 표시하면 〈그림 6-3〉과 같다. 즉 예상 생산량이 $Q_1$보다 작을 경우에는 입지 $A$가 가장 유리하고 $Q_1$과 $Q_2$ 사이일 경우에는 $B$, 그리고 $Q_2$보다 큰 경우에는 $C$가 유리하다는 결론을 손쉽게 도출해 낼 수 있다.

**그림 6-3** 생산량 변화에 따른 총비용구조

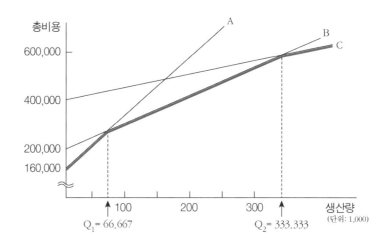

### (3) 인력관리적 측면

#### 1) 도입의 필요성

과거에는 모든 의사결정권이 상사들에게 독점적으로 부여되고, 부하들에게는 상사의 목표설정에 따라 업무처리를 수동적으로 하게 하는 방법이 강구되었다. 이러한 관리방법에 의할 경우 부하들의 자발적인 참여의사와 성취의식은 말살되고, 기업의 생산성도 저조하게 되었다.

이에 따라, 목표를 설정할 때, 부하들을 참여시켜서 그들의 자주성과 창의성을 전부 반영시킬 수 있는 목표관리가 도입하게 되었다. 즉, 목표관리(MBO)는 과거의 상사 일방적인 목표설정에서 벗어나 부하들의 자주성, 성취의욕 등을 충족시켜 주기 위한 상향적 목표설정의 관리양식이다. 부하들은 스스로 목표를 설정할 뿐만 아니라 설정된 목표에 대한 통제를 스스로 할 수 있도록 한다.

#### 2) 목표관리의 기여자들

목표관리의 발전에 크게 기여한 드러커(P. F. Drucker)는 그의 저서 『The

practice of management(1954)』에서 기업의 계획형태를 개선하는 데 역점을 두고, MBO를 관리계획의 한 가지 접근방법으로 처음 소개하였다. 드러커는 과거의 중앙집권적 목표수립 방법이 장기적인 성과를 기대할 수 없음을 지적하고, 부하들이 자주적인 의사결정을 하도록 해야 한다고 주장하였다.

이에 반해, 맥그리거(D. McGregor)는 MBO를 경영관리상의 업적평가의 한 기법으로 발전시켰다. 그는 과거의 인성지향적 평가방법보다는 성과달성의 정도에 의한 평가방법이 부하의 의욕을 자극하고 보다 큰 동기유발을 가능케 한다고 설명하고 있다.

오늘날의 목표관리는 계획의 수립, 업적평가뿐만 아니라 통제 시스템 및 조직목표와 조직구성원의 목표를 통합하려는 통합적 시스템보다 광범위한 접근방법으로 발전됨으로써 MBO 조직을 관리하기 위한 하나의 시스템적 접근방법으로 인식하고 있다.

### (4) 목표관리의 구성요소

목표관리는 다음 네 가지 구성요소를 지니고 있다.

### 1) 목표의 구체성

목표는 기대하는 업적의 달성을 간결하게 구체화하여야 하는데, 주로 특정가능하고 비교적 단기적인 목표이다.

### 2) 부하의 참여

조직구성원의 참여를 중요시하며, 참여를 통한 목표의 설정을 강조한다. 즉, 목표는 상급자와 하급자가 함께 협의하여 결정하기 때문에 보다 실현성이 있게 되고, 최고경영자가 정한 조직의 상위목표와 체계적으로 조정될 수 있다.

### 3) 계획기간의 명시

MBO는 계획이 완료되고 달성되어야 하는 명확한 기간을 가져야 한다. 그래야만 과업의 진전에 따라 정기적으로 통제를 할 수 있다.

### 4) 실적에 의한 피드백

MBO는 경영자와 부하들이 정기적으로 업적의 결과를 평가하여 각자에게 빨리 피드백 되어야 한다. 피드백이 명확하게 될 때, 집단의 문제해결능력이 증진되고, 조직구성원의 작업동기가 향상될 수 있다.

### (5) 목표관리의 과정

기본적으로 MBO는 목표의 설정, 지도 및 평가로 이루어지는데, 기본과정은 다섯 단계로 나누어진다.

### 1) 목표의 발견

이 단계는 조직의 생존, 성장, 개선을 위하여 조직 스스로가 바라는 상태 및 결과를 신중하게 체계적으로 확인하는 과정으로서 조직의 현황뿐만 아니라 성취하고자 하는 장래의 희망을 검토하는 단계이다.

### 2) 목표의 설정

이 단계는 실제로 성취하고자 하는 미래의 상태를 확립하는 것이다. 즉, 개인 또는 조직단위의 활동영역과 구체적인 성취수준을 밝히는 단계이다. 그리고 목표의 설정은 참여의 과정을 통해서 이루어져야 한다.

### 3) 목표의 확인

위의 단계에서 설정된 목표를 확인하는 과정으로서, 이 확인단계를 거침으로써 장래의 목표수행과 관련된 개인 및 조직단위의 목표가 정해진 기간 내에 달성될 수 있는지에 대한 확신을 주게 된다. 그리고 위험성, 가정 및 변동사항 등이 검토, 분석된다.

### 4) 목표의 실행

설정된 목표를 달성하기 위한 구체적인 실행전략을 수립하는 단계이며, 이와 더불어 실제적으로 구체적인 행동으로 옮겨진다.

### 5) 평가

목표가 설정된 계획대로 진행되었는지의 여부를 측정, 평가하고, 계획과의 차이가 있는 경우에는 그것을 시정하기 위해 통제하기 위한 보고를 하는 단계이다. 즉, 이 단계는 목표추구의 과정과 목표의 성취도를 측정, 평가 피드백하는 단계이며, 더 나아가 평가가 이루어진 후 성과를 기준으로 그에 합당한 보상이 이루어져야 하는 단계이다.

이상의 다섯 단계 과정은 연속적으로 전개되지만, 이들 단계는 상호의존적이며, 〈그림 6-4〉와 같이 목표의 설정, 실행 및 달성, 그리고 업적평가 및 검토 등의 세 단계를 기본적은 것으로 하고 있다.

### 🔢 그림 6-4  MBO의 과정

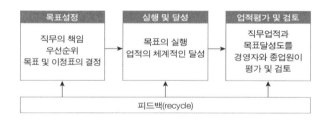

### (6) 목표관리의 활용시 지침사항

목표관리가 기업의 관리 시스템의 하나로 적용되어 성공하기 위해서는 다음의 지침을 준수해야 한다.

첫째, MBO의 도입은 최고경영층의 참여와 지원이 있어야 한다.

둘째, 조직의 구조와 과정이 MBO를 실시할 수 있도록 분권화와 자율적인 통제절차가 마련되어야 한다.

셋째, MBO는 총체적인 관리 시스템이므로 다른 여러 활동들과 상호지지적인 통합을 형성해야 한다.

넷째, 개인과 개인, 조직단위와 조직단위, 그리고 조직과 환경 사이에 의사소통과 피드백의 과정 및 보상제도가 형성되어 있어야 한다.

다섯째, 미래의 상황을 예측할 수 있도록 조직 내외의 여건이 안정되어야 한다.

### (7) 목표관리의 효과와 한계

MBO가 효율적으로 운영될 경우, 다음과 같은 효과를 거둘 수 있다.

첫째, 목표설정과정을 통해 구성원의 몰입과 참여를 증진시켜서 구성원 상호간에 이해가 증진된다.

둘째, 보다 현실적인 목표를 달성할 수 있다.

셋째, 커뮤니케이션을 원활히 한다.

넷째, 보다 많은 자기관리 및 자기통제의 기회를 준다.

다섯째, 개인의 업적평가를 보다 효과적으로 할 수 있게 된다.

여섯째, 구성원의 업무활동을 목표 지향적으로 이끌 수 있다.

일곱째, 성과에 대한 책임을 분명하게 해 준다.

여덟째, 인적자원의 개발과 효율을 가능하게 한다.

아홉째, 환경변화 속에서 이에 대응할 조직변화를 용이하게 한다.

그러나 상기와 같은 효과와 이점에도 불구하고 다음과 같은 많은 문제점과 한계를 가지고 있다.

첫째, MBO제도에 대한 전반적 이해가 쉽지 않다.

둘째, 목표설정이 어렵다.

셋째, 목적이 수단을 합리화시킬 수 있다.

넷째, 집행에 장시간이 소요된다.

다섯째, 단기적인 목표만을 강조하는 경향이 있다.

여섯째, 신축성이 결여되기 쉽다.

일곱째, 조직구성원 전체의 참여가 어렵다.

여덟째, 지나치게 숫자에 집착하기 쉽다.

아홉째, 부서간의 지나친 경쟁을 초래케 할 가능성이 있다.

[한국경제 TV]
매일 다른 사람과 점심식사 하라.
- 하워드 슐츠(스타벅스 CEO)

마윈의 성공비결

# 전략경영
## Strategic Management

CHAPTER
**6**

# 전략경영

## 도입사례   커피에 집중하되 커피 그 이상을 팔아 앞서 가겠다

자고 일어나면 새로운 매장이 생겨난다는 커피전문점. 바야흐로 한국은 지금 커피전쟁 중이다. 커피전쟁의 중심에는 스타벅스가 있다. 스타벅스는 미국 시애틀에서 시작해 프랜차이즈 형태로 만들어 전세계 커피시장을 선도하고 있다. 스타벅스를 이야기할 때 하워드 슐츠 회장을 빼놓고 말할 수 없다. 그는 평범한 커피를 특별한 브랜드로 재창조했다. 슐츠 회장은 남다른 성공전략과 기업가정신을 바탕으로 스타벅스를 세계적인 커피전문점으로 성장시켰다. 그에게 토종브랜드가 부상하고 있는 한국시장에서의 전략과 스타벅스의 신성장동력이 무엇인지를 물었다. 슐츠 회장은 "커피에 집중하되 커피 그 이상을 파는 곳"이라고 스타벅스를 규정했다.

Q. 글로벌기업 스타벅스가 한국 토종브랜드에 밀렸다는 것인데 어떤 전략으로 대응할 것인가.

A. "스타벅스는 누군가의 매장 갯수에 밀린다기보다는 현재 매장들에게 충실했을 뿐이다. 스타벅스를 차별화 하는 것은 '양질의 커피'이자 '도덕적인 커피'다. 우리는 고객들과의 관계를 소중하게 생각하고 있다. 우리는 로컬시장의 고객니즈에 귀 귀울여야 하고 혁신을 계속해야 하는 것이 얼마나 중요한지를 알게됐다. 올해에는 처음으로 고객주문에 맞추는 프라푸치노를 경험할 수 있다. 한국에서는 국산 유기농 쌀로 만든 과자와 바를 살 수 있다. 그린티라테는 한국을 테스트마켓으로 한 후 아시아 지역 전역으로 확산된 사례. 이런 현지화 전략을 적극 추진하게 된 것은 획일적이고 표준화된 매장으로는 스타벅스의 가치, 지역사회와 호흡하고 지역에 봉사하는 가치를 실현할 수 없다고 봤기 때문이다."

Q. 성장을 위해 제품의 다각화를 추진하고 있는데 다각화는 어떻게 진행되나.

A. "시애틀 매장에서 맥주와 와인을 파는 스타벅스 바(BAR)를 만든 것도 다각화 노력이라고 볼 수 있다. 일부 전문가들이 '커피'와 연관성이 높은 아이템으로 다각화를 하는 것이 좋다고 조언하지만 그것보다는 '동일한 가치'를 유지하는 것이 핵심이다. 지난 40년 동안 스타벅스는 고객들의 머릿속에 뚜렷이 각인됐다. 프리미엄급 커피, 열정적인 파트너들과 고객들과의 관계 등이 바로 그것이다. 우리는 장기적으로 우리 고객들의 라이프스타일과 가치, 관심사에 집중해야 한다고 생각한다. 현재 시애틀에서 맥주와 와인을 파는 매장을 일본이나 스페인 등지에 진출할 것이다."

Q. 커피와 관련된 제품의 다각화도 추진하고 있는 것으로 알고 있는데.

A. "스타벅스는 물론 커피와 연관성이 높은 아이템의 다각화를 실천하기도 한다. 가장 큰 성공 사례이자 매우 위험성을 갖고 시작한 커피 비아(VIA)를 들 수 있다. 미국에서는 스타벅스판 커피믹스라고 부를 수 있는 비아가 대 히트했다. 여행을 하거나 산행을 할 때도 스타벅스와 함께하는 경험을 만들어 주고자 높은 품질의 비아를 출시하게 됐고 현재 선풍적인 인기를 끌고 있다."

Q. 스타벅스만의 가치를 실현하기 위한 구체적인 전략에 대해 설명해 달라.

A. "우선 스타벅스의 모든 파트너들, 즉 임직원을 비롯해 해외에서 우리 스타벅스에 합작 투자한 파트너들과 기업문화를 만들었다. 나는 스타벅스를 표현할 때 '인간성'으로 표현한다. 이 말은 사람들의 존엄성을 높이 평가하는 것을 보여주는 것으로 표현된다. 이런 것 들이 다른 커피전문점과 차별화하고 있다.

Q. 한국에서는 동반성장이 화두다. 스타벅스의 사례를 소개하자면.

A. "스타벅스는 공정거래를 통해 커피 농가들에 최선을 다하고 있다. 스타벅스의 원두는 제3자 인증의 윤리구매 프로그램인 'C.A.F.E Practice'를 활용해 커피품질은 뛰어나지만 공정무역조합에 가입되지 않은 농가들에 시세보다 높은 프리미엄가격을 보장해 줬다. 이들 농가에도 정당한 이익이 돌아갈 수 있는 지속 가능한 거래를 했다. 스타벅스는 커피 농가들에 대출해 주는 프로그램도 꾸준히 늘리고 있다."

Q. 지역 사회와의 관계도 중시하고 있다는데.

A. "주변사회와 관계를 맺는 것은 스타벅스의 오랜 전통이다. 2011년 우리는 '글로벌 서비스의 달'을 만들었다. 스타벅스는 20개국 이상에서 1,500개 이상의 프로젝트를 진행하며 15만 시간의 봉사활동을 했다. 스타벅스 코리아는 30개 도시 80곳의 NGO와 손을 잡았다. 사람들은 환경을 중시하고, 건강을 지향하며 도덕적 가치를 중시한다. 이러한 고객들은 자신들의 가치와 비슷한 가치를 갖고 있는 기업을 원한다. 우리는 착한 이웃이자 변화의 선두주자이길 원한다."

Q. 스타벅스는 일찍부터 성공적인 소셜 네트워크 서비스(SNS)를 진행하고 있다는 평이 많다. 중국 등 아시아 진출전략과 관련지어 설명해 달라.

A. "우리는 '스타벅스 경험'이라는 표현을 쓰면서 우리의 비전과 가치를 간직하고 있다. 항상 고객과의 대화를 중요시 했다. 고객의 의견을 듣고 그에 따른 행동을 하는 것이 우리의 가치 중의 하나

라는 말이다. 이런 우리의 가치에 페이스북, 트위터, 유튜브, 마이 스타벅스 아이디어, 스타벅스 디지털 네트워크와 모바일 등 우리는 많은 채널을 통해 고객과 만나고 스타벅스 경험을 확장하고 있다. 아시아 시장은 스타벅스에 큰 기대를 품게 한다. 한국은 350지점에서 700개 지점으로 늘릴 것이라고 발표했다. 스타벅스는 또한 중국 고객들의 반응을 매우 긍정적으로 판단하고 있다. 앞으로 스타벅스의 성장 엔진이 될 것은 아시아 등 외국시장임이 확실하기 때문에 현지화 된 전략적인 눈으로 상황에 맞게 적용하는 것이 중요하다."

# 1절 전략경영(Strategic Management)

## 1. 전략경영의 중요성과 의의

전략경영(strategic management)이란 경영자들이 목표달성 및 경쟁우위를 확보하기 위하여 조직 내부의 기능과 활동을 통합한 종합계획이다. 그렇다면 기업의 전략이란 무엇인가? 전략(strategy)이란 기업이 무엇을 할 것인지, 목표를 달성하기 위하여 고객을 어떻게 유인하고 만족시킬 것인지 등에 대하여 계획을 세우는 것이다. 즉, 전략은 모방할 수 없는 자원을 활용시키는 방안이라고 할 수 있다. 전략경영이 중요한 이유는 정치·경제·사회·문화 및 과학과 기술의 환경변화는 예측불가능한 주기와 폭으로 이루어짐으로써 경영활동의 수행에 있어 혼란을 가중시키고 있다. 더구나 세계화의 도전, 품질에 대한 도전, 기술 및 과학의 도전, 그리고 사회적 도전이 기업으로 하여금 새로운 시각에서 경영활동을 전개하도록 강요하고 있다.

세계는 자본주의 사회의 발달로 자유경쟁의 분위기가 더욱 고조되고 경제전쟁이라는 새로운 투쟁의 장을 만들어가고 있다. 여기에서 세계 각국의 기업들은 살아남기 위한 적자생존의 노력을 해야 한다. 즉, 경쟁에 이기기 위해서 필요로 하는 수단과 재원은 유한한 반면, 경쟁우위를 확보해야 한다는 무한한 기업의 의지와 욕구는 경영활동을 전략적으로 수행하지 않으면 안 되게 하고 있다.

전략이란 용어가 주는 이미지는 세 가지로 요약될 수 있다.

① 서로 대결하는 인간사회의 장이라는 점이 공통항으로 대두되고, 이어서 그러한 공간 속의 경쟁에서 이기는 것이 대전제로 되어 있다.

② 이기기 위한 노력을 최소한으로 줄이는 것이 좋다는 점이다. 즉, 최소의 노력, 최소의 자원투입으로 승리를 얻는 것이다.

③ 최소의 비용으로 목적을 달성하기 위해서는 경쟁우위를 확보하기 위한 여건과 위치를 객관적으로 인식하는 것, 즉 분석적 능력이 중요하다는 것이다.

전략(strategy)이란 말은 군대 장군을 뜻하는 고대 그리스어 'strategos'에서 유래된 말로서 장군이 전쟁을 치루면서 발휘하는 전술을 전략경영이라고 표현하였다. 전략은 기업의 모든 자원을 통합하여 시장을 주도하려는 모든 책략이라는 점에서 목표를 달성하기 위한 계획이라는 수단과는 구분된다.

전략경영이란 조직의 목적을 달성하기 위한 수단으로서 조직 내부의 모든 기능과 활동을 통합한 종합적인 계획을 의미한다. 다시 말해서, 기업경영의 장기 목표를 수립하고, 달성하는 데 필요한 활동경로를 정하고, 필요한 자원을 배분하는 것이라고 정의할 수 있다.

연구결과, 전략적 계획활동과 성과간 긍정적인 관계가 발견되었다. 전략적으로 계획하는 기업들은 그렇지 않은 기업보다 재무적 성과가 상대적으로 높게 나타나고 있다.

## 2. 전략경영의 내용

전략경영의 개념을 보다 명확히 이해하기 위해서는 경영전략의 구성요소를 파악해야 하는데, 그 구성요소는 학자에 따라 다양하지만, 호퍼(C. W. Hofer)는 다음과 같이 제시하고 있다.

• 영역(domain): 기업의 현재 및 미래 환경과의 상관관계에 있어서의 활동 범위가 된다.

• 자원전개: 기업의 목표달성에 필요한 제자원의 전개수준과 유형 및 독자

능력이다.

- 경쟁우위성: 기업의 자원전개 유형이나 영역결정을 통해 경쟁자에 대해서 전개하는 독자적인 경쟁우위(핵심역량)이다.
- 시너지(synergy): 자원의 활용이나 영역결정에서 나타나는 상호작용 및 상승효과이다.

이러한 구성요소는 전략경영의 개념을 기업과 환경과의 적합방식을 다루는 데 중요한 요소들이다. 경영전략은 기업이 변화하는 경영환경에 대응하면서 기업의 미래지향을 실현하기 위하여 모든 경쟁잠재력을 효과적 및 효율적으로 활용하는 방법을 설명해 준다.

전략경영을 전사적 입장에서 이해하기 위해서는 경영전략의 유형을 이해해야 하는데, 경영전략의 유형은 기업의 특성이나 기업의 관점에 따라서 여러가지 방법으로 구분될 수 있다. 〈표 7-1〉과 같이 경영전략의 유형은 기업의 기대상태와 목표의 내용을 중심으로 구분될 수 있다.

**표 7-1  전략경영의 유형**

| 구분 기준 / 대상 | 전략유형 |
| --- | --- |
| 조직차원 | 기업전략, 사업부 전략, 기능별 전략 |
| 경영전략 | 생산전략, 마케팅 전략, R&D전략, 투자전략, 금융 및 재무전략, 인사전략 |
| 발전방향/자원활용 | 성장전략, 안전전략, 쇠퇴전략 |
| 시장활동 | 공격적 전략, 방어적 전략 |
| 제품/시장 | 시장침투전략, 시장개발전략, 제품개발전략, 다각화전략 |
| 경쟁력 | 원가우위전략, 차별화전략, 집중화전략 |

## 3. 사업영역과 전략경영의 수준

### (1) 사업의 정의

기업의 환경이 변화하여도 적응함으로써 그 존속을 유지하고 발전하는 영속성의 목적을 달성하는 것이다.

기업이 시간의 영속성을 유지하기 위해서는 변화하는 환경 속에서 사업영역을 확실하게 규명해야 한다. 〈그림 7-1〉과 같이 기업은 먼저 자사의 사업영역을 정하고, 사업범위 내에서 영속성을 위해서 수익성과 원활한 세대교체를 이루어야 한다.

**그림 7-1** 기업의 목적

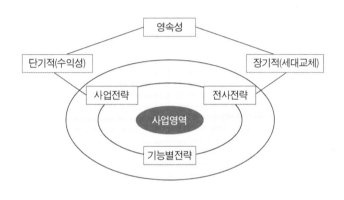

상기와 같이 기업의 사업영역은 기업생존의 핵심요소이다. 기업의 사업은 세 가지 차원, 즉 서브해야 할 고객집단, 충족시켜야 할 고객욕구 및 이러한 욕구를 충족시킬 기술의 관점에서 정의할 수 있다. 고객, 고객의 욕구, 기술, 시장, 제품과 연관되는데, 이에 따라 각 사업은 그 자체의 전략이 요구된다.

(2) 전략경영의 수준

현대조직은 기업본부, 사업부, 사업단위 및 제품을 기준으로 계층화되어 있으므로 전략경영도 기업전략, 사업부 전략, 기능별 전략으로 계층을 이루고 있다. 그리고 이들 경영전략은 〈그림 7-2〉와 같이 상호밀접한 관계하에서 조직의 영역과 기능분야에서의 경영방향을 설정해주는 하나의 시스템을 형성한다.

전략경영은 기업전략, 사업부 전략, 기능별 전략 등이 서로 상호관계로 이루어지는데, 〈그림 7-2〉와 같이 하나의 행렬구조를 취하고 있다.

**● 그림 7-2** 기업전략의 수준

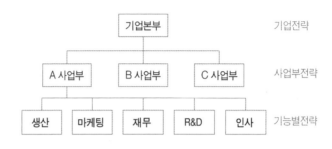

### 1) 기업전략(corporate strategy)

기업전략이란 기업이 어떤 사업을 하고 있는지, 어떤 사업을 하고 싶은지를 구체화하는 조직전략을 의미한다. 하위시스템인 사업부 전략과 기능별 전략을 통합하는 전사전략으로서, 그 핵심은 기업사명 및 활동영역의 정의와 자원전개(경영자원의 축적과 배분)의 결정이 포함되는데, 네 가지의 계획활동이 행해진다.

① 기업의 사명(mission), 비전 및 목표를 명확히 한다.
② 기업의 전략적 사업단위(strategic business unit: SBU)를 수립한다. SBU는 큰 회사 내에 분리된 작은 사업단위로서 어떤 제품을 마치 독립된 사업인 것처럼 취급한다.
③ 각 SBU에 재원을 할당·부과한다.
④ 진출해야 할 새로운 사업분야를 확인한다.

이것은 기업전략의 하위전략으로서의, 그룹기업 내의 계열회사나 기업 내의 전략적 사업단위(strategic business unit: SBU)의 조직경영을 지배하는 전략이다. 사업부 전략은 다음의 사항을 기본적으로 고려해야 한다.

첫째, 경쟁상대가 누구인가를 명확하게 인식해야 한다.

둘째, 경쟁에서 이긴다는 것이 무엇을 의미하는지를 이해해야 한다. 즉,

경쟁상대에 대한 대응전략을 마련해야 한다.

셋째, 대응전략을 구체적으로 어떻게 실천해야 하는가를 생각해야 한다. 즉, 사업부 전략은 사업의 경쟁적 우위를 확보하기 위한 전략이다.

### 2) 기능별 전략(functional strategy)

기능별 전략은 기업전략 및 사업부 전략의 하위전략으로서 생산, 마케팅, 재무, 회계, 인사, 연구개발 등 전문기능 분야의 경영관리 방향을 경영하는 역할을 한다. 따라서 기능별 전략은 기업전략과 사업부 전략을 전개하는 과정에서 자금과 인력 등 내부차원의 배분과 기능분야의 경영활동을 조정함으로써 기업의 전략적 목적 달성에 중요한 역할을 한다. 기능별 전략의 가장 중요한 요소는 배분된 자원의 효율성 극대화이다.

**┊ 그림 7-3** 기업전략의 매트릭스 구조

| 기업전략 | | 사업부<br>전략C | | 사업부<br>전략B | | 사업부<br>전략A |
|---|---|---|---|---|---|---|
| 생산전략 | | | | | | |
| 마케팅전략 | | | | | | |
| R&D전략 | | | | | | |
| 재무전략 | | | | | | |
| 인사전략 | | | | | | |

## 2절 전략경영의 효과(Effects of Strategic Management)

전략경영을 통해서 현대기업은 다음과 같은 효과를 거둘 수 있다고 앤소프는 설명하고 있다.

첫째, 경영에 있어서 명확히 규정된 사업활동의 범위와 성과목표가 있을 때 경영을 목표지향적으로 일관되게 유지할 수 있다.

둘째, 전략경영을 구상하고 실행함에 있어서 필요로 하는 자원 등에 대하여 장·단기적 대책을 강구하기 때문에 자원쇼크 등의 애로사항 하에서 탈피하여 경영을 보다 안전하게 이끌 수 있다.

셋째, 경영의 성장을 보다 적극적으로 유도하기 위하여 필요한 결정법칙(rule)으로서의 전략을 수립해서 경영활동을 전개할 때, 기업은 경쟁우위 확보 노력에서 유리한 고지를 차지할 수 있을 것이기 때문이다.

넷째, 오늘날 기술혁신, 그리고 무역·자본 자유화 등에 의해서 기업환경은 급격하게 변화하고 있기 때문에, 그에 대처해 나갈 수 있는 대응방안을 전략적 차원에서 장·단기적으로 강구할 수 있을 때, 전략경영 프로세스를 통해 기업은 보다 안정된 위험부담과 불확실성에 대처할 수 있다.

다섯째, 기업경영이 새로운 기회의 탐구와 창조를 할 수 있도록 하기 위해서는 이를 추구할 수 있는 관리의 지침을 필요로 하는데, 이는 전략을 통해서 비로소 가능하게 된다.

# 3절 전략경영의 프로세스(Strategic Management Process)

전략경영 프로세스는 6개 단계의 프로세스가 있는데, 전략적 계획, 실행, 평가 등으로 구성된다. 첫 번째 4개 단계들이 계획활동이지만 실행과 평가 역시 매우 중요하다. 경영자가 그 전략을 실행하거나 평가하지 않는다면 최선의 전략이라 할지라도 실패할 수 있다(〈그림 7-4〉 참조). 효과적인 전략경영을 수립하기 위해서는 그 이전에 고려되어야 할 요소가 많이 있다.

**그림 7-4** 전략경영계획의 과정

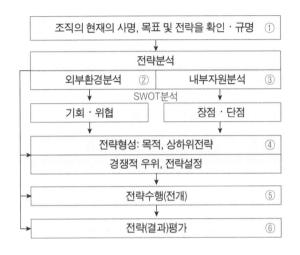

## 1. 고려할 요소

전략경영을 수립하려면 우선 경영자는 기업조직이 추구하는 기본전략을 짜고, 그것에 기초하여 이를 실행하기 위해 필요로 하는 경영전술, 즉 하위전략이나 경영정책을 수립해야 한다. 기업의 기본전략, 즉 장기전략적 특성을 갖는 경영전략을 보다 효율적으로 구성·수립하기 위해서 전략에 대해 분석해야 한다.

### (1) 비전, 목표, 사명의 명확화

전략을 세우기 전에 회사전체의 비전, 목표, 사명 등을 명확히 하면 이들이 전략경영에 전체적인 영향을 끼칠 것이다. 때로는 목적이라고 불리는 사명(mission)은 "우리의 사업이 무엇인가?"라는 질문에 대한 대답이다.

### (2) 하위전략

전략목적은 그 실행을 위하여 경영정책이나 방침 등 하위전략으로 구체화되어야 한다. 하위전략에서는 표적고객과 시장에 대한 분석을 위하여 제품−

시장 범위를 조사한다, 제품 자체의 특성과 기능, 디자인과 품질, 가격을 포함하여 표적시장 범위, 유통경로, 광고 등 촉진에 관해서도 구체적으로 분석해야 한다.

제품-시장 범위에 대한 전략적 분석을 통하여 경쟁우위를 확보할 수 있는 하위전략을 구상할 수 있다. 경쟁우위 확보를 목적으로 제품-시장 범위를 확대시키기 위해서는 신시장 침투전략이나 신시장의 개발전략, 신제품 개발전략과 다각화 전략을 채택할 수 있다. 그 외에도 수직적·수평적 통합전략을 통해서 제품-시장 범위를 확대하여 경쟁우위를 확보할 수 있다.

하위전략을 성공적으로 실행하기 위해서는 효율적인 자원전략을 마련해야 하는데, 자원전략이란 자금·인력·기술·시설 등과 같은 자원을 확보하는 전략과 이들 자원에 대한 배분을 하는 전략을 포함한다.

자원조달 및 배분과정에서 고려해야 할 또 다른 하위전략은 기업이 당면하게 될 위험부담의 정도이다. 즉, 기업에서 필요로 하는 자원은 기업이 성장을 추구할 수 있는 상황이나, 아니면 안정을 지켜야 할 상황이냐에 따라서도 그 조달방법과 배분방법이 달라질 수 있다. 기업이 대처해야 할 위험부담의 수준이 크고, 그에 따라 기업 그 자체의 위치나 전망이 불확실할 경우에는 안전위주의 생존전략을 모색해야 한다.

## 2. 전략경영의 실행

전략을 실행하기 위해서는 조직구조와 기능, 그리고 계획, 통제 시스템 및 정보체계에 대한 분석이 있어야 한다.

### (1) 구조설계와 기능의 확인

전략경영을 성공적으로 실행하기 위해서는 조직구조를 설계하고, 그에 수반되는 기능을 확실히 해야 한다. 집권적 관리조직인가, 분권적 관리조직인가, 기계적인 조직과 유기적인 조직 중 어느 조직형태를 도입할 것인가에 대해 고려해야 한다. 어느 형태의 조직구조를 선택하느냐에 따라 전략경영의 성패결과가 달라진다.

조직의 환경적 특성과 관련해 볼 때, 조직이 적응해야 할 환경이 불확실하고, 그에 따라 변화를 예측하기 곤란할 때에는 경영전략을 추진함에 있어 유기적인 조직구조가 보다 적당하다. 그리고 환경이 확실하고, 그에 따라 환경에 대한 예측도 용이한 경우에는 기계적 조직구조가 효율적일 경우가 많으므로 조직구조를 설계할 때에는 이들 요인을 중시해야 한다.

### (2) 계획-통제 시스템 마련

전략경영의 기능 및 조직설계를 효율적으로 실행하는데 필요한 계획 및 통제 시스템을 마련해야 한다. 즉, 상위의 전략목표가 적기에 하위자에게 전달됨으로써 하위자로 하여금 실행목표를 구체화할 수 있도록 해 주어야 한다.

하위자들은 자신의 과업 목표를 상위목표와 관련시켜 확정하고, 또 이를 실행하기 위해서 필요한 행동지침이나 활동계획을 수립·실천해 나갈 수 있다.

계획이 수립된 다음, 이들 계획을 차질 없이 진행할 수 있도록 통제 시스템도 마련해야 한다. 계획된 목표가 충실히 집행되고 있는지를 확인할 수 있는 사후조치가 예산 또는 성과지표 등의 통제 시스템에 의해서 뒷받침되어야 한다.

### (3) 정보 시스템의 마련

전략경영을 수립하기 위해서나, 경영 내외적인 환경요인에 대한 전략적 분석을 하기 위해서도, 또한 전략구성과 전략수행 및 그 평가를 위해서도 가장 중요한 요인은 정보 시스템을 마련하는 것이다. 즉, 이들 모든 기능은 정보의 적절한 뒷받침이 있을 때 비로소 원만한 수행이 가능하기 때문이다.

경영전략을 수립하고, 이를 집행하는 과정에서도 그들 정보관리 수단을 최대로 활용할 수 있도록 컴퓨터를 이용한 정보 시스템이 강화되어야 한다.

## 3. 전략경영의 평가

이 과정은 경영전략에 대해 종합적으로 평가하는 것으로서, 다음 사항이 포함된다.

- 전략을 형성하는 과정에서 외부환경이나 내적자원에 대한 분석이 합리적으로 이루어 졌는가
- 전략수립에 관계되는 모든 사람들의 아이디어가 충분히 반영된 가운데에서 전략적 목적과 하위전략이 짜여 졌는가
- 전략의 전개과정에서 전략의 목적과 내용이 조직 구성원들에게 명확히 전달되었는가
- 조직구조와 관리체계가 실제로 설계되었는가

이와 같이 평가과정을 행하는 목적은 첫째, 전략계획 수행과정에서 나타난 문제점을 확인할 수 있도록 한다. 둘째, 문제점을 지속적으로 다음의 전략목표나 수행에 반영시킴으로써 전략이 차질 없이 장기적으로 수행될 수 있도록 한다.

전략을 수립·수행하는 과정에서는 이에 영향을 미치는 환경 변화라든지, 조직내외의 불가피한 장애요인이 발생할 수 있으므로 전략을 수립하고 수행하는 과정에서는 이에 대한 평가를 수시로 할 수 있어야 한다.

## 4절 전략경영 프로세스에는 어떤 단계들이 있는가?
### (Essential of Strategic Analysis)

### 1. 1단계: 기업의 현재 미션, 목표, 전략을 분석하라

전략경영의 출발은 기업목표의 기본적 임무(mission: 사명)를 확인하고 목표가 성취되는 방향으로 노력을 지향하는 것이다. 명백한 사명과 목표는 경영자의 중요한 업무적 의사결정을 용이하게 할 것이며, 전략수립이나 개인 집단의

업무활동의 방향을 제시하게 된다.

조직들은 경영자, 종업원, 그리고 고객들로 하여금 기업사명을 공유하도록 하기 위해 기업사명문을 작성한다. 잘 만들어진 기업사명문은 첫째, 기업구성원들에게 공유된 목표, 기회, 방향 등을 제공해 준다. 둘째, 조직의 목표를 올바르게 실천하도록 지침이 되며 "보이지 않는 손"으로서 작용한다.

미션을 규명함으로써 경영자들은 기업이 무엇을 해야 하는지 알 수 있다. Facebook의 미션은 "어떤 사람과 그 사람 주위에 있는 사람들을 연결시키는 사회적 유틸리티"이다. 이 같은 미션은 기업이 자신의 존재 목적을 무엇이라고 보는지 단서를 제공한다. 경영자들이 현재의 목표와 전략을 분석하는 것역시 중요하다. 그 이유는 경영자들이 자신들이 변화할 필요가 있는지를 평가하는 단서를 줄 수 있다.

## 2. 2단계: 외부환경 분석을 하라

전략계획과정에서 전략적인 기회와 위협을 발견하기 위해 외부환경에 대한 정보를 수집·평가해야 한다. 우리는 제3장에서 외부환경을 다루었다. 외부환경을 분석한 후 경영자들은 활용할 수 있는 기회와 위협을 정확히 찾아내야한다.

- 기회(opportunities): 외부환경에서 긍정적인 추세 및 요인을 말한다.
- 위협(threats): 기업의 전략적 목적을 달성하지 못하게 할지도 모르는 외부환경의 부정적인 추세 및 요인을 말한다.

## 3. 3단계: 내부환경 분석을 하라

기업 내의 내부분석은 기업의 구체적인 자원과 능력에 대한 중요한 정보를 제공한다.

- 기업의 자원(resource): 제품생산에 필요한 자원이다.
- 기업능력(ability): 기업활동을 할 때 시용되는 기술과 역량을 의미한다.

내부환경을 분석한 후 경영자들은 기업의 강점과 약점을 확인할 수 있어야 한다.

- 강점(strength): 조직이 잘하고 있는 활동 또는 독특한 자원들을 강점이라고 한다.
- 약점(weakeness): 조직이 잘하지 못하는 것 또는 필요한 자원을 보유하지 못하는 것을 약점이라고 한다.

외부분석과 내부분석을 결합하여 각각의 첫 글자를 모아서 SWOT분석이라고 한다. SWOT분석 후 경영자들은 네 개의 전략을 세울 준비를 한다.

① SO전략: 기업의 강점과 외부의 기회를 활용한다. → 성장
② WT전략: 약점과 외부의 위협을 최소화 시킨다. → 안정
③ WO전략: 기회를 주며, 핵심약점을 최소화 시킨다. → 안정
④ ST전략: 강점을 극대화, 위협을 최소화 시킨다. → 축소

## 4. 4단계: 전략을 수립하라

경영자들은 내부환경 및 외부환경을 분석한 후 기업이 목표를 달성하는데 필요한 전략을 수립한다. 경영자들이 선택할 수 있는 전략유형은 크게 세 가지로 구분되는데, 기업전략, 경쟁전략 및 기능전략 등이다. 예를 들면, 대체전략들은 현대의 저가자동차의 집중화전략, 다각화전략, 해외진출전략, 합작투자, 전략적 제휴, 복합전략, 축소전략 등이 있다.

## 5. 5단계: 전략을 실행하라

전략이 수립되었으면 실행하여야 한다. 기업이 효과적인 전략을 수립하였다 하더라도 전략이 실행되지 않는다면 성과는 이루어지지 않을 것이다.

## 6. 6단계: 결과를 평가하라

전략경영 프로세스에서 마지막 단계는 결과를 평가하는 것이다. 전략이 기업의 목표달성에 얼마나 효과적으로 도움이 되었는가? 어떤 수정이 필요한가? 예를 들면 철도청이 전략의 결과를 평가하고 어떤 변화가 필요한지를 결정하였다. 철도청은 구조조정, 자산매각, 경영진 재구조화 등 전략적 수정을 실시하여 수익을 다시 개선할 수 있었다.

## 7. 기업전략의 유형

경영자가 사용하는 전략유형은 크게 세 가지인데, 기업전략, 사업부서별 경쟁전략, 기능전략(연구개발, 마케팅 등) 등이다.

### (1) 기업전략(corporate strategy)

기업전략은 기업이 어떤 사업을 하고 있는지, 어떤 사업을 하고 싶은지, 사업과 관련해서 무엇을 해야 하는지를 구체화 하는 기업전략을 말한다. 그것은 조직의 미션과 목적, 그리고 사업부서들이 해야 할 역할에 기반을 두고 있다. 기업전략은 성장, 안정, 쇄신 등이 있다.

#### 1) 성장전략(growth strategy)

현재의 사업 혹은 새로운 사업을 통해서 기업이 제품 또는 시장점유율을 확대할 때 성장전략(growth strategy)이라고 한다. 성장전략 때문에 조직은 수익, 종업원 수, 시장점유율 등을 높힐 수 있다. 조직들은 집중화, 수직적 통합, 수평적 통합, 다각화 등을 사용해서 성장한다.

- 집중화(focus strategy): 집중화를 사용하여 성장하는 조직들은 주된 업종을 중시한다. 예를 들어 삼성전자가 세계최대의 전자회사가 되기 위해 집중화를 사용한다. 집중화 전략은 세분화된 영역에서 비용우위 또는 차별화 중시를 점하고자 하는 것이다. 어떤 기업은 후방통합이든 전방통합이든 둘 다를 사용하든 수직적 통합을 통해 성장하기도 한다.

- 수직적 후방통합: 수직적 후방통합의 경우 기업은 투입물을 통제할 수 있도록 스스로 공급업체가 된다. 예를 들어 중국의 타오바오는 온라인 지불사업을 직접한다. 그래서 훨씬 안전한 거래를 할 수 있장 가장 중요한 프로세스를 직접 통제한다.
- 수직적 전방통합: 조직들은 스스로 유통업체가 되어 최종산출물을 통제하게 된다. 예를 들어 Apple은 제품유통을 위하여 수백개의 점포를 가지고 있다.
- 수평적 통합: 수평적 통합의 경우, 기업은 경쟁업체와 결합함으로써 성장한다. 예를 들어 현대자동차가 기아자동차를 인수하였다. 수평적 통합은 최근 수십년간 금융서비스, 소비제품, 항공사, 백화점, 소프트웨어사 등 많은 산업에서 사용되어 왔다.

### 2) 안정화 전략(stability strategy)

경제적 불확실성의 기간 동안 많은 기업들은 현재 상태를 계속 유지하고자 하는데 이를 안정화 전략이라고 한다. 안정화 전략은 조직이 현재 하고 있는 것을 계속하려는 기업전략이다. 이러한 전략의 사례로는 동일한 고객에게 동일한 제품과 서비스를 계속 제공하는 것, 시장점유율을 유지하는 것, 현재의 사업방식을 그대로 유지하는 것 등을 들 수 있다. 조직은 성장하지도 후퇴하지도 않는다.

### 3) 쇄신전략(renewal strategy)

경영자들은 감소되는 성과를 다루기 위해 쇄신전략을 사용하는데 비용절감의 긴축전략과 조직 재구조화 전략으로 구성된다.

## (2) 경쟁전략(competitive strategy)

경쟁전략은 조직이 해당사업 분야에서 어떻게 경쟁할 것인가를 말한다. 효과적인 경쟁전략을 개발하기 위해서는 경쟁우위(competitive advantage)에 대해 이해하여야 한다. 경쟁우위는 다른 조직과 뚜렷이 구분되는 것이다. 예를 들면 Southwest Airlines는 승객에게 편리하고 값싼 서비스를 줄 수 있는 기술을 가지고 있기 때문에 경쟁우위를 가지고 있다고 할 수 있다. 여기에서의 경쟁전략은 경쟁우위, 제공해야 할 제품과 서비스, 확보해야 할 고객 등을 결정한다.

전략 구축분야에서 전문가인 하버드대학의 Michael Porter는 세 가지 경쟁전략을 제안하였는데 비용우위, 차별화, 집중화이다. 포터는 지속적 경쟁우위확보전략을 본원적 경쟁전략이라고 한다. 〈그림 7-5〉는 포터가 말하는 본원적 경쟁전략을 보여주고 있다.

**：그림 7-5** 포터의 본원적 경쟁전략(음료시장 사례)

### 1) 비용우위전략(cost leadership strategy)

어느 조직이 산업 내에서 가장 낮은 비용을 경영함으로써 경쟁한다면 그 기업은 비용우위전략(cost leadership strategy)을 따르고 있다. 낮은 비용은 높은 효율성을 가져온다. 간접비를 최소화하고 전사적으로 비용을 줄이기 위해 노력하는 전략이다.

### 2) 차별화 전략(differentiation strategy)

이는 제품이나 서비스 가격이 비싸더라도 경쟁사 제품보다 품질이나 디자인이 뛰어나 고객에게 가치를 주면 제품차별화 전략을 가지고 있다고 할 수 있다.

### 3) 집중화 전략(focus strategy)

집중화 전략은 가격을 특별히 낮출 수 있다든가, 품질을 특별히 높일 수 있는 전략을 수립 후 틈새시장의 특수고객에게 집중하여 원가우위 혹은 차별화 전략을 사용하는 것을 말한다. MIT공대는 공학분야에 집중투자해서 다른 대학보다 경쟁우위에 있다. 만약 어느 조직이 비용우위나 차별화 우위를 개발하지 못한다면 어떤 일이 벌어질까? Porter는 이 상황을 어정쩡한 상태라고 했으며 그 조직은 실패상황에 처할 것이라고 경고하였다.

### (3) 기능전략

전략의 마지막 유형은 기능전략이다. 기능전략(functional strategy)은 기업의 다양한 기능부서들이 사용하는 전략을 의미한다. 예를 들면 삼성전자는 경쟁업체보다 연구개발, 마케팅전략 등에 더욱 초점을 맞추고 있다.

## 8. 시장상황전략

### (1) 제품수명주기(product life cycle: PLC)전략

기업은 신제품이 시장에서 지속적으로 버텨주기를 기대한다. 그러나 어떠한 제품도 경쟁사의 출현, 기술의 진보, 소비자의 기호변화 등으로 시장에서 사라지게 되어 있다. 인간에게도 유아기, 청소년기, 장년기, 노년기가 있듯이 제품에도 각 주기가 있다. 〈그림 7−6〉에서 보여주듯이 제품수명주기곡선은 'S'자 모양을 하고 있으며 다음과 같이 4단계로 구분된다.

제품수명주기(product life cycle: PLC)는 제품(현대 소렌토)이나 제품범주(SUV 자동차)의 시간흐름에 따른 판매와 수익패턴이다. 제품이 수명주기를 따라 이동함으로써 기업이 경쟁적인 입지를 취하고 목표고객의 욕구를 충족시키기 위하여 기업전략도 달라져야 하기 때문이다.

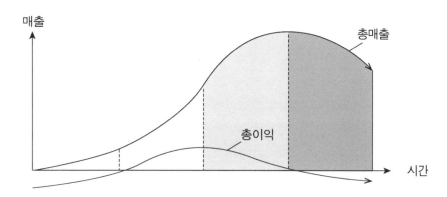

**그림 7-6** 제품수명주기에 따른 매출 및 이익

| 시기 | 도입기 | 성장기 | 성숙기 | 쇠퇴기 |
|---|---|---|---|---|
| 특징<br>형상 | • 신제품 소개<br>• 연구개발 투자<br>• 광고비 과다<br>• 이익없음 | • 매출 증가<br>• 경쟁자 유입<br>• 이익 증가 | • 매출증가율 감소<br>• 현금유입 많음<br>• 경쟁가속 | • 매출과 이익 감소<br>• 가격 하락<br>• 경쟁치열<br>• 유행 소멸 |
| 기업<br>전략 | • 공격전략<br>• 광고 홍보<br>• 기술혁신 투자 | • 신고객 확보<br>• 생산 확장<br>• 투자 증대 | • 생산성 증가<br>• 신제품 개발<br>• 기존고객 유지 | • 현상유지<br>• 비용통제<br>• 소극적 자세 |

- 도입기: 제품이 수명주기에 진입할 때 많은 장애물에 직면한다. 도입단계는 제한된 유통과 광고에 많은 투자를 하는 특성이 있다. 생산비용과 마케팅 비용이 높고 판매량이 낮기 때문에 수익은 보통 작거나 마이너스이다.
- 성장기: 제품이 도입단계에서 생존한다면 다음 단계인 성장단계로 진입한다. 이 단계는 판매율이 증가해서 수익은 상당하며 다수의 경쟁자들이 시장에 진입한다. 초점은 초기의 수요촉진을 위한 광고에서 브랜드별로 차별화하기 위한 공격적인 브랜드 광고와 유통확보로 전환한다. 기업은 유통업자들과 장기적인 관계를 구축하기 위한 전략을 수립한다. 기업의 우선권은 시장점유율을 증가시키거나 유지시켜 수익을 증가 시키는 전략이다.
- 성숙기: 성장단계의 마지막 단계로 진입할수록 가격은 떨어지고(규모경제)

매출증가율이 줄어들기 시작한다. 기업은 마지막 마케팅의 촉진활동(할인쿠폰, 라인 또는 제품 확장 등)을 구사한다.

- 쇠퇴기: 매출과 이익이 감소한 제품은 쇠퇴기에 도달한다. 대응전략으로는 비용을 통제하고 현상을 유지하는 것이다.

이처럼 제품의 수명주기가 어디에 위치해 있느냐에 따라서 기업전략이 달라져야 하기 때문에 한 기업에 여러 종류의 제품이 있을 때에는 제품마다 수명주기가 다르므로 각 제품에 대해서 전략을 서로 달리한다.

### (2) BCG 매트릭스 전략

Boston Consulting Group(BCG)은 기업의 다양한 포트폴리오를 네 집단의 매트릭스로 설명하였다(〈그림 7-7〉 참조). BCG 매트릭스는 비교우위를 설명하기 위해 상대적 시장점유율이 사용되었으며, 성장률을 설명하기 위해 판매량 증가가 이용됐다. 한 기업이 취급하는 여러 개의 제품들의 시장상황이 모두 다르기 때문에 모든 제품에 대하여 똑같은 전략을 사용할 것이 아니라 여러 전략을 고루 분산시키는 기업의 전략경영에 적용할 수 있다고 제안하여 제품 포트폴리오(product portfolio management: PPM)라고도 부른다. 각 집단의 특성과 그에 따른 전략은 다음과 같다.

**⋮ 그림 7-7** BCG 포트폴리오 전략

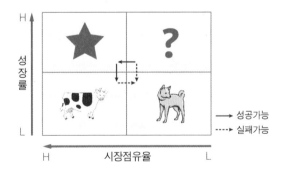

- 별(star): 시장점유율이 높은 고성장사업은 떠오르는 '별'이다. 이러한 제품이나 사업은 그 자체만으로 잉여현금을 창출할 수도 있고 생산시설확충, 시장개척 등이 계속 필요하기 때문에 자금수요가 커서 잉여현금을 창출하지 못할 수도 있다. 선두주자 자리를 계속 유지한다면 성장이 둔화되고 재투자 수요가 줄어들어 상당한 현금을 창출할 수 있다. 결국 수익 및 안전성을 보이며 다른 제품에 재투자할 수 있는 현금을 다량 창출하는 '캐시카우'쪽으로 이동한다.
- 젖소(cash-cow): 성장은 느리지만 시장점유율이 높아서 재투자는 필요 없어 이익을 창출하여 효자노릇을 한다. 기업의 전략상 가장 유리한 위치에 놓여 있다.
- 개(dog): 시장점유율이 낮은 저성장사업은 '애완동물'인 개로 명명한다. 시장점유율을 유지하기 위하여 수익이 재투자 되어야 하기 때문에 잉여현금을 창출할 수 없다. 애완동물은 현금화 측면을 제외하고는 근본적으로 가치가 없다고 볼 수 있다. 애완동물은 글로벌 경기침체기에서는 시장에서 과감히 버려야 한다.
- 물음표(question mark): 시장점유율이 낮은 고성장사업을 일컫는다. 물음표의 경우 이 제품들로 인해 창출되는 현금보다 소모되는 현금의 액수가 훨씬 더 큰 것이 대부분이다. 현금이 공급되지 못할 경우 물음표에 해당하는 사업은 사양길에 접어들게 든다. 시장점유율이 낮은 고성장사업은 경쟁자를 뚫고 성장하지 못하는 한 기업에 부담으로 작용할 수밖에 없다.

어느 시기든 최상의 포트폴리오는 애완동물사업으로 불필요한 자금이 흘러가는 것을 막고 캐시카우의 자금이 물음표사업으로 흘러가는 방향이다(〈그림 7-8〉 참조). 경기가 좋을 때는 기업전략에 따라 애완동물에 투자할 수도 있지만 불경기 때는 캐시카우의 역할을 강화하고 애완동물의 과감한 철수를 고려해야 한다.

**그림 7-8** BCG 매트릭스

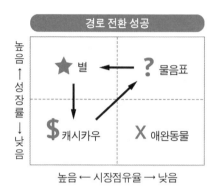
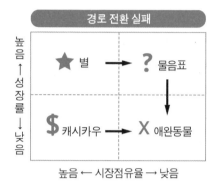

캐시카우의 풍부한 현금이 고성장사업(물음표)에 투자되면 시장점유율은 높아짐. 시간이 지나면서 성장성은 둔화되지만 현금창출기능은 계속된다.

캐시카우의 현금이 저성장사업(애완동물)에 투자되면 현금만 낭비되고 고성장사업(물음표)에 대한 투자기회까지 놓치게 된다.

## (3) 제품/시장 매트릭스 전략

제품/시장 매트릭스 전략은 신시장 기회를 포착하기 위하여 시장을 기존시장과 신시장 그리고 제품을 기존제품과 신제품으로 분류시킨 다음 전략을 수립하는 방법이다(〈표 7-2〉 참조). 제품/시장 매트릭스를 펼치면 다음과 같은 네가지 전략이 가능하다.

**표 7-2** 제품/시장 매트릭스

| 시장 \ 제품 | 기존제품 | 신제품 |
|---|---|---|
| 기존시장 | 시장침투 | 신제품개발 |
| 신시장 | 신시장개척 | 다각화 |

① 기존시장으로 기존제품을 가지고 침투하는 시장침투 전략
② 신제품을 개발하여 기존시장으로 침투하는 신제품개발 전략
③ 기존제품으로 신시장을 개척하는 신시장개척 전략

④ 신제품으로 신시장을 진출하는 다각화전략

　기업은 보유하고 있는 강점과 약점을 분석하여 최적의 전략을 선택해야할 것이다. 예를 들면 기존고객들과의 관계가 강하다면 새로운 시장을 개척하는 것은 최적의 전략은 아닐 것이다.

[YTN] 페이스북 전 직원,
출산휴가 4개월 낸다

새로운 조직 문화, 탈관료제화 현상

# 조직구조

## Organization Structure

# CHAPTER 7

# 조직구조

## 도입사례
### GE社의 혁신적 조직화: 관료주의를 때려 부셔라

GE(General Electric)社는 미국기업 중 경영혁신에 가장 성공한 기업으로 꼽히고 있으며, 회사의 시장가치가 세계 최초로 3,000억 달러를 넘는 초일류 기업으로 타 기업의 모범이 되고 있다.

미국기업으로서는 드물게 전구에서부터 항공기 엔진 제작, 방송(NBC), 금융기관(GE케피탈) 등 모두 28개 분야에서 문어발경영을 하고 있다.

45세로 회장으로 취임한 웰치(Welch) 회장의 일성은 "GE는 철저히 뜯어고쳐야 한다"는 것이었다. 재계 및 GE 내부의 반응은 냉담하였다. 대부분의 전문가들은 "GE는 미국경제성장에 맞춰 착실하게 성장하고 있다"는 견해를 지니고 있었다. 그러나 웰치 회장의 눈에 비친 GE는 굼벵이였다. 웰치 회장은 마냥 둔해져 버린, 그리고 안쪽만 바라보는 GE의 관료주의를 때려 부수기 시작하였다.

1980년대 5년간 10만 명의 종업원을 해고하는 감량경영을 실시하면서 리스트럭처링 바람을 주도하였다. 그러한 결과로 웰치 회장은 1981년 당시 120억 달러였던 회사가치를 25배로 증가시켰다.

웰치 회장의 꿈은 GE의 거대한 덩치에 중소기업의 탄력성을 결합시키는 것이다. 여느 대기업들처럼 사업본부를 쪼개 내는 것은 적절한 대응이 아니라는 것이 웰치 회장의 판단이었다. 대기업의 중량감을 유지하면서 중소기업의 스피드를 보완해야만 국제경영에서 이길 수 있다는 것이었다.

웰치 회장의 취임 당시의 결제라인은 9~11개였다. 이제 결제라인은 4~6개로 줄어들었다. GE의 공장에서는 현장감독관은 사라져 버렸다. "회사가 지시하고, 종업원들이 이에 따라 수동적으로 움직여서는 너무 늦어 버린다. 종업원들이 스스로의 가치판단에 따라 움직여야 한다." 웰치 회장은 직원 한 사람이 세계시장에서 싸우는 전사가 되어야 한다고 독려하였다.

웰치 회장은 "시장수요에의 즉각 반응"이라는 지상명제 아래 사내 모든 벽을 무너뜨렸다. 신제품

아이디어가 제시되면, 제조, 마케팅 등 관련부서 담당자들을 한 팀으로 묶어 한 방에 몰아넣는다. 같은 공간에서 한 커피포트로 차를 끓여 먹으며 최단시간에 작품을 내놓으라는 주문이었다.

웰치 회장의 개혁 드라이브에 대한 중간 경영층의 저항은 의외로 끈질겼다. 일선 사업장에서 제시되는 개선노력들이 도중에서 차단되는 일이 빈발하였다. 웰치 회장이 1988년 도입한 "Work-Out"이라는 프로그램은 GE의 관료주의에 대한 또 하나의 철퇴였다.

현장종업원이 장애물을 발견하면 며칠간 숙의를 거쳐 개선방안을 마련하였다. 이들이 "Work-Out"의 소집을 요구하면 이 문제에 대해 최종결정권을 지닌 관리자가 참가해야 한다. 관리자는 건의내용을 듣고 즉석에서 수용 또는 기각 여부를 밝힌다. 추가연구가 필요한 부분은 검토 작업을 거치되, 이 기간은 30일을 초과할 수 없다. 현장에서 제기되는 정당한 목소리가 뚜렷한 이유 없이 묵살되는 악습이 GE에서 사라진 것이다.

웰치 회장의 경영스타일을 주변 사람들은 "무자비함"과 "정열"이라는 두 단어로 간추린다. "기업경영은 또 하나의 전쟁이며, 승자만이 살아 남는다"는 웰치 회장의 신념에서 비롯된 것이다. 즉, 웰치식 경영의 진수는 형식을 철저히 파괴한 사내 의사소통과 분명한 논공행상, 그리고 인간의 무한한 능력에 대한 깊은 확신에 있다.

경영전문가들은 "리스트럭처링(restructuring)"을 처음으로 도입한 사람은 웰치 회장이라고 주저 없이 말한다. GE는 20세기 말 미국기업의 생존양식을 모색하는 첫 실험장이 되었다. "지난 15년간 너무 급격한 변화를 추구했던 것이 아니냐"고 물었을 때, 웰치 회장은 이렇게 대답하였다. "가끔 지난 일을 반성할 때가 있다. 더욱더 과감했어야 했는데 움츠러든 적이 없지 않았다."

# 1절 조직활동의 개념과 중요성(Defined Organizing)

## 1. 조직활동의 중요성

경영자의 두 번째 핵심기능은 조직의 계획을 실행하기 위해 회사의 자원을 조정하고 분배하는 과정인 조직활동 혹은 조직화(organizing)다. 조직화에는 회사 내의 인력, 직위, 부서, 활동을 위한 구조를 개발하는 작업도 포함된다. 오늘날 경영실체로서의 기업의 규모가 대형화됨에 따라 그 관리기능도 복잡하게 되었고, 목표를 기초로 하는 관리기능의 조직적인 수행이 불가피하게 되어 조직화의 중요성이 더욱 부각되고 있다. 조직화는 개인별 책임경영활동을 전개하기 위한 전제라 할 수 있기 때문에, 오늘날의 경영관리에 있어서 조직화는 필수적인 관리순환의 한 과정이 되고 있다. 이 장에서는 조직구조와 설계, 그리고 조직문화를 다룰 것이다.

### (1) 조직과 조직화의 차이점

조직(organization)의 개념은 학자에 따라 각기 상이하게 정의하고 있다. 브라운(A. Brown)은 '조직구성원들이 보다 행동적으로 경영목표를 성취할 수 있도록 그들의 직무와 구성원 사이의 관계를 규정하는 것이다'라고 정의한다. 또한 테리(R. Terry)는 '경영목표달성에 필요한 제 직능을 마련하고, 이를 집행하는 데 부여된 권한과 책임을 명백히 하는 것이다'라고 설명한다. 샤인(H. Schein)은 '조직이란 공동의 목적달성을 위하여 노동과 직능을 분화하고 이에 책임과 권한을 부여한 일정계층을 통해서 여러 사람들의 활동을 합리적으로 조정하는 것'이라고 정의한다.

이상의 여러 정의에서 공통적인 것은 ① 조직은 성취하고자 하는 공통의 목적을 가지며, ② 목적달성을 보다 유효하게 실행하기 위하여 조직이 필요한데, 이 경우 조직화는 조직의 구조화 과정을 형성하는 것이며, ③ 이와 같은 구조화 과정의 형성을 위하여 조직은 경영의 제 직능을 분화하고 이에 권한을 분배하여야 한다는 것이다.

이러한 조직에는 두 가지 의미, 즉 구조적인 것(organization)과 과정적인 것(organizing)이 내포되어 있다. 전자는 공식조직 그 자체를 구조적인 측면에서 본 것이고, 후자는 전자의 조직구조를 창출하기 위한 조직화 과정을 의미한다. 본 단원에서는 상기의 두 가지를 모두 연구의 대상으로 한다.

### (2) 조직활동과 조직구조

조직활동(organizing)이란 전체 조직수준에서 사업본부, 부, 국, 실 등으로 전체 조직구조를 비교적 대단위로 설계하여 업무가 효과적으로 배분되고 조정되도록 하는 것을 의미한다. 실무부서 수준에서는 개인의 직무를 적절하게 설계하고 배분함으로써 구성원들이 의욕적으로 자기의 업무를 수행하여 주어진 목표를 달성함으로써 조직전체의 목표달성에 일익을 담당하도록 함을 의미한다.

　조직활동에는 일반적으로 ① 계획된 목표를 달성하는데 필요한 구체적인 활동을 확정하고, ② 그 활동을 개개인이 수행할 수 있도록 일정한 패턴이나 구조로 집단화시킨 다음, ③ 그들 활동을 특별한 직위나 사람들에게 배분함과 동시에 그러한 활동의 조정수단으로서 책임, 권한관계를 확정하는 등 세 과정이 관련되어 있다.

### (3) 조직구조의 구성요소

　조직의 구조는 복잡성, 형식화, 집중도의 세 개의 요소에 따라 다양한 형태를 취하게 된다.

#### 1) 복잡성(complexity)

　복잡성은 조직 안의 차이점의 총체를 의미한다. 예를 들면, 조직 내부에서 더 많은 분업이 존재한다면 더 많은 수직적 단계가 존재하며, 조직의 구성단위가 지리적으로 더 많이 흩어진다면 구성원의 조정과 활동이 더욱 복잡할 것이다.

#### 2) 형식화(formalization)

　조직이 종업원들의 행위를 감독할 때 규칙이나 절차에 의지하는 정도를 형식화(formalization)라 한다. 예를 들면, 커다란 컴퓨터회사와 같은 조직은 최소한의 지침과 최소한의 형식화로 운영할 수 있다. 반면에 작은 회사이지만 구성원에게 무엇을 해야 하고, 무엇을 하지 말아야 하는지 지시하는 많은 종류의 규칙과 법규를 가지고 있을 수 있다. 조직 내부에서 규칙과 법규가 많으면 많을수록 조직의 구조는 더욱더 형식화된다.

#### 3) 집중도(centralization)

　집중도는 의사결정 권한이 어디에 있는지를 설명한다. 어떤 조직에서는 집중도가 높아서 의사결정이 최고경영층에 집중된다. 문제는 최고 경영자층에서 무엇을 누가 결정해야 하는지에 달려 있다. 다른 조직에서는 집중도가 낮아서 의사결정은 하위 경영자층에게 위임된다.

### (4) 경영조직의 목적

경영자는 기업의 목적을 효과적이고 효율적으로 달성하기 위하여 조직구조를 설계하고 운영하는 능력과 관리기술을 가져야 하는데, 경영의 조직목적은 다음과 같다.

첫째, 조직목표의 달성에 필요한 모든 일(work)을 구체적인 일과 부문별로 구분한다.

둘째, 각각 독립된 일에 대하여 임무와 책임감을 할당한다.

셋째, 다양화된 조직임무를 조정한다.

넷째, 군집된 일들을 단위화한다.

다섯째, 개인간, 그룹별, 그리고 부문별간의 관계를 설정한다.

여섯째, 권한의 공식라인을 설정한다.

일곱째, 필요한 자원 및 요소를 배치하고 할당한다.

여덟째, 조직의 각 구성원간의 협력관계를 확립한다.

아홉째, 각 개인의 창의력을 발휘토록 한다.

열째, 기업의 성장을 촉진할 수 있도록 한다.

### (5) 경영조직의 구성화 요소

조직의 제 기능을 효과적으로 수행하고 더 나아가 기업목표를 달성하기 위해서는 조직요소가 합리적으로 구성되어야 한다. 이 조직요소는 조직의 구조화에서 고려해야 할 핵심적인 내용이다.

### 1) 부문화

이는 기업의 목표달성에 필요한 제 업무를 분화함으로써, 직무수행의 기본단위를 마련하는 것이다. 업무분장규정에 의해서 명시되는 부문화는 직무의 기능별 분화인 수직적 분화와 직무의 계층별 분화인 수평적 분화에 의해서 이루어진다. 오늘날에는 이에 추가하여 지역별, 제품별, 고객별로 부문화되고 있다.

## 2) 직무의 할당

부문화에 의해서 명백해진 단위직무는 각 개인 또는 각 직위에 따라서 직무로서 할당된다. 직무(work)는 직능이라고도 하는데, 이는 조직구성원에게 각각 분화된 업무의 기술적 단위 또는 업무의 총체를 말한다.

직무할당은 책임소재별로 경영활동을 수행시키기 위한 기초 작업인데, 이 경우 적성배치는 직무할당의 기본원칙이다. 그리고 그 직무할당은 각 직위에 대하여 행해지며, 직무명세서, 직위카드 및 조직편람을 작성하여 행하게 된다.

## 3) 권한의 할당

권한(authority)이란 할당된 직무를 스스로 수행하고 또한 타인에게 수행시키기 위해서 주어진 공식적인 권리를 말한다. 직무를 수행하는 데 필요한 권한은 다음의 성격을 가지며, 각자에 주어진 직무에 맞는 권한이 각자에게 할당된다.

첫째, 권한은 직무를 수행하기 위한 것이므로 직무 없는 권한이나 권한 없는 직무는 없다.

둘째, 권한은 스스로 직무를 수행할 수 있는 힘일 뿐만 아니라, 자신의 결정에 대해 타인을 따르게 할 수 있는 힘이다.

셋째, 권한은 조직 내에서 공적으로 보장된 것이어야 한다.

## 4) 책임의 확정

책임(responsibility)이란 일정한 직무 및 그 직무수행에 대한 권한은 일정한 책임표준에 따라 수행할 의무를 상위자에 대하여 지는 의무(obligation, duty)를 말한다.

직무는 적절한 권한위양과 함께 하위자에게 위양할 수 있지만, 책임은 위양될 수 없으므로 조직은 책임표준을 구체적으로 정해야 한다.

## 5) 직위

직위는 조직상의 직위로서, 수행해야 할 일정한 직무가 할당되고, 그 직무를 수행하는 데 필요한 권한과 책임이 구체적으로 규정되어 조직의 각 구성원에게 부여된 조직의 기본단위를 말한다. 따라서 직위는 기업의 목적달성에 필요한 기업의 한 기관으로서 각 구성원을 조직과 관련시킬 때 발생하는 개념이다.

## 6) 상호관계의 설정

조직이 합리적으로 편성되기 위해서는 각 직위 상호간에 발생되는 직무의 범위 및 권한, 책임의 중복 및 모순관계를 방지해야 하며, 또한 직위 상호간의 제관계를 합리적으로 설정해야 한다.

조직이 안정을 유지하기 위해서는 조직 내 어느 개인, 어느 부서를 막론하고 부여받은 권한과 책임이 동등해야 하는데, 이를 권한과 책임의 등가원칙이라고 한다. 삼면등가의 원칙은 경영자가 권한, 책임, 의무가 서로 균형을 유지해 나가도록 하는 과업을 수행해야 한다는 것을 말한다(〈그림 8-1〉 참조).

**: 그림 8-1** 직무의 내용과 삼면등가의 관계

**2절** **조직화의 과정**(Elements of Structure)

## 1. 조직화의 중요성과 단계

### (1) 조직화의 중요성

경영자는 어떠한 규모나 유형의 조직에서도 효과적인 조직화를 통하여 경영성과를 높여야 한다. 경영자는 조직화를 통하여 다음과 같은 효과를 얻을 수 있기 때문이다.

첫째, 업무의 흐름을 명확히 한다.

둘째, 개인별 직무에 대한 지침을 제공한다.

셋째, 각 직무를 성공적으로 수행하기 위한 행동체계를 마련하여 계획수립과 통제에 도움을 준다.

넷째, 의사소통과 의사결정을 위한 경로를 수립한다.

다섯째, 직무의 중복과 과업에 대한 갈등을 제거해 준다.

여섯째, 각 구성원의 활동을 조직목표에 연결시킴으로써 직무수행결과를 증대시킨다.

### (2) 조직화의 단계

경영자는 조직화 과정에 대해 다음의 다섯 단계에 대한 결정을 내린다.

① 제1단계 전체 업무의 명확화: 조직의 목표를 효과적으로 설정하기 위해서는 우선 수행해야 할 업무를 명확히 파악해야 한다.
② 제2단계 직무의 분할: 조직전체의 업무를 개인이나 집단에 의해 적절히 수행할 수 있도록 논리적으로 분할한다.
③ 제3단계 직무의 부문화(집단화): 구성원들이 맡을 업무와 성격에 따라 유사하거나 관계가 깊은 사람들을 집단화하여 관리해야 하는데, 이를 부문화라고 한다.
④ 제4단계 조정: 구성원들의 일들이 통일되고 조화된 전체로 조정되기 위

한 어떤 메카니즘을 설정한다.

⑤ 제5단계 수정: 조직의 효율성을 감시하고, 유지하거나 증진하기 위해 피
드백 과정인 수정단계가 있어야 한다. 조직화는 지속적인 과정이기 때
문에 앞의 네 단계에 대해 정기적인 평가가 필요하다. 즉, 조직이 성장
하고 상황의 변화에 적응하기 위해서 그 때마다 유효성과 능률성이 유
지되도록 조직구조도 변경되어야 한다.

## 2. 조직화의 원칙

조직의 구조화에 필요한 조직화의 원칙은 조직의 편성과 조직의 발전에
있어 지켜야 할 원리이다.

### (1) 전문화 원칙(principle of specialization)

이는 조직형성에 있어서 기초가 되는 원칙으로, 조직구성원에게 그들의
독자적인 능력과 전문적인 지식 및 기술에 따라서 가능한 한 하나의 특정업무
를 전문적으로 수행하도록 업무를 분담시키는 원칙이다.

전문화의 원칙은 분업의 원칙이라고도 하는데, 직무수행이 유효성과 능률
이 보장된다. 일반적으로 업무의 전문화를 수행함으로써 성과가 단시간에 증
대될 수 있다. 그러나 분업은 경제적 이익을 넘은 인간적 결정, 즉 지루함, 스
트레스, 낮은 생산성, 높은 결석률 및 높은 이직률을 유발한다. 각 구성원들의
자기실현의 기회를 저해하고, 개인이 가진 잠재력을 개발할 기회를 박탈한다
는 점에서 문제가 있다.

### (2) 책임과 권한의 원칙(principle of responsibility and authority)

이것은 조직에서 각 구성원에게 직무가 확정되고, 개인에게 할당될 때 구
성원에게 분담된 직무에 대한 책임과 권한의 상관관계를 명확히 하여야 하는
원칙이다. 이는 조직구성원에게 직위에 따른 직무가 할당되면, 그 직무를 수
행할 수 있도록 상사는 수행하는 데 필요한 자주적 의사결정권을 위양함으로
써 권한이 주어져야 하고, 권한행사의 결과에 대한 책임도 함께 수반되어야

한다는 것이다. 즉, 부하에게 위양되는 권한은 책임의 양과 일치하여야 하는데, 이를 권한과 책임의 대응원칙 또는 직무, 책임, 권한의 삼면등가의 원칙이라고 한다.

그러나 권한은 그것을 받아들이는 부하직원들의 자발적 행동에서 나와야 하기 때문에, 권한이 갖는 의미인 명령은 다음의 조건을 만족시켜야만 하위자는 상사의 명령을 따를 것이며, 그렇게 됨으로써 상위자의 권한이 유효하게 된다.

첫째, 그들이 명령을 이해한다.
둘째, 그들이 그 명령이 조직의 목적과 일치한다고 느낀다.
셋째, 그 명령이 그들의 개인적 신념과 충돌되지 않는다.
넷째, 그들은 지시대로 그 일을 수행할 수 있다.

### (3) 권한위양의 원칙(principle of delegation of authority)

이것은 권한을 가지고 있는 상위자가 하위자에게 직무수행에 관한 일정한 권한까지도 위양하는 것을 말한다.

이러한 원칙은 조직의 규모가 확대되고 복잡하게 되어 상위자에게 권한이 집중되는 경우, 상위자는 일상적이고 세부적인 업무에 관한 권한의 일부를 하위자에게 위양함으로써 보다 중요한 업무에 전념할 수 있다. 즉, 분권화를 기함으로써 상위자는 "예외의 원칙"에 따라 권한을 행사하며, 또한 하위자는 위양 받은 범위 내에서 자유롭게 권한을 행사하여 창의적으로 업무를 수행할 수 있어 사기진작을 도모할 수 있다. 즉, 과거에는 권한이 상부에 집중되는 피라미드 형식이었지만, 조직환경이 복잡해지고 역동적이 될수록 조직은 분권화된 결정방식을 택하고 있다.

오늘날 조직에서 경영자는 전략과 목적을 가장 잘 수행하기 위해 집권화 또는 분권화를 선택하고 있는데, 경영자들은 환경변화에 빠르고 효과적으로 대응하기 위해서 분권화의 중요성을 인식하고 있다.

### (4) 감독한계의 원칙(principle of span of control)

효율적인 지휘, 감독을 하기 위해서는 한 사람이 지휘, 감독할 수 있는 부하의 수를 적정하게 제한해야 한다는 원칙이다. 즉, 이 원칙은 한 사람이 적정 숫자의 부하를 관리하도록 해서 효과적으로 조직을 운영하도록 한다는 것이다.

감독이 범위가 너무 광범한 경우에는 상하간의 의사소통 및 감독과 조정이 곤란해져서 조직능률이 저하된다. 반면에 감독의 범위가 너무 적은 때는 지나친 감독으로 인해 하위자의 창의성과 자주성의 발휘가 방해되고 또한 관리비를 낭비하는 결과를 초래한다.

적정한 감독의 범위에 대해서는 일정한 기준이 있는 것이 아니며, 그것은 관리자의 개인적 능력차이 및 스타일, 하위자 업무의 유사성, 업무의 복잡성, 하위자의 업무수행 및 육체적 능력, 의사소통의 난이도, 표준화된 절차, 정보체계의 지식, 조직문화 등 조직의 여건에 따라 결정되지만, 일반적으로 상위 경영층에서는 4~8명, 하부 경영층에서는 8~15명이 적당하다. 최근 조직은 구조조정을 통해 경영자의 수를 줄인 이후로 통제의 범위는 일반적으로 증가된다. 구성원이 훈련과 경험을 쌓을수록 직접 감독의 필요성이 줄어든다. 따라서 잘 훈련된 경영자와 경험이 많은 구성원은 폭넓은 범위로도 직분을 수행할 수 있다.

### (5) 명령일원화의 원칙(principle of unity of command)

이 원칙은 각 구성원에게 분담될 업무가 조직의 공동목표에 결부되고 또한 조직질서를 유지하기 위해서, 한 사람의 부하는 라인에 따라 1인의 상위자로부터만 지시를 받아야 한다는 원칙이다. 이 원칙이 준수되면 중복된 명령-보고관계에서 유발되는 갈등의 소지를 없애게 된다.

이 원칙만을 고수할 때, 전문적인 지식과 기능의 분화에 따른 부하의 통솔을 불가능하게 하여 조직의 업무수행을 방해하는 단점이 생긴다. 따라서 적절하게 활용할 수 있도록 라인과 스탭 조직의 도입이 필요하게 되는데, 이 경우 스탭에게는 기능적 지시, 통제의 권한이 허용된다.

### (6) 직능화의 원칙

이는 업무의 능률을 기할 목적으로 분업의 원리를 적용하여 전문화를 실현할 경우 채택되는 원리이다. 전문화의 원칙에 따라서 부문화를 해나가는 경우 업무의 종류와 성질에 따라 업무를 분류하는 것을 직능화의 원칙이라고 한다.

직능화는 종래의 정실 중심에 의한 인간본위의 조직형성에서 벗어나 직능 중심의 조직을 형성함으로써, 직무를 분석하여 사람을 직무에 맞게 충원해야 한다는 데 이 원칙의 취지가 있다.

이와 같은 원칙에 의해서 관리조직을 형성해 나가는 제도가 직계제도(job classification system)이다.

(7) 조정의 원칙

조직의 각 구성원이 분담하는 업무는 기업전체적인 관점에서 가장 효과적으로 수행될 수 있도록 상호 통합되어야 한다는 원칙이다.

현대경영은 조직의 능률을 향상시키기 위하여 전문화의 원칙과 부문화를 추구하고 있는데, 이로 인하여 부문간의 상이한 목표로 인해 마찰이 불가피하게 된다. 이의 마찰을 최소화하고 협동적인 인간관계를 통해 조직운영에 효율성을 제고하기 위해서는 조정의 원칙이 필요하다.

## 3절 조직의 분화와 경영관리기능 및 경영관리계층

기업의 조직화 과정은 업무활동을 분화하는 것으로부터 시작되며, 이러한 분화과정은 수직적 분화과정과 수평적 분화과정으로 나누어진다.

### 1. 수직적 분화과정 라인과 스탭

기업경영의 업무활동은 수직적 분화가 이루어지는데, 이것에 의해서 성영관리의 제기능이 세분화하게 된다. 이는 구매, 생산, 마케팅 등의 기능을 담당하는 라인과 계획, 통제기능을 담당하는 스탭기능으로의 분화를 의미한다. 여기에서 라인기능은 기본적 기능이고, 스탭기능은 라인기능을 돕는 보조적 기능이다.

라인(line: 직계)은 경영조직이 1차적 분화에 의해서 형성된 것으로서, 경영활동을 직접 집행하는 집행활동의 계층에 속하는 부문이다. 한편, 스탭(staff: 참모)는 조직의 2차적 및 3차적 분화에 의해서 형성된 부문으로서, 라인에 대해서 조언과 서비스를 함으로써 라인활동을 더 효과적으로 촉진하는 역할을 담당한다.

경영기능을 두 가지로 구분하는 이유는 ① 전문화된 원조와 서비스를 제공하고(스탭이 라인에게), ② 적절한 견제와 균형 및 통제를 유지하며, ③ 책임성의 유지와 확보를 하기 위해서이다.

라인이 갖게 되는 권한은 결정하고 명령을 하는 특성을 갖는 반면에, 스탭이 갖게 되는 권한은 상황의 분석, 조사, 입안, 설명, 비교분석, 해석 등의 조언권한에 한한다. 스탭은 라인이나 다른 스탭부서에 조언을 하는 것을 주요 업무로 하고 있기 때문이다.

라인과 스탭은 상호유기적으로 보완적 관계에 있지만, 목표지향적 활동에서는 그 본질적 기능을 인식하지 못할 때 상호 갈등이 발생하게 되는데, ① 라인부문 직능의 배제 혹은 축소, ② 변화에 대한 저항, ③ 의사소통 경로상의 위치, ④ 조언자의 입장에서 우월감을 갖는 경우에 마찰을 일으킬 수 있다.

갈등은 자연적인 현상인데, 그 갈등은 라인과 스탭의 기능에 대한 명확한 인식에서만 해결이 가능하다. 갈등을 해결하는 구체적인 방안으로는 ① 상호의존성의 이해와 강조, ② 정기적인 순환근무제 실시 ③ 이해력과 판단력의 증진에 의해 협력태도 배양, ④ 대우에 있어서 균형유지 등이 있다.


## 2. 수평적 분화과정

경영직무를 수평적으로 분화하면, 계층별 조직구조가 형성된다. 〈그림 8-2〉와 같이 계층별 조직구조는 크게 두 가지의 관리계층으로 분류되는데, 그 하나는 최고경영층이고, 또 다른 하나는 하급감독층이다.

**그림 8-2** 조직의 분화와 구조

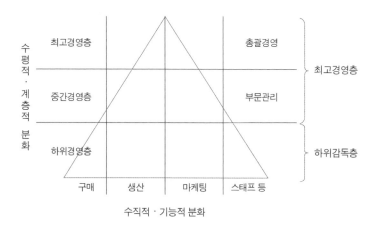

최고경영층(top management zone)에는 수탁경영층, 총괄경영층 및 부문관리층이 포함되는데, 이들 계층에서는 주로 회사의 목표와 방침을 수립하고, 또한 그 실시상의 조정과 통제를 한다. 한편, 하부감독층(lower or supervisory management zone)은 상부관리계층에서 설정한 업무집행계획에 따라서 업무를 실시하는데 필요한 지도와 감독을 한다.

이들 관리층 중에서도 최고경영층이 보다 중요한데, 그 이유는 최고경영층에서 수립하는 모든 결정이 모든 경영의 의사결정과 그 집행을 위한 감독의 질이 경영의 성패를 결정하기 때문이다.

### (1) 최고경영층의 구성과 기능

최고경영층은 세 가지의 계층, 즉 수탁경영층, 총괄경영층 및 부문관리층으로 구성된다.

#### 1) 수탁경영층

수탁경영층(trusteeship management zone)은 이사회와 사외이사로서 구성된다. 주주총회로부터 경영에 관한 일체의 권한을 위양 받은 이사회와 사외이사 등 수탁경영자들은 경영활동을 성실하게 수행할 집행적 의사결정을 수립한다. 이

사회는 현행이 상법하에서 보다 큰 권한을 위양 받음으로써 소유와 경영이 분리되는 단면을 보여 주고 있다. 사외이사는 비상근의 역원으로서, 수탁층의 하나로 일정한 기능을 담당한다.

### 2) 총괄경영층

총괄경영층(general management zone)은 최고경영층과 중간경영층을 말하며 전반적인 경영기능을 수행하는 계층으로 총괄경영자들에 의해서 구성되는 경영관리 계층이다. 이 계층에서는 이사회가 정한 기본방침 및 이사회가 위임한 권한의 범위 내에서 기업경영 전반에 대하여 계획하고 집행하기 위한 방침을 확정한다. 총괄경영층은 계획수립 후 지휘, 조정 및 통제를 함으로써, 경영활동의 총합적인 성과를 실현하는 데 기여한다. 이 계층은 대표이사 사장에 의해서 주도된다.

### 3) 부문관리층

부문관리층(department mangement zone)에서는 총괄경영층에 의해서 결정된 기업의 집행방침에 따라 그 부문에 대한 운영방침을 확립하고, 또한 그 방침에 따라 업무를 집행하는 책임을 진다. 이 계층은 부장에 의해서 대표된다.

## 4절 조직구조의 형태(Types of Organization Design)

조직구조의 기본형태로서 라인조직, 기능식 조직, 라인과 스탭조직이 있고, 특수형태로서 위원회 조직, 프로젝트 조직, 사업부제 조직 등이 있다.

과거에는 하위부서와 상위부서간에 6~7단계 또는 10단계 이상의 결제라인이 있는 피라미드형 조직을 운영함으로써 의사소통의 신속성과 정확성이 결여되었었다. 이러한 조직유형은 최고경영층과 실무부서간의 상의하달 및 하의상달이 원활하지 못하여, 시장의 요구에 유연하고 신속하게 대응하지 못하였다.

최근 기업의 경영혁신의 주요 내용은 다운사이징(downsizing)을 통해 관리, 통제기능의 중간관리조직을 대폭 축소하고 권한을 하부조직에 위양함으로써, 상하조직간의 명령－보고체계를 단순화하고, 하부조직이 권한을 확대하여 실무자들이 신속한 의사소통을 하도록 하고 있다. 즉, 다운사이징은 조직 내 직무를 계획적으로 줄이고 있다.

## 1. 라인조직(line organization)

라인조직은 명령일원화의 원칙을 중심으로 모든 직위가 라인으로 연결된 조직형태를 말한다. 즉, 상위자의 권한과 명령이 직선적 또는 계층적으로 하위자 또는 일선작업자에 이르기까지 직접 전달되는 조직구조로서 지휘 시스템의 일원화가 가해질 수 있는 조직이다. 하위자는 상위자의 권한위양이나 명령 없이는 활동을 할 수 없게 편성된 조직형태이다. 이런 조직은 중소기업이나 서비스 기업형태에서 많이 이용되며, 군대에서 기본적인 구조로 채택되기 때문에 군대식 조직, 직선적 조직 또는 수직적 조직이라고도 한다.

라인조직은 〈표 8－1〉과 같은 장·단점을 갖고 있다.

**표 8-1**  라인 조직의 장·단점

| 장점 | 단점 |
|---|---|
| ① 명령계통의 단순화 | ① 경영자의 전문화 결여 |
| ② 책임과 권한의 한계의 명확화 | ② 관리자 양성이 곤란 |
| ③ 통솔력이 강해 질서 확립 | ③ 부문간의 독립성으로 유기적 조정이 곤란 |
| ④ 의사결정의 신속성 | ④ 하위관리자의 의욕상실과 창의력 결여 |

## 2. 기능식 조직(functional organization)

기능식 조직은 라인조직의 단점을 보완하기 위하여 테일러의 직능식 직장제도에서 유래한 조직형태이다. 이는 수직적 분화에 중점을 두고 관리자의 임무를 기능별 전문화의 원칙에 따라 부문별로 전문적인 관리자를 두고 지휘, 감독하는 조직형태이다.

이 기능식 조직은 조직구성원이 수행하는 기능을 중심으로 형성되는데, 총무부, 경리부, 생산부, 마케팅부와 같은 부서로 된 조직이다.

기능별 조직을 효과적으로 운영할 때 분업화와 조직구성원의 전문화를 제고할 수 있을 뿐만 아니라, 리더의 명령에 따라 조직이 일사분란하게 움직일 수 있는 장점이 있다. 이러한 조직형태는 경영환경이 안정적이고, 변화가 완만하며, 기업이 소규모하고, 경영활동의 내용이 단순한 경우에 적합하다(〈표 8-2〉 참조).

**표 8-2  기능식 조직의 장·단점**

| 장점 | 단점 |
|---|---|
| ① 할당업무를 훈련으로 일관 처리 가능<br>② 전문적 기술분야의 인력을 더욱 전문화 가능<br>③ 심도 있는 훈련과 인적자원개발 후원<br>④ 고도의 기술적 문제해결책 제고 가능<br>⑤ 경영개발을 원활하게 할 수 있음 | ① 최종제품이나 서비스에 대한 책임소재가 불분명함<br>② 필요 이상의 전문화를 촉진시킴<br>③ 기능별 부서간의 의사소통이 원활치 못함<br>④ 자기부서 중심의 안목으로 업무를 파악함<br>⑤ 여러 부서가 관련되어 문제해결에 적극적이지 않음 |

## 3. 라인과 스탭 조직

이 조직은 ① 조직을 일사분란하게 움직일 수 있는 지휘 시스템의 유지, ② 전문화의 원칙에 따른 의사결정과 집행을 가능케 하는 요건을 충족시킬 수 있도록 고안된 조직구조이다. 전문화의 원칙과 명령일원화의 원칙을 조화시켜 스탭의 권한을 조언과 조력에 한정시킨 상태의 조직형태로, 전문적 지식이나 기술을 가진 사람들이 참모가 되어 효과적인 경영활동을 하도록 하는 것이다. 이 조직은 〈그림 8-3〉과 같이 라인은 기업의 기본적 기능에 해당되는 라인업무를 말하고, 스탭은 라인을 원조해 주기 위한 보조적 기능으로서의 스탭업무를 말한다. 조직에 있어서 스탭은 전문화된 원조와 서비스를 제공하고, 적절한 견제와 균형을 유지하기 위해 존재하는데, 장·단점은 〈표 8-3〉과 같다.

**그림 8-3** 라인권한과 스탭 조직구조

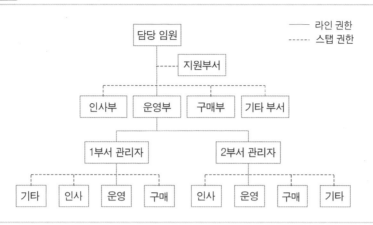

**표 8-3** 기능식 조직의 장·단점

| 장점 | 단점 |
|---|---|
| ① 전문적 스탭의 도움으로 효과적인 경영활동이 가능 | ① 라인의 명령계통과 조언계통의 혼란이 가능함 |
| ② 라인조직이 유지되고 있어 라인조직의 장점을 지님 | ② 스탭조직의 설치로 인해 제비용 증가 |
| ③ 스탭의 권한을 자기 부문 내에 한정하여 라인의 활동에 안정감을 줌 | ③ 라인과 스탭 상호간의 의존성으로 경영활동상에 지장 초래 |

### 4. 위원회 조직(committee organization)

이는 특정한 과제의 합리적인 해결을 목적으로 각 부문에서 여러 사람들을 선출하여 구성된 조직이다. 즉, 공동으로 판단함으로써 부서간의 불화와 마찰을 피하면서 건전한 결론에 도달할 필요성이 있고, 여러 부문에 걸려 있는 문제를 현실적으로 해결하며, 1인에게 지나치게 강한 권한을 부여하는 것을 막아 민주적인 의사결정을 하고, 집행을 하는 회의식 조직이다.

건전한 결론에 도달하기 위해서 광범위한 정보가 필요할 경우 참가자의 충분한 사전 이해가 있어야 할 경우에 위원회를 구성하여 의사결정을 하도록 하는 것이 유익한데, 다음의 여러 가지 장·단점이 있다(〈표 8-4〉 참조).

**표 8-4** 위원회 조직의 장·단점

| 장점 | 단점 |
|---|---|
| ① 각 부문의 정보를 반영하므로 합리적 의사결정 | ① 회의과정에서 시간낭비와 기동성이 결여 |
| ② 결정 및 협의과정이 민주적이며 상호보완 | ② 책임부재로 불성실한 결정이 조장 |
| ③ 다양한 지식과 경험이 교환되어 낭비 제거 | ③ 개인적 창의성을 저해 |

## 5. 프로젝트 조직(project organization)

1950년대에 등장한 프로젝트 조직은 테스크 포스(task force), 테스크 팀(task team) 조직이라고 불리운다. 이 조직은 비반복적으로 일어나는 특정사업계획(공장건설, 신제품개발, 신시장개척 등)을 일정기간 일시적으로 실행하기 위해 형성되었다가, 그 사업이 끝나면 해체되는 조직의 형태이다. 매트릭스 조직과는 달리 프로젝트 조직은 구성원들이 프로젝트를 종료 후 돌아갈 공식 부서가 없다. 일단 하나의 프로젝트가 끝난 구성원은 다른 프로젝트로 이동한다.

오늘날처럼 기술변화의 속도가 빠르게 진행되고 있는 경영환경 속에서 기업활동을 효과적으로 수행하기 위해서 동태적인 개방 시스템에 맞추어야 하는 기업에 있어서 그 중요성이 부각되고 있다. 이 프로젝트 조직을 효과적으로 실현하기 위해서는 확고한 책임자 중심의 계획과 추진이 절대로 필요한데, 그 특징은 다음과 같다.

첫째, 이 조직은 경영활동을 프로젝트별로 분화하고, 이것을 중심으로 제기능을 시스템화한 것이다.

둘째, 이 조직은 특별한 프로젝트의 수행을 위한 일시적이고 잠정적인 조직이다.

셋째, 이 조직은 라인조직의 한 형태이기 때문에 책임자가 라인의 장이 되어, 그 프로젝트에 대한 계획, 집행 및 통제의 책임과 권한을 갖는다.

이 밖에도 프로젝트 조직은 〈표 8−5〉와 같은 장·단점을 갖는다.

| 표 8-5 | 프로젝트 조직의 장·단점 |

| 장점 | 단점 |
|---|---|
| ① 프로젝트의 진행에 따라 인력구성상의 탄력성 | ① 전문가로 구성된 일시적인 혼성조직이므로, 프로젝트 관리자의 지휘능력에 크게 의존함 |
| ② 프로젝트의 목적달성에 지향하므로 구성원이 과제해결에 우선하므로 사기를 높임 | ② 기존 소속부문과 프로젝트 조직간의 관계조정이 어려움 |
| ③ 환경변화에 적응력이 높음 | ③ 프로젝트 조직에 파견된 사람은 선택된 사람이라는 우월감으로 조직 단결을 저해 |

## 6. 사업부제 조직(divisional structure)

사업부제 조직은 독립적인 부서 혹은 부문으로 조직을 설계한 것이다. 부문화(departmentalization)에는 다섯 가지 유형이 있다.

① 직능별 부문화: 직무활동에 따라 집단화 하는 것

② 제품별 부문화: 생산되는 제품을 기준으로 집단화 하는 것

③ 고객별 부문화: 유사한 고객을 기준으로 집단화 하는 것

④ 지역별 부문화: 판매되는 지역을 기준으로 집단화 하는 것

⑤ 프로세스별 부문화: 공정별 기준으로 집단화 하는 것

기업의 대규모화 및 다각화, 그리고 기술혁신의 급속화에 능동적인 조직구조로 기업의 활성화를 기하기 위해 크게 활용되고 있다.

사업부제 조직은 책임경영사업 단위중심으로 구성하고, 이것을 하나의 독립적인 사업처럼 운영하도록 사업부장에게 일체의 권한과 책임을 위양하여 관리적 효과를 거두게 조직구조이다.

각 사업부에게 의사결정권한이 위양되어 각 사업부는 ① 이익중심점, ② 분권적 관리, ③ 책임제 관리 등의 특징을 갖는다.

각 사업부의 장은 자기의 사업부를 하나의 독립된 사업체로서 인식하여 경영하므로, 각 사업부는 라인부문이 되며, 본사는 각 사업부를 전반적으로 관리하는 조직이다(〈그림 8-4〉 참조).

**그림 8-4** 사업부제 조직구조

사업부 조직은 사업부별로 권한과 책임을 부여함으로써, 비교적 시장의 요구에 빠르게 반응할 수 있을 뿐만 아니라, 사업의 성패에 대한 책임소재가 분명하는 등의 장점이 있으나, 반면에 〈표 8-6〉과 같은 단점이 있다.

**표 8-6** 사업부제 조직의 장·단점

| 장점 | 단점 |
|---|---|
| ① 시장의 새로운 요구에 대해 융통성 있게 대처함 | ① 기술적인 전문화를 기하는데 어려움 |
| ② 사업의 기능적 노력에 집중함 | ② 사업부간의 유사한 기능이 중복되어 자원낭비 초래 |
| ③ 각 기능간의 조정이 용이 | ③ 기업전체 목적보다는 사업부서만의 목적달성에 관심을 기울임 |
| ④ 새로운 사업제로 기업의 성장을 기할 수 있음 | ④ 사업부서간의 과다한 경쟁유발 |

사업부제 조직이 널리 보급되게 된 배경은 다음과 같다.

• 소비자의 욕구가 다양화 되고, 이로 인한 다양한 제품의 특성이 필요
• 생산중심에서 마케팅중심의 시장확대
• 경쟁격화
• 유능한 경영자 육성의 필요성
• 기업이 대규모화됨에 따라 관리의 분권화가 필수적
• 모티베이션의 개선을 확보해야 함

## 7. 매트릭스 조직(matrix organization)

매트릭스 또는 행렬식 조직은 수직적 및 수평적 권한의 결합을 특징으로 하는 조직으로서 Du Pont社가 처음 시도하였다.

이 조직은 기능별 조직과 프로젝트 조직구조의 장점을 살리고 단점을 보완하고자 하는 목적으로, 프로젝트별로 필요한 인력을 기능별 조직으로부터 배정하는 형태이다. 즉, 매트릭스 조직의 구성원은 종적으로 기능별 조직의 자기부서와 횡적으로 프로젝트에 동시에 소속되어 근무하게 된다. 따라서 구성원들은 기능부문 담당자와 프로젝트 책임자에게 각각 보고하는 이중적인 명령체계를 갖게 된다(〈그림 8-5〉 참조). 이와 같은 매트릭스 조직은 동태적이고 복잡한 환경에서 성장전략을 추구하는 조직체에 적합한 것으로서, 다수 제품, 다수 시장을 추구하는 기업에 바람직하다.

**그림 8-5** 매트릭스 조직구조

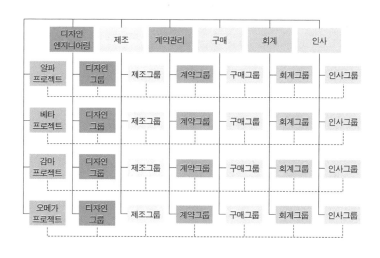

매트릭스 조직구조하에서는 종업원의 능력과 재능을 최대한 이용할 수 있는 장점이 있을 뿐만 아니라, 인력을 다른 프로젝트로 이동시킬 수 있어 조직이 환경과 시장변화에 유연하게 대처할 수 있다. 그러나 한 종업원이 두 명의

상사와 보고−지시관계에 있기 때문에, 상이한 지시를 받을 경우 자기 역할에 대한 혼란을 경험하게 된다. 따라서 매트릭스 조직에서는 종업원의 배분, 성과평가, 역할을 명확히 해야 하는데, 그 조직의 장·단점은 〈표 8−7〉과 같다.

매트릭스 조직이 일시적으로 존재하는 프로젝트 조직과 상이한 점은 조직의 고정된 조직형태라는 점이다.

**● 표 8-7  매트릭스 조직의 장·단점**

| 장점 | 단점 |
| --- | --- |
| ① 자원을 효율적으로 이용<br>② 시장의 새로운 변화에 탄력적 대응<br>③ 기술적 문제해결책 개발<br>④ 최고경영자는 권한위양으로 장기계획에 집중<br>⑤ 종업원을 몰입시켜 창의성과 기능을 개발 | ① 이중적인 명령체계로 권력갈등의 가능성이 존재<br>② 2인의 상사 가운데 누가 권한을 갖게 되는지 불분명하여 책임소재가 문제<br>③ 팀 목표를 지나치게 강조한 나머지 조직전체의 목적달성에 장애<br>④ 관리인력이 늘어나 관리비용이 증대<br>⑤ 프로젝트간의 노력이 중복 |

## 8. 무경계 조직(boundaryless organization)

무경계 조직은 수평적, 수직적, 또는 외적인 경계로 제한되지 않는 구조를 말한다. 이 구조는 사전에 정해진 조직구조로 인한 경계가 없다. 전 GE 회장이었던 Jack Welch가 이 용어를 새로 만들었는데 그는 수직적 경계와 수평적 경계를 제거하기를 원했다. 또한 회사와 고객, 공급업체간의 벽을 없애고자 했다. 경계가 없는 표현의 의미는 무엇일까? 여기에는 두 가지 의미가 있다. 첫째, 내적인 의미로서, 부문화에 의해 부과되는 수평적인 벽과 종업원이 조직의 상하 계층과 분리되는 수직적인 벽이다. 둘째, 외적 의미로서 조직이 고객, 공급업체, 기타 이해관계자와 분리되는 벽이다. 이들 장벽을 제거하거나 최소화하기 위하여 경영자는 가상조직이나 네트워크 조직을 활용할 수 있다.

가상조직(virtual organization)은 소수의 핵심 정규직 종업원과 특정 프로젝트 수행을 위해 고용된 외부의 임시직 전문가로 구성된다. 이러한 구조적 접근방법은 영화산업에서 시작되었다. 영화에서 사람들은 한 영화가 끝나면 다른 영화로 옮겨가면서 자신의 기술 ─감독, 배우 캐스팅, 의상, 분장, 세트설치 등─ 을 필요에 따라 사용하는 '자유계약'신분이다.

　　네트워크 조직(network organization)은 경영자가 조직적 장벽을 제거하거나 최소화 하기 위해 선택하는 또 다른 형태이다. 이는 자사 종업원에게 업무를 주면서 동시에 필요한 제품부품이나 업무 프로세스를 제공하는 외부의 공급업체 네트워크를 활용한다. 이러한 조직형태는 제조업 분야에서 때때로 모듈형 조직이라고 불린다. 예를 들어 Boeing 787의 개발을 위해 수천 명의 종업원이 일 하지만 전 세계 100여 곳 이상에 있는 100개 이상의 공급업체가 참여한다. 미국의 Truck Leasing은 허가 및 소유권, 운전자일지로부터 데이터입력, 회계업무 등 많은 업무를 멕시코와 인도에 아웃소싱하고 있다.

## 9. 오늘날 조직구조 형태의 선택

　　조직에 적합한 구조를 선택할 때는 조직의 경영환경과 조직의 전략 및 조직구조를 검토해야 한다. 2000년대에는 컴퓨터나 로봇을 이용한 새로운 기술의 출현, 신제품개발 및 세계화에 의한 새로운 경쟁자의 등장으로 경영환경이 급격히 변화하고 있다. 이에 따라 기업의 경영전략도 바뀌고 있다.

　　과거에는 많은 기업들이 기존의 시장을 유지해도 생존할 수 있었으나, 현재에는 새로운 환경, 그리고 이에 따른 전략의 변화에 능동적으로 대처해 나가야 하는데, 그 대처방안으로서 기업의 조직구조가 뒷받침되어야 한다. 과거에는 상의하달식의 관료조직 형태의 조직구조를 택하였으나, 그 이후에는 환경변화에 유연하게 변화할 수 있고, 하부구조에 권한과 책임을 위양하여 실무부서에서 자율적인 의사결정을 내릴 수 있도록 하는 조직으로 개편하고 있다.

　　앞에서 연구한 조직형태 중 매트릭스 조직, 사업부제 조직, 기능별 조직의 순으로 변화가 심하고 복잡한 경영환경에 적합하다고 판단하고 있다. 즉, 매트릭스 조직은 복잡하고 변화가 심한 환경에서, 기능별 조직은 단순하고 변화가 느린 환경에 적합한 경향이 있다. 한편 사업부제 조직은 그 중간에 해당된다.

　　최근 기능별 조직을 가진 기업들은 사업부제 조직이나 매트릭스 조직으로 구조를 개편함으로써 새로운 경영환경에 맞는 조직구조를 개발하려고 노력하고 있다. 그러나 위의 세 가지 조직구조 중 한 가지를 일괄적으로 도입할 필요가 있는지를 고려해 보아야 한다. 예를 들어, 고객의 욕구에 유연하고 신속하게 대처해야 하는 필요성 때문에 많은 기업들은 일부 특정한 제품기준으로 사업부제 조직을 가지고 있고, 또한 여러 가지 기능이 필요한 일부 프로젝트를 수행하기 위하여 매트릭스 조직을 함께 운영할 수 있다.

기업간의 경쟁이 심화됨에 따라 많은 기업들은 일사분란한 조직전체의 활동이 필요함과 동시에 변화하는 환경에 따라 유연하게 대처할 필요를 동시에 절감하고 있다. 따라서 기업이 처한 환경에 따라 기능별 조직, 사업부제 조직, 매트릭스 조직의 장·단점을 고려한 혼합형 조직에 대한 필요성을 고려해야 한다.

조직구조 선택에 영향을 주는 상황변수는 무엇인가?

가장 적합한 조직구조는 상황변수에 따라서 달라진다. 여기서는 두 개의 일반적인 조직구조 모형을 소개하고 상황변수, 즉 전략, 규모, 기술, 환경에 대하여 살펴본다.

### (1) 기계적 조직과 유기적 조직의 차이점

기계적 조직(mechanistic organization) 또는 관료제는 피라미드형의 수직적 조직구조이며 경직되고 안정적인 구조를 지니고 있다. 이에 반하여 유기적 조직(organic organization)은 유연한 조직구조이다. 유기적 조직은 표준화된 직무와 규정을 보유하는 것보다 필요할 때 빠르게 변화하는 것에 초점을 둔다. 종업원은 기술적으로 능숙하고 다양한 문제를 다루도록 훈련되어 있는 전문가이다. 그들에게는 공식적인 규칙은 필요 없고 직접적인 감독 역시 많이 받을 필요가 없다. 이미 전문가로서 행동표준을 교육받았기 때문이다. 예를 들어 석유산업 기술자에게 어디에서 어떻게 오일을 채취해야 하는지 알려줄 필요가 없다.

### (2) 전략은 구조에 어떤 영향을 주는가?

논리적으로 볼 때 전략과 구조는 매우 밀접한 관계가 있다. 전략의 단순함은 단순한 조직구조를 필요로 한다. 의사결정 또한 1명의 경영자에 의해 집중적으로 이루어지며, 복잡성과 공식화의 정도는 낮다. 조직이 성장하면서 조직전략은 보다 야심차고 정교해 진다. 연구결과에 따르면 구조적 설계들은 서로 다른 조직전략에 적합하다. 예를 들어 유기적 조직구조의 유연함과 자유롭게 흐르는 정보는 조직이 의미 있고 독특한 혁신을 추구할 때 적합하다. 효율성, 안정성, 강한 통제를 가진 기계적 조직은 비용을 강하게 통제하기를 원할 때 가장 적합하다.

### (3) 규모는 조직구조에 어떤 영향을 주는가?

전통적으로 조직규모가 구조에 중대한 영향을 미친다는 것을 알 수 있다. 예를 들어 2,000명 이상의 종업원을 고용하고 있는 대규모 조직은 소규모 조직에 비해 직무 전문화와 수평적, 수직적 분화의 정도가 높고 규칙과 규정이 많다. 즉, 기계적 구조이며 수직적 구조이다. 그러나 선형적인 관계는 아니다. 추가적으로 500명의 종업원이 증가된다고 해서 그만큼 구조변화에 영향을 주는 것은 아니다.

### (4) 기술은 조직구조에 어떤 영향을 주는가?

모든 조직은 기술을 이용하여 투입물을 산출물로 전환시킨다. 예를 들어 세탁기 제조공장의 작업자는 표준화된 조립라인을 통하여 전자레인지와 에어컨을 생산한다.

### (5) 환경은 조직구조에 어떤 영향을 주는가?

본질적으로 유기적인 조직은 역동적이고 불확실성이 높은 환경에 잘 어울리고 기계적 조직은 안정적인 환경에서 보다 효과적이다. 급변하는 환경 속에서 모든 경쟁업체들이 제품 혁신을 가속화하고 있다. 결국, 삼성전자와 같은 회사의 경영자들은 조직을 보다 유기적으로 재설계하고 있다.

# 5절 기업문화(Organization Culture)

조직구조를 설계하는 경영자가 어떠한 구조를 선택하더라도 그 설계는 종업원이 자신의 입무에만 집중할 수 있도록 하며 최대한 효율적이고 효과적이어야 한다. 그 구조는 장애물이 아니라 조직 구성원들에게 도움을 주어야 한다. 결국 구조는 목적을 위한 하나의 수단이다. 조직에서 업무수행방식에 영향을 주는 또 다른 요인은 바로 문화이다. 이어서 이 주제에 대하여 살펴보기로 한다. 조직을 수립하고 수행하는 사람들은 그 기업의 고유한 가치관과 행동규범, 행동양식에 커다란 영향을 받는다. 기업은 주어진 환경조건과 경영전략에 일관성 있는 조직구조와 행동을 형성하기 위하여 이와 관련된 문화적 특성을 개발해야 한다.

## 1. 기업문화의 개념

### (1) 기업문화의 의의

우리는 각자 독특한 성격을 가지고 있다. 성격이란 우리가 행동하고 다른 사람과 상호작용하는 방식에 영향을 주는 자질과 특성을 말한다. 우리는 어느 사람을 보고 따뜻하다, 개방적이다, 관대하다, 수줍음이 많다, 공격적이다 라고 표현할 때 우리는 그의 성격을 묘사하는 것이다. 조직 역시 성격을 가지고 있다. 우리는 그것을 기업문화라 한다. 문화란 사회를 구성하고 있는 모든 사람들이 소유하고 있는 가치관과 신념, 이념과 학습, 그리고 기술과 지식을 말하는 거시적이고 종합적인 개념이다.

기업문화 또는 조직문화란 기업의 구성원들이 공유하고 있는 가치관, 신념과 학습, 규범과 전통, 관습, 그리고 지식과 기술 등을 포함한 종합적인 개념으로서 조직구성원과 조직전체의 행동에 영향을 주는 기본요소라 할 수 있다. 그러므로 기업문화에는 조직구성원들이 공통적으로 생각하는 방법(사고방식), 느끼고 있는 감정의 방향(감수성), 그리고 행동하는 양식(형태적 특성)의 체계가 내포된 것으로서 구성원들이 조직체를 어떻게 지각하고 있는가를 설명· 묘사하는 것이다.

기업문화 또는 조직문화(corporate culture, organizational culture)란 특정기업에 있어서 시간이 지남에 따라 형성된 구성원들의 공유된 가치, 원칙, 전통, 사고 방식 등을 말한다.

구성원들이 인식하는 것, 그리고 구성원들이 그들의 환경에 대응하는 방법을 결정하는 공유된 가치관은 기업의 독특한 상징특성과 행동규범 등의 형태로 표출된다.

상징특성이란 의례, 양식, 회화, 신화, 전설, 영웅, 그리고 특수한 언어와 같이 상징적 도구들에 의해 조직구성원들의 가치나 신념이 기업에서 특징적으로 표명되는 상태를 말한다.

행동규범이란 조직구성원들에 의해서 확립된 행동의 표준 또는 규칙을 말하는 것으로서, 구성원들간에 공유된 받아들여질 수 있는 행동의 기준이다. 이렇게 구성원들간에 행동규범이 형성되는 이유는 첫째, 개안으로서는 갖추기 어려운 복잡한 조직세계에 대한 이해의 준거를 제공하여 주며, 둘째, 행동규범이 조직의 존속과 목표달성을 이루기 위한 통일된 행동을 가능하게 해 주기 때문이다.

## (2) 기업문화평가

기업은 주어진 환경 속에서 자체의 전략목적을 추구하는 과정에서 그에 적합한 조직행동을 형성하게 되고, 이것이 기업의 특성으로서 기업문화를 형성한다. 이와 같이 형성된 기업문화는 조직구조와 제도, 절차, 그리고 조직구성원의 행동에 영향을 주면서 더 강화되고 지속되어 나간다. 연구결과에 따르면 기업문화를 설명하는 일곱 가지 차원이 있다. 이들 차원은 높고 낮음이 있다. 이들 일곱 가지 차원을 사용하여 조직을 묘사하면 조직문화의 복합적인 모습을 볼 수 있다.

① 팀 지향: 개인보다 팀 위주로 업무가 조직화 되는 정도
② 사람 지향: 경영자가 조직원들의 영향을 고려하여 의사결정을 하는 정도

③ 결과 지향: 방법보다 결과에 초점을 맞추는 정도

④ 세밀한 부분에 대한 주의: 종업원들에게 상세한 부분에 대한 주의를 기울이는 정도

⑤ 혁신과 위험감수: 종업원이 혁신을 감수하도록 장려되는 정도

⑥ 안정성: 의사결정과 행동이 현상유지를 강조하는 정도

⑦ 공격성: 종업원이 협력적이기 보다 공격적이고 경쟁적인 정도

## 2. 기업문화의 중요성과 기능

### (1) 기업문화의 중요성

기업문화는 기업조직이 지향하고자 하는 가치규범의 체계가 구성원들에게 인지되는 틀로서 이것이 어떤 수준이며, 어떤 내용의 것이냐에 따라서 그 기업조직의 상태가 달라질 수 있다. 그러므로 현대경영은 조직구성원 모두에게 일정한 역할을 부여함에 있어서 조직의 행동지침 또는 규범으로서의 기업문화의 특성을 제시함으로써 조직구성원들이 자주적이고 몰입적으로 조직에 공헌할 수 있도록 이끌어 낼 수 있어야 한다.

또한 기업문화에 대한 관심이 근대에 고조된 이유는 장기적으로 높은 성과를 거두고 있는 기업들이 어떠한 문화적 특성을 지니고 있다는 것이 인식되었기 때문이다. 이와 더불어 기업문화가 강조되는 이유는 다음과 같다.

첫째, 현대기업은 자본주의 사회이며 시장경제체제의 경영활동 무대에서 그의 책임과 역할을 전개해야 하는데, 그렇게 하기 위해서는 자본주의의 생리와 체질, 특히 시장경제체제의 요건에 익숙하고 적응할 수 있는 가치관과 신념을 구축해야 한다.

둘째, 경영의 장이 개방 시스템에 의해서 세계화되고 있으므로 기업의 구성원은 모두 국제적 감각에서 경영을 담당할 수 있는 시각을 가져야 한다.

셋째, 자본주의는 경제적 민주주의이므로 민주주의가 경영에 뿌리깊이 내릴 수 있도록 기업시민으로서의 소양을 갖춘 경영자를 양성해야 하기 때문이다.

넷째, 구성원들이 조직의 목표와 개인의 목표를 함께 추구할 수 있는 가

치관을 가지며, 또한 조직목표를 위하여 자주적·적극적·협조적 노력을 다 할 수 있는 신념을 가져야 한다.

다섯째, 기업조직과 구성원 자신이 하나라는 공동체 의식을 갖게 함으로써 공동체 의식에 기초한 주인의식의 고취를 위해서는 기업조직이 갖추고 있어야 할 관리규범도 기업문화로서 구체화되어야 한다.

여섯째, 의사결정에 영향을 미치는 환경요인, 또는 관리기술 및 관리기법 등의 관리적 의사결정에 능동적으로 대처할 수 있는 태도와 정신력을 구성원들이 갖추고 있어야 되기 때문이다.

### (2) 기업문화의 기능

상기와 같은 경영 내·외적 이유로 인해 조성되는 기업문화는 다음과 같은 기능을 수행한다.

첫째, 기업문화는 기업구성원들에게 정체(定體) 의식을 마련해 준다.

둘째, 기업문화는 자기보다는 큰 어떤 것에 대한 몰입의 발생을 촉진시켜 준다.

셋째, 기업문화는 사회적 체계의 안정성을 증진시켜 준다.

넷째, 기업문화는 행위를 가이드(지침)하고 형성시키는 감지(感知) 도구로서의 역할을 수행한다.

다시 말해서, 기업문화는 구성원들의 행위기준을 제시함으로써 그들을 결합시키는 사회적 접착제 역할을 하며, 사회로부터 호의적인 반응을 얻게 하며 또한 구성원들의 행위나 태도에 강력한 영향을 미치는 기능을 수행한다.

## 3. 기업문화의 영향요인

조직화는 기업의 장기적 방향과 그 성과를 결정하는 중요한 과정이고, 기업문화는 기업의 성과에 영향을 미치는 중요한 요소이기 때문에 조직화와 기업문화는 상호간에 밀접한 관계를 맺고 있다. 또한 조직구성원의 의사결정과 행동에 영향을 줌으로써 그들의 행동을 규제 가능하게 하는 기업문화는 기업 내외로부터 가해지는 각종 영향요인을 합리적으로 흡수함으로써 독자적인 기업문화를 창조하는데 활용될 수 있어야 한다. 기업문화의 변화를 유발하는 요인에는 다음 몇 가지 원천에서부터 그 필요성이 인식된다.

### (1) 외적 변화요소

기업은 항상 정치·경제·사회의 외부환경의 변화로 기업의 문화적 틀에 대한 변화를 가져오고, 따라서 경영전략이 변화하게 된다. 즉, 재무적인 문제, 주요 고객의 상실 및 경쟁자의 기술혁신 등과 같은 극적인 위기가 발생하는 경우이다.

예를 들어, 우리나라의 경우 1960년대의 근면과 성실, 그리고 절약의 정신적 틀이 1980년대 후반 민주화의 물결 속에서 노사분쟁을 통하여 조직구성원들로 하여금 여가와 삶의 질을 중시하면서 나누어 갖기를 원하는 태도의 가치관으로 문화적 틀을 바꾸어 놓고 있다. 따라서 그러한 문화적 틀에 맞는 조직화의 구사가 요구되고 있다.

### (2) 내적 변화요소

새로운 경영층의 진출에 의한 지도력의 변화 또는 최고경영자의 변화된 경영철학이나 이념을 기초로 하여 설정되는 기업의 목적, 경영관리체제, 조직구조, 그리고 조직형태 등은 그 조직의 문화적 특징을 스스로 형성하게 한다. 구성원 상호간의 상호작용으로부터 도출되어 가는 새로운 공유된 가치관이 하나의 정리된 틀로 나타나게 될 때 이는 독자적인 조직문화를 형성하게 되며, 그와 같은 조직문화의 특성에 의해서 조직구성원 개개인의 신념과 가치관도 달라진다. 이 경우 지도자의 철학이 무엇보다도 중요한 것이다.

### (3) 변화압력

기업의 내·외적 변화요소는 기업의 성과에 직접적인 영향을 주어 생산성 저하, 자원낭비, 이익감소, 사기저하, 이직률 증가, 그리고 구성원들간의 갈등과 무관심한 태도 등 역기능적 현상이 나타나서 기업은 위기에 처할 수 있다.

## 4. 기업문화와 조직개발 및 개발과정

### (1) 기업문화의 변화요구

기업문화가 첫째, 기업목표, 경영전략, 경영관리체제, 조직구조 등과 조화되지 못할 경우, 둘째, 최고경영층, 중간관리층, 그리고 일선종업원들이 공유하는 가치관 차이가 있는 경우, 셋째, 동일계층 및 부서 내 구성원간에 공유가치가 희박해짐으로써 응집력이 낮은 경우, 넷째, 현재의 기업문화로는 예상되는 미래 환경 변화에 효과적으로 대응하기 곤란하다고 판단되는 경우 기업문화의 상황에서는 그 변화가 요구된다.

이 경우에 기업문화는 교육훈련, 최고경영층의 모범행동, 새로운 참모의 영입, 새로운 사업의 합병, 회사명을 바꿈, 최고경영자의 오언 등 여러 가지의 방법에 의해서 개발될 수 있다.

새로운 기업문화를 보다 체계적으로 개발하려면 변화된 기업문화에 부합되는 조직구조, 새로운 역할모형, 새로운 인센티브 시스템과 보상제도, 변화담당자의 변화개입 등 조직개발의 계획적 변화방법 등이 뒷받침되어야 한다.

대부분의 기업문화의 변화나 조직개발 기법은 조직이 추구하는 일련의 행동패턴이 있다는 가정에서 출발하기 때문이다. 그러므로 관리자들은 그 행동패턴과 소기의 결과를 연결시킬 수 있도록 의식적으로 관리하여야 한다.

### (2) 조직개발 전략

최고경영층은 기업문화를 고쳐나가기 위하여 조직개발 전략을 강구하여야 한다. 즉, 기업문화의 변화관리는 조직개발에서와 같이 진단, 조직 및 보존 등의 세 가지 과정을 충실히 지켜야 한다. 조직개발(organization development: OD)은 전사적 차원에서 장기간의 시간적 여유를 두고 구성원들의 사고와 행동양식을 바꾸어 놓을 수 있도록 전개되어야 한다. 따라서 조직개발을 전개함에 있어서 전 경영구성원, 특히 최고경영자의 적극적인 관여와 지원이 필요하다.

조직개발을 성공적으로 이끌기 위해서는 다음의 절차를 따라야 한다.

- 기존 기업문화의 명확한 규명
- 기업문화 형성에 미친 영향요인의 분석

- 바람직한 미래 기업문화 형태의 규명
- 조직개발 담당부서 및 외부상담자의 설정
- 조직개발 교육·문화 프로그램의 단계적 수립
- 최고경영자의 지원과 참여하에 프로그램의 단계적 수립 시행
- 프로그램 시행단계별 기업문화의 변화에 대한 측정 및 평가
- 프로그램 시행단계 및 결과에 대한 대책마련과 조성작업 실시
- 프로그램 완료 후 총괄적 평가 및 피드백

## (3) 기업문화의 변화과정

조직개발을 통해 기업문화의 변화관리를 수행하기 위해서는 변화과정을 이행해야 한다.

첫째, 변화가 요구되는 문화적 요인을 확인·규명하기 위한 문화분석을 행한다.

둘째, 변화를 감행하지 않을 경우 조직의 생존이 위협을 받는다는 사실을 구성원에게 분명하게 제시하고 인식시킨다.

셋째, 새로운 비전을 가지고 있는 지도자를 임명한다.

넷째, 재조직화를 단행한다.

다섯째, 새로운 비전을 구성원들에게 전달하기 위해 새로운 이야기 거리와 의식적인 행사를 도입한다.

여섯째, 새로운 가치관을 뒷받침하기 위해 선발 및 사회화 과정, 그리고 평가 및 보상 시스템을 변화시킨다.

상기와 같은 변화관리를 통하여 새로운 기업문화를 개발하기 위해서는 다음의 과정을 밟아야 한다.

### 1) 새로운 기업문화의 모색

최고경영층과 변화담당자의 주도하에 현재의 기업문화를 진단하고, 기업 내의 환경을 분석하며, 기업이 지향하는 장기적인 목적과 이미지를 중심으로 이에 알맞은 기업문화를 모색하는 단계이다. 이 과정에서 변화담당자는 기업문화의 분석을 주로 행하고, 최고경영층은 기업의 장기 방향과 이미지를 주로

설정한다. 바람직한 기업문화는 기업에 따라서 모두 상이하지만, 대부분의 기업들은 조직구성원의 행동을 조성하기 위하여 자율성, 창의성, 개발성 등을 기업문화 개발의 대상으로 하고 있다.

## 2) 변화전략의 구상

상기 단계에서 결정된 새로운 기업문화에 따라 이를 기업 내에 정착시키기 위하여 개발전략이 구상되어야 한다. 기업문화의 변화개발은 기업문화의 변화에 대한 속도, 범위 및 기간 등에 따라서 그 방향과 구체적인 계획이 달라진다.

## 3) 행동계획과 개입활동

기업문화의 구체적인 행동계획을 수립하는 데 있어서 변화담당자는 바람직한 기업문화적 요소와 행동계획의 유형을 중심으로 기업문화의 개발활동을 체계화해야 한다. 그러나 기업문화의 체계적인 개발은 오랜 시간에 걸친 막대한 자원투입을 필요로 하므로 조직문화의 개발은 매우 중요한 조직개발의 과제가 되고 있다.

### 문화는 구조화에 어떤 영향을 주는가?

조직문화가 얼마나 강한지 약한지에 따라 조직구조에 영향을 미친다. 핵심가치가 깊게 형성되어 있고 광범위하게 공유되고 있는 강한 문화(strong cul-ture)는 약한 문화에 비해 상대적으로 종업원에 대한 영향이 더 크다. 핵심가치가 깊이 형성되어 있고 광범위하게 공유되어 있는 조직문화를 우리는 강한 문화라 부른다. 핵심가치를 받아들이고 그 가치에 대한 전념도가 높을수록 문화는 강해질 것이다. 대부분의 조직은 중간수준에서 강한 수준의 문화를 가지고 있다. 즉, 무엇이 중요한지, 좋은 종업원의 행동은 무엇인지, 승진하려면 무엇을 해야 하는지 등에 대해 구성원간의 동의가 상대적으로 강하게 이루어지고 있다. 문화가 강해질수록 경영자가 계획하고 조직하며 지휘하고 통제하는 방법에 문화의 영향은 더 커질 것이다. 본질적으로 강한 문화는 문서가 없이도 예측가능성, 질서, 일관성을 만들어 낼 수 있다. 그러므로 강한 조직문화를 가진 조직은 공식적인 규칙과 규정 개발과 관련된 경영자가 필요 없다.

# 지휘활동
## Leading

스티브잡스
스탠포드 연설

중앙대학교 초청특강
정주영

# 동기부여

## Motivation Theory and Practice

# 동기부여

## 성과를 이끄는 전략

추운 겨울날 동물원을 찾았다. 살을 에는 듯한 추위에도 불구하고 백호 세 마리가 바위 위에 앉아 늠름한 자태를 뽐내고 있다. 바위 위에서 흰 입김을 내 뿜으며 포즈를 취하고 있는 백호를 보니 '백두산 호랑이라 추위를 안타나?'하는 의문이 생긴다. 이번엔 사자가 나타났다. 이 녀석 역시 사람들이 사진 찍기 딱 좋은 자리에서 자세를 잡고 앉는다. 대체 동물들에게 어떤 훈련을 시켰기에 이렇게 추운 날씨에도 꿋꿋하게 버티며 관람객들을 맞아 주는 걸까? 사파리 투어가 끝나자마자 가이드에게 달려가 물었다. "대체 어느 훈련을 어떻게 시킨 겁니까?" 가이드의 답이 걸작이다. "훈련 안 시켜요. 열선 깔린 바위를 만들어 주었더니 알아서 올라가는 겁니다."

이 가이드의 대답은 비단 사육사들에게만 유효한 답변이 아니다. 기업을 운영하는 경영자들에게도 큰 깨달음을 주는 통찰이 들어있다. 사람의 행동은 누가 억지로 시킨다고 쉽게 바꾸어지지 않는다. 인간의 행동을 바꾸고 싶다면 스스로 그렇게 행동할 수밖에 없는 환경을 만들어 주어야 한다. 조직에서의 몰입도 마찬가지다. 조직원들에게 업무에 몰입하라고 무조건 닦달할 게 아니라 몰입할 수 있는 환경 조성이 먼저다. 제 아무리 자율성이 뛰어나도 전문성을 갖춰져 있지 않다면 그 효과는 반 토막 날 수밖에 없다.

# 1절 지휘활동의 의미(Leadership)

세 번째 핵심 경영기능인 지휘활동(leading)은 조직의 목표를 달성하기 위하여 조직구성원들을 지도하고 동기를 부여하는 과정이다. 조직은 목적을 달성하고 경쟁력을 유지하기 위하여 모든 수준에 걸쳐 강력하고 효과적인 지휘활동을 필요로 한다. 지휘활동 중에서도 가장 주요한 것은 동기부여, 리더십, 커뮤니케이션이다. 이어서 이 주제들에 대하여 살펴보기로 한다.

# 2절 동기부여(Theories of Motivation)

## 1. 동기부여란 무엇인가?

종업원들이 원하는 것은 무엇인가? 라는 주제를 가지고 토론하는 자리에서 많은 CEO들이 보너스와 스톡옵션을 주는 것이 중요하다고 설명하고 있다. 전문가가 '직원들은 스톡옵션이 아니라 그들이 하는 일을 사랑하기를 원한다'라고 말을 마쳤다. 최고 경영자들은 모두 '자기들 회사의 가치는 동기부여가 되어서 회사에서 일하기를 원하는 직원들로부터 발생한다'는 것을 인정하였다. 인간은 일정한 동기에 의해서 행동을 하게 된다. 즉, 인간의 행동은 목표를 달성하려는 욕구(needs)에 의해서 유발된다고 말할 수 있다. 인간의 행동은 욕구를 충족시켜 주는 하나의 수단으로서의 역할을 하므로 인간의 행동을 유발하기 위해서는 욕구를 충족시킬 실마리를 제공해야 하는데, 이것이 바로 자극이다. 즉, 자극을 주게 되면, 인간은 반응하는데 이것은 행동으로 표출된다. 인간의 행동은 상기와 같이 유발되므로, 부하종업원의 바람직한 행동을 유도하여 경영의 성과를 실현하기 위하여 상위자는 종업원이 가진 욕구 또는 동기를 간파해야 한다. 욕구를 충족시킬 수 있는 요인을 제공함으로써 욕구충족을 위한 행동을 유발할 수 있게 된다. 동기부여(motivation)는 어떤 사람으로 하여금 일련의 특별한 행동을 행하도록 열정을 불러일으키는 내적 또는 외적인 영향요인인 것이다.

조직의 입장에서 볼 때, 동기부여란 목적을 달성하기 위해서 개인이 활력적이고, 방향성을 가지며 지속적으로 노력해 가는 과정이라고 정의한다. 이 정의에는 세 가지 요소인 에너지, 방향성, 그리고 지속성이 포함되어 있다.

동기부여가 된 사람은 열심히 노력한다. 그러나 많은 양의 노력이 회사의 이익을 추구하는 방향으로 나가지 않을 때에는 작업량으로 직접적으로 이어지지 않을 수 있다. 직원들의 노력은 회사가 추구하는 방향과 목표와 일치하여야 한다. 동기부여는 회사의 목표를 달성하기 위해 지속성을 가지고 있어야 한다. 결과적으로, 경영자의 직무 중 하나인 동기부여의 중요성을 경영자가 이해함으로써 획득할 수 있는 이점은 다음과 같다.

첫째, 구성원들로 하여금 행동을 하도록 유도하는 요인을 간파한다.

둘째, 꼭 해야 할 행동을 하도록 영향을 미치는 요인을 확인, 규명한다.

셋째, 시간이 지남에 따라 구성원들이 꾸준하게 어떤 행동을 해야 하는 이유를 이해시킬 수 있다.

## 2. 동기부여에 관한 초기 이론

### (1) 동기부여에 관한 이론 전개

동기부여이론에는 크게 내용이론(content theories) 및 과정이론(process theories)으로 나눌 수 있다. 첫째, 내용이론은 "인간은 만족되지 않은 내적 욕구를 가지고 있으며, 이러한 욕구를 충족시키기 위하여 동기유발이 된다"고 가정하고 있다. 이 접근방법은 종업원의 행동에 영향을 미치는 욕구를 밝혀내기 위해 개인을 평가하거나 분석하는데 중점을 두고, 이를 만족시키는 방법을 모색한다. 내용이론의 대표적인 이론으로는 Maslow의 욕구단계이론, 맥그리거의 X-Y이론, 아지리스의 성숙-미성숙 이론 및 Herberg의 동기-위생이론(motivation-hygiene theory)이 있다. 둘째, 과정이론은 "인간은 자신이 바라는 미래의 보상을 획득하기 위하여 동기유발이 된다"고 가정하므로 종업원들에게 할당되는 보상이 그들의 행동에 영향을 미치는 가정에 중점을 둔다. 바라는 보상을 획득할 가능성이 많다고 판단되면, 이에 비례하여 동기유발의 정도가 높아진다. 과정적 접근방법의 대표적 이론은 목표설정이론, 기대이론(expectancy theory), 직무설계이론, 공정성이론(equity theory) 등이 있다.

### (2) 매슬로의 욕구단계이론(hierarchy of needs theory)

심리학자인 매슬로에 의하면, 모든 사람은 생리적 욕구, 안전욕구, 사회적 욕구, 존중욕구, 자아실현욕구 등 5단계 욕구를 가지고 있다고 주장했다.

인간욕구는 계층으로 형성되어 있으며, 고차원욕구는 저차원욕구가 단계적으로 충족될 때 동기부여 요인으로 작용한다는 점을 가정하고 있다. 즉, 인간은 자기가 만족시키고자 하는 욕구충족을 위하여 동기유발이 된다는 것이다. 이 이론은 〈그림 10-1〉과 같이 인간의 내부에는 다섯 가지의 욕구계층이 있으며 하위계층의 욕구가 충족되면 그 다음 상위계층의 욕구가 지배적인 욕구로 부상한다는 이론으로 인간은 상위단계의 욕구를 충족하기 위해 노력한다고 주장한다. 즉, 일단 충족된 욕구로는 그 이상 동기부여가 되지 못하며, 점진적으로 높은 단계의 욕구를 충족해 간다. 다섯 가지의 욕구는 〈그림 10-1〉과 같다.

경영자는 현재 만족시키고자 하는 욕구를 파악하여 이를 충족시킴으로써 성공적으로 동기유발을 시킬 수 있다. 그러나 종업원들이 개별적으로 충족시키려는 욕구를 정확히 파악하기 위해서는 개인, 연령, 직업, 작업에 대한 욕구의 종류에 대한 깊은 이해를 필요로 한다.

**🔹그림 10-1** 매슬로의 계층적 욕구

| 직무 외의 성취 | 욕구계층 | 직무관계 성취 |
|---|---|---|
| **고차원 욕구** 교육, 종교, 기호, 개인적 성장 | 자아실현욕구: 자기발전을 위해 자신의 잠재능력을 극대화하려는 욕구 | 훈련의 기회, 승진, 성장 및 창의성 |
| 가족, 친구 및 공동체의 인정 | 자존욕구: 타인으로부터 평가와 인정을 받고자 하는 욕구 | 인식, 높은 지위 증가되는 책임 |
| 가족, 친구 및 공동체 집단 | 사회적 욕구: 집단에 소속하고자 하는 욕구 | 작업집단, 동료, 고객, 감독자 |
| 전쟁, 공해, 폭력 등으로부터 자유 | 안전욕구: 불안정과 불확실로부터 보호받고 싶어 하는 욕구 | 안전한 작업, 복지후생, 직업 안정성 |
| **저차원 욕구** 음식, 음료, 성생활 | 생리적 욕구: 의식주와 같은 삶 그 자체를 유지하기 위한 욕구 | 온방, 공기, 기초적인 봉급 |

### (3) 맥그리거의 X, Y이론

　맥그리거(McGregor)는 『The Human Side of Enterprise』라는 저서를 통해 자신의 이론을 전개하고, 이를 X, Y이론이라고 하였다. 종업원의 관리를 위하여 인간에 관한 두 가지의 가정을 하였는데, 그 하나는 X관이고, 또 다른 하나는 Y관이다. X관에 의해서 X이론이 전개되고, Y관에 의해서 Y이론이 전개된다. X이론에서 인간은 원래 일을 싫어하며, 일을 회피하려고 하고, 책임을 적극적으로 지려고도 하지 않으며, 단기적인 전망에서 근무한다고 전제하였다. X이론에서 종업원을 관리하기 위한 관리의 방법은 곧 처벌에 의한 강제나 통제, 지시, 그리고 위협일 수밖에 없다고 하였다. 그는 Y이론에서 일을 한다는 것은 유희나 휴식과 같이 즐거운 것이기 때문에, 책임을 적극적으로 추구하고 또 맡으려고 하며, 항상 장기적 전망에서 일하려고 하기 때문에, 그에게는 독려와 인정, 그리고 칭찬이 더욱 중요하다고 하였다. 그리고 이상의 두 가지 이론 중 분명히 Y이론이 관리의 방법으로서 더 유리하다는 결론을 맺고 있다.

## (4) 아지리스의 성숙-미성숙 이론(mature-immature theory)

아지리스(Argyris)는 『Personality & Organization』이란 저서를 통해 자신의 모티베이션 이론을 전개하였다. 이론의 핵심은 오늘날 조직에서 채택하는 모든 합리화 방안, 즉 각종 규제와 제도는 조직의 목표를 지향함으로써 구성원 개인의 개성을 무시하거나 도외시한다는 점이다. 조직의 성장이 개인의 희생에서 이루어지게 됨으로써 생기게 되는 부작용인 것이다. 현대조직은 경영에서 생기는 이런 문제를 근본적으로 해결해야 하는데, 이는 개인과 조직의 통합에서 가능하게 된다.

개인과 조직의 통합을 통해서 조직의 문제를 해소하기 위해서 조직은 그 구성원을 보는 관념을 바꿀 수 있어야 한다. 성숙-미성숙이론은 지금까지 조직은 구성원을 미성숙아로 봄으로써, 의존적이며 단기 지향적이고 피동적인 사람으로 다루고, 지나친 규제나 규칙을 중심으로 종업원을 다루고 있는데, 실질적으로 종업원들은 성숙아이기 때문에 간섭이나 규제는 필요 없다는 것이다.

조직운영에 있어서 보다 자발적이고 민주적이며 참여적인 방법으로 조직의 목표를 성취할 수 있도록 조직의 분위기가 유지되어야 한다.

## (5) 허즈버그의 동기-위생 이론

허즈버그는 개인의 동기유발을 자극하는 요인에는 두 가지가 있다 하여 2요인이론(two-factor theory)이라고도 한다. 내적 요인은 직업만족과 동기와 관련이 있고 외적 요인은 직업 불만족과 연관이 있다는 이론이다. 위생요인이 없다면 종업원들의 불만족은 감소할 뿐이지, 반드시 만족을 보장해 주는 것은 아니며, 동기유발은 동기부여 요인에 의해서만 유도될 수 있다는 것이다.

만족요인은 〈그림 10-2〉와 같이 ① 성장, ② 작업 그 자체, 즉 내재적 가치, ③ 인정, ④ 책임의식, ⑤ 승진(성취도) 등이 포함된다. 그리고 불만족 요인은 ① 임금, ② 안정성, ③ 작업조건, ④ 회사의 정책과 관리, ⑤ 감독(감독자와의 관계) ⑥ 상호인적관계 등에 포함된다.

**● 그림 10-2** 허츠버그의 양요인이론

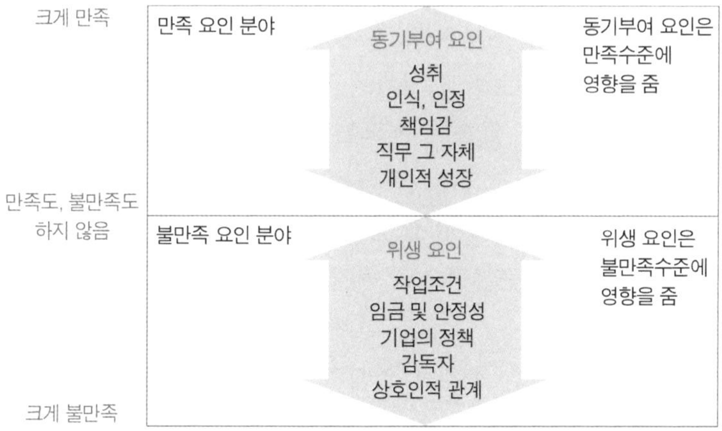

만족요인은 직무 그 자체에 관계되는 것이고, 불만족요인은 직무의 환경적 요인에 속하는 것이다. 즉, 종업원이 직무 그 자체에서 보람을 느끼고, 자기실현의 욕구를 충족할 수 있을 때, 이는 그에게 커다란 만족을 주게 된다.

종업원이 임금을 중심으로 하는 불만족요인에 크게 관심을 갖게 되고, 따라서 만족을 느끼지 못하게 될 때, 그는 불행한 가운데서 일을 하게 되고, 따라서 작업능률이나 성취는 불가능하게 된다. 높은 임금을 지불하고 작업조건의 향상을 통해 위생요인의 수준을 높이는 것은 불만족을 해소하기 위해 필요한 것이지, 반드시 근로의욕을 고취시키는 것은 아니다. 반면에, 생산성을 증대시키기 위해서는 작업의 내적 가치를 높이고, 종업원의 성취감과 책임의식을 유도하고, 업적을 인정해 주어야 한다.

경영자들은 종업원들이 일을 통해 성취감을 느끼고 인정을 받을 수 있는 직무만족요인(동기부여요인)을 증가시키고, 직무불만족요인(위생요인)을 줄이는 경영을 하여야 한다. 즉, 위생요인보다는 동기부여 요인에 모든 구성원이 보다 더 관심을 가질 수 있도록 함으로써, 바람직한 작업을 통해 자기실현을 할 수 있도록 동기가 부여되어야 한다.

허즈버그는 알려져 있던 '만족'의 반대말이 불만족이 아니라 '만족하지 못함'으로 '불만족'의 반대는 '불만족하지 않음'이라고 주장하였다. Herzberg의 이론은 그의 절차와 방법론에 대한 비판에도 불구하고 최근까지도 직무설계를 하는데 영향을 미치고 있다.

## 3. 동기부여에 관한 현대 이론

현대 동기부여이론들은 목표설정이론 및 공정성 이론, 기대이론 및 직무설계이론을 포함한다.

### (1) 목표설정이론(goal-setting theory)

이는 특별한 목표가 성과를 높이고 어려운 목표가 쉬운 목표보다 성과를 높인다는 이론이다. 경영자가 종업원들에게 '최선을 다하라'라고 격려한다. 애매한 '최선을 다해'라는 것 보다 승진하기 위해서는 '상위 10% 안에 들어가야 한다'라고 말했다면 당신은 노력을 더 했을까? 목표설정이론은 이 점을 다루고 있으며 특수한 목표, 도전 그리고 피드백이 실적에 미치는 영향은 놀라운 결과를 나타내고 있다. 목표설정이론이 우리에게 제시하는 바는 무엇인가?

첫째, 구체적이고 도전적인 목표는 우월한 동기부여의 힘이 된다. 특정 목표는 일반적인 '최선을 다해'라는 목표보다 더욱 높은 성과를 가져온다.

둘째, 사람들이 자신들이 목표달성을 위해 잘하고 있다는 피드백을 받으면 더 좋은 성과를 낼 수 있다는 것을 우리는 알고 있다. 직원이 직접 자신의 진척상황을 관리한 후 주는 피드백은 다른 사람으로부터 받는 피드백보다 훨씬 더 효과적인 동기부여 요소가 된다.

피드백 말고 다른 요소, 즉 자기효능(self-efficacy)이 실적에 영향을 준다. 자기효능은 종업원이 실적을 달성할 수 있다고 믿는 것이다. 자기효능의 수준이 높을수록 업무를 성공시킬 수 있다는 자신감이 더 많아진다. 어려운 상황에 처했을 때 자기효능이 낮은 사람들은 덜 노력하거나 포기하지만, 자기효능이 높은 사람들은 도전을 극복하기 위해 더 노력한다. 〈그림 10-3〉은 목표, 동기부여, 성과에 대한 관계를 요약해 놓았다. 결과는 특정하고 어려운 목표를 달성하고자 하는 것은 강한 동기부여의 힘에서 나온다는 것이다. 적절한 환경에서 높은 성과달성으로 이어진다. 이러한 목표가 직무만족과 연관성이 있다는 증거는 없다.

**: 그림 10-3** 목표설정이론

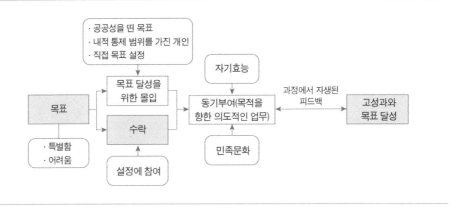

(2) 공정성 이론(equity theory)

Adams의 공정성 이론은 종업원들이 직무로부터의 결과물과 투입한 비율을 비교하여 투입 대 결과물의 비율을 동일한 직무상황에 있는 동료의 것과 비교하여 공정하게 바로잡는다는 이론이다. 한 직원이 이 비율이 다른 비슷한 처지의 자기 동료와 비슷하면 아무런 문제가 없다. 그러나 그 비율이 동일하지 않으면 그 종업원은 자신이 덜 혹은 더 받는 느낌을 받기 시작한다(〈표 10-1〉 참조). 이러한 불공정이 일어나면 종업원들은 그 대우에 관하여 무엇인가 변화를 꾀하려고 한다. 그들이 선택하는 행동의 결과는 생산성, 품질, 그리고 결근, 이직률에 대해 영향을 미친다.

원래 공정성 이론은 분배정의(distributive justice)에 초점을 맞추었다. 분배정의는 개개인들간의 보상에 관한 공정한 양과 분배를 인식하는 것으로 여겨졌다. 가장 최근의 연구는 절차적 정의(procedural justice)에 초점을 맞추고 있다.

**표 10-1**  공정성 이론관계

| 지각된 비율 비교* | 종업원 평가 |
|---|---|
| $\dfrac{\text{산출}A}{\text{투입}B} < \dfrac{\text{산출}B}{\text{투입}B}$ | 불공정(과소평가) |
| $\dfrac{\text{산출}A}{\text{투입}B} = \dfrac{\text{산출}B}{\text{투입}B}$ | 공정 |
| $\dfrac{\text{산출}A}{\text{투입}B} > \dfrac{\text{산출}B}{\text{투입}B}$ | 불공정(과대보상) |

* A는 종업원이고, B는 비교대상자 혹은 지시대상자임.

〈그림 10-4〉는 조직 공정성 모델을 보여주고 있다. 절차적 정의는 보상의 분배가 결정되는 과정의 공정성으로 여겨진다. 연구에 의하면 분배정의가 절차적 정의보다 직원들의 만족도에 더 많은 영향력을 가지는 반면 절차적 정의는 직원의 조직에 대한 책무, 상사에 대한 믿음 그리고 이직률에 영향을 끼친다.

**그림 10-4**  조직 공정성의 모형

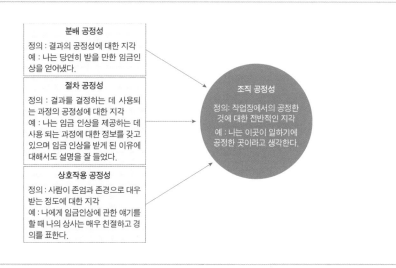

이러한 연구결과는 경영자들에게 어떠한 의미를 주는가? 먼저 경영자들은 일관적이고 공평한 과정을 거쳐 분배결정이 이루어졌는지의 정보를 종업원들

과 공유하고 절차적 정의에 대한 인식을 높이기 위하여 위와 같은 과정을 실행해야 한다. 절차적 정의에 대한 인식을 높이는 것이 직원들이 급료, 승진 혹은 다른 직원들의 실적에 대한 불만이 있어도 그들의 상사와 회사에 대해 긍정적으로 생각하게 한다.

### (3) 기대이론(expectancy theory)

오늘날 가장 널리 활용되고 있는 동기부여에 대한 설명은 Vroom의 기대이론이다. 기대이론에 따르면 개인의 행동은 기대감에 지배되며 이 행동은 결과가 자신에게 얼마나 유리한가에 따라 어떻게 행동할 것인가를 결정한다. 이 이론은 세 가지 변수를 포함하고 있다(〈그림 10-5〉 참조).

**⦁그림 10-5 기대이론 모델**

기대이론은 동기부여의 강도를 기대 X보상의 가치 X수단성으로 공식화할 수 있다. 즉, 인간은 일정한 과업을 임할 때 기대하는 보상을 받을 가능성을 점검하게 되며, 각 점검 단계의 정도가 높을수록 개인의 동기부여의 강도가 높아진다는 것이다. 기대이론을 실무에 적용하기 위해서는 세 가지 원칙이 있다.

① 기대감 혹은 노력-성과 연계: 종업원의 노력이 업무성과로 이어진다는 개인의 지각도
② 수단성 또는 업무성과-보상 연계: 성과 달성은 보상을 받을 수 있다는 개인의 지각도

③ 유의성 혹은 유인: 성과달성 결과 제공되는 보상의 종류가 개인에게 매
   력적인 정도

다음 질문들로 기대이론을 쉽게 이해할 수 있다. 내가 얼마나 열심히 일
을 해야 어느 정도 실적을 올릴 수 있나요? 내가 과연 그 수준을 달성할 수
있을까요? 내가 이 실적을 달성하면 어떤 보상을 받을 수 있나요? 그 보상이
얼마나 나에게 매력적일까요? 기대이론의 제일 중요한 점은 개인의 목표와
노력과 성과, 성과와 보상, 그리고 보상과 개인의 목표 만족도에 대한 관련성
에 대한 이해이다. 이 이론에서는 급여지불 혹은 보상을 강조하고 있다. 기대
이론은 개인을 동기부여 시키는 그 무엇이 공통으로 존재하지 않는다는 것을
인지하지만 경영자는 왜 직원들이 어떤 성과에도 더 매료되고 어떤 것에는 안
되는지를 파악해야 한다고 강조한다. 예를 들면 당신이 가장 좋아하는 일이
대한항공을 타고 제주에 가서 주말골프를 즐기는 일이라 치자. 당신은 이 보
상을 받기 위하여 정해 놓은 목표 실적보다 더 많은 실적을 달성했고 수단성
을 정확히 이해했기에 최선을 다했고 회사로부터 그에 합당한 선택적 대한항
공 이용을 보상받았다. 결론적으로, 경영자는 종업원이 개인적으로 원하는 보
상의 종류와 중요성을 이해해야 효과적인 동기유발을 시킬 수 있다. 따라서
개별면담이나 집단에 대한 설문조사를 통하여 이를 파악해야 한다.

## (4) 직무설계이론(job design theory)

경영자들은 종업원들에게 동기부여를 원하기 때문에 우리는 동기부여를
할 수 있는 직무 설계를 찾아야 한다. 조직에서 직무란 개개 종업원이 책임지
고 수행해야 하는 작업단위로서, 직무 내의 요소들의 이행성과가 종업원의 욕
구를 충족케 하는 보상을 제공하기 때문에 직무는 중요하다. 따라서 경영자는
직무의 어느 요소가 동기부여를 제공하며, 또한 만족과는 거의 무관한 일상적
인 과업에 대해 보상하는 방법을 알아야 한다.

경영자들이 동기부여를 할 수 있는 직무 설계방법에는 무엇이 있을까?
Hackman과 Oldham이 제안한 직무특성 모델(job characteristics model: JCM)에서
우리는 해답을 찾을 수 있다. Hackman과 Oldham에 따르면 모든 직무는 다음

의 5가지 직무특성 요소로 나타낼 수 있다.

① 기술다양성: 직원들이 다른 재능을 활용할 수 있도록 직무가 요구하는
   여러 활동의 다양성 정도
② 과업정체성: 직무가 요구하는 업무전체의 완성단계와 인식 가능한 업무
   단위 정도
③ 과업중요성: 다른 사람들의 삶과 일에 직무가 영향을 미치는 정도
④ 자율성: 직무가 제공할 수 있는 자유, 독립성, 그리고 종업원이 작업을
   수행함에 있어서 계획 및 절차를 정할 수 있는 재량 정도
⑤ 피드백: 일을 수행함에 있어 개개의 종업원이 그들의 실적에 대해 정확
   하고 직접적으로 정보를 전달받는 정도

〈그림 10-6〉은 이 직무특성 요소 모델을 나타내고 있다.

**그림 10-6** 직무특성 모델

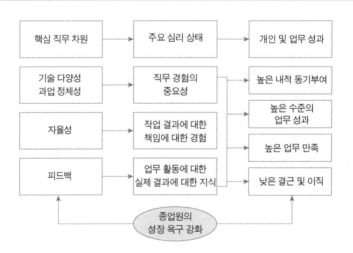

출처: J. R. Hackman, "Work Design," in J. R. Hackman and J. L. Suttle (ed.), Improving Life at Work
(Glenview, IL: Scott, Foresman, 1977), p.129.

가치 있는 작업을 만들기 위하여 3요소(기술다양성, 과업정체성, 과업중요성)들
이 합쳐진 것에 대해 주목할 필요가 있다. 만약 이 세 가지 요소가 직무에 포

함되어 있다면 종업원은 자기 직무가 중요하고 가치 있고, 보람 있는 일이라고 생각할 것을 우리는 알 수 있다.

동기부여차원에서 볼 때 직무특성 모델은 종업원이 피드백을 받은 것으로부터 더 많은 것을 배우고, 일의 자율성을 통해 일에 대한 책임감을 가지면 종업원이 기술다양성, 과업정체성, 과업중요성을 통하여 동기부여가 되어 실적, 만족도는 증가하고 일을 더 잘 수행해 낼 것이라고 설명한다. 이런 뚜렷한 차이점은 직무설계, 즉 직무단순화, 직무순환, 직무확대 및 직무충실화 등의 결과물일 수도 있다.

### 1) 직무단순화

과학적 관리와 산업공학의 원리에 바탕을 두고 있는 직무단순화(job simplification)란 한 구성원이 수행해야 하는 과업의 수를 축소함으로써 과업의 효율성을 추구하는 것이다. 따라서 수행하는 과업은 간단하고, 반복적이며, 표준화되도록 설계되어야 한다. 즉, 직무가 복잡할수록, 작업자는 동일한 일상적인 많은 과업을 행하는데 집중하기 위해서 많은 시간을 소요하게 된다. 그러나 단순화에 의해서 낮은 수준의 기술요건을 가진 작업자들도 작업을 수행할 수 있으며, 기업조직은 높은 수준의 효율성을 성취할 수 있다. 즉, 작업자들은 거의 훈련이나 기술이 필요치 않으며 또한 거의 판단하지 않고 수행할 수 있기 때문에 작업자들을 서로 변경할 수가 있다.

동기부여 기법으로서, 직무단순화는 점차 그 효과성을 상실하고 있는데, 그 이유는 구성원들이 일상적이며 지루한 작업을 싫어하고, 파업, 결근 및 노조결성 등과 같은 부정적인 방법으로 대응하기 때문이다.

### 2) 직무순환

직무순환(job rotation)이란 종업원들이 여러 직무에 시스템적으로 이동하는 것으로서, 어떤 한 직무의 복잡함을 증가시키지 않고, 그가 수행하는 상이한 과업의 수가 증가하게 된다. 예를 들어, 한 주일에는 어떤 직무를, 그리고 다음 주에는 다른 직무를 수행한다. 직무순환은 기술적 효율성을 이용함으로써 종업원들에 대해 다양성을 제공하고 또한 고무할 수가 있다.

### 3) 직무확대

직무확대(job enlargement)란 일련의 과업을 하나의 새롭고 광범위한 직무에 결합하는 것이다. 이것은 과다하게 단순화된 직무로 발생하는 구성원의 불만족에 대한 대응방법이다. 종업원은 단지 하나의 직무가 아니라 3~4개의 직무에 책임을 지고 또한 그 직무를 행하는데 많은 시간을 투자하게 된다. 즉, 직무확대로 인해 종업원들은 직무다양성을 가지게 되며, 또한 커다란 도전적인 문제를 처리하게 된다.

### 4) 직무충실

직무충실(job enrichment)이란 직무에 대한 책임, 인정, 그리고 성장, 학습 및 성취에 대한 기회 등, 높은 수준의 동기부여 요인을 그 작업과 연결시키는 것이다. 이렇게 됨으로써 작업자들은 그 직무를 수행하는데 필요한 재원을 통제하고, 작업수행방법에 대해 결정하고, 개인적 성장을 경험하며 또한 자신의 작업속도를 설정하게 된다.

## (5) 동기부여이론의 통합화

최신 동기부여이론들은 상호보완적이며 이를 하나의 이론으로 통합하면 동기부여에 대한 이해를 더 잘 할 수 있다. 〈그림 10-7〉은 우리가 이미 아는 동기부여에 관한 이론들을 하나로 통합시킨 모델을 보여주고 있다.

목표-노력의 연결은 목표가 행동을 이끄는 것을 설명한다. 기대이론은 개인의 성과수준은 개인의 노력뿐만 아니라 개인의 목표 달성에 필요한 능력 그리고 회사가 공정한 성과 시스템이 있는가에 따라 결정된다. 동기부여는 개인이 성과달성으로 보상을 받은 것이 개인의 목표에 대한 욕구를 충족시킬 때 높게 나타난다. 이 모델을 살펴보면, 성취욕구, 공정성, 그리고 직무특성이론도 나타난다.

**그림 10-7** 동기부여의 **통합이론**

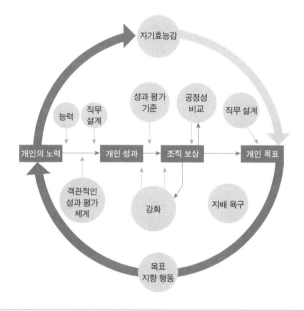

경영자가 효과적인 동기부여 기술을 어떻게 개발하는가를 다음의 8가지 제안으로 요약될 수 있다.

① 개인의 차이점을 인식하라.
② 업무에 맞는 사람을 선택하라.
③ 목표를 사용하라.
④ 목표가 달성할 수 있는 것이라는 걸 확신시켜라.
⑤ 보상을 개별화하라(상이한 욕구).
⑥ 실적과 보상을 연계하라.
⑦ 시스템이 공정한지 체크하라.
⑧ 스톡옵션, 임금인상 등 돈을 무시하지 마라.

(6) 동기와 성과의 강화를 위한 팀 활용

현대경영의 가장 중요한 추세 중 하나가 조직목표의 달성을 위해 팀을 활용하는 것이다. 팀 기반 구조의 활용은 개인과 집단간의 동기와 성과를 증대시킬 수 있다. 여기서 집단행동을 간략하게 설명하고 작업팀을 집단의 특정유형으로 규정하며 높은 성과를 내는 팀을 만들어 내기 위한 제안을 한다.

### 1) 집단의 의의와 유형

모든 조직은 집단들(groups)을 가지고 있다. 조직에 있어서 집단은 불가피하고, 조직목적 달성을 위한 수단이 된다. 집단이란 어떤 공동의 목적이나 목표를 달성시킬 목적으로 규칙적으로 상호작용하는 둘 이상의 사람들이 모인 단위이다. 상기의 정의에는 세 가지 구성요소, 즉 ① 둘 이상의 사람들로 이루어진 집합체라는 점이다. ② 집단이 형성되기 위해서는 규칙적인 상호작용을 해야 한다. ③ 구성원들은 반드시 공동의 목표나 목적을 가져야 한다는 것이다. 한편 조직 내의 집단은 크게 공식집단과 비공식집단이 있다.

- 공식집단: 능률이나 비용의 논리에 기초하여 형성된 것으로서, 경영자에 의해 조직목표의 성취를 도모하고자 계획적으로 형성되고 과업의 수행을 담당하는 집단이다.
- 비공식집단: 감정의 논리에 기초하여 형성된 것으로서, 의도적으로 형성된 것이 아니라, 구성원들의 상호작용에 의해 자연발생적으로 형성된 집단이다.

### 2) 집단관리의 중요성

오늘날의 경영활동은 나보다는 팀의 힘을 빌림으로써 보다 더 능률적으로 성과를 실현할 수 있는 경우가 많기 때문에 조직관리를 팀워크 위주로 할 수 있도록 노력해야 한다. 즉, 조직구성원간의 집단의식을 중심으로 할 수 있는 집단응집력(group cohesiveness)이 무엇보다 필요하다. 집단응집력은 집단구성원들이 집단에 남아있고 싶어 하는 정도와 집단 외부의 영향력에 거부하는 경향의 정도를 가리킨다. 집단관리는 경영자가 조직목표를 달성하고 경영활동을 합리적으로 수행하기 위해서 집단과 구성원을 통제하고 관리하는 것을 말한다. 집단관리에서 중요시되어야 할 요인에는 집단응집력과 감응도가 있다. 집단에 대한 응집력과 감응도는 상호작용과정을 통해 조직의 성과(생산성)에 영향을 미친다. 따라서 경영자는 집단을 이해하고 있어야만 경영활동을 효과적으로 수행할 수 있고 바람직한 성과를 얻을 수 있다.

### 3) 집단응집력

집단응집력은 집단뿐만 아니라, 조직전체의 성과에 중요한 영향을 미친다. 집단응집력을 갖기 위해서는 집단의식 속에 감정의 공유, 공통적인 태도, 공동목표가 포함되어져야 한다. 그러나 이 경우에 집단의 특성은 ① 집단구성원간의 관계가 상호의존적인 것과 ② 각 구성원의 공통적인 이데올로기를 가짐으로써 행동의 통일적인 규제를 받아야 할 것임을 간과해서는 안 된다.

경영자는 〈표 10-2〉와 같은 집단응집력에 영향을 미치는 요인을 고려하여야 한다.

**표 10-2　집단응집력의 영향요인**

| 응집력의 증대요인 | 응집력의 감소요인 |
| --- | --- |
| ① 집단간의 경쟁 | ① 집단의 규모 |
| ② 개인적 호감 | ② 목표에 대한 불일치 |
| ③ 집단활동에 대한 좋은 평가 | ③ 집단 내의 경쟁 |
| ④ 목표에 대한 일치감 | ④ 소수의 지배 |
| ⑤ 상호작용 | ⑤ 불유쾌한 경험 |

### 4) 집단감응도

집단관리에서 중요시하는 또 다른 변수는 집단감응도이다. 감응도(induction rate)란 경영조직이 가진 목표를 집단이 수용하느냐 아니면 거절하느냐 하는 성향을 말한다. 집단과 그 성원이 조직목표를 수용할 때 감응도는 +가 되고, 그들이 조직목표를 거절할 때 감응도는 -가 된다.

### 5) 집단의 응집력과 감응도의 상호작용

집단의 응집력과 감응도는 상호작용과정을 통해서 조직의 성과, 즉 생산성에 커다란 영향을 미친다. 종업원들의 집단응집력이 높으면서 회사에 대한 태도가 호의적(목표의 수용)일 때, 생산성은 가장 높아지고, 반대로 응집력은 높으면서도 회사에 대한 태도가 호의적이지 않을 때(회사를 위협적인 것으로 수용), 생산성은 가장 낮아진다. 이것은 곧 회사목표에 대한 구성원들의 감응도가 조직성과에 있어 중요하다는 것을 나타낸다.

응집력과 감응도의 양요인은 궁극적으로 상사의 리더십 여하에 따라서 달라진다는 것이다. 즉, 경영자가 극대생산성을 실현하기 위해서는 높은 응집력과 감응도를 가진 집단을 형성하고 유지하도록 적절한 리더십을 발휘해야 한다는 것이다. 이를 위해서 상사는 우선 부하들을 일상적으로 다루어 나가는데 있어서 집단적 감독방법을 채택해야 한다. 뿐만 아니라, 집단토의를 통해서 어떤 안건을 처리해 나가며 부하들의 의견에 귀를 기울인다는 것도 부하의 통솔과정에서 필요하다.

### 6) 성과향상을 이루는 팀의 구축

문제점을 해결하기 위해 결성된 팀이 제한된 시간 내에 효과적인 해결책을 내 놓아야 하는 마감시간에 쫓기는 경우가 발생한다. 다음은 기대하는 성과를 달성할 팀을 제대로 결성하는데 도움이 될 몇 가지를 열거한다.

- 팀의 의도를 창출하고 공유하라. 아울러 팀의 존재이유에 대해 토론하라.
- 구체적이고 도전적인 목표를 설정하라. 측정 가능한 결과와 예상에 대해 토론하라.
- 협조적인 접근방식을 찾아라. 함께 일하는 방법과 전략을 토론하라.
- 역할을 명확하게 규정하고 갈등은 초기에 해소하라.
- 필요한 기술을 확인하고, 팀 내에 각자가 보유한 기술들을 활용할 방법을 찾아라.

팀이 제대로 된 활동을 할 수 있게끔 하는 것 외에 피해야 할 점도 몇 가지 있다. 팀 구축 전문가 마그릿 해리스(Margrit Harris)는 팀을 붕괴시킬 가능성이 높은 요인들을 다음과 같이 밝히고 있다.

- 공동의 목표실종: 목표가 없다면 도달할 수 없다.

- 충돌하는 개성들: 갈등이 일어나면 협력이나 창조력은 실종된다.
- 유사한 전문성: 기술의 다양성이 없다면 성과를 높일 수 없다.
- 애매한 윤리기준: 애매한 윤리기준은 팀을 빠르게 붕괴시킨다.
- 상이한 활동 스타일: 보완적인 활동이 없다면 팀원사이에 갈등이 일어난다.

## 4. 동기부여의 최근 동향

이 장은 구성원들에게 동기를 부여하는 것이 무엇이고, 직원의 동기와 만족도가 생산성과 조직의 성과에 어떻게 영향을 주는지를 이해하는데 초점을 맞추었다. 기업들이 인적자원에 투자하기 위하여 현재의 방법과 동향을 검토하면서 다음의 8가지 추세를 찾아낼 수 있었다.

① 교육과 훈련 ② 직원 주식소유 ③ 노동과 생활의 균형 ④ 지식노동자의 발굴 ⑤ 집중근무제 ⑥ 유연근무제 ⑦ 직무공유 ⑧ 재택근무 등이다. 『포춘』이 매년 작성하는 '일하기 좋은 100대 기업'의 공통점은 직원들을 올바로 대우하는 것이 중요하다는 사실을 알고 있다. 이 섹션은 직원들을 동기부여시키는 이런 추세들 각각을 논의한다.

### (1) 교육과 훈련

교육과 훈련의 기회를 제공하는 기업들은 직원들이 더욱 숙련되고 동기가 부여됨으로써 소득을 올리고 있다. 신기술을 훈련받은 직원들은 생산성이 높아지며 직무를 바꿀 수도 있다. 기업들이 교육과 훈련 제공을 통하여 '우리는 직원의 가치를 인정하고 직원의 성장과 개발에 헌신하고 있다'는 메시지를 전달하고 있는 것이다. 한 건설회사는 모든 직원들에게 연간 40시간의 훈련을 받을 것을 요구한다. 이 회사 직원들은 실제 연간 66시간의 훈련을 받는다.

### (2) 직원소유제(employee ownership)

직원소유제는 직원을 실제 회사의 동업자처럼 행동하게 만들 것이라는 믿음이 깔려있다. 기업의 주인처럼 생각하는 직원들은 고객의 욕구를 살피고,

불필요한 비용을 절감하며, 업무를 원활하게 처리하고 더 오랜 시간 일을 하도록 동기부여 되리라는 이론이다. 경제학자 크루즈(Douglas Kruse)에 따르면 '평균적으로 종업원이 소유한 회사는 그렇지 않은 회사보다 더 생산적이고, 더 수익을 창출하며, 더 지속성이 있고, 이직률이 적다'고 주장하였다.

### (3) 노동과 생활의 균형(work-life balance)

작업장에서 증가하는 추세는 직원들이 생활을 다양하게 설계하기 때문에 기업들은 도움을 제공하고 있다. 결과는 스트레스를 덜 받는 직원들이 직무에 집중하여 생산성을 높이고 있다. 포드자동차는 직원들을 위해 노동과 생활의 균형에 따른 이익(work-life benefit)을 제공하는 대표적인 기업이다. 포드회사는 육아보조, 노인예방진료계획 지원(집안 노인들이 직장방문진료 허용), 직장피트니스센터 제공, 재택근무, 직무공유 등을 제공한다.

### (4) 지식노동자의 발굴

많은 기업에서 지식노동자(현재 인력의 40% 차지)는 감독관 밑에서 배속되어 있지만 그들은 단순 직원이 아니고 '동업자(associate)'다. 지식은 전문화된 경우에만 효과적이므로 지식노동자들은 동질적이지 않다. 컴퓨터 시스템 전문가, 프로그래머, 변호사, 금융서비스 전문가 등은 지식기술자(technologist)로서 소수에 불과하지만 단일집단으로서 빠르게 성장하고 있다. 모든 기업의 성공은 그 기업이 보유한 지식인력의 성과에 점점 의존하게 될 것이다.

지식기반 경영에서 리더십을 달성하는 유일한 방법은 장래가 유망한 지식전문가들과 어울려 시간을 보내는 것이다. 그들을 더 잘 알고, 그들을 정신적으로 이끌며, 그들 말에 기울이기 위해 시간을 보내는 것이다.

### (5) 집중근무제(compressed workweek)

구성원들의 삶을 융통성 있게 할 수 있도록 하루 근무시간을 늘려 일주일 근무일수를 줄일 수 있는 프로그램을 말한다. 가장 보편적인 것은 4-40 스케줄로 하루 10시간씩 주 4일 근무하는 프로그램이 있다. 기업들은 직원의 욕구에 맞게 직원들이 원하는 스케줄에 맞추어 생산성 향상을 할 수 있도록 노력하고 있다.

### (6) 유연근무제(flexible work hours)

유연근무제란 직원들이 어느 정도의 정해진 선에서 상황에 따라 시간과 장소를 유연하게 사용할 수 있는 제도이다. 특정시간 동안에는 모든 직원들이 사무실에 있어야 하지만 출근, 퇴근, 점심시간은 노동자의 편의에 따라서 자유롭다. 기업들은 지각을 하거나 결근을 한 직원이 같은 날 또는 같은 주에 '만회 보충근무'를 할 수 있게끔 허용한다. 이는 노동력을 효과적으로 활용하는 것이 목적이다. 그러나 유연근무제를 도입함으로써 비정규직을 확대하고 여성일자리의 질이 낮아질 수 있다는 비판이 있다.

### (7) 직무공유(job sharing)

일자리 나누기는 2명 혹은 그 이상의 사람이 주당 40시간의 근무시간을 가진 직무를 나누어 직업을 같이 하는 것이다. 회사가 얻는 혜택은 1명 인건비로 2명의 업무량을 얻는 것이다. 항공사가 비용절감을 위해 직무공유를 하고 있다.

### (8) 재택근무(telecommuting)

IT 기술의 발전으로 직원들은 일을 집에서 하지만 사무실과 연결될 수 있다. 재택근무가 늘어날수록 직무만족도가 증가했지만 재택근무 시간이 늘어나면서 만족도는 떨어지다가 지금은 안정화되었다.

테일러의 과학적 관리 이후 경영은 많은 발전을 보여 왔다. 오늘날의 기업들은 전문화된 직원들을 채용하고 그들을 붙잡기 위하여 다양한 인센티브를 제공하고 있음을 알 수 있었다. 여러분이 일하고 싶은 회사는 기업문화가 어떻게 되어 있는지를 조사해 보아라. 여러분을 열심히 일하도록 동기부여 시키는 것이 무엇인지 대해 생각해 볼 필요가 있다는 것이다.

[EBS] 세상을 바꾼 리더십
빌게이츠

코로나 사태 리더십 발휘 사례

# 리더십

Leadership

# 리더십

## 도입사례
### 리더십의 여섯 가지 조건

리더십은 도대체 어디에서 나오는가? 리더십의 요건은 무엇이며 리더십을 지닌 지도자란 어떤 인물인가? 리더십은 이를 바라보는 시각에 따라 다양한 형태를 표출한다. 어떤 사람들은 기병대를 이끄는 대장을 리더십의 모범으로 꼽기도 하고, 심포니오케스트라를 지휘하는 지도자가 리더십을 대변한다고 주장하기도 한다. 그런가 하면, 어떤 사람은 감동적인 연설을 하는 저명한 정치가로부터 리더십의 일면을 읽기도 하고, 종교집단주의의 열광적인 설교를 리더십의 전형이라고 평가하는 사람들도 있다. 이처럼 리더십은 이것을 바라보는 사람들의 관점에 따라 각양각색이다. 그럼에도 불구하고 일반인들의 머리속에 "리더십"하면 보편적으로 떠오르는 공통분모가 있다는 사실은 상당히 흥미롭다고 할 것이다. 그리고 이들의 리더십을 높이 산 이유를 분석해 보면 크게 여섯 가지 특징을 요약된다.

첫째, 리더십을 발휘한 지도자들은 결코 우유부단하지 않다. 리더십이 있는 지도자들은 머리속으로 생각만 하고 실천에 옮기지 못하는 나약한 햄릿으로 머물기를 거부한다. 이들은 행동하는 지도자를 지향한다. 이런 과감성을 바탕으로 조직 내 구성원들에게 모범을 보임으로써 이들의 신뢰를 얻을 수 있다.

둘째, 위기에 강하다. 리더십이 있는 지도자는 위기상황에 봉착했을 때 더욱 진가를 발휘한다. 나아가 그들은 단순히 위기상황을 효과적으로 극복하는 데 만족하지 않고 일부러 조직 내에 위기를 조장하기도 한다. 이들은 위기를 극복하는 과정에서 조직이 한 단계 더 비약할 수 있음을 알고 있다.

셋째, 지도자들은 카리스마를 가지고 있다. 지도자들은 부하들을 일사불란하게 자신이 의도하는 방향으로 움직이게 하고 이들에게 자신의 권위를 내세울 수 있어야 한다. 가끔 이런 모습이 조직구성원에 대한 지도자의 독선으로 받아들여져 부정적인 면이 부각되기도 한다. 한지만 진지한 의미의 카리스마는 무력에 의한 강요와 지배가 아니라 구성원들로 하여금 자발적으로 따를 수 있는 분위기를 조성하는 것이다.

넷째, 지도자는 용기를 가지고 있다. 진정한 지도자는 조직과 구성원을 위해 옳은 일이라는 확신이 설 경우에는 어떤 위험이 있더라도 굳건히 신념을 지킨다. 이로 인한 비판에 대해서는 자신이 전적으로 책임진다는 용기로 맞서야 한다.

다섯째, 지도자는 뚜렷한 비전을 가져야 한다. 비전을 갖지 못한 지도자는 조직구성원들에게 이들이 지향해야 할 목표와 방향을 분명히 제시해줄 수 없다. 훌륭한 지도자는 자신이 지향하는 목표에 보다 많은 조직구성원이 동참할 수 있도록 하는 능력을 지니고 있어야 한다. 결과적으로 부끄러운 역사를 남겼지만 히틀러가 독일의 세계지배를 합리화하기 위해 독일민족에게 제시한 "청년왕국"이나, 미국 내 개척자 정신을 부활시킨 케네디의 "개척자 정신"은 국민에게 확실한 변화의 메시지를 전달했기 때문에 지지를 얻을 수 있었다.

여섯째, 지도자들은 인내를 갖고 목표달성에 매진한다. 비록 당초에 세운 목표를 달성하기 힘들지라도 쉽게 의지를 굽히지 않는 끈기를 가져야 한다.

# 1절 리더십의 의의(Nature of Leadership)

리더(leader)는 누구이며, 리더십은 무엇인가를 살펴본다. 리더는 다른 사람에게 영향을 미치고 관리적 권한을 소유한 사람이라고 정의할 수 있다. 리더십(지도력)은 조직 목표를 달성하기 위해서 상사가 부하들이 자발적으로 노력하도록 영향력을 행사할 수 있는 통솔과정이라고 정의할 수 있다.

리더십의 핵심은 사람을 지도함으로써 어떤 목표를 달성하는 것이므로, 지도하기 위해서는 경영자들 자신이 가지고 있는 권력을 사용함으로써 효과적인 리더십을 갖출 수 있다.

효과적인 리더가 되려면 경영자는 다른 사람의 행동에 영향력을 끼칠 수 있어야 한다. 이런 능력을 권력(power)이라고 한다. 연구자들은 권력의 4가지 주요 원천을 다음과 같이 파악했다.

① 합법적 권력(legitimate power): 조직 내에서 개인이 차지하는 직위에서 나옴
② 보상적 권력(reward power): 보상에 대한 개인의 통제력에서 나옴
③ 강압적 권력(coercive power): 불이익을 줄 수 있는 개인의 능력에서 나옴
④ 전문적 권력(expert power): 개인의 카리스마와 존경심이나 숭배심에서 나옴

목표달성을 위해 개인들이 노력하도록 영향을 미치기 위해, 많은 리더들이 이들 권력의 원천을 활용한다. 이건희는 삼성전자 CEO라는 직위에서 합법적 권력을 획득했다. 그의 보상적 권력은 회사를 변화시키고 주가를 올려놓는 데에서 비롯된다. 그는 강압적 권력을 행사하는 것도 주저하지 않았다. 그는 5년 동안 20명의 경영자 중 10명을 교체하였다.

 **2절 초기 리더십 연구의 이론(Early Theories of Leadership)**

초기 리더십 문제를 이론적으로 연구하는 데에는 특성이론(trait theory), 행동이론(behavior theory) 및 상황이론(contingency theory)의 세 범주가 있다.

### 1. 특성이론(trait theory)

초기 리더십 이론은 리더의 개인적 자질과 특성에 초점을 맞추었다. 특성이론은 리더십을 발휘하기 위하여 필요한 소질, 능력, 인격에 관한 논의로서, 어떤 특성을 가진 사람이 지도자가 되어야 하는가 하는 연구이다. 특성이론에 의하면, 특성을 일반적으로 외향성, 친화성, 성실성, 정서안정성 및 개방성 등 5가지로 분류하였다. 훌륭한 리더와 관련된 특성은 강한 책임감과 목표를 달성하겠다는 의욕과 자신감, 용기, 성실, 결단성과 같은 특성이 있어야 하며, 더 나아가 다른 사람과 원만한 인간관계를 유지할 수 있는 능력과 좌절이나 절망감을 이겨낼 수 있는 의지가 있어야 한다.

만약 특성이론이 유효했다면 모든 리더는 특정한 특징을 가지고 있어야만 했을 것이다. 효과적인 리더와 비효과적인 리더를 구분 짓는 특징들을 규명하는 연구진들의 노력에도 불구하고 이 시도는 결국 실패하였다. 특성에만 근거한 설명이 상황적인 요소뿐만 아니라 리더와 구성원들간의 상호관계를 무시하고 있기 때문이다. 연구자들은 이후 효율적인 리더는 무엇을 하는가, 즉 그들의 행동에 어떤 특별한 것이 있는가에 대해 궁금해 했다.

## 2. 행동이론(behavioral theory)

1940년대 후반부터 1960년대 중반까지 리더십 연구는 리더의 특성보다는 실제행동에서 나타나는 바람직한 행동유형에 집중되었다. 이는 리더의 지위에 있는 개인들은 다른 이의 행동에 영향을 미치려는 시도를 할 때 상대적으로 일관적인 방식을 사용하는 경향이 있다. 다른 사람과 상황에 반응하는 경향이 개인마다 다르다는 뜻이다. 이런 행동 양식을 리더십 스타일(leadership style)이라고 부른다.

만약 특성이론이 성공적이었다면 조직에서 요구되는 리더십을 가진 적합한 사람을 선택하는 방법을 마련해 주었을 것이고 반대로 행동이론이 리더십의 명백한 행동요인으로 나타난다면 훈련을 통해서 리더를 육성할 수 있을 것이다. 행동유형에 관한 많은 연구가 진행되었다. 아이오와대학의 Lewin교수는 리더십 스타일을 독재형(autocratic style), 민주형(democratic style), 자유방임형(laissez-faire)의 세 가지 상이한 스타일로 구분하였다. 독재형 리더(autocratic leaders)는 일방적인 의사결정을 내리며, 부하직원의 의견은 거의 받아들이지 않는 지배적인 리더다. 군대는 필연적으로 독재적이다. 현대 조직의 경향은 독재적 리더의 지배적이고 억압적인 스타일과는 거리가 멀다.

민주적 리더(democratic leaders)는 의사결정시 종업원을 참여시키며 권한을 위임하고 작업방법 및 목표를 결정할 때 종업원의 참여를 유도하며 이들을 지도하는 기회로서 피드백을 활용하는 리더를 말한다.

자유방임형 리더(laissez-faire leaders)는 모든 권한과 통제권을 부하들에게 넘겨준다. 직원들은 과업을 할당받고는 과업을 달성할 최선의 방법을 해결책으로 내놓을 수 있는 자유재량을 부여받는다. 독재적 스타일의 정반대쪽에 있는 리더십 스타일로 부하들은 회사방침을 침해받지 않는 한 무한정의 자유를 갖는다.

종업원의 만족수준은 독재형 리더보다 민주형 리더십에서 높게 나타났다. 이러한 결과는 경영자는 언제나 민주형 리더십을 보여 주어야 하는가? 탄넨바움(R. Tannenbaum)과 슈미트(W. Schmidt)는 리더십 행동의 연속성을 제시하였다(〈그림 11-1〉 참조).

**:  그림 11-1** 리더십 행동의 연속성

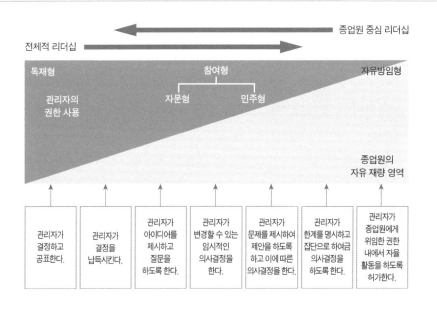

출처: Adapted and reprinted by permission of the Harvard Business Review. An exhibit from "How to Choose a Leadership Pattern," by R. Tannenbaum and W. Schmidt, May-June 1973.

이 연속성은 리더십 행동의 범위를 보여주고 있다. 모형의 왼쪽 끝에는 독재형 리더, 오른쪽 끝에는 자유방임형 리더가 위치하고 있다. 탄넨바움(R. Tannenbaum)과 슈미트(W. Schmidt)는 경영자들이 연속선상에서 리더의 행동을 결정할 때 선택한 리더십의 권한에 대한 영향력, 책임을 맡기 위한 준비성과 종업원의 영향력, 시간의 제한 등과 같은 상황요인을 고려해야 한다고 주장했다. 결국은 경영자들은 종업원 중심 유형으로 나가야 한다고 제안하였다. 그 이유는 종업원 중심의 유형이 종업원의 동기부여, 의사결정의 질, 팀워크 사기 등에 성공적이기 때문이다.

민주－참여적(democratic－participative) 리더와 자유방임적(laissez－faire) 리더는 권한위임이라고 불리는 부하들과 의사결정 권한을 공유하는 기법을 사용한다. 임파워먼트(empowerment)는 직원들이 나름대로의 의사결정을 내릴 수 있게 자율성과 결정권을 더 많이 줄 뿐 아니라 그런 결정을 실행하는데 필요한 자원에 대한 통제력도 더 많이 주는 과정을 말한다.

행동이론은 리더가 다른 구성원에게 보여줄 수 있는 행동은 기본적으로 두 가지 유형으로 대별된다. 첫 번째 유형은 조직이나 집단에 부여된 과업을 달성하는 데에 더 많은 관심을 두는 것으로서, 이런 유형의 리더십은 과업 지향적, 직무 중심적 리더십 등으로 불린다. 두 번째 유형은 조직이나 집단에서 일하는 사람들에 대해서 더 많은 관심을 두는 것으로서 구성원 지향적 혹은 관계 지향적 리더십 등으로 불린다.

## (1) 과업 지향적 리더십(production oriented)

이 리더십에서 리더행동의 특징은 과업이 무엇인지를 분명히 하고 계획을 세우며, 과업을 나누어 구성원들에게 분담시켜 책임영역을 분명히 하는 것이다. 그리고 과업을 수행하는데 따라야 할 절차를 명확히 만들고 맡은 임무를 구성원들이 달성할 수 있도록 독려하여 결과를 주의 깊게 관찰한다.

## (2) 종업원 지향적 리더십(employee oriented)

이 경우, 리더행동의 특징은 구성원들과 온화한 관계를 유지하고 그들의 감정을 존중하는 것을 들 수 있다. 뿐만 아니라 구성원들이 무엇을 원하는지에 대해 관심을 가지며 상호신뢰감을 강조한다.

## (3) 양자 지향적 리더십

이것은 과업과 사람 모두에 대해 관심을 갖는 리더십 유형으로서 네 가지 리더십 유형이 있다.

### 1) 인간관계 리더십

사람에 대해서는 높은 관심, 과업에 대해서는 낮은 관심을 나타내는 유형이다. 이런 리더십 유형을 가진 관리자는 부하들의 화합과 상사에 대한 신뢰, 부하칭찬 등 좋은 분위기를 만드는 데만 주로 신경을 쓴다.

### 2) 자유방임형 리더십

사람과 과업 모두에 대해서 낮은 관심을 나타내는 리더십 유형이다. 이런 유형을 가진 관리자는 과업에 대한 의사결정 대부분을 집단구성원들에게 방임하고, 부하들과의 관계에도 별 관심을 보이지 않는다. 즉, 권한이 부하에게 지나치게 위양됨으로써, 부하중심적인 경영활동이 수행되므로 부하가 행복하기는 하지만 생산적이 못하므로 조직목표를 실현하는 데 문제를 일으킨다.

### 3) 지시적 리더십

과업에 대해서는 높은 관심, 사람에 대해서는 낮은 관심을 나타내는 유형이다. 이들은 혼자 계획하고, 통제하고, 명령일변도이며, 부하를 생산도구로 여기고, 업적달성에만 관심이 있고, 부하에게는 따라만 오라는 식이다. 이것은 부하의 참된 협동에 의한 경영활동이 불가능하게 되어 장기적인 성과실현도 불가능하게 된다.

### 4) 민주적 리더십

과업과 사람 모두에 대해 높은 관심을 보이려는 리더십이다. 이 유형의 관리자는 일을 통하여 사람을 키우는데 익숙한 사람들로서, 구성원들로 하여금 참여와 단결을 유도하여 주인의식을 고취시켜서 높은 성과를 달성하는 이상적인 리더이다.

이것은 부하들의 협동과 동기를 참가시킴으로써 조직목표와 개인목표를 융화시키려 한다. 특히 이 유형의 리더십은 그 수행과정에서 ① 적절한 과업과 행위의 표준을 정하고, ② 표준과 비교할 수 있도록 결과를 평가하며, ③ 정보를 주고받아 피드백 시키고, ④ 결과가 표준에 미달될 때 시정조치를 강구한다든가, ⑤ 모든 경영자와 종업원의 창의와 개발을 고무시키고, ⑥ 구성원의 적극적인 자기실현욕구를 충족시키는데 역점을 둔다.

## 3. 상황이론(contingency theory)

리더십 특성이론이나 행동이론 연구는 모든 상황에 적합한 효과적인 리더십 유형을 발견하지 못하였다. 이는 리더의 특성과 행동이 각각의 상황에 따라 다른 결과를 나타낼 수 있다는 것을 보여 주었다. 어떤 상황에서든 적합한 리더십 스타일이나 행동은 나올 수 없으며 훌륭한 리더는 주어진 상황에서 가장 효과적인 리더십을 발휘한다는 것이다. 이러한 인식에서 리더십 상황이론이 출현하였다.

상황이론에 입각한 연구들은 가장 훌륭한 리더십이란 부하의 개성, 집단의 문화, 일의 성질, 환경의 성질, 태도, 지각 등의 적합을 통하여 리더십의 효과성을 제시하는 차원에서 발전하였다. 상황이론에 고려되고 있는 중요한 상황적 요소들은 ① 리더의 행동특성 ② 부하의 행동특성 ③ 집단요소 ④ 조직요소 등이다. 이러한 요소들은 리더의 상황을 유형화하고 리더십과정에서 이들 요소의 역할과 리더십의 효과를 분석하고 있다.

### (1) 피들러의 상황이론(Fiedler contingency model)

피들러(Fiedler)는 최초로 상황적 리더십을 제시한 학자로서, 그는 리더십이 이루어지는 상황이 리더에게 얼마나 호의적인가에 따라 서로 상이한 유형의 리더십이 효과적이라고 주장한다. 즉, 상황 모델은 리더와 집단 구성원의 상호작용 유형과 그들이 처해 있는 상황의 적합성에 따라서 결정된다는 것으로서, 상황적 특성이 리더에게 호의적인 정도에 따라 다른 효과를 나타낼 수 있다는 것이다. 피들러는 리더의 LPC점수와 리더십의 유효성의 관계는 상황요소에 의해 영향을 받는다. 피들러는 리더십 상황은 세 가지 변수, 즉 리더와 구성원의 관계(leader-member relationship), 과업의 구조(task structure), 리더의 지위권력(position power)을 3가지 중요한 상황요소로 보고 이를 토대로 리더십 유효성을 설명하였다. 피들러는 과업지향 혹은 관계지향의 리더의 행동적 지향을 측정하기 위해 LPC를 개발하였는데 이 질문지에는 상반된 형용사 18쌍, 예를 들어 즐거운-괴로운, 차가운-따뜻한, 흥미로운-지루한, 또는 우호적-비우호적 등이 있다. 응답자들은 그들이 함께한 적이 있는 모든 동료에 대한 질문을 받고, 가장 비선호한 한 사람에 대한 각 형용사 세트 1에서 8등급까지 등급을 선택하게 하였다. 8은 항상 긍정적인 것이고 1은 부정적인 형용사로 기술된다.

만약 리더가 비선호하는 동료들을 긍정적으로 평가(64 이상의 LPC점수)하였다면 응답자는 좋은 인간관계에 관심을 가지며 그 유형은 관계지향으로서 표현될 것이다. 만약 LPC점수가 57 또는 그 이하가 나왔다면 과업 지향적으로 표현될 것이다. 피들러는 인간의 리더십 유형은 상황에도 불구하고 고정적으로 가정한다는 것이다. 다시 강조하면 당신이 관계 지향적인 리더로 표현된다면 항상 관계 지향적 리더라는 것을 의미한다.

〈그림 11-2〉는 피들러의 리더십 상황이론을 정리한 모형으로 상황이 호의적이거나 비호의적일 경우는 과업 지향적 리더가 상황에 유효한 리더(effective leader)가 될 수 있으며, 반대로 상황이 극단적으로 호의적이거나 비호의적이지 않고 중간정도(moderate)인 경우에는 관계 지향적 리더가 상황에 유효한 리더가 될 수 있다는 것을 보여준다.

피들러는 개인의 리더십 유형이 고정되어 있기 때문에 리더의 효과성을 증진시키는 방법은 두 가지가 있다고 주장하였다. 첫째, 상황에 보다 적합한 리더로 교체하여야 한다. 예를 들면 관계 지향적 리더가 운영하는 그룹의 상황이 매우 불리한 상황이라면 과업 지향적 리더로 교체하여 성과를 높이는 것이다. 둘째, 리더에 적합하도록 상황을 변화시키는 것이다. 이 같은 방법은 과업구조를 재구조화 한다던가, 임금인상, 승진 등과 같은 요인에 대한 리더의 권한을 증대 또는 감소시키면서 가능해진다.

## 🔵 그림 11-2  Fiedler 모델의 결론

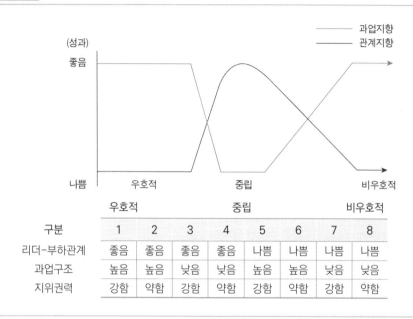

| 구분 | 1 | 2 | 3 | 4 | 5 | 6 | 7 | 8 |
|---|---|---|---|---|---|---|---|---|
| 리더-부하관계 | 좋음 | 좋음 | 좋음 | 좋음 | 나쁨 | 나쁨 | 나쁨 | 나쁨 |
| 과업구조 | 높음 | 높음 | 낮음 | 낮음 | 높음 | 높음 | 낮음 | 낮음 |
| 지위권력 | 강함 | 약함 | 강함 | 약함 | 강함 | 약함 | 강함 | 약함 |

상황이론은 다음과 같은 몇 가지 문제를 들어 비판을 받고 있다. 첫째, LPC(least-preferred co-worker 최소선호 동료 질문지) 척도는 매우 중요함에도 불구하고 측정 문항에 신뢰성과 타당성이 매우 낮고, LPC점수가 리더의 행동스타일과 밀접한 연관성이 높지 않다는 점이다. 둘째, 관계 지향적 리더와 과업 지향적 리더는 양분되는 것이 아니라 동시에 리더는 상황에 적합하도록 자기의 리더십 유형을 변화 시킬 수가 있다는 점이다. 셋째, 리더와 부하의 관계는 상호작용과정에서 달라질 수가 있다는 점이다. 이와 같이 여러 가지 비판이 있음에도 불구하고 피들러의 상황적합성 이론은 리더십의 원리를 연구하고 응용하는데 중요한 공헌을 하였다.

### (2) 브롬과 예톤의 참여적 리더십이론

1973년 브롬(Vroom)과 예톤(Yetton)은 리더의 의사결정에 초점을 맞춘 상황적 리더십이론을 주장하였다. 이 이론에서는 효과적인 리더가 되기 위해선 좋은 의사결정을 해야 한다는 점을 강조한다. 특히 이들은 리더십이 이루어지는 상황으로서 의사결정이 이루어지는 상황을 일곱 가지 기준으로 제시하였다. 즉, 일곱 가지 상황변수(예/아니요로 선택)가 어떤 상태에 있는가를 고려하여 거기에 알맞은 리더십을 발휘해야 하는데, 다섯 가지의 대안적 리더십 유형을 결합한 것이다.

최근에는 Vroom과 Jago의 연구에 의해 모형이 수정되었다. 새로운 모델은 5개의 리더십 유형은 유지하면서 리더 자신이 조직과 함께 문제를 해결하고 일치된 결정을 내리는 의사결정상황으로부터 나온 12가지 상황요인으로 확장되었다. 이들 요인은 다음과 같다.

① 결정의 중요성
② 결정에 대한 부하들 개입의 중요도
③ 리더가 좋은 결정을 내리는 데에 필요한 충분한 정보력
④ 문제를 어떻게 잘 구조화하는가?
⑤ 독재적인 결정이 부하들로부터 실천력을 가지는가?
⑥ 부하들이 조직의 목표를 잘 따르는가?
⑦ 해결방안 택일 시 부하간의 분쟁이 있을 것 같은가?
⑧ 부하들의 올바른 의사결정을 위해 필요한 정보가 있는가?
⑨ 부하들이 관여하는 정도를 제한하는 리더의 시간 제약
⑩ 지리적으로 떨어져 있는 구성원들을 함께 집합시킬 비용이 적당한가?
⑪ 결정을 내리는데 걸리는 시간을 최소화하는 리더의 중요도
⑫ 부하의 결정력을 높일 도구가 되는 참여도의 중요성

초기의 리더 참여 모형의 연구 결과는 고무적이었다. 그러나 불행하게도 일반적인 경영자들이 이 모형을 사용하기에는 너무 복잡하였다. 리더 참여 모형은 리더십연구가 사람보다는 상황을 고려해야 한다는 주장을 뒷받침한다. 이는 지시적이고 독재적인 리더보다는 민주적이고 참여적인 상황에 대해 다루고 있다는 의미일 것이다. House의 경로－목표이론과 마찬가지로 Vroom, Yetton, Jago는 리더의 행동이 불변이라는 점에는 반대한다. 리더 참여 모형은 리더가 다양한 상황에 부합하는 스타일을 보인다고 주장한다.

## (3) 경로-목표이론

리더는 어떤 방식으로 부하들에게 도움이 되는가?

리더십을 이해하기 위한 가장 멋있는 접근 중의 하나가 House의 경로-목표이론(path-goal theory)이다. 이 이론의 핵심은 리더의 직무란 부하들이 목표를 달성할 수 있도록 도와주고 부하들의 목표가 전체 목표와 조화될 수 있도록 방향을 제시하거나 지원해 주는 것 이라는 것이다. 경로-목표란 용어는 효과적인 리더들이 구성원들의 작업목표를 성취할 수 있도록 방향을 명확하게 제시하며, 그 과정상의 장애와 위험 요소를 감소시킴으로써 보다 쉽게 작업 목표에 도달할 수 있도록 하는 것이다. 경로-목표이론은 리더의 기대감과 리더 행동에 작용하는 상황적 요소의 연구에 중점을 둔다. 따라서 구성원의 과업성과에 대한 유의성(valence)을 높이고 거기에 필요한 모든 상황적 조건을 조성함으로써 과업달성에 대한 기대감을 높이는 것이 리더의 주요한 기능이라고 할 수 있다.

### 1) 리더의 행동

경로-목표이론에서는 리더의 행동을 지시적, 지원적, 참여적, 성취지향적 유형으로 분류한다. 상황적합성 이론과 달리 경로-목표이론은 리더가 4가지 유형 중에서 상황에 가장 적합한 하나의 유형을 선택할 수 있다. House는 다음과 같이 네 가지 리더십 행동을 제시하였다.

① 지시적 리더(directive leader): 해야 할 일의 스케줄을 짜고, 광업성취방법을 제시하지만 부하로부터 기대는 무시한다.

② 지원적 리더(supportive leader): 부하들이 필요로 하는 것(분위기, 만족, 복지 등)에 관심을 보이고 친밀감을 표시한다.

③ 참여적 리더(participative leader): 의사결정 이전에 구성원의 제안을 묻고 상의한다.

④ 성취 지향적 리더(achievement-oriented leader): 목표를 세우고 부하들이 최고수준으로 일을 수행할 것을 기대한다.

리더는 행동을 바꾸지 않는다는 Fiedler의 관점과는 달리 House는 리더들이 변화할 수 있으며, 상황에 따라 위와 같이 리더십 유형의 전부 또는 일부가 나타날 수 있다고 보았다.

〈그림 11-3〉에서 볼 수 있듯이, 경로-목표이론 모형은 리더십 행동과 성과간의 관계를 결정짓는 상황적 요인을 제안한다. 모형의 환경적 요인은 구성원의 외적 통제요인과 개인적인 특성이다. 이 이론은 환경적 구조가 제공하는 것이 많거나 구성원 특성이 일치하지 않으면 리더 행동은 비효과적으로 본다.

**그림 11-3** 경로-목표이론

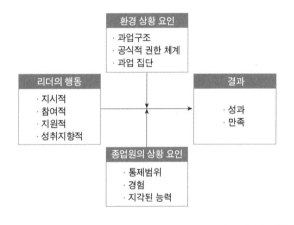

2) 상황요소

경로-목표이론은 구성원의 특성과 환경적 요소의 2가지 변수를 상황요소로 제시한다.

• 구성원의 특성: 상황요소로서 구성원의 특성에는 능력(ability), 통제의 위치(locus of control), 욕구와 동기(need and motivation) 등이 있다.

첫째, 능력이란 구성원이 스스로의 능력을 인지하는 정도를 말하며 과업 요구와 관련된 인지된 능력의 정도가 높을수록 지시적 리더를 수용하려는 마음이 적어진다. 그 이유는 리더의 지시적 행동은 불필요한 것으로 보이기 때문이다.

둘째, 통제의 위치는 부하가 자신의 신변에 일어나고 있는 일을 스스로 통제할 수 있다고 믿는 정도이다. 당면한 상황에 대하여 통제할 수 있다고 믿는 사람의 통제성향을 내재적(internal)이라 하며 이러한 내재론자들은 참여적 리더십을 선호한다. 한편 자신의 신변에 일어나고 있는 상황이 자신의 통제범위 밖에 있다고 믿는 사람의 통제성향을 외재적(external)이라 하며, 외재론자들은 지시적 리더십을 선호한다.

셋째, 욕구와 동기는 구성원이 가지는 욕구와 동기가 리더의 행동에 영향을 준다는 것으로 안전욕구가 강한 구성원은 지시적 리더의 행동을 받아들이지만 존경욕구가 강한 구성원은 후원적 리더나 참여적 리더를 더 선호할 것이다.

• 환경적 요소: 환경요소는 구성원의 통제범위 밖에 있지만 직무만족이나 동기부여에 매우 중요한 영향을 미치는 것들을 말한다. 이런 요소에는 부하의 과업, 조직의 공식권한 시스템, 작업집단 등이 있다. 과업의 구조화 정도가 낮을수록 지시적 리더가 적합하며 작업집단이 성숙해 감에 따라 리더십 행동유형도 달라져야 한다. 조직의 공식권한 시스템도 리더십 유형에 영향을 미치는데 방침, 규정, 절차 등이 명백한 조직은 지시적 리더가 필요하다.

### 3) 적합한 리더십 유형의 선택

리더가 채택한 행동유형은 구성원이 가지고 있는 특정 목표의 달성을 가장 효과적으로 촉진할 수 있다. 강조하면 구성원은 리더의 행동이 목표달성을 도와주는 것이라고 인지하여야 한다는 것이다. 경로-목표이론을 요약하면 〈그림 11-3〉과 같다. 이 이론은 상황적 요소에 따라 요구되는 리더의 행동유형이 다르다는 것을 제시하고 있다.

경로-목표이론에 대한 연구는 대체로 긍정적이다. 즉 구성원의 성과와 만족은 리더가 구성원이나 작업환경의 결점을 보완해 줌으로써 긍정적인 영향을 받게 될 것이다. 그러나 이미 과업에 명확함에도 과업에 대한 설명을 하는데 시간을 낭비하거나 구성원이 이미 과업을 수행할 능력과 경험을 갖고 있다면 리더의 지시적 행동은 과도하거나 모욕적으로 평가될 수 있다.

**3절 오늘날의 리더십(Contemporary Leadership)**

리더십에 대한 최근 관점은 무엇인가? 오늘날 리더가 다루는 쟁점은 무엇인가? 이 섹션에서는 세 가지 새로운 현대 리더십 — 거래적(transactional leader-ship), 변혁적(transformal leadership), 카리스마(charisma), 서번트(servant) — 의 관점을 살펴 볼 것이다. 오늘날 환경에서 리더들이 직면하는 쟁점에 관해서도 논의할 것이다. 현대 리더십 관점은 구성원을 고무시키고 후원하는 리더라는 공통점을 가지고 있다.

### 1. 거래적 리더는 변혁적 리더와 어떻게 다른가?

리더십 모형의 일반적인 공통점은 리더가 부하의 복종과 협조를 얻기 위한 효과적인 방법을 발견하도록 돕는다는 것이다. 거래적 리더는 리더와 부하간의 본질적인 교환 혹은 거래(transaction)가 발생하여 부하가 목표를 달성하였을 때 리더로부터 보상(또는 벌)을 받고 리더는 부하가 목표를 달성할 수 있도록 동기부여를 해준다. 리더는 부하들이 원하는 욕구(급여, 승진 등)가 무엇인지 파악하여 리더의 목표욕구와 부하의 욕구를 서로 교환하는 것이다. 변혁적 리더는 비전을 명확히 제시하고 부하들이 이례적 결과를 가져올 수 있도록 자극하고 격려한다. 구성원들이 새로운 방식을 이용하여 오래된 문제까지 해결할 수 있도록 분위기를 조성하고, 조직문화를 변혁시킨다. 혁신적 리더는 창조적인 능력이 요구되면 부하도 창조적인 능력이 필요하기 때문에 그러한 자질이 없는 경우 차라리 거래적 리더십이 더 효과적이다. 잭 웰치, 케네디 등이 대표적이 사람들이다.

변혁적 리더십은 거래적인 리더십의 대조적인 접근법이 아니라 거래적 리더십의 바탕 위에 세워졌다. 변혁적 리더십은 거래적 리더십만으로 발생하는 구성원의 노력과 성과 수준을 뛰어 넘는다. 변혁적 리더십이 성공하는 경우 거래적 리더십보다 우월하고 더 효과적이며 더 높은 성과를 나타내며 대인관계에 더 민감한 것으로 나타났다. 변혁적 리더십이 이직률 감소, 생산성 향상, 종업원 만족, 창의성 등과 강하게 연관됨을 증명하였다.

## 2. 카리스마 리더십과 비전적 리더십은 어떻게 다른가?

카리스마(charisma)는 그리스어 charis(신이주신 재능)에서 유래된 단어로 '천부적인 어떤 것' 또는 '초자연적인 특질'을 의미한다. 윈스턴 처칠, 마틴루터 킹 같은 카리스마 리더는 추종자로 하여금 불가항력으로 따르게 하는 천부적 리더십능력을 가진 사람을 뜻한다. 많은 학자들은 카리스마가 있는 리더의 개인적인 특성을 규명하고자 시도하여 다섯 가지 특징을 제시하였다.

① 그들은 이데올로기 비전을 제시한다.
② 그 비전을 키우는 고도의 자신감을 가진다.
③ 그 비전을 성취하기 위해 위험을 감수하며 의지력이 있다.
④ 솔선수범으로 부하들의 행동을 성과지향으로 유도할 수 있다.
⑤ 감정적 호소가 많다. '더 더 더 일하자. 지금' 등의 호소를 하고 설득한다.

카리스마 리더십과 업무성과의 향상, 구성원들 사이의 만족감 향상 등에 대한 사례가 늘어남에 따라 카리스마는 여전히 바람직한 리더십의 한 부분이라고 믿고 있다. 카리스마가 바람직하다면 카리스마 리더는 학습될 수 있는가? 대부분의 연구자들은 개인이 카리스마적인 행동을 나타내도록 훈련될 수 있다고 믿는다. 예를 들면 연구자들이 학생 리더들에게 대화할 때 눈을 계속 똑바로 마주치거나 생기 있는 얼굴 표정을 짓는 다거나 편안한 자세를 보이는 것과 같은 카리스마를 지닌 비언어적 행동을 사용하도록 가르쳤다. 이처럼 훈련된 카리스마 리더들이 있는 집단에서 구성원들은 좋은 성과를 나타냈으며 업무조정이 잘 이루어졌고, 구성원들은 리더에게 더 잘 적응하였다.

카리스마는 부하의 과업이 이데올로기적 요소를 가지고 있거나 환경이 고도의 스트레스와 불확실성을 포함하고 있을 때 가장 적절한 것으로 나타냈다.

예를 들면 Steve Jobs는 1980년대 초 사람들이 살아온 방식을 극적으로 바꾸어 놓을 개인용 컴퓨터의 미래상을 분명히 함으로써 Apple회사의 기술직 구성원들로부터 변함없는 헌신과 충성심을 이끌어 낼 수 있었다.

비전(미래상)이란 용어는 카리스마와 연동되고 있지만 비전적 리더십(visionary leadership)이란 현 상태에서 나아가 개선하는 조직을 위한 미래에 대해 신뢰할 수 있고, 실제적인 비전을 만들어 표명할 수 있는 능력을 말하는 것으로 그 차이가 있다. 적절하게 선택되어 실행되는 비전은 매우 에너지가 넘쳐서 어떤 일을 달성하기 위하여 기술, 재능, 자원으로서 미래로 도약하는 데 영향을 비칠 것이다. 한 조직의 비전은 사람들의 감성을 자극하고 조직의 목표를 따르는 영감을 주는 명백한 심상을 제공하여야 한다. 비전은 영감을 주고 독특한 가능성을 줄 수 있어야 하며 더 좋은, 새로운 명확한 표현과 강력한 심상을 가진 비전은 보다 쉽게 받아들일 수 있다. 예를 들면 Dell사가 8일 이내에 PC를 고객에게 배송하는 사업의 비전을 세웠다.

## 3. 서번트 리더십(servant leadership)

이는 섬김 또는 봉사적 리더십이라고도 부르는데 훌륭한 리더는 먼저 구성원을 섬기는 하인(servant)이 되어야 한다는 리더십 이론이다. 따라서 서번트 리더십은 리더와 하인이 합쳐진 개념이다. 하인은 자기중심이 아니라 주인의 요구에 응하고 항상 타인에게 우선권을 두는 사람이다. 그러므로 봉사적 리더는 부하, 고객, 지역사회를 최대한 배려하는 리더십을 의미한다.

## 4. 오늘날 리더가 직면한 쟁점은 무엇인가?

오늘날의 환경에서 효과적으로 이끈다는 것은 대부분의 리더들을 위한 그런 도전을 연관시킬 수 없을 것 같다. 21세기 리더는 몇몇 중요한 리더십 쟁점에 직면하고 있다. ① 구성원에게 권한부여, ② 다문화적 리더십에 대한 쟁점을 살펴보자.

## (1) 구성원에게 권한부여

리더가 구성원에게 권한부여를 함으로써 선두에 서지 않고도 조직을 이끌어 나가는 일이 늘어나고 있다. 권한부여(empowerment)는 종업원의 결정권으로 결정하는 일이 늘어나는 일이 늘어나는 것을 의미한다. 구성원이나 팀이 최근까지 경영자의 독점적인 일의 한 부분으로 여겨졌던 예산수립, 직무계획, 재고관리 등의 문제를 해결하는 등의 활동에 참여하고 있다. 예를 들면 슈퍼마켓에서 고객 요구사항을 받은 어떤 종업원이라도 그것을 처리할 수 있도록 허락된다. 이는 '슈퍼에서 고용한 어느 누구라도 그를 리더로서 고용한 것이다'라고 말할 수 있을 것이다. 점점 더 많은 기업이 종업원에게 권한부여를 하는 이유는 그 문제에 대해 가장 잘 아는 사람들의 빠른 결정력이 필요하기 때문이다.

## (2) 국가문화가 리더십에 영향을 미치는가?

우리는 리더십 연구에서 효과적인 리더는 단 하나의 유형만 사용하지 않는다는 일반적인 결론을 내릴 수 있었다. 리더는 상황에 따라 그들의 유형을 조정한다. 특정 국가문화는 가장 효과적인 리더십을 결정하는데 매우 중요한 상황변수이다. GLOBE 연구는 리더십에는 어떤 만국 공통의 특징이 있다는 것을 발견할 수 있었다. 특히 변혁적 리더십의 많은 요소가 리더가 어느 국가 사람이든 상관없이 효과적인 리더십과 관련된다고 보여진다. 비교 문화적 리더십을 요약면 다음과 같다.

첫째, 한국 리더는 종업원에게 온정적이라고 기대된다.

둘째, 일본 리더는 겸손하고 과묵하다고 기대된다.

셋째, 말레이시아 리더는 참여적인 유형보다 독재유형이 더 많은 편이다.

넷째, 독일 리더는 성과 오리엔테이션, 적은 동정심, 높은 독재, 높은 참여, 낮은 동정심 등이 특징이다.

## 5. 신뢰가 리더십의 핵심인가?

오늘날 우리나라 정치인들의 신뢰 또는 신뢰부족은 중요한 이슈로 떠오르고 있다. 리더십도 리더와 부하간의 인간관계에 바탕을 둔다. 아무리 능력이 있고 권력이 있어도 마음에서 우러나오는 신뢰가 없다면 순응하는 척만 한다. 신뢰와 신용이 무엇인지, 왜 중요한지 알아야 한다.

정직은 신뢰성의 주요 요소이다. 정직은 리더십에 절대적으로 필요한 요인이다. 만약 사람들이 기꺼이 당신을 따르도록 하고자 한다면, 그곳이 정치세계이든 기업이든 그 사람들이 신뢰할 수 있도록 확신을 심어주어야 한다. 부하들은 신뢰성(credibility)을 그들의 정직, 능력, 윤리, 정정당당에 의해서 판단한다. 신뢰는 신뢰성의 개념과 밀접하게 엉켜있으며 종종 혼용되어 사용된다. 신뢰(trust)는 리더의 성실성, 특성, 능력에 대한 믿음으로 정의된다. 연구결과는 다섯 가지 차원에서 신뢰의 개념을 보충하였다.

① 성실성: 정직함과 진솔함
② 능력: 전문적, 대인관계적인 지식과 기술
③ 일관성: 예측가능성, 확실성
④ 충성심: 타인을 보호하려는 의지
⑤ 개방성: 정보를 자유스럽게 공유하려는 의지

이 다섯 가지 차원 중 성실성은 어떤 이가 다른 사람의 신뢰감을 얻어 낼 때 가장 중요하게 나타난다. 리더가 털어도 먼지하나 없는 자신감 있는 행동이 부하들에게 가장 신뢰를 얻는 방법이다. 윤리적 리더라면 남 앞에서 떳떳해야 부하들의 신뢰도 얻을 것이며 결과적으로 리더십의 효과가 증가할 것이다.

결론적으로 상황에 관련 없이 어떤 리더십 유형은 항상 효과적일 거라는 믿음에도 불구하고 리더십은 항상 중요하지 않을 수 있다. 어떤 상황에서는 리더가 보이는 어떤 행동과는 무관하다. 다시 말하면 특정 개인, 일 그리고 조직적 변수는 리더의 영향력을 무시하고 리더십을 위한 대용품으로서 이용될 수 있다. 예를 들면 경험, 훈련, 직업적 오리엔테이션과 같은 부하의 특징은 리더십의 효과를 무효화할 수 있다.

고객은 2위다
- 하워드 슐츠, 스타벅스 CEO

# 의사소통

## Communication

# CHAPTER
# 10

# 의사소통

## 도입사례

▶ 제품과 관련하여 중국인 고객을 상대하는 Mobile SNS 유형을 열거하고 장단점을 비교
하라.

① 중국판 트위터 '웨이보'

현재 중국에서 가장 영향력이 있는 소셜 네트워크 서비스이고, 웨이
보란 '마이크로 블로그(micro blog)'를 뜻하는 신조어로, 작다는 뜻의
'웨이'와 블로그의 중국식 표기인 '보커'의 첫 글자를 따서 만든 단어
이다.

웨이보는 규모가 큰 만큼 고객들과 접근성이 높고 홍보효과도 크게 기대할 수 있다. 또한 페이스북
과 트위터와 사용법이 거의 흡사하기 때문에 이용이 쉽고 웨이보에 포스팅한 글이 웨이보 자체뿐만
아니라 바이두를 비롯한 포털 사이트의 검색 엔진에 노출이 되기 때문에 컨텐츠 중심의 홍보를 원하
는 기업에게 매우 중요한 마케팅 수단이 된다. 그리고 기업 계정을 따로 개설할 수 있는데, 웨이보 기
업 계정은 기업 계정의 특유 마크가 부여되어 개인 계정과의 차별화뿐만 아니라 브랜드 홍보 차원에
서 더 적합한 계정을 가질 수 있다.

단점으로는 사용자가 많은 점이 장점이나 단점으로 작용하는데, 계정이 너무 많기 때문에 눈에 띄지
않으면 주목받기 힘들 수 있는 점이 있다. 또한 페이스북처럼 전세계적으로 이용자가 분포되어 있는
것이 아니라서 다른 해외 고객에게 추가적인 홍보효과를 기대하기 힘들다. 또한 위젯을 달 수 없다는
점과 다른 타사의 사이트와 SNS의 상호연동이 불편하다는 폐쇄적인 특성을 지니고 있다.

### ② 중국판 카카오톡 & 카카오스토리 '웨이신(위챗)'

웨이신은 웨이보와 마찬가지로 작다는 뜻의 '웨이'와 우편, 전신 등 정보를 전하는 일을 뜻하는 '신'이 합쳐진 단어로 '작은 메시지'라는 뜻이다. 2011년 Tencent사에서 개발한 모바일 메신저로 2015년 기준 5.49억명의 사용자가 집계되었고 카카오페이와 같은 유사한 메신저 연계 결제수단인 텐페이 서비스 사용자도 4억명이 넘는 것으로 공개되었다.

웨이신에는 큰 장점은 파워계정인데 일반 계정과 달리 공중계정을 운영하며 패션, 여행, 쇼핑, 미식, 연애, 투자, 뉴스, 경제, 엔터테인먼트 등 다양한 분야에 대해 심도 깊은 콘텐츠를 제공한다. 이러한 공중계정은 기업 내부의 조직관리, 파트너 관리 등 시스템을 웨이신 공중계정으로 할 수 있도록 지원하고 고객관리 및 다양한 기능, 판매목적으로 웨이신 점포를 개설할 수 있고 소비자들과 원활하게 커뮤니케이션할 수 있는 계정이며 4회/월의 단체 push 메시지 발송이 가능하다. 또한 신문 매체나 정보를 수시로 배포가능하며 1회/일 단체 push 메시지 발송이 가능하다. 또 다른 큰 장점은 실시간으로 하는 채팅CS인데, 웨이신에서는 친구와 쓰는 채팅창을 바로 판매자~구매자가 즉각 질문하고 답할 수 있는 기능으로 쓸 수 있는 것이다. 그리고 중국인들이 한자를 쓰기 귀찮아하는 성향이 있어 우리나라보다 음성메시지가 발달되어 있는데 이 기능이 웨이신이 잘 되어 있는 점도 장점으로 뽑을 수 있다.

단점으로는 최근 공중계정에서 일부 업체들이 문제가 있는 제품을 판매하거나 잘못된 홍보물로 도배를 한다거나 거짓 정보를 전달하는 등의 문제가 발생했다. 이로 인해 웨이신은 사용자들로부터 관리가 소홀하다는 비난을 받았다. 특히나 SNS로 거래가 이루어지기 때문에 신뢰가 중요한 웨이신 서비스 모델에서 불신의 분위기가 조성되어 큰 타격을 입을 수 있다. 또한 중국내에 비슷한 모델들이 점차 생겨나고 있는데 특히 알리바바의 '즈상'이 웨이신과 달리 친구 수에 제한이 없고 가입 자체를 실명인증제로 하고 있어 선별된 업체와 소비자 모두 안심할 수 있다는 평가를 받고 있다. 처음부터 어느 곳을 타겟으로 시작할 지 고민해봐야 하는 부분이 있다.

### ③ 중국판 아프리카TV '메이파이'

중국 마케팅을 염두에 둔 기업 및 기관들의 관심은 보통 웨이보나 웨이신에 집중되곤 하는데, 최근 들어 중국에 동영상 플랫폼이 강력한 모바일 콘텐츠 유통수단으로 떠오르고 있다. 2014년 4월 메이투에서 개발한 '아름다움을 찍다'라는 뜻의 메이파이는 2016년 상반기 기준 약 2억 명에 달하는 회원이 가입되었다.

메이파이의 장점은 페이스북에 유투브 영상이 업로드가 가능하듯 메이파이에 올린 영상 또한 웨이보, 웨이신 등의 다른 채널과 연동성이 뛰어나다는 점이 대표적인 장점이다. 한국의 아프리카TV와 유사하여 카테고리별 영상은 물론 BJ들의 생중계, 실시간 채팅, 그리고 별풍선과 같은 유료아이템을 선물하는 수익모델도 가지고 있다. 홍보효과와 더불어 수익창출까지 가능한 매력적인 장점을 가지고 있다. 또한 편집 기능을 제공하여 영상편집이 타프로그램없이 가능하고, 원하는 키워드 및 해시태그를 별도 등록비용 없이 걸 수 있어 노출범위를 확장시킨다.

단점으로는 웨이보와 마찬가지고 전세계적으로 홍보효과를 줄 수 있는 유투브만큼의 효과는 기대하기 힘들다. 아직까지는 중국내에서 흥하는 서비스로 추가적인 홍보효과는 미미하다. 또한 영상 편집이 10~15초 가량으로만 가능하여 긴 시간의 영상편집까진 할 수 없다.

## ▶ 위 제품의 Mobile상 결제방법을 열거하고 장단점을 비교하라.

### ① 알리페이

중국의 알리바바 그룹이 서비스하는 제3자 온라인 결제 플랫폼으로 2004년 처음으로 출시되었으며, 즈푸바오라고도 불린다. 신용카드나 온라인 계좌이체에 대한 불안감을 해소하기 위해 제3자 담보형식으로 결제를 진행하며, 미국의 페이팔

(Paypal)과 유사한 에스크로 플랫폼 형태를 취하고 있다. 즉, 고객이 알리페이로 결제하면 판매자의 계좌에 알리페이 머니 형태로 송금되며, 알리페이는 이용자들 사이의 결제 중개업자 형태로 서비스한다.

알리페이의 장점으로는 알리바바 그룹의 타오바오, 티몰 사이트뿐 아니라 온오프라인 마켓, 온라인 게임 등에서 결제 수단으로 사용 가능하며, 각종 요금 납부, 대출 및 펀드 가입까지 가능하다. 알리페이는 중국 내 제3자 결제시장의 약 50%를 점유하고 있으며, 모바일 결제시장의 약 80%를 점유하고 있다. 2014년 7월 기준 8억 2000만 명의 회원을 보유하고 있으며 중국 내에서 온라인 결제 점유율 50% 이상을 차지하고 있다. 국내에는 결제 대행업체 이니시스와 제휴하고 있으며 최근 롯데면세점과 계약을 체결하였다.

단점으로는 알리페이 서비스를 사용하기 위해서는 신용카드, 직불카드 및 계좌이체 등의 형태로 알리페이 머니를 충전해야 한다. 신용카드 충전만 가능한 페이팔의 경우 신용카드 사용이 확산되지 않은 중국에서 서비스가 원활하지 못했기 때문에, 알리페이는 이를 보완하여 은행계좌 및 휴대전화를 통해서도 알리페이 계좌에 머니가 충전되도록 하였다.

### ② 위챗페이

2013년 위챗은 핀테크 플랫폼으로 진화했다. 텐센트의 모바일 결제 시스템인 '텐페이'가 위챗에 연동돼 '위챗페이'로 거듭났다. 이 위챗페이는 이듬해인 2014년 1월 중국 새

해 풍습도 바꿔놓았다. 중국은 설에 붉은 봉투에 돈을 넣어 가족끼리 주고받는다. 한국의 세뱃돈과 비

숫하다. 그런데 이 붉은 봉투가 위챗 대화방에 등장했다. 카카오톡 선물하기와 비슷하게 사용자들이 세뱃돈을 위챗 대화방에서 붉은 봉투로 보내기 시작한 것이다.

위챗페이의 장점으로는 위챗페이를 통해 이용자는 위챗에 탑재돼 있는 계좌이체나 간편결제 기능을 이용해 돈을 주고받을 수 있다. 돈을 보내는 사람은 은행 계좌를 위챗과 연결해 대화방에서 계좌에 있는 돈을 위챗 친구에게 보내면, 받은 사람은 자기 은행 계좌와 위챗을 연결해 현금으로 바꾸는 식이다. 위챗에서 생성한 바코드로 오프라인 매장에서 결제 서비스를 이용할 수도 있다.

단점으로는 청산결제 업무를 담당하는 별도 기관이 없어 개별 은행과의 1:1 계약으로 청산결제 업무를 해야한다. 따라서 청산결제 절차가 복잡하고 비용도 많이 든다는 단점이 존재한다.

▶ **글로벌 고객과 소통할 때, 어떻게 Media는 중국과 한국이 상이한지 설명하고, 무엇이 이슈이고, 문제인지 설명하라.**

(1) 중국은 인터넷과 모바일 환경의 발전에 따라 온라인 미디어 시장이 커지고 있다. 2014년 온라인 광고 시장의 규모는 전년 대비 35%가 증가한 1,483억 위안으로, 이는 전년 대비 6%가 증가한 TV 광고의 시장규모인 1,190억 위안을 처음으로 추월한 것이다. 미디어 매체별 하루 이용시간을 살펴보면, 인터넷과 모바일이 각각 46%, 18%로 TV 시청 시간인 14%를 크게 웃돌고 있다. 중국은 인터넷 이용자의 73.2%인 5.0억 명과 모바일 이용자의 65.4%인 4.1억 명이 온라인 동영상 서비스를 이용하고 있다. 미디어 매체별 하루 이용시간도 2014년 디지털 미디어 비중이 TV를 넘어 50%를 차지하고 있으며, 이에 따라 매체 이용시간과 비례하여 광고 및 사업수익이 커지고 있다.

한국은 주요 매스미디어에 집중했던 광고비를 다른 미디어로 분산시키고 있다는 것을 보여 준다. 2014년 3월 제일기획이 발표한 자료에 따르면 우리나라 광고비에서 지상파 TV의 광고비는 지속적으로 감소하고 있다. 지상파 TV의 광고비는 2012년 −7.1%의 역성장에 이어 2013년 역시 5.4% 감소했다. 이에 따라 지상파 TV가 국내 총광고비에서 차지하는 비중도 20.6%에서 19.1%로 줄어들었다. 이외에도 라디오, 신문, 잡지 등 전통적인 매스미디어는 모두 지속적인 감소 추세에 있다. 반면 케이블 TV, IPTV 방송, 인터넷, 모바일, OOH 광고 등은 최근 몇 년간 꾸준히 성장하고 있다. 특히 2012년에 지상파 TV를 제치고 제1 광고 미디어 위치를 차지한 인터넷은 2013년에도 여전히 1위 자리를 지켰으며 그 성장세를 이어나가고 있다. 또한 모바일은 2012년 성장률 250%, 2013년 성장률 119%로 기록적인 성장세를 이어 가고 있다. 모바일 미디어의 비약적인 성장은 스마트폰의 보편화와 초고속 무선 인터넷 서비스의 발달로 소비자의 모바일 이용 시간이 증가함에 따라 기업들이 모바일 광고에 광고비를 집행한 것에서 원인을 찾을 수 있다(안광현, 2014). 기존 매체의 쇠퇴와 새로운 매체의 성장은 과거 지상파 TV와 신문에 집중되었던 광고비가 다양한 미디어로 분산되고 있으며, 이제 대규모의 소비자를 향해 다량의 메시지를 쏟아내어 줄 광고 매체는 없다는 것을 보여 준다(참고: [네이버 지식백과] 광고 매체 전략(소셜 미디어 시대의 광고, 2015. 11. 1., 커뮤니케이션북스)).

따라서 한국이 중국에 비해서 모바일 이용자 및 모바일 미디어 시장의 비약적 성장이 이루어지고 있다고 볼 수 있다. 이는 스마트폰의 보편화와 초고속 무선 인터넷 서비스의 발달에서 기인한 것이다.

'(2) 글로벌 고객과 소통할 때, 광고주들이 직면하는 이슈는 목표가 되는 청중들과 의사소통할 때 사용할 매체와 수단이다. ① 매체이용능력은 나라마다 다양하다. 몇몇 회사들은 사실상 이용 가능한 Media의 전 범위를 사용한다. 다른 회사들은 하나 또는 2개의 Media 종류를 사용하는 것을 선호한다. 활용 가능한 매체는 인쇄매체, 전자매체 등이 존재한다. 인쇄매체에는 사업 출판물이나 잡지의 뉴스가 있다. 전자매체는 공중파 텔레비전을 비롯한 케이블 텔레비전, 라디오, 인터넷을 포함한다. ② 나라별 매체 소비의 패턴이 다르다. 따라서 광고주는 목표가 되는 청중들의 활용도가 높은 매체를 사용해야한다. ③ 마지막으로 문화적 고려사항은 광고 메시지의 표현에 영향을 준다. 예를 들어서 미국의 잡지 광고의 콘텐츠와 아랍세계에서의 콘텐츠는 사람에 대한 묘사, 광고 콘텐츠의 경향, 가격 정보에서 차이가 존재한다.

그러나 문제는 위의 이슈를 고려하여 글로벌 환경에서 매체 결정을 자유롭게 할 수 있는 것이 아니다. 세계적으로 매체 결정은 국가의 특별한 규제를 고려해야 한다. 예를 들어서 프랑스는 소매상이 텔레비전에서 광고하는 것을 금지한다. 또 스웨덴에서 12세 어린이에 대한 광고를 금지한다. 따라서 각 글로벌 환경의 규제사항이나 법등을 고려하여 Media를 결정해야한다.

### ▶ 위 제품과 관련하여 중국인 고객을 상대하는 Mobile SNS 유형을 열거하고 장단점을 비교하라.

중국은 공산당의 유지를 위해서 트위터와 페이스북이 금지되어있다. 따라서 이러한 폐쇄적인 중국시장에서 투자자문상품을 홍보하기 위해서 웨이보와 위챗을 이용하기로 했다.

#### ① 웨이보

중국 대표 인터넷 포털인 신랑의 소셜네트워킹서비스(SNS)다. 가입자는 2011년 기준 약 2억 명으로, 반년 동안 무려 208% 가량 폭증했다. 이는 트위터의 전 세계 가입자와 비슷한 숫자이다. 웨이보는 중국 언론들이 다루지 않는 민감한 사안들을 실시간으로 전달해 주목을 끌었다. 웨이보의 장점은 다음과 같다. 원가가 낮고 조작이 가능하고 시너지 효과가 높다는 것이 가장 큰 장점이다. 이는 우리의 투자자문회사와 같이 소규모의 회사에게 원가가 낮고 조작이 간단하며 시너지 효과가 높다. 또 사용자와의 거리를 좁히고 실시간으로 사용자의 피드백을 받을 수 있다. 웨이보의 메신저를 활용하여 사용자의 의견을 적극적으로 반영해 소비자의 긍정적 반응을 이끌어 낼 수 있는 것이다. 마지막으로 다른 판매 수단에 보조를 맞출 수 있다. 웨이보를 통한 광고를 전파하여 추첨, 행사, 진행 등 프로모션을 통해 확장성을 가질 수 있다. 단점으로는 타사의 사이트와 연동이 불편하다는 점이 있다. 중국은 페이스북과 인스타그램 등이 막혀있기 때문에 중국 자체의 SNS를 활용할 수밖에 없다.

### ② 위챗

위챗은 중국 최대 인터넷기업 텐센트의 채팅 어플리케이션이다. 이는 중국 최고 인기 채팅앱이면서 자사 서비스인 위챗의 소셜미디어 네트워크를 기반으로 하고 있다. 위챗의 장점은 사용자가 9억명 이상으로 이 플랫폼을 이용하여 영화 티켓 예매는 물론 차량 공유서비스 예약도 가능하다는 점이다. 또 주문을 하고 '위챗페이'를 활용해서 계산까지 한 번에 끝낼 수 있어서 간편하다는 장점이 있다. 외국의 많은 기업들도 위챗을 통한 온라인 매장을 세우고 판매를 하고 있다. 단점은 웨이보와 마찬가지로 타사의 사이트와 연동이 불편하다는 점이 있다. 또 마케팅 비용이 비싸다는 단점도 존재한다.

### ▶ 위 제품의 Mobile상 결제방법을 열거하고 장단점을 비교하라.

HK and YOU투자자문의 상품은 모바일 상에서 크몽(한국 대학생 타겟)과 위챗페이(중국주식에 관심 있는 중국인 타겟)를 통해서 결제 될 수 있다.

### ① 크몽

크몽의 장점은 소비자입장에서 신뢰성이 높다는 것이다. 소비자가 금액을 충전하고 결제를 하는 경우, 실제로 상담이 이루어져야 금액이 결제된다. 이는 소비자입장에서 사기 피해를 받는 경우가 없어진다는 장점이 있다. 이는 크몽을 주 결제 플랫폼으로 사용하는 우리 회사에게도 신뢰도 상승 및 좋은 이미지 확보가 가능하다는 장점으로 작용될 수 있다. 또한 크몽에는 낮은 가격에 다양한 프로그램이 등록되어있다. 이는 다른 상담이나 상품 결제를 위해서 크몽에 방문하였다가 우리 투자자문상품을 이용하는 고객들을 확보할 수 있다는 장점이 된다. 크몽의 단점은 중개수수료가 금액의 20%로 너무 높다는 점이다. 또 아직은 인지도가 낮기 때문에 방문자 수가 적은 것이 단점이다.

### ② 위챗페이

위챗페이의 가장 큰 장점은 간편한 결제 프로세스이다. 신용카드가 사용되지 않는 곳이 많기 때문에 QR코드를 스캔하고 결제암호를 입력하면 결제가 되는 위챗페이를 통한 결제가 가장 편리한 결제방법이다. 이는 오프라인에서도 손쉽게 결제가 가능하기 때문에 중국고객들에게 투자자문상품을 판매하는 것에도 유리하다. 단점은 보안이 허술하다는 것이다. 위챗페이는 여섯 자리 비밀번호로 송금을 한다. 이는 타인에게 유출될 가능성이 높다. 또 다른 단점으로는 돈을 계좌이체로 송금을 받은 경우, 1일 이내에 수락하지 않으면 결제자에게 돈이 반환된다는 문제점이 있다. 이는 즉시 수락을 하기 어려운 상황에서 고객들에게 불편함을 초래할 가능성이 크다.

**1절 의사소통의 개념과 기능(Understanding Communication)**

## 1. 의사소통의 중요성

우리 속담에 "말 한마디에 천 냥 빚도 갚는다"라는 이야기가 있다. '말'을 잘하면 어려운 일도 극복할 수 있다는 의미일 것이다. "오는 말이 고와야 가는 말이 곱다"라는 이야기도 있다. 상대방과 의사소통 할 때 올바른 언행을 해야 돌아오는 말이나 행동도 긍정적일 것이라는 의미일 것이다. 의사소통이란 막히지 아니하여 잘 통하며, 뜻이 서로 통해 오해가 없다는 사전적 의미를 가진다. 기업경영에 이를 적용하면 고객과 기업, 조직 내부의 다양한 조직간, 위아래 직원들이 원활히 의사소통하는 것을 의미한다. 오늘날은 단순히 의사소통에서 그치는 것이 아니라 정보, 지식, 경험, 아이디어 등이 막힘없이 잘 흐르는 상태를 말한다. 창조적인 기업이 되기 위해서는 이 같은 소통이 매우 중요한 역할을 한다.

의사소통(communication)이란 송신자가 수신자에게 어떤 유형의 정보(메시지)를 교환하고 공유하려는 과정이다. 경영자는 효과적인 리더십을 발휘하기 위해서 조직 내 여러 활동을 조정하고, 정보를 공유하기 위해 의사소통을 활성화해야 한다. 더욱이 조직이 팀 중심제로 다변화됨에 따라 팀간의 또는 팀장과 팀원간의 갈등문제 해결과 합리적인 의사결정을 위해서 의사소통의 중요성이 더욱 커지고 있다. 기업경영에 있어서 의사소통이 특히 중요시되는 이유는 다음과 같다.

첫째, 경영규모의 확대로 인한 관리의 복잡화는 조직의 능률성을 향상하기 위해서 조직 커뮤니케이션의 확보가 필요하다.

둘째, 노동조합의 발달로 인해 경영의 현상을 바르게 전달하여 노사관계를 개선하는 것이 중요하다.

셋째, 인간관계의 연구가 보다 중요시됨에 따라 의사소통의 개선에 의한 종업원의 사기양양의 필요성이 증대된다.

의사소통의 기능은 다음과 같다.

- 정보 전달기능: 개인과 집단 또는 조직에 정보를 전달해 주는 기능이며 의사결정의 촉매제 역할을 한다.
- 동기유발기능: 조직구성원들의 동기유발을 촉진시키는 기능을 말한다.
- 정서기능: 조직구성원들이 자신의 감정을 표현하게 하고 정서를 충족시켜주는 기능이다.
- 통제기능: 조직구성원의 행동을 조정하고 통제하는 기능이다.

조직의 신경 시스템이라고 할 수 있는 커뮤니케이션이 보다 잘 기능을 발휘함으로써 조직의 연결핀 역할에 차질을 빚지 않도록 하기 위해서는 다음과 같은 커뮤니케이션의 기본원칙이 준수되어야 한다.

첫째, 커뮤니케이션 경로가 분명하게 마련되어야 한다.

둘째, 조직상의 각 지위는 명확한 커뮤니케이션상의 일정 선상에 위치해야 한다.

셋째, 커뮤니케이션의 라인은 가능한 한 직선적이며 또한 짧아야 한다.

넷째, 커뮤니케이션은 완벽하게 시스템으로 유지되기 위하여 훌륭한 시스템 운영자와 책임자가 있어야 한다.

## 2. 의사소통의 과정(communication process)

의사소통과정은 발신자, 부호화, 메시지, 매체, 수신자, 해독, 피드백의 7가지 부분으로 구성되는 과정을 말한다. 〈그림 12-1〉은 일반적인 의사소통의 과정을 요약한 것이다. 의사소통이 이루어지기 위해서는 먼저 무엇을 전달할 것인지에 관한 목적, 즉 메시지로 표현될 수 있는 목적이 필요하다. 그 목적은 송신자(sender)에 의해 메시지로 표현되어 수신자(receiver)에게 전달된다. 메시지는 상징적인 기호의 형태로 기호화(encoding)되어 어떤 매체(medium) 또는 경로(channel)를 통해 수신자에게 전달되고 수신자는 발신자의 원래의 메시지를 해독(decoding)하게 된다. 이러한 과정들을 통해 잡음(noise)이 작용하여 본래 메시지의 의미를 왜곡시킨다.

**그림 12-1** 의사소통과정

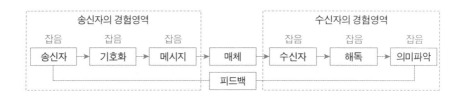

다음 사례를 통하여 의사소통과정을 좀 더 구체적으로 살펴보자.

비정규직원 장그래는 경영자 김경영을 직접 만나 기업성과 향상을 위해 작년 성공적이었던 기업의 매출자료를 분석해서 어떻게 하면 올해 기업의 매출을 작년과 같이 성공적으로 증가시킬 수 있을지에 대한 분석자료를 만들어 보고서 형식으로 김경영에게 제출하였다. 김경영은 직원 장그래가 준 보고서를 읽은 후 곰곰이 생각하더니 장그래에게 어떤 점은 정확하게 분석한 것 같지만 어떤 다른 점은 분석이 정확하지 않다고 평가를 하였다.

- 송신자: 자신의 생각이나 아이디어, 정보 등을 의사소통하려는 목적을 가지고 있는 사람으로 사례에서는 장그래를 말한다.
- 기호화: 송신자의 아이디어나 목적, 생각을 체계적인 심볼로 변환시키는 과정으로 언어적인 방법으로는 문서 등이고 비언어적인 방법으로는 몸동작, 그림, 숫자 등으로 사례에서는 '분석자료를 만들어 보고서 형식으로'를 말한다.
- 메시지: 송신자가 수신자에게 전달하고 싶어하는 것 자체를 의미하며 사례에서는 '어떻게 하면 올해 기업의 매출을 작년과 같이 성공적으로 증가시킬 수 있는지'가 될 것이다.
- 매체: 메시지의 전달수단을 말하는데 대면적 대화, 집단토론, 전화, 컴퓨터, 팩스, 게시판, 메모 등을 활용한다. 사례에서는 장그래가 김경영을 '직접만나' 메시지를 전달하였다.
- 수신자: 자신의 능력 수준, 자신의 과거경험이나 준거체계에 의거하여

메시지를 해독(decoding)하는 사람으로 메시지를 해석하는 수신자의 사고과정을 의미한다. 사례에서는 '김경영'이 '보고서를 읽은 후 곰곰이 생각하더니'가 될 것이다.

- 피드백(feedback): 수신자의 반응으로서 이러한 반응을 송신자에게 전달해 줌으로써 메시지의 수신여부나 의도한 반응이 나타났는지를 확인하게해 주는 기능을 한다. 피드백이 없는 경우 송신자가 의도한 메시지와 수신자가 해독한 메시지 사이에 왜곡이 일어날 수 있으며 의사소통에서는 피드백을 통한 쌍방향의 의사소통의 필요성이 요구된다.

경영자들이 효과적인 의사소통을 하기 위해서는 다음과 같은 방법이 필요하다.

- 의사소통과정에 있어서 피드백 과정이 있는 의사소통
- 언어적 의사소통과 비언어적 의사소통 어느 하나에 중심을 두지 않고 두 가지의 의사소통 모두 다 사용하는 의사소통
- 일방적인 의사소통보다는 쌍방적인 의사소통

## 2절 조직 내 의사소통 경로(Communication Channels)

### 1. 공식적인 의사소통 경로

조직전체의 의사소통은 많은 사람들이 참여하게 되고, 조직이 갖추고 있는 명령체계나 역할체계 등에 의해서 집단 의사소통보다 복잡한 특징을 갖고 있다. 조직 의사소통은 조직구성원들을 연결시켜 줄 뿐만 아니라 외부환경과의 상호작용을 가능하게 하는 수단이 되는데, 공식적 의사소통과 비공식적 의사소통으로 나누어진다(〈그림 12-2〉 참조). 공식적 의사소통은 조직이 미리 확정해 놓은 경로나 방식 및 절차에 따라 이루어지는 의사소통을 말하는데, 의사나 정보가 전달되는 방향에 따라 다섯 가지로 구분된다.

**그림 12-2** 공식적 의사소통경로

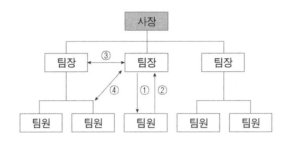

(1) 하향적(top-down) 의사소통

수직적 의사소통 혹은 상의하달식(지시적 의사소통)으로 목적은 명령의 일원화와 책임소재의 분명성을 확보할 수 있다. 하향적인 의사소통이 이루어 지는 경우는 다음과 같다.

- 회사의 정책이나 방침, 업무처리 절차를 알리고자 할 때
- 구체적인 업무지시를 해야 할 때
- 과업과 다른 과업과의 관계를 이해시키고자 할 때
- 성과결과를 조직구성원에게 피드백 할 때
- 조직목표를 도입하고자 할 때

장점은 관리자의 의도와 정보를 적시에 명확하게 구성원들에게 전달함으로써 전체 효율성을 향상 시킬 수 있으며 단점으로는 내용의 누락 및 왜곡이 발생할 가능성이 높고 상급자가 전달한 정보에 대한 하급자의 반응이 무시될 수 있다. 사례를 든다면 경영자가 회사의 새로운 병가 정책을 알리기 위해 부하직원의 가정에 편지를 보낸다든가 팀 리더가 구성원들에게 다가오는 마감시한을 상기시키기 위해 이메일을 보내는 행동을 들 수 있다.

(2) 상향적(bottom-up) 의사소통

수직적 의사소통 혹은 하의상달식 의사소통으로 조직의 하위자로부터 상

위자에게 전달되는 보고, 제안 등이 있다. 장점으로는 다음과 같다.

- 조직의 목표달성을 위한 구성원들의 행동이 적절한지 확인할 수 있음
- 하향적 의사소통의 오류를 시정할 수 있다. 즉, 상하급자간에 쌍방적 의사소통을 가능하게 함
- 구성원들의 자발적인 참여를 유발할 수 있음
- 하급자로부터 가치 있는 아이디어를 제공받을 수 있음
- 중요 쟁점인 경우 구성원들의 의견수렴을 빠르게 하여 의사결정을 촉진시킴
- 업무수행시 발생할 수 있는 문제점을 조기에 파악하여 해결할 수 있음

### (3) 수평적(sideward: 측면적) 의사소통

조직 안에서 동일한 수준의 구성원이나 부서간에 이루어지는 상호작용 또는 횡단적 의사소통이라고도 한다. 의사전달 내용은 위원회, 심사회의, 집단토론 방법을 통해서 할 수 있다. 이 방법의 활용을 통해서 업무처리의 신중성과 제반 업무활동의 상호 조정도 기할 수 있으며 다음과 같은 장점과 단점이 있다. 사례를 든다면 대학교에서 각 학과의 학과장들이 다음 학기 강의계획표를 작성하기 위한 회의나 부문간 조정위원회, 팀, 태스크포스, 매트릭스 조직, 사전심사제도, 회람, 위원회제도, 사후통지제도 등이 있다.

**표 12-1** 수평적 의사소통의 장·단점

| 장점 | 단점 |
|---|---|
| ① 동일수준의 동료간에 사회적 욕구를 충족시킬 수 있고 업무진행을 증진 | ① 부하직원들끼리만 의사소통하여 지시와 통제를 벗어남 |
| ② 수평적 의사소통을 통하여 갈등문제를 조정하여 해결 | ② 비공식적인 경로로 악소문 등의 정보교환 |
| ③ 시간절약 | ③ 통일된 전략수행이 아닌 전략단위간의 갈등 확대 |
| ④ 정확하고 효율적인 정보 전달 | ④ 부서/개인간의 이해부족으로 장애요소 발생 |
| ⑤ 부서간 업무협조 증진 | |
| ⑥ 수직적 의사소통을 원활하게 도와 줌 | |

### (4) 대각적 의사소통

여러 가지 기능과 조직의 계층을 달리하는 사람들간의 의사소통으로서 라인부문과 스탭부문의 의사소통이 이에 속한다. 대각적 의사소통은 사용빈도가 많지 않으며 다음과 같은 경우 이루어 질 수 있다

- 수직적, 수평적 의사소통 경로 중 어떠한 것도 이용하는 것이 용이하지 않을 경우
- 수직, 수평적 의사소통이 시간과 비용이 과다 소요되는 경우

장점으로는 수직, 수평적 의사소통이 안 될 때 조정 통제가 용이하며, 단점으로는 일선 작업자에게 전달하기까지 왜곡이 발생할 수 있다. 사례를 들면, 라인과 스탭간의 의사소통에서 라인의 의사결정시에 참모의 협조, 상시적과 임시적 기구간의 의사소통, 국내기구와 외국주재기구간의 의사소통 등이 있다.

### (5) 구상적 의사소통

네트워크 조직에서 서로 다른 팀에 속한 구성원들간에 이루어지는 의사소통을 말한다. 사례로는 NIKE회사의 팀 구성원과 Panasonic회사의 팀 구성원이 라디오 장치가 부착된 신발을 개발하기 위해 전략적 제휴를 위해서 직접적인 의사소통을 하는 것 등이 있다.

## 2. 비공식적 의사소통 경로 : 그레이프바인

공식적 의사소통체계 외에 자연발생적으로 형성된 비공식 의사소통체계가 있다. 그레이프바인(grapevine)은 미국의 남북전쟁 당시 나무들 사이에 걸쳐 있는 전신줄 모양이 포도넝쿨을 닮았다 해서 붙여진 말이다. 과거엔 조직 내에서 정보가 원래 뜻과는 다르게 전달되는 것을 뜻했지만 오늘날에는 모든 비공식적 의사소통을 지칭하는 의미로 사용한다. 루머의 형태이기 때문에 경영자는 이를 부정하려고 하지만 그레이프바인은 자연스럽고 필연적인 현상이므

로 경영자는 이를 인장하고 순기능적으로 활용하는 방안을 모색하는 것이 필요하다. 그레이프바인은 구성원의 응집력을 높이는 역할, 구성원들간의 아이디어의 전달경로 역할 및 조직문화에 매개역할을 한다. 최근 연구는 직원의 75%가 그래레프바인에서 소통되는 루머를 통해 정보를 듣는다고 밝혀졌다. 이처럼 그레이프바인은 공식적 의사소통과 공존하면서 불가분의 관계에 있고, 중복되면서 보완관계를 지닌다.

### (1) 그레이프바인의 특성

- 전달속도가 빠름
- 정보전달에 있어서 선택적이고 임의적임
- 공식적 의사소통과 상호보완적임
- 약 75%의 정확성을 가짐
- 리더나 경영자에 의해 통제되기 어려움
- 대게의 구성원들은 그레이프바인을 통해 전달되는 메시지를 경영자의 말보다 더 믿음
- 대체로 구성원의 사적인 이해관계와 관련되기 때문에 소문이 떠돌아다님

사례를 들면 인사이동이 임박해서 발생하는 여러 가지 소문들, 회장의 행동에 관한 비밀스런 이야기, 동료나 상사에 대한 입바른 평가나 불평 등을 들 수 있다.

### (2) 비공식적 의사소통의 순기능적 역할

- 조직에 대한 다른 사람의 좋은 평가를 전달해 줌으로써 조직구성원들의 사기를 높임
- 유대감과 소속감, 안정감을 제공함으로써 만족감을 높여 줄 수 있음
- 감정폭발을 억제할 수 있는 안전벨트 역할을 함
- 조직관리에 대한 피드백의 원천이 될 수 있음
- 전달속도가 공식적인 의사소통보다 빠르고 영향력이 강하여 이로운 정

보확산에 효과적
- 인간관계와 사교의 기능을 충족시키고 조직의 긴장감을 해소
- 공식적인 의사소통에서 다루지 못하는 정보나 아이디어 발굴의 통로
- 구성원들의 변화를 요구하는 중요정책에 대한 반응 탐지
- 구성원들이 중요하다고 생각하는 이슈와 갈등을 유발하는 이슈를 경영자에게 알려줌

### (3) 비공식적 의사소통의 역기능적 역할

- 비공식적 의사소통이 지나치게 만연하면 의사소통 정보에 대한 신뢰가 떨어짐
- 비공식조직이 지나치게 강화되어 공식조직의 효율성을 저하시킬 수도 있음
- 잘못된 정보들이 다른 사람들의 사기를 저하시킴
- 분열, 공포, 상대의 공격을 조장하며, 구성원들의 관계를 훼손시켜 조직의 안정저해

### (4) 비공식 의사소통의 네트워크

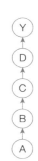

#### 1) 일방형(단선식)

- 구성원들 사이에 단선적 통로를 통해 정보가 전달
- 처음부터 마지막까지 의사소통의 연결이 이루어짐
- 메시지나 정보가 일대일의 방식으로 전달
- 조직 내에서 비교적 적게 나타남

#### 2) 잡담형(밀어식)

- 한 사람에 의해 나머지 사람들 모두에게 정보가 전달되는 형태
- 직무와는 관계가 적지만 관심이 있는 정보에 대해서 발생
- A는 비공식 의사소통의 중심인물

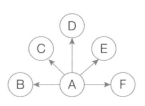

• 조직에서 비교적 많이 볼 수 있는 형태

## 3) 확률형

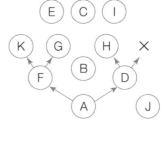

• 의사소통이 의도적, 선택적으로 이루어
  지는 것이 아니라 확률적, 무작위적으
  로 전달되는 형태
• 정보의 내용에 호감은 가지만 중요하지
  않은 경우에 발생
• 조직 내에서 접촉할 수 있는 사람이면 누구에게나 전달되는 패턴
• 특정의 중심인물이나 전달상대에 대한 선택성이 존재하지 않음

## 4) 군집형(집락식)

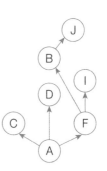

• 정보를 전달해야 할 사람에게 선택적으로 전달하는
  형태
• 한 사람이 몇 사람에게 전달하면 다시 다른 몇 사람
  에게 전달하는 형태
• 몇 사람의 중심인물을 통하여 전달되는 패턴
• A, B, F 등이 중심인물
• 조직에서 가장 빈번히 발생

## 5) 소시오매트리법

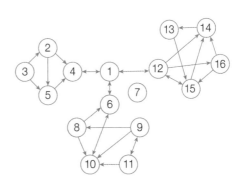

• 효율적으로 관리하기 위해 경
  로를 분석하는 기법
• 집단구성원들간의 호·불호 관
  계를 기초로 한 집단분석기법
• 조직의 공식적 구조를 보여주며
  의사소통 경로를 사전에 지시
• 소시오그램은 이미 형성된 비공
  식적 관계를 사후적으로 파악

### 6) 쇠사슬형

- 단순한 계층적 네트워크
- 명령계통에 따라 윗사람과 아랫사람들간
  에 의사소통이 이루어지는 경우
- 조직에 있어 공식적인 명령 및 권한체계
  가 명확
- 주로 수직적인 계층구조와 수평적인 의
  사소통 상향에서 나타남
- 직선적 권한관계이며 짧을수록 좋음

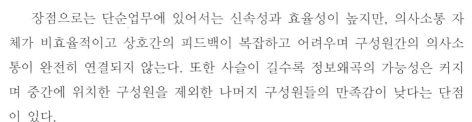

장점으로는 단순업무에 있어서는 신속성과 효율성이 높지만, 의사소통 자체가 비효율적이고 상호간의 피드백이 복잡하고 어려우며 구성원간의 의사소통이 완전히 연결되지 않는다. 또한 사슬이 길수록 정보왜곡의 가능성은 커지며 중간에 위치한 구성원을 제외한 나머지 구성원들의 만족감이 낮다는 단점이 있다.

사례를 들면 조직의 라인이나 군대 또는 관료사회의 공식화가 진행된 조직을 들 수 있다.

### 7) Y형

- 쇠사슬형의 변형형태
- 집단 내에서 리더나 대표자 두 명의 인물이 있는 경
  우에 나타나는 형태
- 두 명의 부하가 한 명의 상사에게 보고하고, 그 상사
  는 직속상사에게 보고하는 형태
- 세력집단의 리더가 중심역할을 함
- 일반적인 형태는 아님

장점으로는 단순한 문제를 해결하는데 정확도는 높지만, 조정역인 C를 통해야만 전체 의사소통이 이루어지며, C가 유능해야 하는 단점이 있다. 사례를 들면 라인과 스탭간의 혼합집단, 또는 국무총리와 기획재정부 사이를 들 수 있다.

### 8) 수레바퀴형

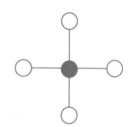

- 집단 내에서 리더가 있어 정보전달이 한 사람에 게 집중되어 있는 형태
- 리더는 여러 정보를 공유하고 독립적인 위치에 있는 유력한 존재
- 대기업에서는 사용을 안 함

장점으로는 간단하고 일상적인 성격의 문제발생시 정확한 상황파악과 신속한 문제해결을 할 수 있다. 평상시는 리더를 중심으로 한 의사소통이 생산적이고 효율적이다. 단점으로는 리더가 정보를 독점하여 구성원의 만족도가 낮다. 문제가 복잡하고 어려운 경우에도 정보공유가 안 되기 때문에 유효성이 떨어진다. 사례를 들면 공장의 작업원들이 한 감독자에게 보고를 하고 그에게 기술을 전수받는 형태를 들 수 있다.

### 9) 원형

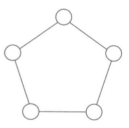

- 동일수준의 구성원들간에 동등입장에서 이루어 지는 형태
- 중심인물 없이 뚜렷한 목적과 방향 없이 정보 가 전달
- 특정 문제해결을 위해서 구성된 조직
- 가장 자주 나타나는 의사소통형태
- 상급자와 하급자간에 교차적인 의사소통
- 개인이 능동적으로 참여
- 혁신적, 창조적 업무에 적당

장점으로는 의사소통 목적이 명백한 경우 구성원의 만족감이 높게 나타나고 있으며, 문제해결과정이 상당히 민주적으로 사기가 높고 구성원 상호간 협력도 잘 이루어지고 있다. 단점으로는 정보전달과 수집, 상황적인 파악에 속도가 느리게 나타나고 있다. 한편 집단사고의 문제점을 야기 시키거나 차선의 결정을 내릴 위험이 있다. 문제해결의 속도가 느릴 뿐만 아니라 정확도도 낮

게 나타나고 있다. 사례를 들면 테스크포스 또는 위원회의 팀원들끼리 힘이 편중되어 있지 않고 자유스럽게 정보를 주고 받는 경우가 있다.

### 10) 리더가 없는 스타형

- 원형의 확장된 형태
- 민주적 형태의 네트워크
- 집단 내의 리더없이 분권적으로 의사소통하는 형태
- 구성원 누구라도 의사소통을 주도할 수 있는 형태
- 구성원이 적극적인 의사소통 가능
- 오늘날 조직에서 가장 바람직한 의사소통의 유형

장점으로는 상황판단의 정확성이 높으며, 복잡성, 난이성이 포함되거나 구성원의 창의성을 요구하는 문제에 가장 효과적으로 알려지고 있다. 구성원 들간에 만족감이 가장 높으며 정보의 상호교류가 완벽하게 이루어지다 보니 창의적이고 참신한 아이디어 산출이 가능하다.

단점으로는 단순한 과업의 경우 상황의 종합적인 파악과 문제해결에 시간 이 많이 소요되는 점이 있다. 사례를 들면 노조활동이나 광고문안을 작성할 때 또는 새로운 대안을 찾아내려 할 때 브레인스토밍 과정을 들 수 있다

### 11) 리더가 없는 연결형(완전연결형)

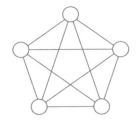

- 수레바퀴형과 리더가 없는 스타형의 변형
- 각 구성원이 자유롭게 의사소통을 할 수 있으 나 중심적인 인물이 있는 네트워크 형태
- 구성원이 동등한 지위에 있고 정형화 정도가 낮기 때문에 창의적 아이디어가 많이 나옴

### (5) 의사소통 네트워크의 효과성

의사소통 네트워크의 효과성을 표로 나타내면 〈표 12-2〉와 같다.

**표 12-2** 의사소통 네트워크의 효과성

| | 쇠사슬형 | Y형 | 수레바퀴형 | 원형 | 리더가 없는 스타형 | 리더가 있는 연결형 |
|---|---|---|---|---|---|---|
| 의사결정 질 | 리더에 의존 | 리더에 의존 | 리더에 의존 | 보통 | 높음 | 높음 |
| 의사결정 속도 | 느림 | 보통 | 보통 | 보통 | 느림 | 상황에 의함 |
| 의사결정 수용도 | 낮음 | 보통 | 보통 | 높음 | 높음 | 높음 |
| 구성원 만족도 | 상급자: 높음 하급자: 낮음 | 중앙: 높음 끝: 낮음 | 중앙: 높음 주변: 낮음 | 보통 | 높음 | 높음 |
| 권력 집중화 | 보통 | 높음 | 대단히 높음 | 낮음 | 대단히 낮음 | 보통 |
| 정확성 단순문제 | 낮음 | 높음 | 높음 | 낮음 | 높음 | 높음 |
| 정확성 복잡문제 | 낮음 | 낮음 | 낮음 | 높음 | 낮음 | 높음 |
| 의사소통 속도 | 보통 | 빠름 | 단순문제: 빠름 복잡문제: 느림 | 단합: 빠름 개별: 느림 | 빠름 | 빠름 |
| 정보과중 | 보통 | 중앙: 높음 끝: 낮음 | 중앙: 대단히 높음 주변: 보통 | 보통 | 보통 | 보통 |
| 조직구조 형태 | 수직적 수평적 | 수직적 | 수평적 | 수평적 | 수평적 | 수평적에 가까움 |

## 3. 커뮤니케이션의 장애요인 및 극복방안

### (1) 의사소통의 장애(communication barriers)

의사소통 장애란 의사소통과정에서 잡음이 개입되는 것을 말한다. 의사소통 수단(언어, 구어, 몸동작 등)을 이용해 메시지를 서로 주고 받는 과정에서 메시지에 담겨있는 내용을 수용, 처리, 전달하는 능력에 현저한 결함을 가지고 있는 상태를 의미하는 것이다. 이를 표로 나타내면 〈그림 12-3〉과 같다.

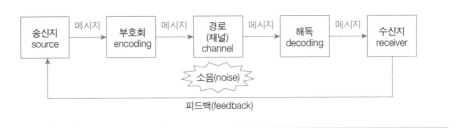
**그림 12-3** 의사소통의 장애

(2) 의사소통의 장애요인

효과적인 의사소통을 방해하는 장애요인은 다음과 같다.

### 1) 여과(filtering)

filtering이란 발신자가 의도적으로 정보를 조작하여 수신자에게 호의적으로 보이려 하려는 것을 말한다. 일반적으로 조직의 계층수가 많을수록 여과현상이 일어나는데 상사가 원한다는 것을 말하도록 하고, 그 결과 상향적 의사소통을 왜곡시킨다. 이처럼 여과는 조직에서 일반적으로 일어나는 현상으로 상대방에게 듣기 싫어하는 메시지는 빼버리고 듣기 좋은 정보만 전달하는 것으로 의사소통시 나타나는 현상이다.

### 2) 선택적 지각(selective perception)

선택적 지각은 수신자가 자신의 경험, 배경 및 특성에 따라 수신된 메시지를 해독할 때 자신이 예상한 것만 반영시킨다.

### 3) 정서(emotion)

메시지를 수신하는 시점에 수신자가 어떤 정서적 상태를 갖는가에 따라 메시지의 해석에 영향을 미친다. 정서적으로 기쁠 때와 슬플 때 수신되는 경우 메시지의 해석에 큰 차이가 나서 효과적인 의사소통에 장애가 될 수 있다.

### 4) 성별(gender)

남녀는 대화방식이 서로 다를 수 있어 의사소통에 차이가 날 수 있다. 남성보다 여성은 대화할 때 여성스러움을 표현하려고 겸손한 태도를 보인다. 우리는 누구와 대화를 하는지에 따라 대화스타일을 달리해야 한다.

### 5) 언어(language)

조직 내에 전문 영역별로 근무하는 경우 구성원들끼리 자기들끼리만 이해할 수 있는 독특한 언어가 존재하여 다른 부서에서는 같은 의미로 이해하기 어려운 경우가 있다. 이처럼 조직 내의 의사소통 장애요인을 요약하면 다음과 같다.

## (3) 언어적/비언어적 문화 차이에 따른 의사소통 장애

### 1) 단어 표현의 차이

단어들은 다른 국가문화의 사람에게서 다른 의미를 지닌다. 문화가 다른 곳에서는 번역할 수 없는 단어도 존재한다. 핀란드어 'sisu'는 영어의 'guts(배짱)'과 같은 단어로 인내심을 나타낸다. 한국에서의 '네'는 잘 듣고 이해하고 있다는 뜻이지만 미국에서는 당신의 제안에 동의하며 수락한다는 뜻으로 단어의 함축적인 의미에 의한 장애로 볼 수 있다. 사례를 들면 오리온 초코파이가 한국에서는 情을 표방하지만 유교문화권인 중국에서는 仁이 더 보편적인 의미를 갖기에 상징과도 같던 情을 仁으로 바꾸어 매출을 상승시키는 효과를 가져온 경우를 들 수 있다.

### 2) 바디 랭귀지(body language)

두 손가락을 올리는 제스처는 어느 나라에서는 행운의 손짓, 평화의 승리의 좋은 뜻으로 사용하지만 다른 나라에서는 저주의 손짓 또는 욕으로도 사용하는 정 반대의 경우도 있다.

### 3) 시간적 개념

미국인들은 상대방과의 대화시 단, 몇 초간이라도 대화가 연결되지 않고 휴지(pause)상태가 될 경우에는 불편함을 느낀다. 이에 반해 유교문화권에서는 잠시 동안의 침묵상태는 아주 정상적인 것으로 받아들일 뿐만 아니라 경우에 따라서는 미덕으로 간주된다.

### 4) 고배경 및 저배경 문화(high and low context culture)

홀(Hall)은 세계문화를 고배경와 저배경으로 구분하여 경영자들이 차이를 알아야 의사소통을 잘할 수 있다고 주장하였다. 한국, 중국 등과 같은 고맥락 문화의 사람들은 타인과의 대화 및 인간관계를 가질 때 상대방이 제시한 메시지보다 상대방을 둘러싼 배경, 즉 신분, 직책 등에 더 비중을 두지만 유럽 등의 저맥락 문화에서는 상대방이 전달하는 메시지, 즉 말이나 문서 등에 비중을 더 둔다. 만일 저맥락 문화권에서 온 서양인이 고맥락 문화권의 한, 중 사람에게 내용을 재확인하고자 공증이나 사인을 요구한다면 어떤 일이 벌어질까? 이는 유교문화권 사람의 체면을 깎는 일이 될 것이다. 유교문화권은 내용이 명확하지 않더라도 자신의 신용이나 신분 등이 대신해서 모두 확인시켰다고 생각하기 때문이다. 문화적 차이에 따른 의사소통 극복방안은 먼저, 유사성이 입증될 때까지는 차이가 존재한다고 가정하라. 사람들은 대부분 다른 사람이 실제보다도 더 많이 자신과 비슷하다고 가정한다. 사실이 입증될 때까지 사람들이 자신과 다르다고 가정한다면 오류를 줄일 수 있을 것이다. 둘째, 해석이나 평가보다는 설명을 강조하라. 어떤 사람이 한 말과 행동에 대한 해석과 평가는 관찰된 상황보다는 관찰자의 문화와 배경에 의해 더 많은 영향을 받는다. 관련된 모든 문화를 고려해서 상황을 관찰하고 해석할 충분한 시간을 가질 때까지 판단을 보류해야 한다. 셋째, 감정을 이입해보라. 다른 사람을 있는 그대로 모습으로 보려고 해야 한다. 메시지를 보내기 전에 수신자의 가치관, 경험, 준거 등을 생각해 보아야 한다.

최근 반세기 동안 국가간의 문화적 차이에 대한 연구가 많이 행해지고 있다. 세계화 속에서 각국이 문화적 가치관이 동질화 되어가고 있는 추세이며 이질성은 줄어들고 있다. 그러나 기업경영이 다국적화로 되어 가고 있기 때문에 각국의 문화적 특성을 배워야 할 필요성은 점차 증대되어 가고 있다.

## (4) 의사소통 장애요인 및 극복방안

조직 내 의사소통 장애요인 및 극복방안을 요약하면 〈표 12-3〉 및 〈표 12-4〉와 같다.

**표 12-3　조직 내의 의사소통 장애요인 요약**

| 장애요인 | 세부내용 | |
|---|---|---|
| 송신자에 의한 장애 | ① 의사소통 목표의 결여<br>③ 특수용어<br>⑤ 대인 감수성 결여 | ② 의사소통 기술의 결여<br>④ 상호 모순된 표현<br>⑥ 여과 |
| 수신자에 의한 장애 | ① 신뢰도 결여<br>③ 스테레오 타입<br>⑤ 투사 | ② 선택적 경청<br>④ 후광효과<br>⑥ 반응피드백 결여 |
| 상황에 의한 장애 | ① 어의상의 문제<br>③ 준거체계의 차이<br>⑤ 정보과중<br>⑦ 메시지의 경쟁<br>⑨ 의사소통 구조상의 한계 | ② 지위의 차이<br>④ 시간부족<br>⑥ 메시지 내용의 복잡성<br>⑧ 조직분위기 |
| 물리적 요인에 의한 장애 | ① 부적절한 매체의 선택 | ② 통신장비의 결함 |

**표 12-4　조직 내 의사소통 장애의 극복방안**

| | |
|---|---|
| 송신자의 노력 | ① 감정 이입적 의사소통<br>② 적절한 언어사용<br>③ 사후검토와 피드백 이용<br>④ 중복성<br>⑤ 효과적 시기의 선택 |
| 수신자의 노력 | ① 평가적 판단의 회피<br>② 전체적 의미의 경청<br>③ 반응피드백 |
| 조직분위기 개선과<br>제도의 보완 | ① 신뢰분위기 조성<br>② 정보흐름의 조정 및 정보처리능력의 향상<br>③ 제도의 보완<br>＊문호개방 정책<br>＊참여기법 활용 |

## 1) 효과적인 의사소통 기법

- **적절한 매체 선택**: 매체를 선택할 때 주제(메시지 내용)와 맞아야 한다. 특히 감정상태나 태도에 관련된 메시지 송신에는 말, 글, 기호 등의 언어적 매체보다는 제스처, 표정 등의 비언어적 매체가 더욱 효과적이다.
- **비공식 네트워크 이용**: 그레이프바인은 집단의 사기를 침체시키는 단점을 가지고 있긴 하지만 정보의 신속한 전달, 조직의 비밀정보 등을 전달할 때 유용하다. 지시사항이나 상부의 전달사항이 전달된 다음에 그 전달상태를 파악하기 위한 피드백 시스템으로 비공식 채널을 이용하면 부하들의 긍정적 혹은 부정적 반응을 알아낼 수 있다.
- **피드백 활용**: 수시로 피드백을 받아 송신의 정확성을 검증한 다음에 잘못이 확인되면 다음의 송신 전에 수정을 하고 나서 송신하는 것이 좋다. 간단히 '이해되십니까?'가 아닌 '어떻게, 무엇을 이해하셨나요?'하는 식의 구체적인 피드백을 요구하는 것이 더욱 좋다.

## 2) 경영자에게 시사하는 점

의사소통과 구성원 만족간에 관련성이 있다는 것을 발견했을 것이다. 왜곡이 적을수록 목표, 피드백, 기타 경영 메시지가 의도한 대로 종업원에게 전달될 가능성이 높다. 결국 이것은 모호성을 감소시키고 집단과업을 명확하게 한다. 결과적으로 완벽한 의사소통은 달성하기 어렵다. 지각된 신뢰, 정확성, 상호작용에 대한 바람, 경영자의 수용 및 상향적 정보 요건 등과 같은 요인을 포함하는 효과적인 의사소통과 근로자의 생산성 사이에 긍정적인 관계가 존재한다. 올바른 경로를 선택하고 효과적인 청취자가 되며 피드백을 이용하면 보다 효과적인 의사소통을 할 수 있다. 즉, 수직적·수평적·비공식적 채널을 광범위하게 사용하면 의사소통의 흐름을 원활하게 하고 불확실성을 감소시키고 집단성과와 만족을 개선할 수 있으며 정확한 의사소통 채널을 선택하고 적극적으로 경청하면 효과적인 의사소통을 할 수 있다. 한편 문화와 같은 의사소통 장애요인을 유념함으로써 극복하면 의사소통의 효과성을 증대시킬 수 있을 것이다.

# PART 5

# 통제활동
## Controlling

[Koon TV]
영화 내부자들, 손익분기점은 얼마나?

손익분기점, 재무전략,
손익시뮬레이션, 재무게임

# CHAPTER
# 11

# 통제
## Controlling

# 통제

## 도입사례

---

### ▶ BEP를 분석하여 가격, 변동비, 고정비, 판매량이 각각 1% 변할 때 이익의 변동율은?

먼저 1건당 가격은 1,800,000원, 고정비는 8,350,000원, 변동비는 건당 200,000원, 판매량은 손익분기점인 6건을 기준으로 한다. '(가격×판매량)-(고정비+변동비×판매량)=이익'이라는 식에 기준들을 대입하여 보자.

$$(1,800,000×6)-(8,350,000+200,000×6)=1,250,000$$

따라서 우리의 기준 이익은 1,250,000원으로 세울 수 있다.

1) 가격이 1% 상승하였을 때(1,800,000 => 1,818,000)

  ① (1,818,000×6)-(8,350,000+200,000×6)=1,358,000

  ② 이익변동률: 1,358,000-1,250,000=108,000

    = 가격이 1% 상승 시 이익은 108,000원 상승한다.

2) 변동비가 1% 상승하였을 때(200,000 => 202,000)

  ① (1,800,000×6)-(8,350,000+202,000×6)=1,238,000

  ② 이익변동률: 1,238,000-1,250,000=-12,000

    = 변동비가 1% 상승 시 이익은 12,000원 하락한다.

3) 고정비가 1% 상승하였을 때(8,350,000 => 8,433,500)

① (1,800,000×6)-(8,433,500+200,000×6)=1,166,500

② 이익변동률: 1,166,500-1,250,000=-83,500

= 고정비가 1% 상승 시 이익은 83,500원 하락한다.

4) 판매량이 1% 상승하였을 때(6 => 6.06)

① (1,800,000×6.06)-(8,350,000+200,000×6.06)=1,346,000

② 이익변동률: 1,346,000-1,250,000=96,000

= 판매량이 1% 상승 시 이익은 96,000원 상승한다.

각 요소들이 1% 상승하였을 때, 이익의 변동율은 다음과 같은 순으로 나타난다.

1위 가격 (+108,000)

2위 판매량 (+96,000)

3위 고정비 (-83,500)

4위 변동비 (-12,000)

## 1절   통제활동의 개념(Foundation of Control)

### 1. 통제활동의 의의

통제활동(controlling) 혹은 통제는 기업목표가 계획한 바와 같이 달성되고 있는지 성과를 측정하고 수정하는 관리기능을 일컫는다. 통제는 왜 중요한 것인가?

은행의 구조조정에서 밝혀진 사실에 의하면, 정부출자은행인 H은행의 경우 명예퇴직한 지원의 금액이 타 은행에 비하여 2배 이상 높았다는 것이 밝혀졌다. 고등학교를 졸업한 어느 여사무원인 경우 퇴직금만 5억여원이 되었다는 보도가 있었다. 정부는 즉각 이에 대하여 문제점을 해결할 수 있는 방법을 모색하기 시작하였다.

통제가 정말로 중요한 경영자의 기능인지 이제 그 이유를 알겠는가? 계획은 실행될 수 있다. 조직화는 목표달성을 효율적으로 촉진하도록, 종업원들은 지시하고 동기부여 할 수 있도록 만들어질 수 있다. 하지만 여전히 조직의 활동이 계획된 대로 목표달성을 향해 가고 있는지 확신할 수는 없다. 조직의 목표를 잘 계획하고, 조직화하고, 충원하고, 지휘를 효과적으로 발휘하였다 하더라도 통제 시스템이 작동되지 않는다면 효과적인 경영을 유지하지 못한다.

상품이나 서비스 등에서 기대하지 않았던 환경의 변화 등으로 실질적인 성과가 목표달성에 차질을 가져오는 경우가 있다. 이와 같이 계획과정에서 세운 목표는 그 수행과정을 거치면서 외적환경 또는 내부 여건에 의해 달성되지 않는 경우가 발생하므로, 경영자는 목표가 계획대로 성취되고 있는지를 확인해야 하는데, 이러한 과정기능을 통제라고 한다.

스타이너(G. A. Steiner)는 통제의 결과가 계획으로 다시 피드백 되어 새로운 계획을 설정하여야 한다고 주장하고 있다. 한편 쿤츠(Koontz)는 통제는 계획된 기업의 목표가 달성될 수 있도록 하고 계획과 종업원의 성과를 비교, 측정하여 계획과 성과 사이에 편차가 있으면 수정하는 활동이라고 정의하고 있다. 이들의 연구를 살펴보면 통제는 끊임없이 수정행동을 해야 한다는 함축적인 의미를 갖고 있다.

통제 속에는 일상적인 지휘과정에서 부하들이 업무를 정확하게 수행하고 있는지를 검토하는 것으로부터, 업무수행이 정확하지 못할 경우, 시정조치까지도 포함된다. 뿐만 아니라 필요한 경우 새로운 목표와 계획 및 전략을 수립하고, 조직구조를 변경하며, 충원과 지휘의 방법을 바꾸는 것도 이에 속한다. 이와 같은 통제를 통해서 계획과 일치되는 집행을 확보할 수 있기 때문이다.

## 2. 통제의 필요성

기업조직에 있어서 통제기능이 필요하게 되는 요인은 다음과 같은 직무환경의 특성 때문에 더욱 중요하게 평가된다.

- 조직환경의 불확실성: 경영환경의 변화는 항상 불확실하므로, 한 번 세운 계획은 수시로 그 타당성을 확인해야 한다. 즉, 환경변화에 의해서 발생하는 위험이나 기회에 능동적으로 적응하고 이를 뒷받침할 수 있는 통제활동이 필요하다.

- 조직의 복잡성: 조직의 규모와 활동이 복잡, 다양화됨에 따라 조직 내에서 발생하는 다양한 행동을 조정하여 통합하기 위해서 적절한 통제기능이 필요하다.
- 조직구성원의 능력한계: 경영자의 능력에는 한계가 있어 오판이나 예측오류가 발생하는데, 이러한 실수나 오류가 더 악화되기 전에 이를 예방하고 정정하기 위해서 통제기능이 필요하다.
- 권한위양과 분권화: 경영자가 부하 구성원들에게 권한을 위양하여 조직을 분권화하려면, 부하들의 활동을 감독할 수 있는 통제수단이 필요하다.

## 3. 통제의 요건

조직의 통제를 효과적으로 하기 위해서 통제는 조직의 욕구와 일치해야 하며 또한 조직의 과업이 성취될 수 있도록 행해져야 한다. 효과적으로 통제기능을 행하기 위해서는 11가지 요건이 충족되어야 한다.(〈그림 13-1〉 참조).

**• 그림 13-1**  효과적인 통제시스템

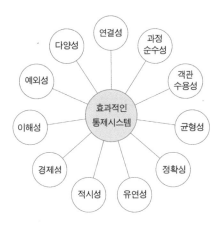

① 목표 및 전략과의 연결성 통제: 과거의 중요한 것 또는 현재의 운영에 관한 것을 측정하는 것이 되어서는 안 된다. 통제는 현재 조직이 행하고

있는 방향, 즉 목표 및 새로운 전략을 반영해야 한다. 더욱이 조직은 전략적 목표의 성취에 영향을 주는 질적인 활동, 즉 주요한 행위, 운영 및 사건에 집중해야 한다.

② 준수성: 통제활동은 통제과정 전부를 준수해야 한다. 특히 경영자는 표준을 명확히 제시하고, 성과에 대한 관련정보를 확인하고 획득해야 한다.

③ 객관수용성: 구성원들이 통제의 표준에 몰입하는 경우에 통제 시스템이 성공할 수 있다. 통제 시스템은 동기부여가 되도록 해야 하므로 구성원들이 의미 있다고 여기는 합리적인 표준을 설정하고 정보 피드백을 제공해야 한다. 통제수단이 공정해야 하며, 특정부서나 종업원의 이익을 위해 오용될 수 없도록 해야 한다.

④ 균형성: 통제 시스템은 완벽한 숫자적 자료 또는 전적으로 주관적인 의견에 기초를 두어서는 안 된다. 통제는 객관적으로 지각되어야 하지만, 정량적인 정보는 한 부분에 불과하므로 정량적 및 정성적인 성과지표가 균형이 되도록 해야 한다.

⑤ 정확성: 통제 시스템은 중간관리자들의 잘못된 판단이나 보고내용으로 인한 오류를 없앨 수 있도록 정확한 정보가 전달될 수 있도록 해야 한다.

⑥ 유연성: 환경이 변화하며, 이에 따라 내적인 목표나 기회 및 전략이 변화하므로 통제 시스템은 일정 기간별로 환경변화에 적응될 수 있을 정도로 탄력적이며 유연적이어야 한다. 통제 시스템은 변화하는 목표의 표준이 허용되어야 한다.

⑦ 적시성: 통제 시스템은 경영자가 조치를 취할 수 있기에 충분하게 적시에 정보가 제공되어야 한다. 이를 위해서는 컴퓨터에 근거한 통제 시스템을 이용할 수 있는데, 이것을 보고가 되는 동일한 시간에 경영자가 성과보고서를 받을 수 있도록 하는 것이다.

⑧ 경제성: 통제 시스템은 운영하기에 경제적이어야 한다. 통제 시스템을 운영하는데 소요되는 비용에 비해 많은 혜택을 제공해야 한다. 비용을 최소화하기 위해서 통제의 양을 최소화해야 한다.

⑨ 이해성: 통제 시스템을 모든 구성원들이 이해할 수 있어야 한다. 많은 사고가 필요하며 계획에 대한 복잡한 통제를 보다 이해할 수 있고 복잡하지 않은 통제로 대체하는 것이 필요하다.

⑩ 예외성: 경영자는 모든 활동을 통제할 수 없으므로 예외적으로 주의를 기울이는 계획안 등에 대한 전략적인 통제를 행해야 한다. 이에 따라 과다하게 불필요한 정보를 피할 수가 있다. 구조적으로 권한의 제약요인이 되거나 또는 일상적인 비용을 초과하는 것에 대해서만 통제를 한다.

⑪ 다양성: 경영자는 하나의 유일한 표준으로 통제해서는 안 된다는 것이다. 다양한 기준을 사용함으로써 정확한 업적성과를 측정할 수 있다.

## 4. 통제 시스템의 설계

오우치(Ouchi)는 통제 시스템을 설계하는데 세 가지의 접근방법이 있다고 주장하는데, 이에는 시장, 관료적 및 종업원 통제이다.

### (1) 시장통제(market control)

시장통제는 한 기업의 시장점유율 등을 통제기법의 방법으로 사용하는 것을 말한다. 이와 같은 조건에서는 기업의 사업단위(예를 들면, 삼성의 오디오, 비디오, 가전제품 등)별로 시장점유율이 얼마나 되고 있는지를 조사한 다음 장래 기업의 자원배분, 전략, 인적투입 등의 의사결정에 활용되고 있다. DuPont기업은 투자수익률 ROI를 시장통제 시스템으로 사용하고 있다.

### (2) 관료적 통제(bureaucratic control)

관료직 동제는 기업의 규칙, 규정, 방침 및 정책을 강조한다. 관료적 통제는 직무설정, 예산 등을 명시하여 구성원들의 행동과 성과에 관한 것을 확인시켜 준다. 이는 조직체가 구성원들에게 자율권을 부여하지만 기업의 예산 및 지침서 범위 내에서 허용되는 것이다.

## (3) 클랜 통제(clan control)

클랜(직원) 통제 아래에서는 직원의 행동이 회사의 규범, 전통, 가치관에 따라서 제한을 받는다. 관료적 통제는 엄격한 조직의 구조 아래에 기초를 두고 있지만 클랜 통제는 개인 또는 팀별로 성과에 대한 측정을 확인한다. 통제는 특히 컴퓨터 산업과 같은 하이테크 산업에서 이용되는 통제 시스템이다. 예를 들면, Microsoft社의 빌 게이츠의 가치관처럼 '무엇이 현재 중요한가', '무엇이 중요하지 않은가'라는 끊임없는 문답식 철학으로 기술개발을 시도하고 있다. 이와 같은 회사의 문화 또는 분위기가 직원을 통제하고 있다.

## 5. 통제의 유형

경영자들은 무엇을 통제해야 하는지 어떻게 알 수 있는가? 여기에는 통제가 언제 발생할 것인가에 대한 결정을 살펴 볼 것이다. 경영자는 활동 전, 활동이 수행 중, 활동이 완료된 후에 모두 통제를 실행해야 할 것이다. 즉, 통제는 세 가지 유형으로 수행되는데, 사전통제, 동시통제 및 사후통제가 있다.

### (1) 사전통제

사전통제(feedforward control)는 가장 바람직한 통제유형으로, 조직에 유입되는 인적, 물적 및 자본적 자원에 집중하는데, 실제 활동에 앞서 통제가 행해지기 때문에 실행 전 통제라고 한다. 이것은 기초적 또는 예비적 품질통제라고도 한다. 이 통제의 목적은 기업조직이 과업을 수행할 때 투입요소의 질의 문제 등을 예방하기에 충분할 정도로 높은 수준이 되도록 하기 위한 것이다. 실행 전 통제는 예상적인 것이며, 또한 차이와 오류가 발생하기 전에 예상되는 문제와 차이를 확인, 규명하고 예상하려는 것이다. 이 통제는 경영자들이 문제점을 치유하기보다는 문제를 미리 예방할 수 있으므로 바람직한 것이다. 그러나 이러한 통제를 하기 위해서는 시기적절하고 정확한 정보가 있어야 한다. 예를 들면 McDonald's가 러시아에 첫 번째 점포를 열었을 때 러시아 농부가 고품질 감자 농작법을 배울 수 있도록 자사의 품질 통제 전문가를 보냈고, 고품질 빵을 만드는 과정을 훈련시키기 위하여 제빵사를 보냈다. 왜 그랬을까? 세계 어느 나라에서든지 제품의 품질을 가장 중요하게 여기기 때문이다. 사전 통제는 나중에 교정하는 것이 아니라 경영자가 미리 문제를 예방하도록 해 줄 수 있다.

### (2) 동시통제

동시통제(concurrent control)는 활동이 진행되는 동안 행해지는 통제로서 구성원들의 활동이 품질표준에 일치되도록 지속적으로 통제가 이루어지므로 경영자들은 많은 비용이 소요되기 전에 문제를 시정할 수 있다. 실행 동시통제는 성과표준을 기준으로 수행되며, 이것에는 종업원들과의 과업과 행위를 지침하기 위한 규칙과 규범 등이 포함된다.

이 통제가 일어나는 구체적인 방법에는 크게 두 가지가 있는데 하나는 직접감독이며, 또 하나는 기술설비를 이용한 통제이다. 직접감독은 경영자가 부하의 행동조치를 직접 관찰하는 것으로서, 종업원의 조치와 동시에 조사할 수 있으므로 문제의 발생과 동시에 문제를 시정할 수 있다. 이에 따라 문제의 발생시점과 경영자의 시정조치간의 시간격차를 최소화할 수 있다. 가장 널리 사용되는 동시통제의 방식은 직접감독이다. 예를 들면 LG의 CEO는 개인 공간을 분리하여 회의 테이블로 교체하여 언제나 직원들과 현재 상황을 논의할 수 있게 하였다.

성과의 결과와 수준이 충분한 수준이며, 또한 품질표준에 합당한 경우, 동시적 통제를 통해서 작업자에게 그런 사실을 고지할 수 있다.

### (3) 사후통제

사후통제(feedback control)는 가장 널리 이용되는 통제로서, 기업조직의 결과에 집중되므로 활동 후 통제 또는 산출통제라고도 한다. 즉, 통제는 조직의 과업이 완료된 후 최종제품이나 서비스의 품질 등에 집중한다. 이 통제유형의 가장 중요한 결점은 경영자가 정보를 획득한 시점에 이미 손실과 문제가 발생했다는 것이다. 상기의 두 가지 통제에 비해 피드백 통제의 장점은 두 가지이다.

첫째, 피드백 통제는 계획수립 노력이 효과적이었는가에 대한 의미 있는 정보를 경영자에게 제공한다. 즉, 표준과 실제성과간의 차이가 거의 없다면, 계획수립이 목표에 맞게 되었다는 것에 대한 증거임을 보여 준다. 둘째, 피드백 통제는 종업원의 동기부여를 진작시킬 수 있다. 즉, 구성원들은 그들이 어떻게 수행했는가에 대한 정보를 원하고 있으므로 피드백 통제는 그러한 동기부여를 제공한다.

## 6. 유효한 통제를 저해하는 요인

경영자는 성공적인 통제를 하기 위해서 다음과 같은 조치를 강구해야 한다.

첫째, 통제가 장기적 생산목표보다는 단기적 생산목표에 의해서 이루어지는 경우가 있는데, 이와 같은 폐단은 없어야 한다.

둘째, 통제가 종업원의 욕구불만족을 낳고 또 사기를 저하시켜서는 안 된다. 이는 종업원들에게 너무 지나치게 과중한 역할을 부여한다든지, 과업수행에서 자유를 보장하지 아니할 때 야기된다.

셋째, 통제는 허위보고를 조장하는 것을 막아야 한다.

넷째, 통제활동이 지나치게 단편적이거나 부서 중심적으로 이루어져서는 안 되고, 조직전체의 이익이란 점에서 이루어져야 한다.

다섯째, 통제는 시정조치를 강구하기 위한 수단인 것이지, 통제 그 자체가 목적이 된다고 생각해서는 안 된다.

## 7. 통제와 계획과의 연관성

경영통제는 경영관리의 순환적 기능 가운데서 최종적인 기능이자, 피드백에 의한 수정적인 출발기능인데, 이는 효과적인 통제수단을 이용하여 경영계획에 의해 조직적인 경영을 할 수 있기 때문이다. 통제와 계획은 다음과 같은 연관성을 가지고 있다.

- 계획: 효과적인 경영상태나 결과를 설정하는 것이고, 통제는 경영상태나 결

과를 계획과 비교하여 차질이 있을 경우 시정조치를 취하도록 도와준다.

• 경영자: 적시에 정확한 정보가 없으면 효과적이나 계획을 수립할 수 없다. 따라서 통제는 경영자가 필요로 하는 정보를 획득할 수 있도록 하는 수단이다.

## 2절 통제의 과정(Control Process)

통제과정은 실제성과를 평가하는 세 단계 과정, 즉 기준과 실제성과 비교, 편차를 바로잡거나 부적당한 기준을 바로잡기 위한 관리활동이다. 일반적으로 통제과정은 〈그림 13−2〉와 같이 4단계로 되어 있다.

**그림 13-2 통제시스템**

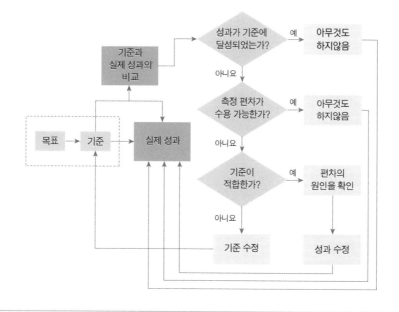

## 1. 표준의 설정

표준(standard)은 성과를 측정하기 위하여 설정해 놓은 기준으로서, 경영자에게 계획대로 잘 수행되고 있는가의 여부를 알려 주기 위하여 그것과 대비하여 성과를 측정하는 표준이 되는 것이다. 즉, 표준은 기업전체와 각 부서의 계획목표를 나타낸 것으로서, 집행과정에서의 성취도를 특정하는 기준 내지 통제활동의 목표이다.

쿤즈는 표준은 전략적인 차원에서 설정되어야 하며, 전략적 통제를 위한 표준으로는 다음과 같다고 제기한다.

- 물량적 표준: 화폐와 같은 구체적인 단위로 표현할 수도 있지만, 그렇지 못한 경우도 있기 때문에 통일적으로 표현될 수 있는 표준은 존재하지 않는다. 물량적 표준은 제품의 양, 서비스 단위 작업시간, 속도, 불합격품의 수량 등 물리적이며 전형적이고 양적인 것으로 표현될 표준의 경우가 있다.
- 비용표준: 비용, 수입, 투자액 등 금전적(화폐단위)인 경우이다.
- 무형표준: 광고, 홍보, 직장의 사기앙양이나 충성심제고와 같은 표준을 설정하는 경우 물리적이거나 금전적인 숫자로는 구체적으로 표현될 수 있는 성질의 것은 아니다. 다만 이 경우 그러한 광고, 홍보, 사기앙양이나 충성심제고에 대해 취해진 조치가 목표에 부합하고 있는가를 판단할 수 있는 표준으로는 무형적 표준(intangible standards)이 쓰여질 뿐이다.


## 2. 성과의 측정

통제활동에서 두 번째 단계는 성과의 측정이다. 적정한 측정과 정확하고 신속한 보고는 효율적인 통제활동을 위한 불가결한 조건이기 때문이다.

이와 같이 경영활동의 성과를 표준과 비교, 검증하는 방법으로서 경영자는 ① 구두 또는 서면상으로 받은 보고 중에서 계수나 사실을 분석하여 보기도 하고, ② 또는 실제로 현장에 가서 하급자들의 활동과 성과를 관찰 또는 조사할 수도 있으며, ③ 통계보고서로 측정할 수 있다. 일반적으로 경영자는 측정방법을 동시에 조합하여 사용하기도 한다.

### 3. 성과와 표준의 비교

이것은 측정된 성과와 설정된 표준을 비교해서 그 차이를 발견하는 과정이다. 경영자는 표준으로부터 편차가 어느 정도이어야 그 결과를 받아들일 것인가를 결정해야 한다. 변동허용의 범위(range of variation)는 실제 성과와 표준과의 차이를 허용할 수 있는 범위를 말한다.

### 4. 편차의 수정

통제과정의 마지막 단계로서, 표준과 성과가 일치되지 않는 제반이유, 즉 편차의 원인, 책임을 맡고 있는 담당구성원, 지역 등을 확인, 규명해야 한다.

원인 등을 규명한 후 경영자는 시정 조치하는 적절한 행동을 취해야 한다.

(1) 편차의 원인

• 예상치 못한 작업조건이 변경된 경우
• 부하의 능력이 부족한 경우
• 계획이나 표준이 부적절한 경우
• 지휘방법이 부적절한 경우 등

(2) 수정작업

• 내, 외부적 조건의 조정
• 비교기준의 수정
• 부하의 감독, 훈련 및 선발의 재검토
• 계획의 재조정(목표, 전략의 변경)
• 리더십 및 동기부여(motivation) 방법의 변경

(3) 수정활동의 피드백

수정활동은 표준설정과 실시과정을 피드백하여 의사소통과 함께 이루어져야 한다.

예를 들어 보자. 맥주수입업자인 A사는 지난 달에 다음과 같은 표준설정 및 실제판매량을 보였다. 〈표 13-1〉과 같은 상황에서 우리는 다음과 같은 질문을 던질 수 있을 것이다.

첫째, A사는 지난 달의 성과에 신경을 써야 하는가?

둘째, 성과는 표준설정보다 높았다. 그러나 과연 편차가 없었는가?

셋째, 비록 전체적인 성과는 좋았다고 볼 수 있지만 어떤 상표는 좀 더 조사할 필요가 있다. 과연 조사할 필요가 있을 정도의 편차가 발생하였는가?

**표 13-1** 맥주수입업자 A사의 판매실적

| 상표 | 표준설정 | 실제성과 | 편차 |
|---|---|---|---|
| 하이네켄 | 1,000 | 900 | (100) |
| 쿨 | 600 | 650 | 50 |
| 기린 | 800 | 920 | 120 |
| 밀러 | 500 | 490 | (10) |
| 총 합계 | 2,900 | 2,960 | 60 |

하이네킨의 판매량은 목표량보다 10%가 낮았다. 이 같은 수치는 좀 더 수정작업을 해야 될 필요가 있다. 수정작업은 전략, 구조, 판매량에 따른 보너스, 또는 요원재배치, 또는 영업훈련 프로그램 등을 변화시키는 것이다.

 ## 3절 통제의 기법(Tools of Control)

경영통제는 여러 가지 기법으로 수행될 수 있는데, 그 기본으로서는 재무통제 및 운영통제로서의 예산통제와 비예산통제가 있다.

재무통제는 재무제표에서 제공되는 정보를 재무비율에 의해 분석하여 통제하는 것으로서 재무관리 부분에서 상세하게 설명할 것이다. 이에 따라 본절에서는 운영통제 중 예산통제와 비예산통제에 대해 연구한다.

## 1. 예산통제(budgetary control)

### (1) 예산통제의 의의

예산은 돈으로 환산된 계획이기 때문에 계획화의 과정에서 다루어질 내용이면서, 동시에 관리적 통제를 위한 주요 기구가 된다. 따라서 예산통제라 함은 관리적 성과를 높이기 위하여 기업의 경영활동에 대한 계획을 화폐가치로 나타낸 예산을 수립하고, 그것에 기초하여 경영활동을 수행하며, 최초의 예산과 실제 업무성과의 차이를 분석하는 관리기법을 의미한다. 여기에서 예산은 관리적 성과의 적부를 판단하기 위한 표준이 된다.

### (2) 예산통제를 위한 주요 표준의 유형

보다 효과적인 예산통제를 하기 위해서 채택할 수 있는 통제표준의 주요 유형은 다음과 같다.

- 물적표준: 이는 비화폐적인 요인으로 측정 가능한 표준으로서, 원자재, 고용되는 노동자, 제공되는 서비스, 기타 생산되는 제품의 양이 해당된다.
- 원가표준: 이는 화폐적 측정을 위한 통제의 표준으로서, 구체적인 측정기준으로는 생산품 단위당 직접비와 간접비, 제품단위의 시간당 노무비, 생산단위딩 재료비, 기계－시간원가, 판매단위당 판매비 등이다.
- 자본표준: 이는 기업에 있어서 자본투자의 효율성을 특정하기 위하여 채택되는 표준으로서, 새로운 투자에 대한 순이익률이나 자본회수율 등이 해당된다. 이외에도 유동비율, 총투자에 대한 고정자산의 점유비율, 외상매출금에 대한 현금비율 및 재고자산의 크기와 회전율 등이 이에 속한다.

- 수입표준: 이는 기업이 일정기간 동안 현금으로 실현한 객과의 평균판매액이나 자본단위당 판매액, 지역당 판매액, 판매원당 판매액 등으로 평가된다.
- 계획표준: 이것은 신제품 개발을 위한 프로그램 또는 판매력의 개선을 위한 프로그램 등과 같이 특정 프로그램의 총체적 성과를 평가하기 위해서 채택된 관리의 표준이다.

### (3) 예산통제의 단계

예산통제는 예산의 편성, 예산의 집행 및 예산차이분석의 단계로 이루어진다.

#### 1) 예산의 편성

예산통제의 첫 단계는 예산편성에서 시작된다. 기업의 각 부문활동이 항상 기업전체와 동일성을 유지해야 하며, 따라서 각종의 부문예산이 기업전체로서의 경영활동에 종합적인 체계로서 편성되어야 한다.

이 경우, 기업예산은 대체적으로 판매예산으로부터 시작되는데, 판매예산은 과거의 실적, 마케팅 조사에서 획득한 고객, 경쟁자 및 기타 경제계의 동향에 대한 정보를 기초로 해서 수립된다.

그리고 판매는 생산, 자본, 원료, 인력, 현금 등에 대한 정보가 뒷받침되어야 하므로 모든 관리활동을 효율적으로 수행하기 위해서는 판매예산, 생산예산, 자본예산, 원료, 인력예산 및 현금예산 등을 편성하고, 그 예산의 범위 내에서 관리활동이 이루어지도록 하여야 한다.

또한 보다 효과적으로 예산을 편성하기 위해서는 예산편성을 담당할 책임자가 확정되고, 콘트롤러에 의해서 개개 부문예산을 통합하도록 관리하며, 그 후 개별예산과 총예산을 예산위원회의 승인을 받음으로써 타당성을 검정 받아야 한다.

#### 2) 예산의 집행

이렇게 책정된 예산은 예산기간 내에 집행하게 되는데, 이 경우 예산의 집행결과를 보면 항상 원래의 예산과 차질이 생기는 경우가 많으므로 경영자는 업무활동이 예산대로 집행되는가에 대해 항상 주의해야 한다.

이를 위해서는 집행상황을 회계적 방법으로 명확히 기록하고 상급경영자에게 예산과 실적을 비교한 보고서를 정기적으로 보고해야 한다. 그리고 실행예산과 계획예산과의 차이에서 발생되는 손실을 최소로 줄이기 위해서는 예산의 집행과정에서 그 내용을 일일이 체크하기 위해서이다.

### 3) 예산차이분석

예산차이분석이란 계획한 예산과 집행된 실적을 비교, 검토함으로써 예산차이가 발생하게 된 원인과 그 발생장소, 그리고 책임소재를 명확히 밝히는 예산통제상의 핵심적 활동을 말한다.

외적 환경조건 또는 내적 환경여건에 의해 미래에 대한 전망에 있어서 반드시 차질이 발생하기 마련이다. 이러한 예산차이분석에 의해서 각 부문별로 일일이 체크하고, 그 차이에서 나타나는 교란요인과 예산집행상의 책임을 면밀히 분석함으로써 차기의 예산편성을 위한 자료로서 이용할 수 있어야 한다.

### (4) 예산통제의 이점과 한계

### 1) 예산통제의 이점

첫째, 경영계획이 구체적인 수치와 시간에 의해서 일정한 체계하에 포괄적으로 수립된다. 각 부문의 활동목표가 명확하고 목표에 기준하여 모든 경영활동을 종합적으로 통제한다.

둘째, 복잡한 각 부문의 경영활동이 예산의 편성 및 실행에 의해 종합 조정되고, 부서간에 균형 있는 계획의 전개가 가능하다.

셋째, 예산편성의 책임자인 경영자는 예산편성을 통해 앞으로의 운영문제와 그에 대한 방안을 예상하고 구체적인 수치와 시간에 의해 경영자의 전반적인 계획활동이 개선된다.

넷째, 계수적 사고와 통제에 의해 경영관리를 과학화하고 경영계산제도를 확립하며 내부적 통제제도 확립의 기초를 마련한다.

## 2) 예산통제의 한계

첫째, 예산통제가 관리수단 이상인 경우에 통제과정에서 복잡성과 갈등의 잡음을 피할 수 없다.

둘째, 관료기구에서 볼 수 있는 목적과 수단의 전도현상이 나타남으로써 예산과 그에 의한 통제가 경영목적을 위한 하나의 수단이라는 사실을 잊고 오히려 예산우선주의에 빠질 위험이 있다.

셋째, 예산통제가 효과적이기 위해 여러 가지 전제조건이나 통제의 목적 및 의의가 당사자에 의해 이해되어야 하지만, 그렇지 못할 경우, 예산통제가 효과를 거둘 수 없다.

넷째, 예산은 장래계획을 예상수치화한 것이기 때문에, 이에 의한 통제로 동질성이 짙은 기업은 경영활동을 융통성 없게 할 가능성이 크다.

### (5) 예산(재무)통제의 새로운 추세

오늘날 기업들은 재무구조, 상태를 통제하는 방법을 포함하여 조직의 경영 및 과정을 재평가함으로써 변화하고 경제현실과 세계적인 경쟁에 대처하고 있다. 이러한 재무통제의 주요한 추세 중에는 공개적 경영, 경제적 부가가치 시스템 및 활동에 기초한 원가계산 등이 있다.

이러한 추세는 변화하는 조직구조, 정보의 공유, 구성원의 참여 및 팀워크 등을 강조하는 경영관리 방법에 따라 나타나고 있다.

## 1) 공개적 경영

정보의 공유, 팀워크 및 상급자로서 보다는 추진자로서의 경영자를 요구하는 조직환경의 변화 속에서 최고경영자만이 재무자료를 보유할 수 없다. 즉, 조직전체의 구성원들은 조직의 목표를 달성하는데 적극적으로 참여하고 몰입할 수 있도록 하는 재무통제의 대상이 되며 또한 책임을 지고 있기 때문이다.

공개적 경영(open−book management)은 구성원들에게 재조직, 원가절감, 고객 서비스 및 기타 조직의 목표에 대한 이유를 제공하는 것인데, 그 내용은 다음과 같다.

첫째, 공개적 경영을 통해서 구성원들은 차트, 컴퓨터 자료, 회합 등을 이용하여 기업의 재무상태를 스스로 볼 수가 있다.

둘째, 공개적 경영은 개개 구성원들의 직무가 어떻게 조직목표를 달성하는데 적합한가를 보여 주며 또한 기업의 앞으로의 재무상태에 영향을 준다.

셋째, 공개적 경영은 구성원의 보상을 기업의 전반적인 성공과 연결시켜 준다. 즉, 구성원들이 각각의 기능이 상호의존적이며 중요하다는 사실을 인식함으로써 상호기능적 커뮤니케이션과 협동이 더욱 향상된다.

따라서 공개적 경영의 목적은 모든 구성원들로 하여금 고용이 된다는 차원이 아니라 기업의 소유자처럼 생각하고, 행동하도록 한다. 구성원들로 하여금 소유자처럼 생각하도록 하기 위해서, 구성원들을 소유자처럼 동일한 정보를 제공받아야 하며, 또한 그들이 알고 있는 것에 따라 행동할 책임과 권한이 주어진다.

기업전체적으로 최고경영층의 지원 그리고 구성원들과의 일상적인 커뮤니케이션은 공개적 경영 성공의 필수적인 것이다.

### 2) 경제적 부가가치 시스템(EVA)

경제적 부가가치 시스템(economic value-added system)은 재무성과를 측정하는 새로운 기법으로서, 여기에서 경제적 부가가치란 자본비용을 차감한 후 세후 당사업의 순이익이다.

EVA측정법은 기업이 경영활동으로 가치를 추가하기 위해 행할 수 있는 모든 것(효과적으로 운영, 고객을 만족, 주주에게의 배당)이 포함된다. 그리고 조직 내의 각 부서, 직무 또는 과정도 부가가치로서 측정된다.

EVA가 성공하기 위해서, EVA는 재무관리 시스템에 집중하고, 또한 기업의 방침과 절차가 통합되어야 한다. 이에 추가하여 조직의 전체 구성원들의 훈련을 받아야 한다. 그렇게 하는 경우에만 EVA 시스템이 효과적으로 측정될 수 있고, 기업의 재무성과를 통제할 수가 있다.

### 3) 활동기준 원가계산(activity-based costing: ABC)

활동기준 원가계산(ABC)은 자원을 사용하는 활동에 원가를 배분하고 활동을 사용하는 원가대상에 원가를 배분하는 것을 말한다. 이는 원가관리의 초점을 원가에 두기보다 활동에 두고 활동별로 원가를 발생시키는 주된 요인, 즉 원가동인(cost driver)을 확인하고 원가동인을 기준으로 원가를 배부하고 측정하는 원가계산기법이다. 기업의 의사결정에서 원가계산은 가격경쟁의 기초가 되고 증산결정에 큰 영향을 주기 때문에 정확한 측정이 필요한데 전통적인 원가계산이 문제가 있다는 것이 ABC의 관점이다. 전통적 원가계산은 조업도가 높은 생산활동은 원가가 높게 나타나 부가가치 기여도 관점에서 왜곡되고 있다.

## 2. 비예산통제

통제방안으로서 예산과 관계없는 통제방법이 있는데, 손익분기점 분석과 내부감사가 이에 속한다.

### (1) 손익분기점 분석

#### 1) 손익분기점(break-even point) 분석의 의의

손익분기점의 기본개념에 대해서는 이미 경영계획에서 설명하였다. 그러나 이것은 통제를 위한 중요관리도구가 될 수 있으므로, 통제의 관점에서 그 내용을 연구해야 한다. 즉, 손익분기점 분석은 원가-이익분석이라고도 하는데, 한계개념으로서 손익분기점 이상과 이하에서 기업이 이익을 획득하거나 손실을 보게 되기 때문에 경영자의 의사결정과 계획 및 통제를 위한 도구로서 유익한 관리수단이 된다.

#### 2) 손익분기점 산출방법(공식법)

벤처기업 '삼성통신기기'의 경우 통신기기를 얼마나 판매해야 적자를 모면할 것인가?

〈표 13−2〉는 제품 1개를 만드는 변동제조원가가 단위당 11,500원이고 총 고정제조원가는 1,200만원임을 보여 준다. 여기에 변동판매관리비와 고정판매 관리비가 추가된다.

**⁝ 표 13-2** 변동원가와 고정원가

| 원가분류 | | 원가항목 | 예산 | |
|---|---|---|---|---|
| | | | 단위당(원) | 총액(만원) |
| 제조원가 | 변동원가 | 회로판 | 3,000 | |
| | | 케이스 | 1,000 | |
| | | 반도체 | 5,000 | |
| | | 납땜용 납 | 100 | |
| | | 나사못 | 100 | |
| | | 납땜작업 노무원가 | 600 | |
| | | 부품조립 노무원가 | 700 | |
| | | 부품검사 노무원가 | 200 | |
| | | 전기료, 수도료, 가스료 | 800 | |
| | | 합계 | 11,500 | |
| | 고정원가 | 부품운반 노무원가 | | 200 |
| | | 공장 임차료 | | 1,000 |
| | | 합계 | | 1.200 |
| 판매비 관리비 | 변동원가 | | 4,500 | |
| | 고정원가 | | | 800 |

원가−판매량−이익 분석에서 원가는 변동원가와 고정원가의 두 부분으로 구성된다고 보는 반면, 수익은 일정한 단위당 판매가격을 가정하여 조업도에 비례하여 증가한다고 본다. 수익이 총원가를 초과하기 시작하는 조업도 수준을 손익분기점(break−even point)이라 한다.

손익분기점이라는 용어는 손실과 이익이 나누어지는 조업도 수준이라는 뜻이다. 즉 손익분기점보다 낮은 조업도 수준에서는 손실이 발생하고, 그 이상의 조업도 수준에서는 이익이 발생한다. 원가−판매량−이익간의 관계를 일목요연하게 보여 주는 원가−판매량−이익 그림은 〈그림 13−3〉과 같이 나타낼 수 있다.

**그림 13-3** 원가-조업도(판매량)-이익

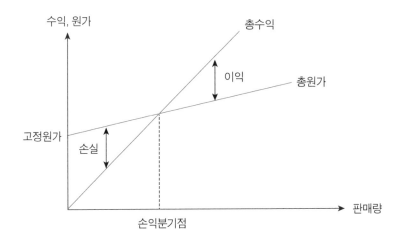

손익분기점을 수식으로 나타내려면, 먼저 원가−판매량−이익의 관계를 수식으로 나타내어야 한다.

이익 = 수익 − 비용(원가)
　　 = 수익 − [변동비 + 고정비]
　　 = 단위당 판매가 × 판매량 − 단위당 변동비 × 판매량 − 고정비

위의 마지막 수식을 원가−판매량−이익 식이라 한다. 손익분기점은 이익이 0인 판매량의 수준이므로 위 식에서 아래와 같이 산출된다.

손익분기점(이익이 0인 판매량) = 고정비/(단위당 판매가 − 단위당 변동비)
　　　　　　　　　　　　　 = 고정비/단위당 공헌 이익

단위당 공헌이익(unit contribution margin)은 단위당 판매가에서 단위당 변동비를 뺀 수치로 제품 한 단위를 생산 판매하면 얼마의 이익을 기업에 공헌하는가를 보여준다.

〈삼성통신기기〉의 손익분기점을 산출하면 다음과 같다. 제품 1개를 20,000 원에 팔면 16,000원의 변동원가를 빼고 4,000원의 단위당 공헌이익이 남는다.

제품 1개에 4,000원씩 남겨 2,000만원의 고정원가를 벌어야 적자를 면하므로, 손익분기를 위해 팔아야 할 통신기기의 수는 5,000개이다.

$$손익분기점 = 2,000만원/(20,000원/개 - 16,000/개) = 5,000개$$

### 3) 원가-판매량-이익 분석의 활용

손익분기점은 이미 살펴본 대로 적자, 즉 손실을 면하기 위한 조업도 수준을 말한다. 손익분기점을 낮추기 위해서는 고정원가를 낮추거나 단위당 변동원가를 낮추어야 한다. 또한 단위당 판매가가 높아져도 손익분기점이 낮아진다. 달리 말하면, 손익 분기점은 총원가와 총수익이 같아지는 수준 또는 평균 원가와 평균수익이 같아지는 수준이므로 단위당 원가를 낮추거나 단위당 수익을 높이면 손익분기점이 낮아진다. 이처럼 원가-판매량-이익 분석은 손익분기점을 찾거나 이익을 계산하는 간단한 분석틀이므로 손익분기점이나 이익수치가 주요 요소의 변화에 따라 어떻게 변하는지 보여준다.

먼저 고정원가가 늘어나는 경우를 보자. 총원가는 고정원가와 변동원가의 합이므로 고정원가가 늘어나면 총원가가 늘어나 손익분기점이 높아지고, 주어진 조업도 수준에서 이익이 그만큼 줄어든다. 예를 들어 삼성통신기기의 고정원가가 2,000만원에서 2,400만원으로 늘었다고 하자. 이 경우 새로운 손익 분기점은 6,000개이다.

고정원가가 2,000만원에서 2,400만원으로 증가한 경우:
$$손익분기점 + 2,400만원/(20,000원/개 - 16,000원/개) = 6,000개$$

한편, 단위당 변동원가가 16,000원에서 15,000원으로 줄어들면 손익분기점이 얼마나 낮아지는가? 새로운 손익분기점은 다음과 같이 4,000개로 계산된다.

단위당 변동원가가 16,000원에서 15,000원으로 감소한 경우:

손익분기점＝2,000만원/(20,000원/개－15,000원/개)＝4,000개

이외에도 목표이익을 달성하기 위한 조업도가 얼마인지, 고정원가를 증가시키고 변동원가를 절약하는 공장 자동화가 얼마나 이익을 늘려 줄지 등을 예측할 때 원가－판매량－이익 분석을 사용한다.

### (2) 내부감사

관리적 통제를 위한 또 하나의 도구인 내부감사(internal audit)는 자체감사(self audit)라고도 하는 것으로서, 조직의 내부구성원, 즉 내부감사 스탭이나 재무회계 담당자에 의해서 경영을 자체적으로 평가하려고 할 때 사용하는 방법이다.

이것은 재무구조의 정확성뿐만 아니라, 재무제표와 운영의 능률성을 함께 검토하여 통제 시스템의 개선을 위해 경영자의 의사결정을 지원하기 위한 통제방법이다.

내부감사는 그 정의에서와 같이 그 주요 핵심은 경영에 대한 업무감사라는 것이다. 따라서 관리과정의 도중에 수시로 계획결과와 실적결과를 대비함으로써 업무활동의 올바른 수행을 확보한다. 이를 위해서는 방침과 절차, 권한의 이용정도, 경영의 질과 제방법의 유효성 등 모든 관리국면을 포괄해서 평가한다. 내부감사는 전문적인 내부감사요원에 의해 수행되므로, 이를 실행할 감사인의 확보가 어려우며, 또한 감사의 범위와 깊이가 기업의 규모와 정책에 따라 상이하다는 것이다. 내부감사는 많은 유용한 정보를 제공하지만, 비용이 많이 소요되고, 훈련된 전문요원이 필요하며, 또는 동기유발에 대한 부정적인 영향을 미친다는 제한성도 있다.

### (3) 균형성과표 통제(balanced score card control)

균형성과표 통제는 재무적인 통제 이상의 기업의 성과를 측정하는 방법이다. 균형성과표는 일반적으로 기업의 성장에 기여하는 4개 부분 － 재정, 소비자, 내부절차, 혁신 － 으로 구분한다. 경영자는 각 부분에서의 목표를 수립

하고 목표가 달성되고 있는지 측정해야 한다. 기업은 한 가지 부분에만 강조
할 수 없다. 그 이유는 다른 부분들이 유기적으로 영향을 받고 있기 때문이
다.

코스피 사상 첫 3000돌파

[최진기의 5분경제학]
재무상태표 분석하기

[지식채널e]
따뜻한 경제학

# CHAPTER 12

# 재무관리
## Financial Management

# 재무관리

### 도입사례
한국처방 재검토 필요하다

**핀테크 산업의 분류와 지향해야 할 성장방향**

핀테크 사업 영역은 일반적으로 크게 '송금/결제', '금융 SW/IT서비스', '금융데이터 분석', '플랫폼(중개)' 네 가지로 분류할 수 있다.

| | |
|---|---|
| 송금/결제 | 전자적 방식(온라인, NFC 등)을 통한 카트, 현금, 전자화폐 결제, 송금, 외환업무<br>(예) 전자지갑, XX 페이 등 |
| 금융 SW/<br>IT서비스 | 효율적인 금융서비스 구현을 위한 내외부전산화 솔루션<br>(예) 기관의 위험관리나 회계 SW 등 |
| 금융데이터<br>분석 | 개인과 기업 고객과 관련된 다양한 데이터를 수집, 분석함으로써 부가가치 창출<br>(예) 개인 거래 분석, 자산관리, 컨설팅, 신용조회 및 평가 등 |
| 플랫폼<br>(중개) | 개인 간, 단체, 자영업자 간 금융거래를 연결해주는 비금융기관 제공 온라인 환경<br>(예) P2P 대출/투자, 크라우드 펀딩 등 |

우리나라의 송금/결제 사업 분야는 온라인, 모바일, 간편 결제로의 서비스 진화로 핀테크 세부 시장 중 규모가 가장 크게 성장한 분야로 평가된다. 금융데이터 분석 분야는 현재 시장 크기는 작으나 향후 성장 잠재력이 가장 높은 것으로 평가되었고, 금융 / IT 서비스 분야는 국내 대형 IT서비스 업체를 중심으로 시상 크기가 확대 중인 상황이다. 플랫폼(중개) 분야는 아직 국내에서 시장 형성 중인 초기 단계이며, 특히 P2P대출과 관련하여 풀어야 할 법적인 문제들이 산재되어 있어 시장매력도가 가장 낮게 분석되고 있다.

한국형 핀테크 산업이 지향해야 할 성장 방향에 대한 전문가들의 의견을 취합한 결과는 다음과 같다.

① 목표시장: 내수 시장을 공고히 하고 이를 바탕으로 글로벌 시장 진출에 대한 환경(원천기술 특허 확인, 기술 수준 검증, 투자 지원, 글로벌 표준 지원, 지재권 보호 등)을 조성해야 한다.

② 사업주도권: 금융과 ICT 산업 이해당사자 간 부처 합동을 통하여 법/제도 개선을 추진하여 전체 시장 크기와 고용 창출 효과를 키우는 등 성장 동력 신산업으로 자리 잡도록 지원해야 한다.

③ 사업자 구성: 개별 기술을 가진 업체들의 시장 진입 장벽을 낮추기 위해 데이터 공유 및 서비스 간의 협력, 공동 사업 구성이 가능한 플랫폼 등을 마련하는 한편, 대규모 자본의 시장 독식 견제 장치에 대한 고민이 필요하다.

④ 성장원동력: 금융사고 위험 관리, 정보보호 및 보안체계 등 최소한의 필요 장치 마련 외에 정부 주도의 인위적인 활성화는 지양되어야 하며, 업계의 자율경쟁을 유도하도록 지원해야 한다.

결론적으로 향후 한국형 핀테크 산업은 "국내외 시장을 함께 겨냥하고, 금융업과 ICT산업의 협업 주도 하에 대기업과 창업 기업이 고루 시장에 진입하여 자생적으로 성장할 수 있는 생태계를 조성"하는 것이 바람직한 것으로 요약된다.

### 핀테크의 수익원

핀테크에서의 수익원은 주로 가입비, 이용 수수료 및 중개 수수료 등 이들의 환경에서 비즈니스를 하는 기업이나 개인들의 광고 수익을 들 수 있다. 가장 보편적인 핀테크의 수익은 선불 모바일 카드, 상품권(선물, 충전 포함 등) 구입 등과 같은 디지털 화폐도 중요한 수익원이 된다. 주요 파트너 사들은 결제 솔루션을 통해 수익을 창출하기 위해 가맹점들의 확대를 모색하고 있다.

이들은 기존의 결제 방식을 보완하여 사업을 진행하여 신용카드나 은행계좌 없이 신용거래와 지불결제를 가능하게 하고 이에 대한 지불결제 서비스 비용을 통해 수익을 창출하기도 한다. 또한 판매자에게 부과되는 시스템 구축 및 사용, 거래 건당 수수료와 구매자에게 부과되는 할부거래 수수료 등을 통해서도 수익을 창출한다.

핀테크의 수익원들의 방법은 크게 기존 지불방식에 대한 보완방식, 후불 결제방식, 지급보증 서비스(에스크로) 기반, 현금이체 기반 및 신용구매 기반으로 구분할 수 있다. 결국 이들의 수익원은 수수료를 통해 수익을 창출하는 비즈니스 모델이다.

### 핀테크 서비스의 한계 - 보안

소비자의 편의성을 중시하고 채널·서비스·기술 간의 융합이 일어나는 환경에서 제공되는 핀테크 서비스는 상대적으로 보안성이 취약하기 때문에 이를 겨냥한 공격이나 사고 발생 가능성에 대한 우려가 있다. 따라서 핀테크 산업 활성화의 핵심은 사용자 인증, 고객 정보 보호 등의 보안요소를 비즈니스모델 안에 어떻게 재구성해서 안전함과 편리함을 유도해 내느냐가 관건이 될 것이다.

금융 선진국에서는 아래의 표와 같이 소비자가 금융 또는 결제 서비스 채널에 편리하게 접근하고 이용할 수 있는 방법들을 주로 고민해 왔다. 편의성을 크게 해치지 않는 범위에서 사업자의 자율성을 보장하고, 거래금액이나 신용도에 따라 보안수준을 차등 적용함으로써 금융거래의 효율성을 높이고 있다. 한편, 국내의 경우 지금까지 금융 또는 결제 서비스 채널 자체를 보호하는데 초점을 맞추고 온라인 거래에 대해 오프라인 거래 수준의 보안성을 확보하기 위해 일률적 규제를 적용하였다. 국내 소비자들은 결제 시에 보안 프로그램을 매번 설치해야 했고, 반복적인 정보들을 입력하는 수고를 경험해야 했다. 이 방식은 비교적 낮은 사고발생율과 실시간 처리 등의 장점을 가지고 있으나, 인증 프로세스가 복잡하고 특정기술에 의존하여 호환성 및 이용편의성이 떨어진다. 또한 서비스 간 차별성과 기술혁신이 부족하다는 단점이 있다.

| 구분 | 해외(미국, 영국) | 국내 |
|---|---|---|
| 보안 규제방식 | 사후책임(부정사기거래 피해에 대한 무거운 책임 부여) | 사전규제 |
| 금융보안의 수행자 | 금융회사가 자율적으로 보안인증체계 (PCI-DSS) 구축 | 당국이 금융보안 직접 지시 |
| 보안수준 차별성 | 거래규모 및 고객의 신용도 등에 따라 필요한 보안수준을 차등적용, 소비자에게 보안수준에 대한 선택권 부여 | 획일적인 보안수준을 요구, 소비자에게 선택권을 부여하지 않음 |
| 보안사고의 책임 | 전자결제업체, IT기업, 금융소비자에게도 책임 부여 | 금융당국 또는 금융회사에 집중 |
| 보안인력 및 기술 | 보안인력이 풍부하고 검증된 FDS, 빅데이터 분석이술, 다양한 인증기술 등 확보 | 보안인력이 부족하고 FDS, 빅데이터 분석 등 기술수준이 낮음 |

 **1절 재무관리의 본질과 목표(Essentials of Financial Management)**

## 1. 재무관리의 의의

　　재무관리(financial management)란 기업의 설립과 운영에 필요한 자본을 자본시장으로부터 합리적으로 조달(자본조달)하고 사용하여 특정한 자산을 유효하게 운영(자본운용)하는 기술과정을 말하는 것으로 통제활동의 부분이라고 볼 수 있다.

자본조달의 원천이 합리적으로 선정되고 그 조달방법이 적정할 때 기업의 자본코스트는 극소화된다. 또한 조달된 자본의 운용에 있어서는 장단기의 자금운용계획과 설비투자계획, 그리고 예산통제에 의한 전체적인 자금흐름의 관리를 철저히 행함으로써 투자수익률을 극대화할 수 있다.

재무관리의 정의는 그 대상이 기업이므로 기업과 연관시켜 설명한다면 〈그림 14-1〉과 같다. 즉, 기업이 자산을 보유하기 위해서는 자금(자본)을 필요로 하게 된다. 기업은 이러한 자본을 이용하여 기업활동에 필요한 자산들을 구입하고 이러한 자산들을 활용하여 새로운 현금흐름(cash flow)을 창출하게 된다. 기업은 이와 같은 자산으로부터 창출된 현금흐름을 자본을 조달해준 투자가들에게 배분하게 된다. 상기의 과정은 기업이 존재하는 동안 순환적으로 발생하게 되는데, 재무관리는 바로 이와 같은 전체의 순환과정을 기업경영의 차원에서 관리하는 활동이라 할 수 있다.

**그림 14-1** 기업의 자본조달 및 현금흐름 창출과 배분

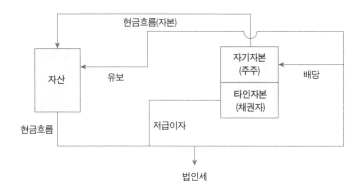

## 2. 재무관리의 목적

자본을 조달하고, 운용하는 재무관리의 목표는 기업이 자산운영에서 창출하는 현금흐름과 자본시장으로부터 조달한 현금흐름의 차이를 극대화함으로

써 기업가치를 극대화하는 것이다.

경영의 목표가 이윤극대화 또는 여러 가지 사회적 동기에 의해 경영의 목표가 거론될 수 있지만, 최근의 가치 중시 경영의 입장에서 볼 때, 기업가치의 극대화가 그 목표가 된다. 자본시장에서 그 기업의 주식가치의 극대화라는 목표로 설명될 수 있다. 기업가치의 극대화 목표를 달성하기 위해서는 다음과 같은 구체적인 목표가 실행되어야 한다.

### (1) 수익성 목표

수익성은 이윤성이라고도 하는데, 이는 투자자들의 자금을 유치하기 위한 기본적 동기요인이 된다. 이러한 목표를 달성하기 위해서 경영자는 이익계획 또는 이익관리를 한다. 위험과 수익간 상반관계(risk-return trade-off)는 위험이 높을수록 수입이 높아야 한다는 것을 의미한다.

### (2) 유동성 목표

유동성이란 재무유동성인데, 이것은 기업부채의 단기적인 채무지급능력을 의미한다. 기업은 적절한 수준의 유동자산을 확보해야만, 단기부채에 대한 지급능력을 가질 수 있는 데, 그렇게 하기 위해서는 유동비율(유동자산/유동부채×100)이 적정선으로 유지되어야 한다. 그리고 유동비율을 유지하기 위해서는 자금계획의 합리화가 확보되어야 한다.

### (3) 안정성 목표

안정성이란 기업의 건강상태를 나타내는 척도로서, 기업의 체력을 강화하기 위해서 필요한 재무관리의 목표이다. 안정성을 유지하기 위해서는 재무구조가 건실해야 한다. 재무구조의 건실은 자기자본과 타인자본의 구조가 적정선으로 유지되고 또한 유동자산과 고정자산의 비율도 합리적으로 유지되며, 기업의 대외적인 여건변화에 견딜 수 있어야 가능하다. 이것은 자본구조계획의 합리화와 자본배분의 합리화로서 달성될 수 있다. 상기의 세 가지 목표는 서로 보완적이며 또한 상쇄적인 상호작용을 하므로, 이들 목표를 적절히 조화시킴으로써 균형을 유지하도록 해야 한다.

### 3. 재무관리의 기능

재무관리의 기능은 곧 재무관리담당자가 수행하는 기능으로서, 주로 기업의 자금을 조달하고, 그 자금의 투자에 따른 관리, 운용 및 통제를 담당하여 기업의 가치를 극대화하기 위한 역할을 담당한다.

#### (1) 투자결정 기능

이는 기업이 어느 자산에 투자할 것인가를 결정하는 것으로서, 조달된 자본을 효율적으로 배분하는 자본의 운용기능을 의미한다. 즉, 이것은 대차대조표상 차변인 자산에 대한 것으로서, 투자결정에 의해서 자산의 규모와 그 구성상태가 결정되는 것인데, 그 중에서도 고정 자산들의 종류와 구성에 대한 결정이 매우 중요하다. 즉, 이 투자결정의 목표는 기업자산의 최적배합을 통해 투자수익을 극대화하는 것이다.

#### (2) 자본조달 기능

이는 투자에 소요되는 자본을 어떤 방법으로 효율적으로 조달할 것인가를 결정하는 기능이다. 즉, 이것은 대차대조표상 대변인 부채와 자본에 대한 것으로서, 자본조달경정에 의하여 자본규모와 자본구조가 결정된다. 이 경우 자본조달결정의 목표는 자기자본과 타인자본의 구성, 고정부채와 유동부채의 구성 등에 대한 의사결정을 함으로써, 기업자본의 최적배합을 통해 자본코스트를 극소화하는 것이다.

#### (3) 배당결정 기능

이것은 자산으로부터 발생하는 현금흐름의 배분에 관해 결정하는 기능이다. 자산으로부터 현금흐름이 발생하면 기업은 우선 채권자에게 지급이자를 지급하고, 나머지 현금흐름에 대하여 일정한 비율의 법인세를 납부한다. 즉, 납세 후 자의적으로 배분할 수 있는 현금흐름(순이익)은 얼마를 주주에게 배당하고, 얼마를 기업 내에 유보할 것인가를 결정하는 기능이 배당결정 기능인데, 배당결정에는 배당성향, 배당의 안정성, 배당의 형태가 결정된다.

상기의 세 가지 기본적 기능 이외에 자산·자본의 조화 기능이 있다. 이것은 운전자본관리와 관계되는 것으로서, 어떤 자산을 어떤 형태의 자본을 사용하여 보유할 것인가를 결정하는 것이다. 즉, 투자결정의 기능보다 세부적인 결정으로 유동자산의 규모, 그 유동자산의 자금원천의 결정 등에 대한 기능이다.

### 4. 재무기능담당 조직

재무관리 기능을 담당하는 조직은 의사결정이 복잡화됨에 따라 라인기능과 스탭기능으로 세분화된다. 즉, 자본의 조달과 그 운용에 관한 집행기능을 담당하는 트레저러(treasurer) 부문과 계획 및 통제기능을 담당하는 컨트롤러(controller) 부문으로 구분된다.

트레저러는 자본의 조달과 운용에 관한 집행기능을 담당하는 라인부문으로서, 현금관리, 신용관리, 유가증권의 투자, 자본의 조달 등 주로 자금과 관련된 업무를 수행한다. 이 업무를 담당하는 사람을 자금부장, 재정부장 등으로 불리운다.

컨트롤러는 기업의 재무활동에 대한 계획과 통제기능을 담당하는 스탭 부문으로서, 자금부장의 직능에 속한 업무 중에서 경영규모가 확대되고, 의사결정이 복잡하게 됨에 따라 이들 기능을 독립시켜 컨트롤러가 맡게 되었다. 오늘날 컨트롤러는 내부 통제기능을 보다 유효하게 실시하기 위해 존재하며, 그 주요 기능으로서는 통제를 위한 계획(예산수립), 회계, 감사, 통제 등이 있다.

# 2절 자본의 운용(Financial Plan)

기업의 가치는 그 기업이 소유하고 있으며 현금흐름을 창출하는 자산의 가치에 의해서 평가되므로, 기업가치를 극대화하기 위해서는 자산에 대한 투자결정을 합리적으로 행해야 한다. 그리고 투자결정은 투자대상 자산이 단기성자산(유동자산)이냐 장기성자산(고정자산)이냐에 따라 운전자본관리와 자본예산관리로 구분된다.

## 1. 자본예산

### (1) 자본예산의 의의

자본예산(capital budgeting)이란 투자대상으로부터의 현금흐름, 즉 투자로 인해 발생되는 효과가 1년 이상 장기간에 걸쳐 실현될 가능성이 있는 투자결정과 관련된 계획수립을 말한다. 자본예산은 건물, 대지, 기계 등 고정자산투자, 즉 시설투자뿐만 아니라 거액의 투자가 필요한 연구개발투자나 광고, 시장조사 프로젝트 등 장기에 걸쳐 효과가 나타나 현금흐름을 창출해 낼 수 있는 모든 자산에 대한 투자결정이 포함된다.

자본예산이 오늘날 재무관리에서 중요시되는 주요한 이유는 다음과 같다.

첫째, 그 효과가 장기간에 걸쳐 영향을 미치기 때문에 미래의 투자환경에 대한 정확한 예측을 할 필요가 있다.

둘째, 자본예산에 소요되는 투자액이 상대적으로 크다.

셋째, 현대의 기업환경은 경쟁적이기 때문에 임기응변적인 투자결정만으로는 실패할 가능성이 크다.

넷째, 투자결정은 이에 수반된 자금조달결정과 조화되어야 하며, 무리한 기업 확장은 도산을 초래할 수 있다

### (2) 투자안의 경제적 평가방법

자본예산은 우선 해당 프로젝트에 관련된 현금흐름을 추정하는 것이 중요하며, 그 다음으로 자본예산에 사용하기 위한 자본비용을 추정하여야 한다.

자본비용은 프로젝트의 경제성을 분석하기 위한 할인율로 사용되는데, 프로젝트의 경제성을 분석·평가하는 과정에서 투자안이 기업가치의 극대화에 어느 정도 공헌할 수 있는가를 평가한다. 경제성 평가방법을 자본예산기법이라고 하는데, 자금회수기간법, 순현재가치법, 내부수익률법 등이 있다.

### 1) 자금회수 기간법

최초의 투자액을 다시 현금유입으로 회수하는데 걸리는 예상시간을 말하는데, 각 투자안의 회수기간을 계산하여 회수기간이 가장 짧은 투자안을 최선으로 선택하는 방법이다. 이것이 투자안의 경제적 분석방법으로 널리 이용되고 있으나, 자금의 현재가치를 무시할 뿐만 아니라, 자본조달비용이 전혀 고려되지 않는 약점이 있다.

### 2) 순현재가치법

투자로 인하여 발생할 모든 현금흐름의 순현재가치(현금유입의 현재가치-현금유출의 현재가치)를 구하여 투자의 경제성을 분석하는 방법이다. 즉, 현금유입의 현재가치가 투자비용의 현재가치보다 클 때, 순현재가치가 양(+)으로 나타나기 때문이며, 이는 기업의 가치를 증대시킬 수 있는 바람직한 투자안이라는 뜻이다.

### 3) 내부수익률법

내부수익률이란 투자로 인한 예상현금유입의 현재가치와 투자비용의 현재가치를 동일하게 만드는 할인율을 말한다. 이 내부수익률을 자본비용과 비교하여 내부수익률이 자본비용보다 크면 투자안의 경제성이 있는 것으로 판단하는 방법을 말한다. 이 경우 투자할 가치가 있는 것으로서, 내부수익률이 자본비용보다 높을 때 기업의 가치를 증가시키기 때문이다.

### (3) 위험하에서 투자안 평가

상기의 투자안 평가방법은 미래의 현금흐름을 정확하게 예측할 수 있다는 확실성을 전제로 한 수익성기준으로 평가하였으나, 미래의 현금흐름을 정확하게 예측할 수 없다. 따라서 투자안이 내포하고 있는 위험과 시간의 문제가 고려되어야 한다. 위험이란 투자로부터 예상되는 손실의 가능성 내지 미래현금흐름의 변동 가능성을 의미하는데, 투자안에 따라서 수익의 변동 폭이 클수록 위험도 커지게 된다.

투자안의 위험을 나타내는 자본예산기법으로서 위험조정할인율법 등이 있으나, 기본적인 절차를 준수하여야 한다. 즉, 첫째, 어떠한 자산이든지간에 보유시에 예상되는 미래의 현금유입은 현재가치로 환산되어야 하며, 둘째, 그 때의 기회비용은 시장에서 평가되는 적절한 위험도를 반영한 기회비용이어야 한다.

## 2. 운전자본관리

### (1) 운전자본관리의 의의

운전자본(working capital)는 두 가지 의미로 사용된다. 첫째, 운전자본은 유동자산 전체인 총운전자본을 의미하기도 하고, 둘째, 유동자산에서 유동부채를 뺀 순운전자본을 의미하기도 한다. 본서에서는 운전자본을 유동자산으로 정의하고, 운전자본관리를 유동자산인 현금, 시장성 유가증권, 매출채권 및 재고자산의 관리로 한정하기로 한다. 운전자본관리는 다음에 제시된 이유로 그 중요성이 강조되고 있다.

첫째, 기업의 재무관리담당자는 대부분의 시간을 운전자본관리에 할애하고 있는 반면, 고정자산 등에 대한 투자결정은 간헐적으로 이루어진다.

둘째, 단기부채에 대한 지급수단이라 할 수 있는 유동성을 파악하는데 있어서 운전자본관리가 대단히 중요하다.

셋째, 유동자산은 매출액 증가와 밀접한 관계를 갖고 있다.

### (2) 운전자본관리의 목표

운전자본관리의 기본적 목표는 다음과 같다.

첫째, 기업의 유동자산을 적정수준으로 유지하는데 있다. 유동자산에 대한 투자는 고장자산에 대한 투자에 비해 수익성이 떨어지므로 적게 보유할수록 좋다. 유동자산이 부족하면 매출액 변화에 대한 탄력적인 적응능력이 결여되고, 단기 채무에 대한 지급불능의 위험이 발생할 위험도 있다. 수익과 위험을 고려하여 적적한 유동자산을 유지해야 한다.

둘째, 유동자산을 조달하는 원천으로서 유동부채와 장기성자본(고정부채와 자본을 포함한 것)을 적절히 배합함으로써 위험을 줄이고 수익성을 높여야 한다.

운전자본에 필요한 자본은 유동부채와 장기성자본으로 조달될 수 있는데, 유동부채로 조달될 경우 장기성자본에 비해 자본비용이 낮아 기업에 유리하다. 유동부채에만 의존할 경우 기업은 차입과 상환을 자주 반복해야 하는 불편을 겪게 되고, 장기성자본처럼 항상 보유하고 있지 않기 때문에 필요한 자금을 적시에 조달하지 못하여 유동성을 악화시킬 위험이 있다.

최고경영자는 운전자본의 적정수준유지와 운전자본에 필요한 자본조달원천을 적절하게 배합할 수 있도록 의사결정을 해야 하는데, 수익과 위험의 상쇄관계를 고려하여 위험에 대한 과학적인 관리를 해야 한다.

### (3) 운전자본관리의 대상

#### 1) 현금관리(cash management)

현금관리는 청구서의 지불기한이 되었을 때 이를 지불하고 예상치 못한 비용을 충당할 수 있을 정도로 충분한 현금을 수중에 확보하는 과정이다. 현금은 통화화폐와 타인발행의 당좌수표, 자기앞수표 등 통화대용증권, 그리고 은행 등에 유치한 요구불예금이나 단기적으로 인출이 가능한 예금을 모두 포함한다.

현금은 기업보유자산 중 가장 유동성이 높으나, 수익성과 현금흐름 창출이 가장 낮은 특징을 가지고 있으므로 기업은 안정적 성장을 유지하는 최소한의 수준에서 현금을 보유해야 한다.

현금관리는 ① 현금유입의 촉진, ② 현금유출의 통제, ③ 현금보유의 적정액 결정 등이 포함된다. 그리고 현금관리는 현금흐름을 관리하는 것으로서, 현금흐름(cash flow)이란 일반적으로 매출로부터 창출된 현금에서 현금으로 지급되는 매출원가, 현금지급이자, 현금지급 제비용(세금 등)을 공제한 나머지를 의미하는데, 이를 기업의 자금흐름으로 본다.

#### 2) 유가증권관리(securities management)

유가증권(securities)은 기업이 일시적인 유휴자본으로 투자할 수 있는 시장성 있는 유가증권을 의미하는데, 이에는 주식, 국공채, 회사채, 기업어음 및 수익증권, 예금증서 등이 포함된다.

유가증권의 특징은 수익성도 보장되면서 현금이 필요할 경우 곧바로 현금화가 가능한 환금성이 높다는데 있다. 그러므로 유가증권을 보유할 때에는 지급불능위험, 시장성 및 만기 등이 선택기준을 고려해야 한다.

### 3) 매출채권관리(account receivable)

매출채권이란 기업이 신용판매를 하여 발생한 판매대금의 미회수액을 말하는데, 이에는 외상매출금, 받을 어음 등으로 매출채권의 크기는 기업의 총판매기간의 크기에 좌우된다.

기업은 신용판매를 통해 매출수익을 증가시킬 수 있으나, 신용판매로 인하여 매출채권의 회수가 지연된다거나, 대손이 발생할 경우, 이는 유동성의 악화를 초래시켜 파산을 자초할 위험도 있다. 따라서 매출채권관리를 위해서는 신용정책과 수금정책을 적절히 조화시켜야 한다. 신용정책에는 신용기준, 신용기간을 결정해야 하며, 수금을 촉진하는 방법으로 팩토링(factoring)을 이용할 수 있다. 팩토링이란 외상매출채권의 관리를 전담하는 전문기관인 팩터(factor: 금융기관 등)가 기업의 매출채권을 할인 매입하여 만기일에 고객으로부터 대금을 직접 회수하는 것으로서, 기업은 매출채권에 투하된 자금을 회수하여 소요자금을 조달하는 방법이다.

신용판매기간을 길게 하면 평균회수기간이 길어지게 되므로 더 많은 매출채권을 보유하게 되고, 신용판매기간을 짧게 하면 평균회수기간이 짧아지게 되므로 더 적은 매출채권을 보유하게 되는 것이다.

### 4) 재고자산관리(inventory management)

재고자산(inventory)이란 생산활동이나 판매활동을 위하여 기업이 일시적으로 보유하고 있는 원재료, 반제품, 완제품 등으로서, 매출액이라는 현금흐름의 구성요소를 창출하는 수단이다.

재고자산은 미래의 제품수요에 맞추기 위해서 또는 원재료의 공급이 불규칙하게 변동하더라도 기업의 생산과 판매활동을 일정하게 유지하기 위해서 필요하다. 그러나 재고자산을 적정수준 이하 또는 이상으로 보유하면 이로 인해 손실이 발생한다. 즉, 재고자산의 부족은 정상적인 생산계획에 차질을 생기게 하거나, 제품 판매 기회를 상실케 한다. 한편, 재고자산의 과다는 그만큼 현금흐름 창출과정이 원활하지 못한 것을 의미하는 것으로서, 과다한 보유비용과 진부화 등에 의한 손실이 발생한다.

그러므로 적절한 재고수준을 결정하기 위해서는 ① 예상매출액, ② 생산공정의 소요시간, ③ 완제품의 내구성, ④ 재고공급의 계절적 변동과 공급 중에서도 재고관리비용이 중요한데, 재고유지비용, 주문비용, 부족재고비용, 그리고 초과재고비 등이 포함되며, 이들 비용을 최적으로 배합함으로써 소요비용이 최소가 되도록 재고자산을 관리해야 한다.

# 3절 자본의 조달(Sources of Funds)

## 1. 자본조달의 원칙

기업경영을 위해 필요한 자본을 조달하는 경우 다음 기본 원칙을 준수해야 한다.

### (1) 자금용도에 따른 조달의 원칙

고정자산에의 투자를 목적으로 하는 자금은 장기성자본(자기자본 및 장기부채)에 의해서 충당되어야 한다. 이것은 고정장기적합률을 유지해야 한다는 원칙인데, 이는 시설자금의 조달은 단기자본인 유동부채를 활용해서는 안 된다는 원칙이다.

유동자산의 조달은 장기성자본에 의해서 충당되는 것이 이상적이지만, 그것이 여의치 않을 때 유동부채에 의존하게 된다. 지나치게 유동부채에 의존하게 될 때, 자본구성이 바람직스럽지 못하게 되어 안정성은 물론 유동성을 해치며, 또한 지나친 이자부담으로 수익성도 떨어뜨린다.

수익성을 유지하고 현금흐름을 창출하기 위하여 유동자산의 보유한도를 지나치게 낮추면(당좌자산의 보유를 낮춤), 수익성과 현금흐름은 높아질 수 있지만 자금이 급히 필요할 때 이의 충당이 불가능하게 되어, 부득이 단기부채에 의해서 필요자금을 조달해야 한 경우가 발생할 수 있다.

### (2) 경영재무구조의 균형화원칙

이는 부채 지급능력으로서의 유동성, 자본구성과 그 배분상태에서의 안정성, 그리고 자본이익 상태인 수익성이 상호간의 균형을 이루면서 유지되어야 한다는 원칙이다. 즉, 기업이 유동(단기)부채를 많이 사용할 경우, 이는 유동성을 악화시키게 되고, 유지하기 위하여 현금 등 당좌자산(현금, 예금, 유가증권 등 현금화가 가능한 자산)을 많이 가지고 있으면 수익성이 떨어지는 상쇄관계가 있으므로 균형을 이루어야 한다.

### (3) 경영지배권에 따른 조달원칙

투자자가 사업주주 또는 투자·주주에 따라 그 성격이 다르지만, 적어도 경영에 대한 지배권을 행사하기 위해서는 자본조달의 상당부분을 자기자본에서 충당해야 한다.

### (4) 금융시장의 특성에 따른 자본조달원칙

자본을 조달하는 원천은 자기자본과 타인자본이다. 자기자본의 조달은 주식을 중심으로 한 자본조달이며, 타인자본의 조달은 가채 등 장기차입금과 기타 단기차입금에 의한 자본조달이 주가 된다.

투자자의 입장에서 주식과 채권의 양면으로서, 주식에 자금을 투자할 때에는 배당을 목적으로 한 것이며, 채권에 자금을 투여하는 것은 이자를 겨냥한 것이다. 이 경우 자금의 투자 향방은 이자율과 배당률 또는 자금의 한계효율의 고저에 의해서 결정된다. 기업에서는 자본시장과 금융시장의 특성과 그 변화를 고려해야 한다. 기업이 성장하기 위해 소요되는 자금을 계속 조달하는 데 있어, 어느 곳에서 자금을 조달할 것인가를 나타내는 자금조달원천과 각 조달원천으로부터 얼마만큼의 자금을 조달할 것인가를 보여 주는 최적 자본배합을 결정해야 한다. 이는 곧 대차대조표의 대변의 구성비율을 어떻게 유지할 것인가와 관련이 있다. 자본의 조달원천은 매우 다양한데, 자본사용기간의 장·단에 따라 구분하여 보면 〈그림 14-2〉와 같다.

**그림 14-2** 기업의 자본조달방법

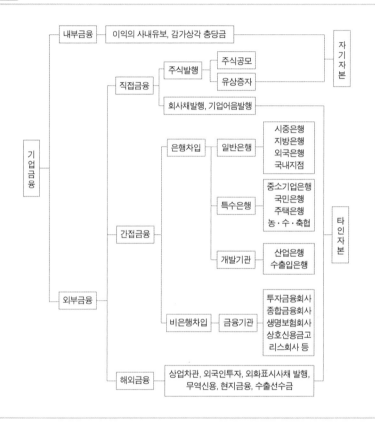

## 2. 장기자본의 조달

장기자본은 대차대조표상의 대변인 자본과 부채 중 고정부채에 해당되는 것으로서, 자본은 주식에 의해서, 그리고 고정부채의 원천은 사채와 은행 등의 장기차입금이 포함된다.

## (1) 증권시장(securities market)

### 1) 증권시장의 의의

증권시장이란 유가증권의 거래를 통하여 장기자본을 공급할 목적으로 운영되는 자본시장을 말한다. 자본시장에는 증권시장과 보험시장이 포함된다. 그러나 보통 자본시장이라고 할 때는 좁은 의미로 보아 증권시장을 말하는데, 증권시장은 발행시장과 유통시장으로 분류된다.

### 2) 발행시장(primary market)

발행시장이란 기업들이 신규자본(장기적인 자본)을 조달하기 위하여 유가증권(주식, 사채)을 발행하는 시장이다. 발행시장은 발행주체와 투자자, 그리고 이들을 상호 매개하는 발행기관의 세 집단으로 구성된다. 발행주체는 자금을 필요로 하는 신규 증권의 발행자로서, 여기에는 주식, 사채를 발행하는 사기업, 국채나 공채를 발행하는 국가나 지방자치단체, 한국은행, 산업은행 등 특수법인이 있으나, 주로 기업이 주류를 이룬다. 발행기관은 증권의 발행자와 투자자 사이에 개입하여 증권발행에 대한 사무기능과 인수기능을 담당하는데, 증권회사, 종합금융회사, 단기금융회사가 이에 속한다.

투자자는 개인적으로 직접 투자하는 개인투자자와 기관투자자가 있는데, 기관투자자는 투자신탁회사, 금융기관, 보험회사, 연금, 기금 등 법인형태의 투자자를 말한다.

### 3) 유통시장(secondary market)

유통시장이란 이미 발행된 증권이 투자자들간에 거래되는 시장을 말하는데, 주식시장, 채권시장 등이 이에 속한다. 유통시장은 거래되는 유가증권의 공정한 가격형성에 기여하는데, 유통시장에는 많은 투자자가 존재하여 정보를 분석하고 자유경쟁을 하므로 적정가격이 형성된다. 그리고 유통시장이 활발해짐으로써 증권의 현금화 가능성이 높아져 발행시장에서 발행되는 증권에 투자자가 투자하게 되어, 유통시장은 발행시장과 상호보완적인 관계를 갖게 된다.

유통시장에는 일정한 요건을 구비한 상장증권만이 증권거래소를 통하여 매매가 이루어지는 거래소시장과 증권업자 및 투자자간에 상장증권은 물론 비상장증권이 매매되는 장외시장이 있다. 여기에서 일반대중을 상대로 최초로 기업의 주식을 판매하는 것을 최초공모(initial public offer: IPO)라 한다. 최초공모는 기존의 주주들, 즉 사적으로 해당 주식을 매입했던 가족, 친지, 직원 등에게 큰 수익을 가져다준다.

### 4) 현물시장과 선물시장

현물시장(spot market)이란 매매가 이루어진 증권이 즉시 인도되는 시장이며, 선물시장(futures market)이란 매매가 이루어진 증권이 3개월, 6개월, 1년과 같이 미래의 일정시점에 인도되는 시장이다.

선물시장에 대해서 알아야 할 사항은 선물계약인데, 선물계약이란 공식적인 선물거래소가 자산의 가격, 자산의 질, 인도일자 등의 거래조건을 표준화하고, 또한 거래가 이행되지 않는 일이 없도록 필요한 제도를 운영하는 계약이다. 즉, 거래소라는 선물시장을 통해 선도계약이 표준화되어 거래되는 것이 선물계약이다.

선물계약은 표준화된 계약조건에 따라 현재 약속한 가격으로 특정 자산을 아래의 약정일에 사고 팔 것을 현재시점에서 약속하는 계약이다. 선물과 유사한 것으로서, 옵션(option)이란 두 당사자간의 계약으로 특정기초자산을 미래의 일정시점(혹은 일정기간 내에)에서 미리 정해진 가격으로 사거나 또는 팔 수 있는 권리이다. 옵션과 선물은 어떤 기간에 대해 현재시점에서 거래가격을 정해놓고 실제거래는 미래시점에 하는 거래이다. 그 차이는 선물은 거래 당사자가 매매의무를 갖지만, 옵션은 매매의 권리를 갖는다는 것이 큰 차이이다. 즉, 선물의 경우 불리한 경우에도 매매의무를 이행해야 하지만, 옵션의 경우 유리한 경우에만 매매권리를 행사하면 되므로, 선물보다 탄력적인 헤징수단이 된다.

기업에 의해 발행되는 주식이나 채권과 달리 옵션은 투자가들에 의해 발행되고 매매되는 증권이다. 즉, 특정주식에 대한 옵션은 해당 주식을 발행한 기업과는 관계없이 투자가들에 의해 발행되고 매매되며, 기업은 이러한 옵션에 대해서 아무런 권리나 의무를 갖지 않는다. 옵션은 사거나 파는 권리형태에 따라 콜옵션과 풋옵션으로, 또 권리를 행사할 수 있는 기간에 따라 미국식 옵션과 유럽식 옵션으로 나눈다.

### 5) 통화시장과 자본시장

통화시장이란 단기금융시장을 일컫는 말로서, 보통 일 년 이내의 만기를 갖는 채권들이 거래되는 시장을 의미한다. 우리나라의 경우, 양도성 정기예금(CD)이나 환매조건부채권(RD), 기업어음 등이 주요 상품이며, 주로 기업의 단기자금 조달시장의 역할을 한다.

자본시장은 일 년 이상의 만기를 갖은 채권이나 만기가 없는 주식 등이 거래되는 장기금융시장을 일컫는 것으로, 증권시장을 의미한다.

## (2) 보통주

### 1) 보통주의 의의

주식(stock, share)은 주식회사가 자기자본을 조달하기 위하여 발행하는 유가증권이다. 특정 종류의 주식이 이익의 배당, 잔여재산의 처분 또는 이양자 모두에 대해 다른 주식에 비해 우선적 지위가 인정되는 경우에, 그 표준이 되는 주식을 보통주라고 하며, 우선적 지위가 인정되는 주식들을 우선주라 한다. 보통주에 투자한 주주는 기업의 소유자로서 주식을 보유함으로써 투자에 대한 급부로 배당금과 함께 주식가치의 상승으로 인한 자본이득을 기대한다.

보통주(common stock)는 경영참가권(주주총회의 의결권)과 이익배당 청구권 및 잔여재산처분 청구권을 갖는 반면에, 기업의 위험에 대한 의무를 부담해야 한다. 즉, 회사의 잔여재산에 대하여 먼저 채권자에게 변제하고, 다음으로 우선주 주주에게 배분한 후에야 비로소 보통주 주주가 청구권을 행사한다.

### 2) 보통주 발행

첫째, 보통주는 회사 설립시에 발행되는데, 수권자본제도에 의해 수권자본금(발행할 자본금 총액) 중에서 1/4 이상의 자본금만 납입하면 회사가 설립될 수 있으므로, 나머지는 이사회의 의결에 의해 수시로 발행할 수 있다.

둘째, 회사설립 후, 증자에 의해서 보통주가 발행되는데, 이를 유상증자라고 한다. 이와는 반대로 무상증자가 있는데, 준비금의 자본전입, 주식배당, 전환증권(사채)의 전환, 흡수합병으로 인한 신주발행, 신주인수권부사채에 부여권 신주인수권의 행사 등으로 실질적인 자본의 증가 없이 회계장부상 자본계정 상호간의 자금이동만을 야기 시키는 경우에 발행되는 것이다.

### 3) 보통주의 종류

첫째, 보통주에는 주주의 이름이 명기된 기명주와 그렇지 않은 무기명주가 있다.

둘째, 주권상에 액면금액이 표시되어 있는 액면주와 액면금액이 표시되지 않은 무액면주가 있다. 현 상법상 우리나라는 5,000원 이상의 균일한 금액으로 주권에 액면가를 표시하게 되어 있어 액면주만을 발행하도록 되어 있다.

### 4) 보통주의 장·단점

보통주는 〈표 14-1〉과 같은 장·단점이 있다.

**표 14-1  보통주의 장·단점**

| 장점 | 단점 |
| --- | --- |
| ① 사채에 비해 영구자본 조달원천으로 유리함<br>② 사채나 우선주처럼 고정적인 배당금의 지급의무 없음<br>③ 채권자들에게 담보의 역할을 하므로 대외신용도를 높여줌<br>④ 인플레이션이 심할 경우, 주식의 가치가 감소하지 않으므로 투자자의 선호대상이 됨 | ① 신주발행으로 기업지배권에 변동 초래<br>② 사채에 비해 투자위험도가 높아, 보통주의 비용이 사채이자보다 높은 경우가 많음<br>③ 타인자본의 이자처럼 법인세 절감효과가 없음 |

### (3) 우선주(preferred stock)

우선주는 배당 및 잔여재산 처분 청구에 있어서 보통주에 우선하는 주식으로서, 주주총회의 의결권은 주지 않는다. 우선주는 법적인 측면에서는 보통주와 유사하나, 실질적으로 회사채와 유사하다. 즉, 우선주의 배당은 예정배당률이 미리 정해지므로, 회사채의 고정금융 비용인 이자비용과 동일하며, 때에 따라서는 상환의 가능성도 있다. 그러나 회사채에 비교해 볼 때, 법적으로 자본을 형성하고, 약속된 배당을 반드시 지급하지 않아도 채무불이행이 되지 않는 점이 다르다.

우선주의 종류로는 참가적 우선주와 비참가적 우선주, 누적적 우선주와 비누적적 우선주, 상환우선주 및 전환우선주 등이 있다.

### (4) 자기금융

자기금융(self-financing) 혹은 내부금융이란 외부에서 기업에 필요한 자본을 조달하는 것이 아니라, 이익을 사외에 유출시키지 않고 내부에 유보시키는 것을 말하는 데, 대차대조표상의 적립금과 충당금이 이에 해당된다.

자기금융을 위한 이익유보와 배당은 상호경합관계를 갖는데, 이익유보를 증대시키면 배당이 적게 되고, 반대로 배당액이 크면 이익유보가 적게 되므로, 배당정책을 신중하게 결정해야 한다.

### (5) 채권(bonds)

채권(bond)이란 회사가 일반대중으로부터 장기부채를 지고, 이에 대한 표시로서 발행하는 유가증권을 말한다. 주식과의 차이점은 다음과 같다.

첫째, 채권은 회사의 부채이나, 주식은 자기자본이다.

둘째, 채권업자는 경영참가권이 없으나, 주주는 주주총회에서 의결권을 갖는다.

셋째, 채권은 상환의무가 있으나, 주식은 일반적으로 없다.

넷째, 채권은 이익유무에 관계없이 일정한 이자를 지급받게 되나, 주식은 이익이 있는 경우에 한하여 배당을 받게 된다.

채권의 종류에는 무담보부사채와 담보부사채, 보증사채, 쿠폰부사채와 등록사채, 수시상환사채와 연속상환사채, 전환사채, 신주인수권부사채 등이 있다.

채권의 장·단점은 〈표 14-2〉와 같다.

**표 14-2** 채권의 장·단점

| 장점 | 단점 |
| --- | --- |
| ① 주식에 비해 위험이 적으므로 자본비용이 낮고, 사채이자에 대해 법인세 절감효과가 있어 사채의 비용이 저렴함<br>② 기존주주의 기업에 대한 지배권에 변동을 초래치 않음<br>③ 영업실적이 양호한 경우, 주주에게 귀속되는 순이익이 확대됨 | ① 부채의 증가로 인해 자본구조가 악화되어 대외신용도가 저하됨<br>② 경영실적에 관계없이 일정이자가 지급되므로, 경영실적의 부진시 기업의 유동성이 악화됨 |

### (6) 은행의 장기차입금 및 차관

간접금융기관으로서의 은행을 통해 기업은 간접적으로 자금을 조달할 수 있다. 공급시장이 충분히 발전되지 못했거나, 경제성장이 미흡한 단계에 있는 국가에서, 기업들은 시설투자를 위한 장기자금의 상당부문을 은행을 통한 장기차입금, 즉 간접금융에 의해 조달받는다.

우리나라의 경우 산업은행, 기업은행, 한국수출입은행 등 특수은행에서, 그리고 일반상업은행과 종합금융회사가 장기금융을 취급하고 있으며, 이를 위한 자금원으로서 해외차관을 포함하고 있다.

## 3. 단기자금의 조달

단기자금이란 단기간 동안 기업이 활용할 수 있는 자금으로서, 그 원천은 거래신용에 의한 매입채무와 금융기관으로부터의 단기자금 조달방법 등이 있다.

### (1) 매입채무(account payable)

매입채무는 구매자가 제품이나 원재료를 구입하고 그 매입대금을 아직 지급하지 않음으로써 발생하는 채무로서, 대금지급까지 기업이 이용할 수 있는 단기성자금이다. 이 매입채무는 대차대조표상의 외상매입금, 지급이자 및 미지급금의 형태로 나타난다.

매입채무는 자생적으로 발생하므로 누구나 쉽게 이용할 수 있으나, 암묵적 비용을 고려한다면 높은 비용을 부담해야 한다. 즉, 판매자가 외상매출로 인한 비용을 제품가격에 반영시켜 가격을 인상시키기 때문에 구매자가 이 비용을 부담해야 한다.

### (2) 은행단기차입금(back loan)

은행을 비롯한 금융시장은 기업에게 단기자금을 제공하는 기능을 수행한다. 우리나라에서는 단기금융과 장기금융의 역할을 수행한다. 은행차입의 대표적인 유형으로는 일반자금대출, 어음대출, 할인어음, 지급보증, 당좌대월, 수출지원금융 등이 있다.

### (3) 기업어음(commercial paper)

기업어음은 기업이 필요한 자금을 조달하기 위하여 약속어음을 발행하여 이를 매출함으로써 단기자금을 조달하는 방법이다.

기업들은 단자회사, 종합금융회사 및 일반상업은행 등의 중개기관을 통하여 기업어음을 매출한다. 이때 사용하는 어음은 상거래상 발생되는 어음이 아니고, 순수한 자금융통을 목적으로 발행되는 어음이다.

### (4) 리스금융

리스(lease)란 임차인(leasee: 설비를 이용하는 사람)이 필요로 하는 특정자산(기계, 설비)을 구입하지 않고, 이를 소유하고 있는 임대인(leaser: 리스회사)으로부터 일정기간 사용권을 얻고, 그 대가로 리스료(사용료)를 지급할 것을 약정하는 계약을 말한다. 리스금융의 특징은 첫째, 임차인은 일정한 리스료만 지급하고 자산을 이용할 수 있어 자금 부담이 적다. 둘째, 부채로 계상되지 않으므로, 재무구조에 악영향을 미치지 않는다. 셋째, 구입한 자산의 진부화 위험을 피할 수 있다. 넷째, 리스료는 세법상 비용이므로, 법인세 절감효과가 있다. 다섯째, 원칙적으로 신용거래이므로, 특별한 담보가 필요 없다. 여섯째, 임차료가 지급이자보다 비싸다.

## 4. 자본비용과 자본구조

### (1) 자본비용

자본비용이란 자본을 사용한 대가로 기업이 자본제공자들에게 지급하는 비용으로서, 예를 들어 부채에 대한 이자와 주식에 대한 배당 등이다. 자본비용은 투자결정과 자본조달결정 및 배당결정이 있어 중요한 기능을 수행하므로 재무관리상 중요하다.

### (2) 원천별 자본비용

#### 1) 타인자본비용

타인자본비용이란 부채로서 필요한 자금을 조달한 경우 그에 대한 대가로 지급해야 할 이자비용을 말한다. 타인자본에 대한 이자는 비용으로 처리되어 과세대상 수익을 줄여 주므로 이자비용이 그만큼 비용을 적게 지급한 것과 같은 효과(법인세 절감효과)를 가져온다.

#### 2) 보통주비용과 우선주비용

보통주비용은 보통주에 대한 자본조달의 대가로서, 보통주의 주주들이 요구하는 수익률이다. 주주들이 요구하는 수익률은 기업이 보통주로 조달된 자본에 대한 배당을 하기 위해서 필요로 하는 요구수익률을 의미한다. 우선주비용은 우선주의 주주에 대해 일정액의 배당이 지급되는 것으로서, 일정액의 배당이 선급되어야 하기 때문에 부채와 같은 특성을 지닌다.

#### 3) 유보이익의 자본비용

유보이익에 의해 자본조달을 할 경우, 실제로 대가를 지급하지 않기 때문에 비용이 들지 않으리라고 생각된다. 실제 다른 투자에 사용하지 못한 비용인 기회비용이 발생한다. 이익을 배당하지 않고 유보할 경우, 이는 재투자를 위한 것이므로 보통주와 동일한 최저수익률이 요구된다. 따라서 유보이익의 자본비용은 보통주의 자본비용과 동일하게 된다.

### (3) 자본구조와 재무위험

#### 1) 자본구조의 의의

자본구조란 자산을 위하여 조달된 기업의 자금원천 중 자기자본과 타인자본(부채)의 구성비를 의미한다. 재무 관리자는 자금의 조달원천별로 자본조달비용에 차이가 있으므로, 적절한 방법으로 자금을 조달하여 자본구성을 이룩함으로써 가중평균자본비용을 최소화할 수 있도록 해야 한다. 즉, 타인자본과 자기자본의 구성비율은 바로 최적 자본구조를 찾는 것을 의미한다.

#### 2) 타인자본과 재무위험

타인자본이 자기자본에 비하여 자본비용이 낮지만, 타인자본을 사용할 경우, 이에 따르는 부정적 영향도 크다. 이를 재무위험이라고 하는데, 그것은 기업의 자본구성에 있어서 타인자본 의존도가 증가함으로써 나타나는 위험을 의미한다. 재무위험은 ① 부채의 원금상환과 이자지급의무로 인한 유동성 상실위험과 ② 기업환경이 변화함에 따라 주주에게 귀속될 미래순이익의 불안정을 초래할 위험을 말한다.

#### 3) 재무레버리지효과

재무레버리지는 타인자본(B)과 자기자본(S)의 비율, 즉 B/S 또는 B/S＋B로 정의한다. 여기에서 레버리지(leverage)란 기업이 고정비부담을 하는 경우 매출액 증감이 기업의 손실에 미치는 영향으로 확대됨을 뜻하는 것이다. 일반적으로 고정비를 부담시키는 경우로는 시설운영에 고정적으로 지급하는 시설관리비, 리스비용, 고정이자를 지급하는 부채, 일정액의 배당을 우선적으로 지급하는 우선주 등이 있다.

재무레버리지효과(financial leverage effect)는 지급이자 및 우선주배당 등 재무고정비로 인해 영업이익이 변화할 때 주주에게 귀속되는 주당이익이 확대되는 정도를 나타내는 효과를 말한다. 즉, 타인자본 사용으로 인한 고정적인 이자비용으로 말미암아, 주주에게 돌아갈 순이익은 영업이익이 변할 때 영업이익의 변동률과 동일하게 변화하지 않고, 지렛대처럼 확대되어 변하게 되는데,

이를 재무레버리지(지렛대)효과라고 한다. 따라서 타인자본의 의존도가 높을수록 재무위험은 커지고, 재무레버리지효과 또한 커지게 된다.

### (4) 재무구조의 결정요인

이론적으로 추가적 부채조달이 가져올 한계수입과 이의 실현을 위해서 발생할 재무적 위험에 대한 한계비용이 일치하는 점에서 기업이 가치는 극대화될 수 있고, 이 점이 기업의 최적자본구조라고 한다.

현실적으로 기업의 최적자본구조를 정확히 산출하는 것이 불가능하므로, 기업은 자본구조를 결정할 때, ① 기업의 성장성, ② 경영자의 태도, ③ 매출량의 안정성, ④ 채권자의 태도, ⑤ 경쟁상태, ⑥ 자산의 구성 등의 요소를 분석하여 고려해야 한다. 기업의 수익성과 법인세도 최적자본구조결정에 영향을 미친다. 즉, 수익성이 큰 기업은 부채의존도가 낮고, 법인세율이 높은 기업일수록 법인세 효과가 크기 때문에 타인자본을 사용하는 것이 유리하다.

## 4절 배당정책(Dividend Policy)

### 1. 배당정책의 의의

기업은 법인세 및 지급이자를 지불한 후 현금흐름을 배당과 유보현금으로 배분할 수 있다. 배당이란 자본의 출자자에 대하여 그 출자된 자본의 보수로 지급되는 이익의 배분을 말하며, 유보현금흐름은 기업 내에 환원되어 재투자하는 현금흐름으로 결국 자기자본의 한 형태이다.

배당은 주식회사의 주주에게 지급하는 세후순이익의 배분뿐 아니라, 출자액에 비례하여 조합원에게 지급하는 조합의 이익배분, 보험회사가 보험가입자에게 지급하는 보험이익의 배분 등, 모든 출자금에 대한 보수를 의미한다. 본서에서의 배당은 주식회사가 영업활동으로 실현한 영업이익 중에서 부채이자, 법인세 등을 지급하고 난 나머지 세후순이익에서 회사의 자율적 결정에 따라 주주들에게 배분하는 출자자금에 대한 보수를 의미한다.

　배당정책은 기업의 세후순이익을 배당금과 기업 내의 유보이익으로 적절히 배분하는 의사결정을 말한다. 유보이익은 미래의 기업성장을 위해 필요한 자금의 원천으로서 중요성을 가지므로 배당이 증가하면 상대적으로 유보이익이 적어지므로, 배당금과 유보이익이 조화되도록 결정해야 한다.

## 2. 기업 배당정책의 중요성과 결정요인

　배당수준을 결정하는 의미를 갖는 배당정책은 다음과 같은 중요성을 갖는다.

　첫째, 배당정책은 투자가들이 기업에 대한 태도에 영향을 받는다. 즉, 배당이 특별한 이유 없이 줄거나 지급되지 않는 경우, 기업이 재정적으로 문제가 있는 것으로 생각하게 되어, 주식을 매각하며, 기업의 주식가격에 영향을 준다. 즉, 배당정책을 수립할 경우 주주 등 투자와 관련된 기업의 이해관계자의 입장을 고려해야 한다.

　둘째, 배당정책은 기업의 자본구조에 영향을 미치게 된다. 즉, 배당이 많이 지급되면, 유보의 규모가 감소하게 되고, 이는 곧 기업의 부채비율을 변화시키는 결과를 초래한다.

　셋째, 배당정책은 기업의 자본구조에 영향을 미치게 된다. 즉, 배당이 많이 지급되면, 유보의 규모가 감소하게 되고, 이는 곧 기업의 부채비율을 변화시키는 결과를 초래한다.

　따라서 기업은 배당정책을 결정할 때에 ① 배당의 안정화, ② 법률상의 제약, ③ 기업의 유동성, ④ 기업의 성장가능성, ⑤ 기업의 수익력, ⑥ 사채권자의 배당제약, ⑦ 기업의 지배권, ⑧ 차입능력 등의 요소를 고려해야 한다.

## 3. 배당의 종류

　배당의 종류로는 현금배당과 주식배당이 있다. 현금배당이란 현금으로 배당하는 것이며, 주식배당은 기존주주에게 현금 대신 주식을 추가로 발행하여 이를 무상으로 교부함으로써 배당을 대신하는 것이다.

주식배당은 기업의 유보이익이 자본금계정으로 옮겨질 뿐, 실질적인 자기 자본액의 증가를 수반하지 않는다. 자기 금융적 역할이 수행될 뿐 실제의 현금배당을 하지 않기 때문에 이익의 사내유보가 이루어진다. 주식배당은 첫째, 새로운 자본을 조달하는데 따른 비용을 절감할 수 있다. 둘째, 자본구성의 안정성을 도모하고 지배권도 확보된다는 특징이 있다.

 5절 경영분석(Analysis of Firm's Financial Performance)

### 1. 경영분석의 의의

재무관리담당자는 자본의 조달과 운용에 관한 합리적인 의사결정을 해야 하며, 이를 위해서 재무제표를 비롯한 재무정보를 수집하여 분석해야 한다.

경영분석은 대차대조표(balance sheet) 및 손익계산서(income statement)를 분석하여 기업의 재무상태와 경영성과를 평가하는 것이다. 대차대조표는 특정시점의 기업의 자산, 자기자본, 타인자본 등의 재무상태를 요약해주는 재무제표이다. 손익계산서는 일정기간 동안의 기업의 수입 및 비용, 세금을 공제한 순이익 등을 보여주는 재무제표이다.

### 2. 경영분석의 목적

경영분석의 목적은 기업재무의 유동성, 재무구조의 안정성, 그리고 기업의 수익성 등을 파악하고자 하는 것이다. 이 목적은 분석주체에 따라 상이한데, 첫째, 기업 외부의 이해관계자인 투자자·채권자·은행을 외부분석주체라한다. 은행은 주로 기업에 대한 단기대출을 하므로, 기업의 단기채무지급능력이나 유동성에 관심이 많다. 주주나 장기채권자들은 유동성보다는 기업의 수익성과 안정성에 관심이 많다. 둘째, 내부분석주체인 경영자는 종합적으로 경영분석을 하므로, 유동성·수익성·안정성 모두를 분석목적으로 한다. 경영분석에 필요한 항목은 다음과 같이 설명한다.

- 유동자산(current assets): 향후 12개월 이내에 현금화 될 수 있는 자산
- 고정자산(fixed assets): 부동산공장시설 등 1년 이상 사용되는 자산
- 유동부채(current liability): 외상매입금이나 미지급 세금, 미지급 경비 등 대차대조표 일자로부터 1년 이내에 갚아야 되는 단기청구권
- 장기부채(long-term liability): 은행대출금, 발행회사채 등 대차대조표 일자로부터 1년 이상의 기한을 갖는 청구권
- 총매출액(gross sales): 기업의 매출총액
- 순매출액(net sales): 총매출액에서 반품, 가격할인 금액을 공제한 이후의 금액
- 비용(expenses): 판매수입을 창출하는데 들어가는 비용
- 매출원가(cost of good sold): 제품을 생산하는데 들어간 총비용
- 총이익(gross profit): 수입에서 제조비용을 차감한 이익
- 영업비용(operating expenses): 제품의 생산과는 직접적으로 관련이 없지만 영업사원의 월급 등 기업의 운영과 관련하여 발생하는 비용

## 3. 비율법에 의한 경영분석

경영분석 방법들 중 대표적인 비율법으로 설명하고자 한다. 비율법이란 재무제표상에 나타난 수치를 비율화하고, 이를 이용해 기업의 재무상태와 경영성과의 양부를 판단하는 방법으로서, 경영분석의 목적에 따라 다섯 가지로 분류된다.

### (1) 유동성비율(liquidity ratios)

유동성비율이란 기업의 단기채무지급능력을 측정하는 비율이다.

- 유동비율(current ratio) = 유동자산/유동부채 × 100으로서, 단기부채를 지급할 수 있는 유동자산이 유동부채에 비해 몇 배가 되는가를 나타낸다. 일반적으로 2.0 이상이면 양호한 편이다.

- 당좌비율(quick ratio) = 당좌자산/유동부채 × 100으로서, 현금화가 용이한 당좌자산에 의해서 단기부채의 지급능력을 평가하는 비율로서, 유동비율보다 유동성을 더욱 강조한 비율이다. 일반적으로 1.0 이상이면 양호한 편이다.

## (2) 레버리지비율(안정성 비율)

레버리지비율이란 자기자본과 부채와의 구성비율을 나타내는 비율로서, 기업이 타인자본에 어느 정도 의존하고 있는가? 부채지급능력을 측정하는 비율인데, 부채에 의한 자금조달의 비중이 커질수록, 이 비율은 증가한다.

- 부채비율(debt ratios) = 총부채/총자본 × 100으로서, 타인자본과 자기자본과의 관계에 의해서 자본구성의 안정성을 측정한다. 일반적으로 1.0 이하이면 안전하고 2.0 이상이면 위험하다.
- 이자보상비율 = 수입이자 및 납세 전 이익/이자비용으로서, 이자 및 납세 전 이익이 타인자본에 대한 이자비용의 몇 배인가를 측정하여 부채에 대한 이자지급능력을 평가한다.

## (3) 활동성비율(activity ratios)

기업의 자산이 얼마나 효율적으로 활용되고 있는가를 나타내는 비율로서, 실제로 기업의 자산이 얼마나 신속하게 이용 또는 현금화되는가를 나타낸다. 그리고 이 비율은 매출액에 대한 주요 자산의 회전율로 나타낸다.

- 재고자산회전율(inventory turnover ratio) = 매출원가/평균재고자산으로서, 재고자산이 일정기간 동안 당좌자산으로 얼마나 전환되었는가를 나타내며, 회전율이 높을수록 효율적인 판매활동이 수행되었음을 나타낸다. 다시 말해 정해진 비율은 없으나 높을수록 자본수익률이 높다.
- 매출채권회전율 = 총매출액/매출채권잔액으로서, 매출채권의 현금화속도를 측정하는 비율로 회전율이 높을수록 매출채권관리가 잘 됨을 나타낸다.
- 총자산회전율 = 매출액/총자산 혹은 평균총자산액으로서, 기업의 자산활용도를 측정하는 비율로, 수익에 비해 자산을 과다하게 보유하고 있는

경우, 이 비율을 낮게 나타난다.

## (4) 수익성비율(profitability ratios)

이는 기업경영성과의 종합적인 평가비율인데, 세 가지 비율이 있다.

- 매출액순이익률(net profit margin) = 당기순이익/총매출액 × 100으로서, 매출액에 대한 당기순이익을 나타낸다. 매출마진이라고도 한다.
- 자기자본순이익률(return on equity) = 세후순이익/자기자본 × 100으로서, 기업에 투자된 총자본이 얼마나 효율적으로 운용되었는가를 나타낸다.
- 총자산순이익률 = 당기순이익/총자산액(또는 평균총자산액) × 100으로서, 기업이 총자산에 대하여 얼마만큼의 순이익을 올렸는가, 즉 자산을 얼마나 효율적으로 사용하였는가를 나타내는 비율이다.

## (5) 시장가치비율

이 비율은 주식가격과 관련된 비율로서 기업의 재무상태와 경영성과에 대한 시장의 평가를 나타낸다.

- 주가수익비율 = 주당시장가격(주가)/주당이익으로서, 증권시장의 투자가들이 주당이익 1원에 대해 주식가격을 몇 배로 평가하는가를 나타낸다 (∴ 주당이익 = 당기순이익/발행주식수).
- 배당수익률 = 주당시장가격(주가)으로서, 주식가격 1원에 대한 배당수익을 나타낸다(주당배당 = 총배당금/발행주식수). 따라서 배당성향 = 주식배당/주당이익은 순이익에 대한 배당비율을 나타낸 것으로서, 순이익 1원당 배당을 어느 정도 하는가를 나타내는 비율이다.

재무비율 그 자체만으로는 기업의 재무상태와 경영성과를 판단하기 어렵기 때문에 비교할 수 있는 기준이 있어야 한다. 비교기준이 되는 비율을 표준비율이라 하며, 일반적으로 동종기업의 평균비율이 사용된다.

세상의 모든 법칙, VIP 마케팅

마케팅관리

# CHAPTER
# 13

# 마케팅관리

도입사례

마케팅의 3.0시장의 등장

**필립 코틀러는 시장의 진화과정을 3단계로 정의하고 있다.**

이를 1.0, 2.0, 3.0시장이라고 지칭하며, 목표, 출현배경, 기업의 태도 등 몇 가지 차이점을 기준으로 구분 짓고 있다.

먼저 1.0시장을 살펴보면 출현배경은 산업혁명으로 본격적인 대량생산이 시작될 때이다.

이 당시 1.0시장의 기업들을 보면, 제품을 많이 파는 것에만 목표를 두고 있으며 기술도 초기단계였기 때문에 다양한 종류의 제품을 생산하지 못 했다.

대공황이전의 기업가들은 세이의 법칙을 많이 믿었으며, 단순히 생산량만을 늘려 비용절감과 대량판매를 추구하는 규모의 경제에 입각한 소품종 대량생산체제였고, 결국 소비자들에게는 제품의 기능적인 모습만을 강조하게 되었다. 1.0시장의 소비자들과 기업의 관계에 대한 예시를 들자면, 미국 포드사의 창업자인 헨리포드의 말을 들 수 있다.

당시 포드사는 미국 최초의 국민차라는 'T모델'을 생산하고 있었다. 이 'T모델'은 판매초기에는 검정색만으로 도색되어 출하되었는데, 헨리포드는 소비자들에게 이렇게 말했다. "어떤 고객이든 원하는 색상의 자동차를 가질 수 있다. 단 원하는 색이 검정색이기만 하다면 말이다."라고. 단순히 검정색 'T모델'만 생산할거니 사고 싶으면 검정색으로 사란 소리다. 현재라면 소비자가 다른 회사로 발길을 돌릴 상황일 것이다.

1.0시장의 기업들은 소비자가 원하는 기능은 만족시켜주었지만, 소비자의 기호는 만족시켜주지 못했다는 것을 알 수 있다.

### 그렇다면 2.0시장은 어떨까?

2.0시장은 오늘날의 정보화 기술들과 함께 등장하기 시작했으며, 그 시발점은 1980년대 인터넷의 등장, 케이블방송의 보급, 무선호출기(삐삐) 등으로 볼 수 있다. 새로운 기술들 덕분에 소비자들의 소통이 원활해지면서 경쟁사간의 제품을 쉽게 비교분석할 수 있게 되었기 때문이다. 기업들도 이전처럼 기능적인 면만을 강조하는 것이 아닌 다양한 소비자들의 이성과 감성적인 측면들을 고려해야할 상황이 된 것이다.

따라서 2.0시장의 목표는 고객을 만족시키고 많은 고객을 확보하는 것이며, 다른 기업들과 제품 혹은 서비스에 차별화를 두는 것이라고 볼 수 있다.

사례로 카드사들을 살펴 볼 수 있다. 과거에는 기본적인 결제기능만을 제공했지만 현재에는 소비자가 영화에 취미가 있다면 영화관혜택을, 주유소에서 혜택을 얻고 싶다면 주유소제휴카드, 마일리지를 더 받고 싶다면 마일리지적립에 특화된 카드 등을 선택할 수 있다. 마치 기업이 소비자와 대화라도 한 것처럼 꼭 집어서 소비자가 원하는 것들을 제품화나 서비스화하고 있다. 2.0시장은 한마디로 '소비자가 왕이다'로 볼 수 있다.

하지만 필립 코틀러는 '소비자가 왕이다'로 대변되는 2.0시장에서 기업이 고객들의 필요와 욕구를 알아서 만족시켜주며 다양한 선택지를 제공하지만, 결국 기업과 소비자의 의사소통에서 소비자는 수동적인 존재라고 말하고 있다.

그리고 한계점을 개선한 것이 바로 3.0시장이다. 3.0시장에서 가장 중요한 특징은 더 이상 사람들을 단순한 소비자로 보지 않는다는 것이다. 2.0시장에 비해 정보통신기술이 더욱 발전하면서, 소비자들이 단순히 자신만의 욕구를 채우는 것만이 아닌 다른 생각을 갖게 되었기 때문이다.

미디어 매체에서 환경, 인종, 전쟁, 기아, 안전사고 등 사회의 문제들을 보면서 동정이나 불안감 등을 느꼈을 것이다. 소비자들이 이러한 소식들에 공감대를 이루는 것은 2.0시장의 이성과 감성을 가진 소비자들이 영혼을 포함한 전인적 존재로 거듭났기 때문이라 보고 있다. 전인적인 소비자들은 자신의 욕구충족뿐만이 아니라 인류공존에도 깊은 관심을 가지고 있다. 또한 이러한 소비자들이 점차 늘어감에 따라 필립 코틀러는 기업의 태도도 달라져야한다고 말하고 있다. 그 이유는 3.0시장에서 기업들은 지나친 이윤추구 등으로 좋지 않은 모습들을 소비자에게 보일 경우 SNS나 인터넷을 통해 소비자에게 외면 받기 때문이다. 마치 얼마 전 불의를 빗었던 옥시레킷벤키저나, 롯데불매운동, 과거 아타리쇼크처럼 말이다.

이제 3.0시장의 기업들의 목표는 고객만족뿐만 아니라 미션과 비전, 가치를 통해 세상에 기여하는 것이다. 환경문제의 해결을 위해 쓰레기를 재활용하여 제품을 생산하거나, 인류의 삶의 방식을 바꾸는 꿈을 가지고 제품을 설계하거나, 아프리카 기아문제의 근본적인 해결을 위해 서비스를 제공하는 것과 같은 일들이다.

많은 기업들이 항상 말하고 있다. "우리 회사의 제품을 사면 아이들이 기아에서 벗어날 수 있습니다.", "우리기업은 매년 어느 정도 액수를 사회복지재단에 기부합니다.", "저희는 겨울마다 독거노인 분들에게 연탄을 나눕니다."

물론 좋은 일이다. 하지만 자세히 생각해보면 단순히 기업의 이미지개선이나 세제혜택을 위한 활동이 아닌가하는 생각이 들지 않는가? 그에 반해 그라민 은행과 같은 기업들은 소비자의 마음에 직접적으로 호소하고 공감할 수 있다고 생각한다.

3.0시장은 '참여의 시대', '세계화패러독스', '창의적 사회의 시대'로 나눠서 살펴 볼 수 있다.

참여의 시대란 앞서 말한 바와 같이 정보통신의 기술발달로 사람들 간의 소통과 연결이 더욱 강해진 현대사회를 뜻한다. 필립 코틀러는 '참여의 시대'의 핵심이 "뉴웨이브기술"이라 말하고 있다. 그렇다면 뉴웨이브기술이란 무엇일까? 이 기술의 핵심요소는 '저렴한 컴퓨터와 휴대전화', '저비용인터넷', '오픈소스'라고 한다. 모두 사람들 간의 상호작용이나 지식의 공유 등 유대관계에 도움을 주는 도구나 기술들이다. 이러한 요소들 덕분에 현대에는 사람들 간의 원활한 소통이 이루어질 수 있었고 이를 뉴웨이브기술이라 말한다. 뉴웨이브 기술은 물리적이거나 과학적인 기술이 아닌 인문학적인 개념일 것이다.

### 뉴웨이브기술이 왜 중요할까?

핵심은 뉴웨이브기술이 여태까지 수동적이었던 소비자를 프로슈머로 탈바꿈 시켰다는 것이다. 프로슈머란 소비자이면서 동시에 생산자라는 의미인데 3.0시장에서 매우 중요한 위치에 있다. 소셜 미디어를 통해서 알아본다면 우선 프로슈머들이 활동하는 소셜 미디어에는 두 종류가 존재하며, 이는 표현형 소셜 미디어와 협력형 소셜 미디어이다.

표현형 소셜 미디어를 한번 보자면 페이스북이나 유튜브, 각종 블로그 등을 예로 들 수 있다. 이러한 표현형 소셜 미디어의 프로슈머들은 미디어매체나 다른 개인들에게 얻은 정보들에 자신의 의견이나 아이디어, 생각 등을 담아서 다른 형태로 재생산 한다. 이것이 표현형 프로슈머들의 가장 큰 특징이며, 엄청난 파급효과를 가질 수 있다.

표현형 프로슈머의 재생산활동이 가지는 파급력을 알아볼 수 있는 좋은 사례로 옥시레킷벤키저 사건을 들 수 있다. 2011년 4월에 임산부 7명이 입원을 한 것을 계기로 조사되기 시작했는데 사건이 대국민적으로 나라 전체에 퍼지기까지 거의 5년 정도가 걸렸다. 사건사고가 끊이지 않는 시대이기 때문에 5년이라는 긴 시간이면 얼마든지 기업의 편법들로 인해 다른 사건들에 잊힐 수도 있었다. 하지만 미디어매체에서 퍼진 피해자들의 소식을 소셜 미디어상에서 프로슈머들이 자신의 의견을 내재한 글들로 지속적으로 재생산해주었기 때문에 결국에는 긴 시간 끝에 대국민적인 관심을 받아 사건해결에 한 걸음 가까워졌다.

반대로 표현형 소셜 미디어에 존재하는 프로슈머들의 글을 통해서 기업이 소비자들이 원하는 것이 무엇인지, 쉽게 시장을 파악할 수도 있다. 이러한 점들 때문에 3.0시장의 기업들은 표현형 프로슈머들과 소통을 중요시여기고 이를 위해 노력할 수밖에 없다.

그렇다면 협력형 소셜 미디어의 프로슈머들은 어떤 면에서 기업들이 눈여겨봐야 하는 것일까? 앞서 말했듯이 3.0시장의 기업들의 목표는 세상의 문제점을 고치거나 바꾸는 것이다.

이러한 세계적인 문제들은 전쟁, 빈곤, 환경파괴 등 대부분 과거부터 이어져온 고질적인 문제들이 대부분이다. 과연 이러한 문제점들을 개인이나 한 집단이 쉽게 해결할 수 있을까?

삼성을 보겠다. 반도체분야에 있어서는 경쟁사들에 비해 기술수준이 항상 몇 년씩 선두에서 앞서가고 있으며 TV 또한 2015년 세계점유율 20%로 1위를 유지하고 있다. 하지만 스마트폰에 있어서는 경쟁사인 애플사가 인류의 삶의 방식을 바꾸었다는 평가에 비해 항상 fast follower라며 좋은 성적에도 불구하고 중국회사들과 비교되며 별로 좋지 못한 소리를 듣고 있다. 저런 거대한 기업도 세상을 바꾸는 것은 매우 어려운 일이기 때문에 보통의 기업은 당연히 힘들 것이다. 하지만 3.0의 기업들은 이러한 한계점을 뉴웨이브기술을 통해 극복하고자 하고 있다.

바로 협력형 소셜 미디어를 말하는 것이다. 협력형 소셜 미디어에는 위키피디아, 크라우드소싱, 안드로이드 등이 있다. 이러한 매체들의 특징은 사람들의 협력을 통해 만들어진 결과물이라는데 있다. 위키피디아는 전 세계 사람들이 자발적으로 정보를 서술하여 만들어진 백과사전이며, 크라우드소싱은 대중들이 자유롭게 기획·생산활동에 참여하여 아이디어를 제품화시키는 방식이며, 안드로이드 또한 오픈소스로서 개발자들의 근간으로 프로그램간의 호환성을 제공하여 자유롭게 어플리케이션들이 만들어질 수 있게 하고 있다.

이 같이 협력형 소셜 미디어는 매우 많은 수의 프로슈머들을 보유하고 있으며, 그들이 가진 결과물 또한 공유하고 있다. 이중에는 정말 기발한 아이디어나 다양한 문제들의 해결책이 존재할 것이다. 이것이 3.0의 기업들이 협력형 소셜 미디어에 관심을 기울이려 하는 이유이다. 왜냐하면 기업들은 이러한 프로슈머들의 결과물 중에서 자신들이 미션으로 설정한 명제들을 이룰 수 있는 아이디어가 존재한다고 보기 때문이다. 이렇게 긍정적인 효과들이 넘쳐나기 때문에 기업들은 뉴웨이브기술을 매우 잘 활용하여야 한다.

### 세계화 패러독스란?

세계화란 '정치, 경제, 문화 등 사회의 여러 분야에서 국가 간 교류가 증대하여 개인과 사회집단이 갈수록 하나의 세계 안에서 삶을 영위해 가는 과정'이라고 정의한다.

정보통신기술과 배, 비행기, 기차 등 운송수단들의 발달로 전 지구가 1일 생활권 안으로 들어오면서 세계화가 가속되었다. 세계화로 인해 물질적으로 국가 간의 경계는 존재하지만 없는 것과 다름이 없는 상황이 되었다. 하지만 세계화가 되면서 모순이 되는 다양한 문제들이 생겨나게 되었고 이것들을 세계화 패러독스라 부르게 되었다.

세계화에는 긍정론, 부정론, 절충론 이렇게 세계화를 보는 3가지의 관점이 있다. 주목해야 할 것은 세계화의 부정론의 관점이다. 먼저 긍정론은 세계화로 전 지구적 시장과 경제원칙을 세움으로써 인류가 발전할 수 있다는 관점으로 예를 들어 WTO의 등장으로 전 세계가 하나의 경제권 안에 들어 올 수 있었다.

부정론은 다시 2가지의 관점으로 나눌 수 있다. 세계화가 낳은 부정적 결과물을 보는 시각, 예를 들어 시장개방으로 인해 더욱 더 벌어지는 선진국과 개도국의 경제력 차이를 들 수 있다. 다른 시각으로는 사회운동을 통해 인간적인 세계화가 가능하다는 시각으로 예를 들어 강대국 중심의 시장개방과 개혁이 옳지 않다는 것을 들 수 있다. 세 번째로는 절충론이다. 절충론은 긍정적인 측면과 부정적 측면을 갖고 있는 양면적인 시각이다.

세계화 패러독스의 3가지의 문제들을 살펴보자. 첫 번째 모순은 민주주의가 전 세계적으로 뿌리를 내려가고 있지만 중국은 사회주의체제를 유지하고 강화해나가고 있다. 두 번째는 경제적 통합은 요구하지만 동등한 경제를 창출하지는 않는다. 세 번째는 하나의 획일화된 문화가 아닌 다양한 문화들이 생겨나고 있다.

세계화가 되면서 정치체제도 자유민주주의가 보편화되었다. 하지만 초강대국인 중국의 시장은 자본주의체제로 변화하고 개방하였지만, 정치체제는 사회주의 체제를 유지 및 강화하고 있다. 중국정부는 경찰의 발포사건을 민원인 살해사건으로 둔갑시키는 등 인권보호, 정의, 공익이라는 이름으로 사회질서를 교란시켰다고 주장하여 인권운동변호사에게 국가전복죄를 적용해 징역 7년을 선고했다. 이 기사의 내용은 마치 우리나라의 유신정권 때와 같은 상황을 보여 주면서 사회주의체제를 강화해나가고 있다.

한편 중국이 자본주의를 수용, 시장개방 등 다양한 경제정책들을 경제발전을 도모하고 있다. 중국은 경제정책에 있어서는 정부의 개입을 줄이고 시장의 역할에 중시하겠다는 자본주의에 입각한 태도를 보이고 있다. 여기서 중국은 세계화로 보편화되어가고 있는 자유민주주의와 자본주의를 선택적으로 받아들이고 있고, 그 모습이 패러독스라고 볼 수 있다.

두 번째 패러독스는 첫 번째가 정치였다면 경제적 세계화의 모순이다. 세계화가 전 세계를 하나의 큰 시장으로 만들어 하나의 경제권으로 묶었다. 하지만 우리나라에서도 일어나고 있는 빈익빈 부익부 현상이 국가 간에서도 일어나고 있다. 경제적 통합은 요구하지만 동등한 경제를 창출하지는 않는다. 세계화로 국가 간의 분업화가 일어나게 되었습니다. 예를 들어 A는 자동차를 1시간에 100대를 만들 수 있고, 밀을 1시간에 1ton을 생산 할 수 있다. 하지만 B는 자동차를 1시간에 50대, 밀은 1시간에 2ton을 생산할 수 있다. 그렇다면 어떻게 생산을 하는 것이 좋을까? 이상적으로 A는 자동차만 B는 밀만을 생산해 A, B가 교환을 하면 된다. 하지만 현실적으로 고부가가치 상품인 자동차와 저부가가치

상품인 밀을 교환하기는 힘들다. 두 국가간의 경제력 차이는 더욱더 벌어질 것이다.

두 번째 사례로는 최근 큰 이슈였던 브랙시트를 가져왔다. 브랙시트는 찬성측에서는 이민자 문제와 EU에 많은 돈을 내지만 정작 영국은 얻는 것이 없다는 이유이다. 반대측에서는 EU국가들에게 수출시 관세를 내야한다, 경제성장률이 떨어진다는 이유에서이다. 결국 찬성측이던 반대측이던 본인들의 이익을 위한 것들이지만, 찬성측이 반세계화적인 입장을 표명하였다. 찬성측의 구성원들은 대부분 서민층이며 이민자들의 값싼 노동시장 경쟁으로 영국 내 서민층들의 일자리는 이민자들에게 빼앗겼다. 그래서 영국 서민층의 경제력은 약화되었고 본인들의 생존을 위해 브랙시트에 찬성하였다. 하지만 반대측에는 상류층이나 기업들이 반대의 입장을 표명했다. 상류층이나 기업들은 무관세시장이나 값싼 노동력을 지속적으로 사용하지 못하게 됨으로 경제적 손실을 입기 때문이다. 하지만 결국 51%의 찬성의 표로 영국은 EU를 탈퇴하였고, 이 문제로 경제력의 불평등에 대한 입장 차이를 확실히 볼 수 있는 계기가 되었다.

세 번째 패러독스는 문화와 관련된 패러독스이다. 세계화가 되었다면 하나의 획일화된 문화가 창출되고 발전해야 하지만, 정작 각 국가들의 전통문화들이 강화되고 있다. 그 이유는 문화의 세계화 속에 문화제국주의가 내포되어있기 때문이라고 생각한다. 문화제국주의란 경제적으로 강력한 국가들이 그렇지 못한 국가의 가치관, 전통, 문화를 예속시키고 이를 자국의 문화 관점들로 대체시켜 그 우위를 통해 이익을 얻으려는 것으로 정의한다. 결국은 문화의 측면에도 경제적 측면과 연결되어 자신들의 전통문화들을 지키기 위한 것이라고 본다. 그래서 어떤 국가에서는 타국의 문화를 배척해버리는 일도 일어나기도 한다. 또는 세계적 트랜드에 맞춰 자국의 문화를 융합하여 그 문화를 세계로 알리기도 한다. 예를 들어 개량한복이나, K-POP, 김치를 이용한 퓨전요리 등을 예로 들 수 있습니다.

**다음으로 문화 마케팅으로 넘어가 보자.**

문화마케팅을 알아보기 앞서 문화브랜드에 대해 알아 볼 것이다. 문화브랜드란 더글라스 홀트가 이렇게 말했다. 문화적 메시지를 전달하는 기업을 통칭하는 말로, 단순한 상품이나 서비스 브랜드를 의미하기 보다 좀 더 포괄적인 기업의 캐릭터 전반을 일컫는다.

문화브랜드들이 사용하는 기법으로 기업이 문화를 매개로 이미지를 높이기 위한 마케팅 기법을 말하고 크게 다섯 가지 유형 5S라고도 한다.

① 문화판촉(Sales): 문화를 광고 판촉 수단으로 활용하는 것, 현대카드
② 문화지원(Sponsorship): 홍보나 이미지 개선을 위해 문화 단체를 지원하는 것, 삼성
③ 문화연출(Synthesis): 제품이나 서비스에 문화이미지를 체화해 차별화하는 것, 하나은행
④ 문화기업(Style): 새롭고 독특한 문화를 상징하는 기업으로 포지셔닝하는 것, 맥도날드
⑤ 문화후광(Spirit): 국가의 문화적 매력을 후광효과로 향유

문화판촉(Sales) 유형으로는 현대카드를 들 수 있다. 현대카드에서는 2007년도부터 슈퍼콘서트를 개최했는데 명칭을 그냥 '슈퍼콘서트'가 아닌 '현대카드 슈퍼콘서트'라고 광고하는 것을 볼 수 있다. 이렇게 광고를 함으로써 콘서트를 예매할 때 현대카드 결제 비율이 급상승하는 효과를 얻을 수 있었다.

문화지원(Sponsorship) 유형으로는 삼성전자를 들 수 있다. 삼성전자는 지속적인 러시아의 볼쇼이 극장 후원으로 러시아 내에서 삼성의 이미지가 좋아졌다. 그래서 삼성전자의 갤럭시S6시리즈를 출시할 때, 모스크바 빛의 축제에서 S6를 주제로한 영상을 볼쇼이 극장 벽면에 선보일 수 있었다.

문화연출(Synthesis) 유형으로는 하나은행을 예로 들 수 있다. 하나은행에서는 〈무비 정기예금〉이라는 상품을 일시적으로 제공했다. 이것은 금융상품을 영화로 체화해 소비자들이 영화에 투자하는 것과 같은 효과를 누리게 하였다.

문화기업(Style) 유형은 책에서 나온 맥도날드를 예로 들었다. '맥도날드 골든아치의 갈등예방이론'은 프리드먼이 소개하였다. 이 이론은 맥도날드가 들어간 나라끼리는 전쟁을 하지않아 맥도날드의 노란M자를 골드 아치로 표현하고 맥도날드를 세계평화의 상징이라는 이미지로 포지셔닝 하게 해주었다. 하지만 뒤이어 프리드먼이 '델의 갈등 예방이론'으로 수정하여 맥도날드를 제치고 점점 더 세계화와 평화의 상징으로 입지를 다지고 있다.

결론으로 이런 기법들을 활용하기 위해서는 각각의 사회들에 맞고, 소비자들이 마주친 그들의 사회의 문제나 그들의 관심사에 대하여 문화브랜드들은 세세히 알아야 할 것이다. 그렇지 못한다면 성공적인 마케팅이 될 수 없기 때문이다.

### 창의적 사회의 시대와 영적 마케팅이란?

'창의적 사회', 즉 어떻게 3.0시장의 기업이 미션을 수행할 수 있는가 이다. 기업들이 문제점의 해결 방안을 협력형 소셜미디어의 프로슈머들에게 찾을 수 있다고 설명했다. 창의적 시대에서 프로슈머들의 개념과 역할을 살펴보자. 대니얼핑크에 의하면, 인간의 진화는 근육에 의존하는 블루칼라 노동자, 좌뇌에 의존하는 화이트칼라 경영자, 우뇌에 의존하는 예술가로 진보해왔다고 한다. 몇몇 연구들은 창의적인 사람들이 수적으로는 노동자에 비해 훨씬 적지만, 그들이 맡은 사회적 역할은 갈수록 지대해지고 있다고 했다. 이러한 사람들을 새로운 기술과 개념을 창출하고 활용한다하여 '표현에 능숙하고 협력적인' 소비자, 이노베이터라고 부른다. 이들은 자신들만의 라이프스타일과 사회적 태도 그리고 철학들을 토대로 하여 세계화 패러독스와 사회이슈들에 대한 그들의 견해를 제시한다. 그리고 이러한 견해들은 대중들의 의견을 형성하고 문제해결에 기여하게 된다. 이렇게 이노베이터, 프로슈머들이 대중들과 원활한 소통이 이루어지고 여러 문제들에 혁신적인 해결책들을 제시하는 선순환이 잘 이루어진 국가를 우리는 선진국이라고 부르고 있다. 우리나라를 포함한 많은 나라들 또한 점점 선진국에 다가서는 중이니, 프로슈머들도 점점 늘어날 것이며 더욱더 중요시 될 것이다.

**이제 한번 프로슈머들의 특징에 대해서 알아보자.**

영국의 경제학자이자 철학자인 다나 조하르에 따르면, 매슬로우가 죽음을 앞두고 피라미드는 반대가 되어야했다는 취지의 말을 남겼다. 즉, 창의성을 지닌 사람들은 생존을 위한 본능적인 욕구이상으로 자기실현을 신봉하며, 끊임없이 자기개발을 하고 세상을 개선할 방법을 모색한다는 것이다. 결과적으로 창의적인 사람들은 물질적 충족보다는 의미와 행복, 영적 깨달음 같은 것을 더욱 중시하며 이들에게 물질적 충족은 모종의 업적에 대한 보상으로 마지막에 도래하는 것일 뿐이다.

이러한 프로슈머. 즉, 창의적인 사람들의 개념과 특징 역할 등을 3.0시장의 기업이 제대로 이해하였다면, 소비자들이 원하는 것이 '욕구'를 충족시켜주는 제품과 서비스뿐 아니라, 자신들의 영적 측면까지 '감동'시키는 경험과 비즈니스 모델일 것이라는 것도 잘 알 수 있을 것이다. 그렇기 때문에 고객들에게 이러한 감동과 경험을 제시하는 것이 3.0기업들을 구별할 수 있는 차별화가 될 것이다. 이러한 점들을 기획, 생산 활동에 담아내고 강조한다면 기업 역시 '물질적 목적을 넘어서는 자기실현'에 대해 숙고하고, 소비자들의 가치실현에 기여했다는 것을 창의적인 소비자들도 알아 줄 것이다. 이것이 3.0 시장의 세 번째 요소인 영적 마케팅이다.

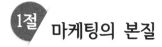

# 1절 마케팅의 본질

## 1. 마케팅이란 무엇인가?

기업의 주요기능은 생산관리, 마케팅관리 및 재무관리이다. 본 장에서는 마케팅의 의의를 살펴보고 마케팅을 이해하는데 필요한 기본개념을 설명한다. 많은 사람들은 마케팅을 '판매(selling)' 아니면 '광고(advertising)'로 생각한다. 물론 판매와 광고도 마케팅의 일부로 볼 수 있다. 그러나 마케팅은 판매나 광고보다도 더 넓은 영역을 접한다고 할 수 있다. Kotler와 Keller에 따르면 "마케팅(marketing)은 조직의 목표를 달성하기 위하여 가치 있는 제품과 서비스를 창출하고, 교환을 성립시키는 과정"이라고 한다. 기업의 관점에서 보면 마케팅은 기업이 고객을 위하여 가치를 창출하고, 고객관계를 확보하고 유지함으로써, 그 대가로 고객으로부터 적절한 보상을 얻는 과정으로 정의할 수 있다. 기업은 마케팅 관리를 위하여 제품(Product), 가격(Price), 유통(Place), 촉진(Promotion) 등 4P의 4가지 요소를 사용한다. 이 4가지 요소들은 마케팅 프로그램 안에 섞여 있기 때문에 마케팅 믹스(Marketing Mix)라고도 일컫는다. 따라서 마케팅관리는 "마케팅믹스를 계획하고, 실행하는 활동을 관리하고 통제하는 과정"이라고 정의할 수 있다.

현대기업은 제품 및 서비스를 생산·유통·공급하는 본질적인 기능을 수행하면서 생존·번영해 왔다. 수요가 공급을 초과했던 판매자위주 시장(Seller's Market)에서는 생산자 중심의 마케팅 활동이 중시되었다. 그러나 소비자 욕구가 다변화 되면서 구매자위주 시장(buyer's market)에서는 마케팅 활동이 구매자가 구매하는 행동을 돕는 것으로 요약할 수 있다.

## 2. 마케팅의 핵심개념

마케팅(marketing)은 여섯 가지 핵심적인 개념으로 연결된다.

### (1) 1차적 욕구, 2차적 욕구 및 수요

1차적 욕구(need)는 결핍되어 있다고 느끼는 상태로서 인간은 의복, 음식, 따뜻함 및 인간에 대한 육체적인 욕구, 소속감과 애정에 대한 사회적 요구, 그리고 지식과 자아 표현에 대한 개인적 욕구를 가지고 있다.

2차적 욕구(want)는 문화와 개인적인 개성에 의해서 형성되는 것으로서 1차적 욕구를 만족시키는 제공물의 관점에서 설명된다.

수요(demand)란 2차적 욕구가 구매력에 뒷받침 될 때 형성된다. 즉 무제한한 2차적 욕구를 가지고 있지만, 유한한 재원을 가지고 있으므로, 그들의 소득의 범위 내에서 최상의 가치와 만족을 제공하는 2차적 욕구를 충족하는 제품 또는 서비스를 선택하게 되는데, 그것이 바로 수요이다.

### (2) 제품

제품(product)이란 1차적 및 2차적 욕구를 충족시킬 수 있는 것으로 사용 또는 소비를 위해 시장에 제공될 수 있는 것이다 즉, 제품에는 물리적 대상물 그 이상이 포함되므로 폭넓게 정의하면, 제품에는 물리적 대상물, 서비스, 사람, 장소, 조직, 아이디어 또는 상기의 실체들의 복합체 등이 포함된다.

### (3) 가치, 만족 및 품질

고객가치(customer value)란 고객이 그 제품을 소유하고 사용하여 획득한 가치와 그 제품을 획득하는데 소요되는 비용 간의 차이를 말한다. 고객만족(customer satisfaction)은 고객의 기대에 비하여 가치를 전달하는데 있어 제품에 대해 지각하는 성능에 따라 결정된다. 즉, 제품의 성능이 고객의 기대에 미치지 못하면 구매자는 불만족하고, 성능이 기대에 일치하면 만족, 성능이 기대를 초과하면 그 구매자는 훨씬 더 만족한다.

### (4) 교환, 거래 및 관계

교환(exchange)이란 어떤 측으로부터 바람직한 목적물을 획득하고, 그 대신에 상대방에게 어떤 것을 제공하는 행위이다. 소비자의 입장에서 욕구를 만족시키는 수단으로서 교환은 중요한 것이기 때문에 마케팅에 있어서 교환은 핵심적인 개념이다.

거래(transaction)는 양측 간의 가치를 거래하는 것으로서 마케팅의 측정 수단이다. 즉, 한 측이 제공을, 다른 한 측이 물건이나 화폐를 그 대가로 제공하는 것이다.

관계란(relationship) 고품질의 제품, 좋은 서비스 및 정당한 가격을 약속하고 지속적으로 제공함으로써 강력한 사회적 및 경제적인 유대를 구매자와 판매자 간에 구축하는 것을 의미한다. 그러므로 좋은 관계를 구축하면 이익을 창출할 수 있는 거래가 이루어진다.

### (5) 시장

시장(market)이란 교환의 개념에서 나온 것으로서, 어떤 제품의 실제 및 잠재적인 구매자의 집합으로, 이들 구매자들은 교환을 통해서 충족될 수 있는 특별한 욕구를 공유하고 있다. 시장의 규모는 욕구를 나타내고 교환에 관여할 수 있는 재원을 소유하고 있으며, 또한 그들이 원하는 것을 교환하는 조건으로 재원을 제공할 의향이 있는 사람들의 수에 좌우된다.

### (6) 마케팅

마케팅(marketing)은 인간의 1차적 및 2차적 욕구를 충족시키는 목적을 달성하기 위해 교환이 이루어지도록 시장을 관리하는 것을 의미한다.

## 3. 새로운 마케팅

과거의 마케팅은 판매자의 판매활동을 돕는 것에 초점을 맞추는 것이 대부분이었다. 그래서 많은 사람들이 여전히 마케팅을 판매자가 구매자에게 판매, 광고, 유통을 하는 것으로 생각하고 있다. 그러나 오늘날의 마케팅은 변화하는 시장의 요구에 지속적으로 적응해 나아가고 있다. 몇 가지 사례를 통해 이를 검증해보자.

요즈음 신차 혹은 중고차를 구매하는 소비자들이 맨 처음 하는 일은 인터넷을 사용하는 것이다. 소비자는 원하는 차를 갖고 가상주행도 해볼 수 있는 Vehix(www.vehix.com)와 같은 웹사이트를 방문한다. 다른 웹사이트들에서는 가격과 특징을 비교한다. 그들이 자동차 딜러에게 갈 때는 이미 어떤 차를 원하고 최선의 가격이 얼마인지에 대해 정확히 알고 있는 것이다.

이와 같이 웹사이트는 구매자의 구매활동을 돕고 있다. 소비자는 가장 좋은 가격에 차를 구매하기 위해 딜러들을 물색하는 것뿐만 아니라, 제조업체와 딜러들 역시 고객을 잃지 않기 위해서 적극적으로 참여하고 있다. 마케팅의 미래는 구매자들의 구매활동을 돕기 위하여 가능한 한 모든 것을 하는 것이다.

또 다른 사례를 한 번 보자. 과거에는 학생들이 자신에게 적합한 대학을 찾기 위해서 이 캠퍼스에서 저 캠퍼스로 비싼 돈을 지불하면서 피곤한 여행을 했었다. 오늘날에는 대학들이 팟캐스트(podcast), 가상투어(virtual tour), 라이브 채팅 그리고 상호작용이 가능한 여러 기술들을 사용하면서 캠퍼스에 직접 방문할 필요가 줄어들었다. 이와 같은 캠퍼스 가상투어는 학생과 학부모들의 구매활동을 돕고 있는 것이다.

이러한 사례들은 구매자의 구매활동을 돕는 마케팅 트렌드의 사례들 중 일부일 뿐이다. 오늘날의 소비자들은 보다 나은 거래를 위해 인터넷을 검색하는 데 많은 시간을 보낸다. 현명한 마케터는 온라인에 풍부한 정보를 제공한다. 뿐만 아니라 블로그나 페이스북(Facebook) 혹은 마이스페이스(MySpace)와 같은 소셜 네트워킹 사이트를 사용해 고객관계를 구축해나간다. 온라인 커뮤니티는 서로 자신의 의견을 표현하며 관계를 형성하고 다양한 제품과 서비스에 대해 평을 하는 고객과 다른 사람들의 다양한 상호작용을 관찰할 수 있는 기회를 제공한다. 마케터들에게는 자신의 시장을 정의하는 키워드를 사용한 블로그 검색으로 관련이 있는 블로거들이 어떤 내용을 쓰는지 추적하는 것이 중요하다. 텍스트마이닝(text-mining) 기술을 가진 회사들은 자사의 제품이나 종업원들에 대한 대화 목록을 측정하는 데 도움을 줄 수 있다. 미래 마케팅의 대부분은 온라인상의 대화를 탐색하는 것과 그것에 적절하게 응답하는 데 있다. 전통적인 광고와 판매에만 의존하는 소매업자들과 마케터들은 새로운 마케팅에 밀려날 것이다.

 **마케팅관리의 변화**

마케터가 하는 일은 특정 시점에서 고객의 필요를 충족시키기 위해서 무엇을 해야 하는지에 따라 좌우된다. 소비자의 1차 및 2차 욕구(wants and needs)는 계속 변화한다. 그러면 이러한 소비자의 요구에 마케팅이 어떻게 진화하였는지 간단하게 살펴보자. 마케팅은 4개의 시대, 즉 ① 생산 ② 판매 ③ 마케팅 콘셉트 ④ 고객관계로 진화한다.

## 1. 생산개념 시대

1900년대 초반까지 일반적인 기업 경영철학은 "시장은 무한하므로 여러분이 생산을 많이 하면 할수록 좋다"였다. 당시에는 생산능력은 제한되고 제품에 대한 수요는 방대했기 때문에 이러한 철학은 논리적이고 수익도 창출했다. 사업가라고 해봤자 대부분이 농부, 목수, 무역 거래자들이었다. 생산능력의 증대에 대한 필요성은 점점 커졌고, 이에 경영목표도 생산에 초점이 맞추어졌다. 대부분의 제품이 시장에 나오는 대로 팔렸기 때문에 이 당시에는 생산능력이야말로 가장 필요한 것이었다. 그에 따라 마케팅에 있어서 가장 필요한 것은 유통(distribution)과 재고(storage)였다.

## 2. 판매개념 시대

1920년대까지 기업의 대량생산 기술(예를 들어, 자동차 조립라인)은 발전했고, 생산능력은 종종 시장의 수요를 초과했다. 따라서 경영철학은 생산을 강조하는 것에서 판매(selling)를 강조하는 것으로 바뀌었다. 대부분의 기업들은 소비자가 재고품을 구입하도록 설득하기 위해 판매와 광고에 노력을 기울였다. 판매 후 애프터서비스 제공은 거의 없었다.

## 3. 마케팅개념 시대

1945년 제2차 세계대전이 끝나고 새로운 직장과 가족을 꾸리려는 군인들이 들어오자 제품과 서비스에 대한 수요가 엄청나게 증가하였다. 당시 전후시대에 베이비붐(출생률의 갑작스런 증가)이 일어났고 소비자들의 지출 붐이 이루어졌다. 소비자에 대한 경쟁은 대단하였다. 기업들은 사업 기회를 얻으려면 소비자들의 필요에 대응해야 한다는 것을 인식했고, 그 철학은 1950년대 마케팅 콘셉트로 나타났다. 마케팅 콘셉트(marketing concept)는 세 부분으로 구성된다.

① 고객지향성: 소비자들이 원하는 것이 무엇인지를 찾아서 제공한다. 크리켓리가 새로운 의류 사이즈를 내놓은 것은 이러한 경향에 맞는다(판매와 촉진보다는 오히려 소비자들이 필요를 충족시키는 것이 강조된다).

② 서비스지향성: 조직 내의 모든 구성원들은 같은 목적을 지녀야 한다. 바

로 고객만족이다. 고객만족은 총체적이고 통합된 조직적인 노력이 있어야 한다. 즉, 기업의 CEO부터 배달 담당 종업원까지 모든 구성원들은 소비자를 지향해야 한다. 오늘날에는 이것이 정상적이지 않은가?

③ 이윤지향성: 이윤을 가장 많이 창출하여 조직이 생존할 수 있고 더 많은 소비자의 욕구와 필요를 만족시킬 수 있는 제품과 서비스에 초점을 맞추어야 한다.

기업들이 마케팅 콘셉트를 활용하는 데에는 시간이 걸렸다. 이러한 과정은 1960년대와 1970년대 동안 계속 이어져갔고, 1980년대에 이르러 기업들은 과거 30년보다 더 공격적으로 마케팅 콘셉트를 적용하기 시작했다. 오늘날, 점점 더 중요해지는 고객관계관리(CRM)에 초점이 맞추어졌다. 이 개념에 대하여 더 알아보기로 하자.

## 4. 고객관계 시대

1990년대와 2000년대의 경영자들은 고객관계 관리의 개념을 적용하면서 마케팅 콘셉트를 확장했다. 고객관계관리(customer relationship management: CRM)는 고객에 대하여 가능한 많은 것을 알고 제품과 서비스로 고객을 만족시키거나 기대를 뛰어넘는 모든 것을 배워가는 일련의 학습 과정이다. 이 콘셉트는 고객만족을 강화하고 장기적인 고객 충성도를 만들기 위해 동기를 부여하는 것이다. 예를 들면, 대부분의 항공사들은 충성도가 높은 고객에게 무료 항공권으로 보상해주는 특별 서비스 프로그램을 제공한다. 가장 최근의 고객 관계 구축 방법으로는 앞에서도 언급한 바와 같이 소셜 네트워크, 온라인 커뮤니티 블로그 등이 있다.

특히 항공사나 전화국과 같이 서비스를 제공하는 기업들에게 있어서 소비자 불만족 정도는 마케터들이 고객만족과 고객 충성도를 창출하기 위하여 앞으로 해야 할 일이 많음을 분명하게 보여준다. 최근의 연구 결과에 따르면 오직 6.8퍼센트의 마케터들만이 고객에 대하여 인구통계적, 행동적, 심리적(어떻게 생각하는지)으로 뛰어난 지식을 갖고 있다고 응답했다.

최근의 CRM은 고객이 관리하는 관계(customer-managed relationship), 즉 CMR로 발전하였다. 이 아이디어는 공급자와의 관계를 구축하는 힘을 고객에게 주자는 것이다. 익스페디아(Expedia), 트래블 소사이어티(Travel Society), 프라이스라인(Priceline) 등의 웹사이트는 고객들이 가장 좋은 가격을 찾을 수 있도록 해주거나 가격을 결정할 수 있게 해준다.

## 5. 비영리조직(nonprofit organization)과 마케팅

비록 마케팅 콘셉트가 이윤지향성을 강조한다 하지만 이윤을 얻기 위한 조직이 아니더라도 마케팅은 매우 중요한 부분이다. 자선단체는 기금(예를 들어 세계 기아와의 전쟁)을 모으거나 다른 자원을 얻기 위해서 마케팅을 사용한다. 적십자(Red Cross)는 전국적 또는 지역적 혈액공급이 저조할 때 사람들에게 헌혈을 장려하기 위해 촉진을 사용한다. 그린피스(Greenpeace)는 생태학적으로 안전한 기술을 촉진하기 위해 마케팅을 사용한다. 교회는 기금을 모으고 새로운 신자를 영입하기 위해 마케팅을 사용한다.

지방정부는 새로운 사업과 관광객을 유치하기 위해 마케팅을 사용한다. 예를 들어, 많은 지방정부는 자신들의 지역에 자동차 공장을 유치하기 위해 다른 지역들과 경쟁한다. 학교는 신입생을 유치하기 위해 마케팅을 한다. 예술단체, 조합, 사회단체와 같은 조직들도 마케팅을 사용한다. 광고협회는 음주운전이나 화재예방과 같은 이슈에 대한 인식을 조성하고 이에 대한 태도를 변화시키기 위하여 마케팅을 사용한다. 이처럼 마케팅은 환경보호주의(고래를 살리자)와 범죄예방(범죄를 근절시키자)부터 사회적 이슈(생명을 지키세요)에 이르기까지 모든 것에 촉진 도구로서 활용된다.

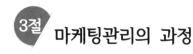

## 마케팅관리의 과정

### 1. 마케팅 환경분석

마케팅 환경은 표적고객과의 관련성을 성공적으로 개발·유지하기 위한 마케팅 관리자의 능력에 영향을 주는 것으로 마케팅의 외부에 있는 통제 불가능한 행위자 및 영향요인으로 구성되어 있다. 그리고 마케팅 환경은 기회와 위협을 동시에 주기 때문에 성공적인 기업들은 변화하는 환경을 지속적으로 주시하고 적응하는 것이 매우 중요하다.

#### (1) 미시적 환경

미시적 환경이란 고객에게 제품과 서비스를 제공하는 능력에 영향을 미치는 영향 요인으로서, 기업과 아주 밀접하게 있는 것, 즉 기업 내의 최고 경영자 및 기타부서, 원료공급업자, 마케팅 유통업체, 고객시장, 경쟁자 및 대중관계 등으로 구성된다.

#### (2) 거시적 환경

거시적 환경은 좀 더 광범위한 사회적 영향요인으로 기업의 미시적 환경의 요인들에 영향을 미치는 것들, 즉, 인구 통계적, 경제적, 정치적 및 문화적 제 영향 요인을 말한다.

#### (3) 소비자 행동분석

소비자는 욕구를 충족하기 위해서 제품과 서비스를 구매하는데, 이런 소비자의 구매행동에 대한 정확한 이해가 없이는 효과적인 마케팅 전략수립과 활동이 불가능하다.

소비자 구매행동은 자극－반응 모델에 의해서 설명되는데, 같이 마케팅 자극과 다른 자극이 소비자의 블랙박스에 들어간 다음 어떤 반응을 유발하는가를 보여 준다. 그리고 소비자 구매 행동은 여러 가지 요인에 의해서 영향을 받는다.
- 문화적 요인: 문화, 하위문화, 사회계층
- 사회적 요인: 준거집단, 가족, 역할과 지위
- 개인적 요인: 연령과 생활주기단계, 직업, 경제상황, 라이프스타일, 개성과 자아 개념
- 생리적 요인: 동기, 지각, 학습, 신념과 태도

소비자들은 구매 의사결정에 도달하기 위해 몇 개의 단계를 거치게 되는데, 그 단계는 욕구인식 → 정보탐색 → 대안 평가 → 구매결정 → 구매 후 행동이다.

## 4절 STP

구매자들은 그 숫자가 너무 많고, 넓은 지역에 흩어져 있으며 또한 욕구 및 구매행동이 서로 상이하다. 그리고 각 기업들은 시장들 중 어떤 상이한 세분시장을 충족시킬 수 있는 능력에 있어 차이가 있으므로, 기업은 전체 시장에서 경쟁하기 보다는 부분시장을 확인·규명해야 한다.

표적마케팅(target marketing)은 우선 전체 시장을 몇 개의 기준에 의해 세분하여 세분시장을 확인한 후, 이들 중에서 매력적인 하나 또는 몇 개의 세분시장을 선정하고, 각각의 세분시장에 적합한 제품과 마케팅 믹스를 개방하는 것이다. 즉, 표적 마케팅은 〈표 15-1〉과 같이 시장세분화, 시장표적화, 시장위치화의 3단계로 이루어진다.

| 표 15-1 | 시장세분화, 표적화 및 위치화 단계 |
|---|---|
| 시장세분화 | 1. 시장을 세분화하기 위한 기준 확인<br>2. 세분화된 세분시장의 프로파일 개발 |
| 시장표적화 | 3. 세분시장의 매력성 측정 및 평가<br>4. 표적세분시장의 선정 |
| 시장위치화 | 5. 각 표적세분시장에 대응되는 위치화 개념 개발<br>6. 각 표적세분시장에 대한 마케팅 믹스 개발 |

## 1. 시장세분화(segmentation)

시장세분화란 하나의 큰 시장을 상이한 제품이나 마케팅 믹스를 원하리라고 기대하고, 상이한 요구, 특성 또는 행동을 하는 구매자 특성으로 나누는 것이다.

기업은 시장을 세분화하는 상이한 기준과 방법을 확인하고, 또한 세분화된 세분시장들의 프로파일을 개발, 작성한다. 우선 시장을 세분화하는 기준에는 지리적 변수, 인구통계적 변수, 심리묘사적 변수, 행동적 변수 등이 있다. 그리고 기준에 의해서 세분화된 시장을 여러 특성을 기준으로 상세하게 설명한다.

## 2. 시장표적화(targeting)

시장표적화란 표적세분시장을 선정하는 것으로서, 각 세분시장의 매력성을 평가하고 여러 세분시장 중에서 기업이 진출하고자 하는 하나 또는 그 이상의 세분시장을 선정하는 과정이다.

우선, 세분시장의 매력성을 평가할 때는 세분시장의 규모와 성장, 세분시장의 구조적 매력성 및 기업의 목표와 재원을 평가해야 한다. 기업은 어떤 세분시장을 그리고 얼마나 많은 세분시장을 서브할 것인가를 결정해야 한다.

기업이 세분시장을 선택하는 전략, 즉 시장범위 전략에는 비차별적 마케팅, 차별적 마케팅 및 집중적 마케팅이 있다.

## 3. 시장위치화(positioning)

시장위치화란 그 제품에 대해 경쟁적인 위치를 선정하고 또한 이를 실행하기 위한 세부적인 마케팅 믹스를 창안하는 단계로서, 자사 제품이 경쟁 제품과는 다른 차별적 경쟁우위 요인을 보유하며, 표적시장의 소비자들의 욕구를 보다 효율적으로 잘 충족시켜 줄 수 있다는 것을 소비자에게 인식시켜 주는 과정을 의미한다.

여기에서 제품의 위치란 그 제품의 속성에 대해 구매자가 정의하는 방식, 즉 어떤 제품이 소비자의 마음속에서 경쟁 제품과 비교하여 차지하는 위치를 말한다.

현대 기업의 가장 중요한 것으로서 위치화 과업을 수행하기 위해서는 ① 위치를 구축하기 위한 일련의 가능한 경쟁적 우위를 파악하는 단계, ② 적절한 경쟁적 우위를 선택하는 과정, ③ 선택한 위치를 효과적으로 표적세분 시장에 커뮤니케이트하고 전달하는 단계를 거쳐야 한다. 여기에서 가장 중요한 것은 경쟁적 우위를 선정하는 것이다. 그것은 경쟁사의 제공과 자사의 제공을 차별화 할 수 있는 구체적인 방법을 선정하는 것이다. 차별화 수단으로는 제품 차별화, 서비스 차별화, 이미지 차별화 및 경로 차별화 등이 있다. 이 차별화 수단 중에서 가장 경쟁적 우위가 있는 것을 선정하고, 이를 구체적으로 실천하기 위해서는 세부적인 마케팅 전술 프로그램, 즉 마케팅 믹스가 개발되어야 한다.

# 5절 마케팅 믹스의 전략

## 1. 제품관리

### (1) 제품의 의의와 유형

제품(product)은 기본적 욕구 또는 2차적 욕구를 충족시켜 주는 이점들의 보합체로서, 물리적 대상물, 서비스, 사람, 장소, 조직, 아이디어 또는 상기의 실체들의 복합체 등이 포함된다. 제품은 세 가지 차원, 즉 핵심제품, 유형제품 및 확장제품으로 나눌 수 있다. 핵심제품은 근본적 차원으로서, 구매자가 실제로 구입하는 것이 무엇인가에 관한 차원이다. 즉, 소비자가 제품을 구입할 때, 그들이 획득하고자하는 핵심적인 이점이나, 문제를 해결해 주는 서비스로 구성된다. 유형 제품은 핵심제품을 실제품으로 형상화시킨 것으로서, 품질수준, 특성, 디자인, 상표 및 포장 등 다섯 가지 특징을 포함한다. 확장제품은 핵심 제품과 유형 제품에 추가적인 고객서비스와 이점을 경합한 것으로서 배달, 보증, 설치, 애프터서비스 등 경쟁요소가 포함된다.

그리고 제품은 제품을 사용하는 소비자의 유형에 근거하여 소비재와 산업재로 분류된다. 소비재란 최종소비자가 개인적 소비를 목적으로 구매하는 제품으로서, 편의품, 선매품, 전문품 및 비탐색품으로 구분된다. 산업재는 개인과 조직이 추가적인 가공처리를 하거나, 기업 활동에 이용하기 위해 구입하는 제품으로서 자재와 부품, 자본재 및 소모품과 서비스로 나누어진다.

### (2) 개별제품의 속성결정

제품은 그 제품이 제공해야 하는 이점을 가지고 있어야 하는데, 이점은 제품품질, 특성 및 디자인과 같은 제품 속성에 의해 소비자에게 커뮤니케이트하고 전달된다.

첫째, 제품 품질은 기업이 사용하는 중요한 위치화 도구 중의 하나로서, 품질 수준과 일관성의 특징을 가지고 있다.

둘째, 제품 특성은 기업이 자사의 제품을 경쟁사의 제품과 구별하고 차별화하기 위한 경쟁적 도구로서, 원초적인 모델에 다양한 특성(option 등)을 추가하는 것이다.

셋째, 제품 디자인은 고객 가치를 추가할 수 있는 또 다른 방법으로서, 그 제품의 외관을 단순히 나타내거나, 이목을 끌거나, 감동케 하는 스타일 그 이상인 것으로서, 그 제품의 유용성을 높이는 것이다.

### (3) 상표화(brand)

상표란 특정 판매업자나 판매자 집단들의 제품이나 서비스를 확인하고 또한 다른 경쟁자들의 제품이나 서비스들로부터 식별하고 차별화시킬 목적으로 사용하는 명칭, 말, 기호, 상징, 디자인 또는 이들의 결합을 말한다. 따라서 상표는 어떤 제품의 제조업자나 판매업자를 확인·규명해 준다.

상표는 구매자에게 특별한 일체의 특성, 이점 및 서비스를 항상 전담하겠다는 판매업자의 약속이므로, 상표는 네 가지 수준의 속성, 이점, 가치 및 개성을 전달할 수 있어야 한다.

상표 결정에는 다섯 가지의 의사결정이 포함된다.

① 상표화 결정에는 상표부착 또는 상표 미부착
② 상표명 결정에는 상표의 선정과 보호
③ 상표주 결정에는 제조업자 상표(MB), 사적상표(PB), 라이센스 상표, 혼합 상표
④ 상표 전략에는 신상표, 계열확대, 상표확장, 복수상표
⑤ 상표재위치화에는 상표재위치화와 기존 위치화 고수

### (4) 포장화(packaging)

포장화란 특정 제품의 용기나 포장재를 디자인하고 생산하는 제반활동으로 정의되므로, 혁신적인 포장화는 하나의 경쟁우위 수단으로 작용한다.

포장이 종래에는 제품용기나 보호하는 기능으로만 강조되어 왔으나, 소비자들이 좋은 포장의 제품을 선호하고, 또한 셀프서비스로 구입하며, 기업 이미지와 상표 이미지를 높여주었다. 따라서 포장은 마케팅 활동에 도움을 주는 중요한 판매촉진 도구로 그 중요성이 높아지게 되었다. 포장은 이처럼 제품보호기능, 의사전달기능 및 가격기능 등을 수행한다.

포장은 ① 그 제품을 직접 담는 용기로서의 기초용기, ② 제품사용시 분리되는 포장재로서의 2차 포장, ③ 보관, 식별, 수송 등을 필요한 포장으로서의 운송 포장으로 구분된다.

### (5) 표찰(label)

제품에 부착되어 있는 것으로서, 꼬리표에 불과할 수도 있고, 복잡한 도안이나 내용으로 포장의 일부로 구성될 수도 있다. 표찰은 식별, 등급, 설명, 및 촉진 등 여러 가지 기능을 수행한다. 그리고 표찰은 상기와 같은 기능을 수행하므로 요즘에는 단위가격, 보존가능기간, 영향 표시 등을 표찰에 포함시키고 있다.

### (6) 제품보조 서비스

실제 유형 제품들을 확장할 수 있는 서비스로서, 기업들이 경쟁적 우위를 획득하기 위한 주요 수단으로 사용되는 것이다. 기업이 새로운 고객을 유인하거나 잃어버린 고객을 다시 오도록 설득하는 것보다는 기존 고객을 유지하는데 비용이 적게 소요된다. 따라서 많은 기업들은 불만의 해결 및 조정, 신용서비스, 유지서비스, 기술서비스, 그리고 고객 정보를 운영하기 위해 고객 서비스 담당 부서를 설치·운용하고 있다.

### (7) 제품 믹스 전략

제품 믹스(product mix, 제품 구색)란 특정 판매업자가 구매자에게 판매하기 위해 제공하는 제품 계열(product line)과 품목들의 집합을 의미한다. 그리고 제품 믹스는 네 가지 차원, 즉 폭(넓이), 길이, 깊이, 및 일관성의 차원으로 되어 있다.

제품 계열이란 유사한 판매 방식을 수행하거나, 동일한 고객 집단에게 판매하거나, 유사한 유형의 판매점을 통해서 판매하거나, 가격 범위가 유사하다는 면에서 밀접하게 관련되어 있는 제품들의 집단을 말한다. 일반적으로 기업은 제품 계열의 길이를 길게 함으로써 계열 기업이 되고자 하는데, 이 전략에는 하향확장, 상향확장, 양면확장 등이 있다.

### (8) 신제품 개발계획

소비자의 취향, 기술 및 경쟁 등의 급속한 변화를 감안할 때, 기업은 지속적으로 신제품과 서비스를 개발해야 한다. 기업은 두 가지 방법, 즉 외부에서 취득하는 방안으로서 신제품을 보유한 기업자체를 흡수하거나, 특허권을 구입하거나, 타 제조업체로부터 라이센스를 취득하는 방법 등이 있다. 두 번째는 자사의 연구개발 부서를 통해서 자체적으로 신제품을 개발하는 방안이 있다.

신제품은 실패율이 너무나 높아지고 있으므로, 신제품을 성공하기 위해서는 전체적인 기업의 노력이 필요하다. 성공적인 혁신을 이룩한 기업들은 신제품 개발에 대해 지속적으로 재원을 투입하고 있으므로 공식적으로 정교한 조직구조를 조성하고 있다.

신제품 개발조직 유형에는 제품관리자, 신제품관리자, 신제품위원회, 신제품개발부 및 신제품 모험사업팀 등이 있다. 그리고 신제품을 발견하고 성공시키기 위한 신제품 개발고정은 8개의 단계, 즉 아이디어 창출→아이디어 심사→제품 개념의 개발과 시험→마케팅 전략 개발→사업성 분석→제품개발→시험마케팅→상품화 시장도입으로 구성된다.

### (9) 제품수명주기 전략

제품수명주기(product life cycle: PLC)란 시간이 지남에 따라 판매와 이익이 발생하는 과정으로서, 특정제품이 시장에 처음 출시되는 도입기, 시장 수용 및 이익이 급증하는 성장기, 경쟁이 치열해 짐으로써 판매성장이 둔화되는 성숙기, 판매와 이익이 급속하게 하락하는 쇠퇴기로 구분된다. 제품수명주기는 보통 S자형 곡선의 형태를 띠는데, 각 단계 주기별로 기업은 상이한 목표에 따라 각 단계에 맞는 마케팅 전략을 구사한다.

## 2. 가격관리

### (1) 가격의 의의 및 중요성

가격(price)이란 제공되는 제품 및 서비스에 대한 대가로 요구하는 금액으로, 소비자가 소유하거나 또는 사용하게 된 제품이나 서비스가 제공하는 이점과 혜택을 교환하는 대가로 소비자가 지불하는 가격이다.

가격은 마케팅 믹스요소 중 유일한 수익창출 요인이며, 소비자가 제품구매시 가장 민감하게 고려하는 요인으로서 시장수요와 밀접한 관계가 있다. 또한 가장 변화성과 신축성이 많은 요소로서 가장 강력한 경쟁수단이며, 시장점유율을 확보하기 위한 도구이다. 그러므로 가격은 기업에게는 이익을, 고객에게는 구매결정을, 그리고 정부에게는 경제정책의 지침을 제공해 주는 중요한 역할을 담당한다.

### (2) 가격 결정의 영향 요인

기업의 가격결정은 기업의 내부 요인과 외부 환경 요인에 의해 영향을 받는다. 첫째, 내부 요인으로는 기업의 마케팅 목표, 마케팅 믹스전략 및 원가구조 등이 있다. 둘째, 외부환경 요인으로는 제품시장과 수요 특성, 경쟁사의 원가와 가격 및 제공, 그리고 기타 법적 요인 등이 있다.

### (3) 가격결정 접근방법

기업이 설정하는 가격은 이익을 창출하지 못할 정도로 낮아서도 안 되고, 수요가 없을 정도로 높아서도 안 되는 것 사이에 있어야 한다. 가격결정시 고려해야 할 것은 3Cs, 즉 제품의 원가, 그리고 소비자의 제품에 대한 지각, 경쟁사의 가격 그리고 기타 내적 및 외적 요인 등이 있다. 여기에서 제품원가는 가격의 하한선이고, 소비자의 가치 지각은 상한선이 되므로, 가격은 양극단 사이에서 결정된다.

기업들은 일반적인 가격결정 접근방법을 선택하여 가격을 설정하는데, 첫째, 원가중심(cost)적 방법에는 원가가산법, 목표이익에 의한 가격결정, 둘째, 가치중심적 접근방법에는 소비자(consumer)가 지각한 가치에 의한 가격결정, 마지막으로 경쟁자(competition)중심적 접근방법에는 경쟁자 모방에 의한 가격결정, 공개입찰에 의한 가격결정 등이 있다.

### (4) 신제품 가격결정

가격전략은 제품수명 주기의 각 단계에 따라 적절하게 변화되는데, 그 중에서도 도입기의 가격전략이 중요하다.

- 초기고가격(Skimming Pricing) 전략은 시장도입기에 그 시장의 고소득층으로부터 많은 이익을 획득하기 위해 설정하는 것으로서, 제품의 품질과 이미지가 높은 가격을 뒷받침할 수 있으며, 경쟁자의 제품이 쉽게 시장에 진입할 수 없을 정도로 품질 수준이 높을 때 가능하다.
- 초기침투가격(Penetration Pricing) 전략은 도입기에 낮은 가격으로 신속하게 시장에 깊숙이 침투하기 위한 가격 전략이다. 이 전략은 많은 구매자를 확보하여, 시장 점유율을 확대할 수 있다. 이 전략은 또한 시장이 가격에 민감할 경우에 판매량이 증가함에 따라 원가를 절감할 수 있으며, 경쟁사가 시장에 쉽게 진입할 가능성이 있는 경우에도 적용된다.

(5) 가격조정 전략

기업들은 기본 가격을 고객들의 상이한 특성과 상황의 변화 등에 따라 조절한다.

- 할인가격과 공제는 고객들로 하여금 대금을 지불케 하거나, 대량구매, 비수기에 구입 및 고객들에 대한 호의에 따라 가격을 조정하는 것으로서, 현금할인, 수량할인, 기능할인, 계절할인, 공제 등이 있다.
- 세분된 차별가격이란 고객별, 제품별, 장소별에 따라 기본가격을 조정하는 것으로서, 고객세분시장별 차별가격, 제품형태별 차별가격, 장소별 차별가격, 시간대별 차별가격이 있다.
- 심리적 가격이란 단순히 경제성을 고려하는 것이 아니라 가격의 심리적 측면을 고려하는 것으로서, 심리가격, 준거가격 및 단수가격 등이 있다.
- 촉진적 가격결정은 일시적으로 자사의 가격을 정가 이하로 또는 원가이하로 판매하는 것으로서, 유도용 손실품(loss leader), 특별행사가격, 현금반환(rebate), 거래조정자(traffic builder) 등이 있다.
- 가치가격 결정은 정당한 가격으로 품질과 양질의 서비스를 적절하게 결합하여 제공하도록 하는 것으로서, 특별가격에 더 좋은 제품을, 또는 염가에 동일한 품질을 제공하기 위해 기존상표를 재디자인하는 것과도 연관된다. 가치가격(value pricing)은 표적소비자들이 추구하고 있는 가치를

그들에게 제공하는 품질과 가치 간의 세심한 균형을 찾는 것을 의미한다. 또한 가격인하와 더불어 품질은 그 상태로 유지하거나, 오히려 개선되는, 그러면서도 기업에 이익을 남기는 것을 의미한다.
- 지리적 가격결정은 수송비가 지출되는 원거리의 고객의 가격을 결정하는 것으로서, 공장인도가격, 균일운송가격, 구역가격, 기점가격, 및 운송비 흡수가격 등이 있다.

## 3. 경로관리

### (1) 유통경로의 의의 및 중요성

유통경로(place, distribution channel)란 특정제품이나 서비스가 생산자로부터 소비자나 산업재 사용자에게로 옮겨가 그들이 사용하거나 소비하도록 하는 과정에 관여하여 상호 의존하는 조직들의 집합을 의미한다. 일반적으로 유통경로에는 상업중간상, 대리중간상 및 촉진상이 포함된다.

유통경로의 중요성으로는 첫째 총 거래수를 최소화 하고, 거래를 촉진함으로써 교환과정을 촉진시킨다. 둘째, 가격, 제품 및 지불조건 등을 표준화하여 거래를 용이하게 한다. 셋째, 생산자와 소비자 간의 구색차이를 연결시킨다. 넷째, 판매자에게 고객정보 및 잠재 고객과의 도달가능성을 높이고, 소비자에게는 탐색비용을 절감시켜 줌으로써 생산자와 소비자를 연결시킨다. 다섯째, 다른 믹스요소에 비해 비탄력적이며, 유통경로의 국가별 특수성으로 인해 중요한 전략적 위치를 차지한다.

### (2) 유통경로의 기능과 경로수준의 수

유통경로는 생산자로부터 소비자에게로 제품을 전달하는 일을 수행함으로써 생산자와 소비자 사이의 시간과 공간, 그리고 소유의 불균형을 극복한다. 즉, 마케팅 유통경로의 구성원들은 거래를 완성하도록 도움을 주기 위해 정보제공, 촉진, 접촉, 조절, 협상기능 그리고 완전하게 거래가 이루어지도록 도움을 주기 위해서 물적유통, 위험부담의 기능을 수행한다.

이러한 기능을 수행하는 각자의 마케팅 중간상을 경로수준이라고 하는데,

중간상 수준의 수를 이용하여 유통경로의 길이를 나타낼 수 있다.

### (3) 수직적 및 수평적 마케팅 시스템

유통경로는 경로 전체의 성과에는 거의 관심이 없는 독립적인 기업들 간에 이루어진 느슨한 결합체로서 강력한 지도력을 갖지 못하므로 치명적인 갈등과 낮은 성과로 곤혹을 치르고 있다. 최근 전통적인 마케팅 경로에 대한 도전으로 수직적 마케팅 시스템이 등장하게 되었다.

수직적 마케팅 시스템(vertical marketing system)은 생산자, 도매상 및 소매상들이 하나의 통일된 시스템을 이룬 유통경로 전체로서, 경로활동을 통제하고, 경로 갈등을 관리하며 또한 규모의 경제, 교섭력 등 중복되는 서비스의 제거 등을 성취할 수 있다. 수직적 마케팅 시스템은 회사형, 프랜차이즈 계약형 및 관리형의 세 유형이 있다. 정유, 철강 회사의 경우를 볼 수 있다.

한편, 수평적 마케팅 시스템은 새로운 시장 기회를 발견하기 위해 경로 단계에 있는 두 개 이상의 개별조직들이 결합하는 것으로서, 이들 기업들은 함께 일함으로써 혼자서 사업을 할 때보다 더 많이 성취하기 위하여 자본, 생산능력 및 마케팅 재원을 결합할 수도 있다. 공생적 마케팅이라고도 한다.

### (4) 유통범위 정도에 따른 유통경로 전략

기업이 고려하는 범위가 어느 정도인가에 따라 소매점의 수를 결정하는 세 가지 유형이 있다.

① 집중적(개방적) 경로: 높은 시장범위 도달을 목적으로 이용 가능한 경로 구성원을 모두 이용하는 전략으로서, 구매의 편의성 및 이용가능성은 높으나 유통비용이 증가하고 통제력이 약한 점이 있으며, 주로 편의점에서 이용된다.
② 독점적 경로: 일정한 상권 내에 자사 제품만을 독점적으로 취급하는 제한된 수의 소매점을 확보하는 전략으로 거래 비용감소와 제품이미지 제고가 가능하다. 주로 전문품에 적용되는데, 높은 폭을 제공하고, 판매상의 가격, 촉진, 신용 및 서비스에 대해서 통제할 수 있다.

③ 선택적 경로: 개방적(집중적) 경로와 전속적 경로의 중간 형태로 일정지역에 몇 개의 소매점을 선정하여 자사제품을 취급할 수 있도록 한다. 이것은 주로 가전제품, 의류 등과 같은 선매품에 이용되는데, 생산자로 하여금 더 많은 통제력과 적은 비용으로 적절한 시장 확보를 가능하게 한다.

## (5) 유통기구

유통경로를 구성하는 중간상은 도매상, 소매상 및 물적유통 조직체 등이 있는데, 각각은 효율적으로 유통관리를 하기 위해서 고유의 전략을 실행한다.

### 1) 소매상

소매상은 재화 및 서비스를 최종 소비자에게 직접 판매하는 기구로서, 소매전략믹스에 의해 분류될 수 있다. 소매전략믹스란 입지, 구색, 서비스, 가격 및 영업시간 등의 통합된 조합을 의미하는데, 이에 따라 소매상의 유형이 분류된다.

소매상은 점포 소매상과 무점포 소매상으로 분류되는데, 무점포 소매상은 카탈로그, 직접우편판매, 전화, 가정TV 홈쇼핑, 온라인 컴퓨터 쇼핑서비스, 가정 및 사무실 파티 등이며, 무점포 소매업에는 직접마케팅, 직접판매(방문판매) 및 자동판매기를 통한 판매가 포함된다.

〈표 15-2〉는 소매업체를 분류하여 요약한 것이다.

**표 15-2** **소매업체의 분류방법**

| 서비스의 양 | 판매하는 제품계열 | 상대적인 가격 | 판매점의 통제 | 점포밀집형태 |
|---|---|---|---|---|
| 셀프서비스<br>한정서비스<br>최대서비스 | 전문점<br>백화점<br>수퍼마켓<br>편의점<br>컴비네이션<br>스토어<br>수퍼스토어 | 할인점<br>저가격소매점<br>카달로그 전시장 | 회사형 연쇄점<br>임의 연쇄점과<br>소매상 조합<br>프랜차이즈 조직<br>주택지구<br>머천다이징<br>복합기업 | 도심상가지역<br>지역쇼핑센터<br>지구쇼핑센터<br>주택지구쇼핑센터 |

하이퍼마켓
수퍼센터
서비스사업

## 2) 도매상

도매상은 재판매나 사업목적으로 구입하는 고객에게 제품이나 서비스를 판매하는데 관련되는 모든 활동을 하는 기업으로서, 도매상들은 생산자로부터 제품을 구입하여 대개 소매상, 산업재 소비자, 그리고 다른 도매상들에게 판매한다.

도매상은 판매와 촉진, 구매와 구색 맞춤, 대량구매—소량판매, 보관, 운송, 금융, 위험부담, 시장정보, 경영서비스와 지도 등의 기능을 수행한다.

도매상의 유형은 상인 도매상으로서 완전기능 도매상과 한정기능 도매상, 중개상과 대리상 및 제조업자의 판매지점 등으로 분류된다.

## (6) 물적유통관리

물적유통(physical distribution) 또는 마케팅 로지스틱스(marketing logistics)란 적절한 이윤을 보장하면서 고객의 욕구를 충족시키기 위하여 원산지로부터 소비지점까지 자재, 최종제품 및 관련정보의 물적흐름을 계획하고 통제하는 일로 구성된다.

오늘날에는 고객서비스와 고객만족이 기업의 마케팅 전략을 수립하는 기초가 되고 있으며, 또한 물적유통이 기업의 중요한 원가 요소가 되고, 제품의 다양화가 증가됨으로써 보다 개선되고 향상된 물적유통관리가 필요하다.

마케팅 물적유통 시스템의 목표는 최소의 비용으로 목표로 정한 수준의 고객서비스를 제공하도록 하는 것이므로, 이러한 목표를 달성하는데 소요되는 비용을 최소화할 수 있도록 물적유통의 기능인 주문처리, 창고, 재고 및 수송 등을 관리해야 한다.

이에 따라 오늘날 기업들은 통합적 물적유통 관리개념을 도입하고 있다.

이것은 더욱 양호한 고객서비스를 제공하면서 유통비용을 절감하기 위해서는 기업내부는 물론 모든 마케팅 경로구성원들 간에 팀워크를 필요로 한다는 것이다. 즉, 기업내부의 여러 기능 부서들은 해당 기업의 물적유통의 성과를 극대화하기 위해서 밀접하게 협력해야 한다. 또한 해당 기업의 전체적인 경로시스템의 성과를 극대화하기 위해서 원료 공급업자와 고객들의 물적유통 시스템을 해당 기업의 물적유통 시스템과 통합하여 결속해야 한다.

## 4. 촉진관리

### (1) 촉진 및 촉진믹스의 본질

촉진(promotion)이란 그 제품의 유익함을 소통하고 또한 표적고객들이 그것을 구입하도록 설득하는 활동이다. 이러한 활동은 촉진믹스에 의해 수행된다.

촉진믹스(promotion mix)란 기업의 제품과 서비스를 소비자들이 구매하도록 유도할 목적으로 해당제품 및 서비스의 효능을 현재 및 잠재고객을 대상으로 정보를 제공하거나 설득하는 기업의 전체적인 마케팅 커뮤니케이션 시스템으로서 광고, 인적판매, 판매촉진 및 대중관계가 조화롭게 구성된 것이다.

### (2) 촉진믹스의 구성요소

촉진믹스는 〈표 15−3〉과 같이 네 가지로 구성되며, 각각은 상이한 특징을 가지고 있으므로, 이들 촉진도구는 광고목표와 마케팅 목표를 달성하기 위해 어떤 통합적 촉진믹스로 결합되어야 한다.

**● 표 15-3** 촉진믹스의 특징

| 수단 | 범위 | 비용 | 장점 | 단점 |
|---|---|---|---|---|
| 광고 | 대중 | 보통 | 신속, 메시지 | 효과측정 곤란, |
| 인적판매 | 개별 | 고가 | 통제가능 | 정보량 제한, |
| 판매촉진 | 대중 | 고가 | 정보의 질과 양 | 비용과다, |
| 대중관계 | 대중 | 무료 | 주의집중, | 속도완만 |
|  |  |  | 즉각적 효과 | 모방용이, |
|  |  |  | 신뢰성 높음 | 통계곤란 |

### (3) 촉진믹스 결정요인

기업은 특정 제품의 효과를 최대화하기 위해 사용가능한 촉진 수단을 결합하여 사용하기 위한 촉진믹스를 설계할 때 고려해야 할 요인으로는 제품/시장의 유형, 푸시(push) 및 풀(pull) 전략, 구매자 준비상태 및 제품수명주기 등이 있다.

- 제품과 시장 유형: 소비재인 경우에는 광고 및 판매촉진이 인적판매 및 공중관계보다 필요하며, 산업재는 기타 수단보다 인적판매가 중요하다.
- 푸시 및 풀 전략: 푸시(push) 전략은 유통경로를 통해서 최종소비자에게 그 제품을 밀어 내는 것이므로, 인적판매와 거래점 촉진(중간상 촉진)이 주로 이용된다. 한편, 풀(pull) 전략은 제조업자가 최종소비자에 대해서 TV 광고나 소비자 촉진의 마케팅 활동에 주력하여 최종소비자로 하여금 그 제품을 구입하도록 하는 전략이다.
- 구매자 준비상태: 인식과 숙지 단계에서는 대중관계와 더불어 광고가 주된 역할을 수행하며, 고객의 호의, 선호 및 확신에는 인적판매가 보다 효과적이며, 그 다음으로 광고가 중요한 역할을 한다. 마지막으로 판매를 종결하는 단계는 인적판매와 판매촉진이 지배적 역할을 한다.
- 제품수명주기 단계: 도입기에는 제품인식도를 높이는데 광고와 대중관계가 효과적이고, 조기사용 촉진시키는 데는 판매촉진이 좋으며, 인적판매는 거래점의 제품 취급을 유도하는데 이용된다. 성장기에는 광고와 대중관계가 가장 가력하며, 판매촉진은 감소한다. 성숙기에는 광고에 비해 판매촉진이 상대적으로 중요하다. 광고는 상표인지도가 높은 때이므로 그 제품을 상기시켜 주는 수준만 유지시킨다. 쇠퇴기에는 광고는 상기 수준으로 지속하고, 대중관계는 줄이고, 인적판매는 주의를 요하는 수준으로 이용된다. 그렇지만 판매촉진은 강력하게 지속된다.

### (4) 촉진관리 과정

마케팅 관리자는 기본적인 커뮤니케이션 과정을 이해하고 기업의 의사를 효과적으로 소비자에게 전달하기 위해서 촉진관리 과정에 대한 의사결정을 해야 한다. 다음과 같이 여섯 단계를 거친다.

① 표적청중 확인: 마케팅 커뮤니케이션 담당자는 누가, 무엇을, 언제, 어떻게, 어디서 전달할 것인가에 대한 의사결정을 할 때, 가장 결정적으로 영향을 미치는 사람인 표적청중을 확인해야 한다.

② 희구반응결정: 표적청중들은 여섯 단계로 구성된 구매자 준비상태(인식 → 숙지 → 호의 → 선호 → 확신 → 구매)를 거치게 되므로, 표적청중이 어느 단계에 있는지, 또는 어떤 위치의 단계로 진전시킬 필요가 있는지를 관리자는 알아야 한다.

③ 메시지 선정: 메시지를 개발하기 위해서 커뮤니케이션 담당자는 전달할 것(메시지의 내용 : 합리적 소구, 감정적 소구, 도덕적 소구), 메시지 구성(결론제시 방법, 주장방법, 강조점의 위치), 메시지 양식(표제어, 문안, 도안, 색상 등)을 결정해야 한다.

④ 매체선정: 인적 커뮤니케이션 경로와 비인적 커뮤니케이션 경로의 장·단점을 고려하여 자사의 촉진 목표에 맞는 경로를 선택한다.

⑤ 메시지 원천의 선정: 메시지가 청중에게 미치는 영향은 그 메시지 송신자를 어떻게 인식하느냐에 따라 그 효과가 상이하므로, 그 원천은 전문성, 신뢰성, 호감 등의 요인을 갖추어 신뢰성을 높게 해야 한다.

⑥ 피드백 수집: 촉진효과를 측정하는 방법에는 표적청중에 대한 커뮤니케이션 효과와 판매효과가 있다.

## (5) 촉진믹스의 설계

촉진믹스를 구성하는 네 가지 수단에 대한 구체적인 세부진술이 설계되어야 한다.

① 광고: 광고(advertising)란 어떤 광고주가 아이디어, 재화, 또는 서비스를 유료형식을 통해 비인적으로 제시하고 촉진하는 활동으로 정의한다. 광고에 관한 의사결정은 목표설정, 예산결정, 메시지결정, 매체결정 및 캠페인 평가로 구성된다.

② 판매촉진: 판매촉진(sales promotion)이란 어떤 제품이나 서비스의 구매나 판매를 촉진하기 위해 사용하는 단기적인 수단으로서, 소비자 촉진(견본, 쿠폰, 환불, 소액할인, 경품, 경연회, 기타), 중간상 촉진(구매공제, 무료제품, 상품공제, 협동광고, 후원금, 판매경연회), 판매원 촉진(상여금, 경연회, 판매원 모임) 등으로 구성된다.

③ 인적판매: 인적판매(personal selling)란 판매원을 매개로 직접 고객과 대면하여 구매를 설득하는 커뮤니케이션 수단으로, 소비자에게 많은 정보를 제공하며, 쌍방적 커뮤니케이션이므로 즉각적인 피드백이 가능하므로, 정보탐색 및 광고에 노출된 소비자에게 효과적이다. 반면에 접근 가능성이 낮고 고객 일인당 비용이 과다하다.

④ 대중관계: 대중관계(public relation)란 기업이 다양한 대중과의 건전한 관계를 형성하기 위하여 호의적인 대중성을 획득하거나, 우호적인 기업 이미지를 구축하거나, 비우호적인 소문, 이야깃거리, 사건 등을 처리하거나 방지하는 활동이다. 대중관계는 홍보와 기타 활동을 모두 포함하는 보다 포괄적인 개념으로서, 그 수단으로는 기자회견 또는 대변인, 제품홍보, 공공의 관심사, 로비활동, 투자자 관계 및 개발 등이 있다.

## 5. 최신 촉진기법

### (1) PPL(Product Placement) 광고

TV 광고는 TV 프로그램 중간에 제품 광고를 하던 종래 방식에만 국한되지 않고 때때로 제품 그 자체가 프로그램에 등장하기도 한다. PPL 광고는 TV 쇼 프로그램이나 영화 속에서 제품이 나오도록 협찬하거나 비용을 지불하는 간접 광고이다. 제임스 본드(James Bond)가 나오는 영화 속의 자동차처럼 TV 쇼 프로그램이나 영화 속에서 중요한 역할을 하는 제품들을 본 적이 있는가? 청소년음악경연대회 심판들의 테이블 위에 놓여 있는 코카콜라(Coca-Cola) 컵들을 본 적이 있는가?

최근의 PPL은 가상제품(virtual products)을 비디오 게임에 배치한다. 예를 들어, 캐딜락은 V-시리즈 콜렉션의 럭셔리 차량을 고속주행(high-speeddriving) 비디오 게임인 프로젝트 고담 레이싱 3(Project Gotham Racing 3)에 등장하였다.

## (2) 온라인 광고

마케터들이 야후(Yahoo)나 구글(Google) 같은 대규모 온라인 창에 광고를 할 경우, 그들이 가장 마음을 움직이기를 원하는 고객들 ― 휴가를 준비하는 고객이나 자동차 시장을 탐색하는 고객, 주식을 조사하는 고객 등 ― 에게 도달할 수 있다. 궁극적인 목표는 고객을 확보하여, 잠재 고객들이 기업과 기업의 제품에 대해서 더 많이 알 수 있는 자사의 웹사이트에 방문하게 만드는 것이다. 만약 온라인 사용자들이 광고를 클릭하고 웹사이트에 방문할 경우 기업은 자사 제품에 대한 정보를 제공할 뿐만 아니라 고객과 상호작용을 할 수 있게 된다(예를 들어 이름, 주소, 의견, 선호하는 것 등에 대한 정보를 수집하는 것). 따라서 인터넷 광고는 기업과 고객의 상호작용 수단이 된다. 온라인 광고의 또 다른 장점은 최근의 발달된 기술로 얼마나 많은 사람들이 광고를 클릭했고 그중 얼마나 많은 잠재 고객들이 웹사이트를 방문하고 정보를 읽거나 보았는지 확인할 수 있다는 것이다. 온라인 광고에 대한 지출은 향후 급속히 증가할 것으로 보인다.

기술의 발전은 인터넷에서의 대화의 속도와 인터넷의 잠재력을 급속히 향상시켰다. 많은 기업들이 온라인 동영상과 채팅방, 인터넷 숍에서 다른 고객들이나 영업사원들과 대화할 수 있고, 제품과 서비스를 검증하고 구매할 수 있는 서비스를 제공하고 있다. 인터넷은 고객들과 협력하는 전반적인 방식을 변화시키고 있는 중이다. '촉진(promoting to)'이 아니라 '협력(working with)'으로 언급했음을 주목하자. 최근의 동향은 시간과 비례해 고객들과 관계를 구축하는 것(build relationship)이다. 이것은 고객들이 원하는 것을 주의 깊게 듣고 구매 내역을 조회하고 훌륭한 서비스를 제공하며 모든 종류의 정보를 제공하는 것을 말한다.

## (3) 국제 광고(global advertising)

국제 광고는 마스터카드(MasterCard)의 'Priceless(값을 매길 수 없는, 대단히 재미있는)' 캠페인과 같이 전 세계적으로 효과가 잇는 제품과 통합된 촉진 전략을 개발하는 것을 수반한다. 국제 광고는 확실히 기업의 리서치와 디자인 비용을 절감해준다. 하지만 다른 전문가들은 각 지역마다 서로 다른 문화, 언어, 구매 습관 등을 지니고 있기 때문에 특정 국가나 지역을 목표로 한 촉진이 국제 광고보다 더 성공적일 수도 있다고 말한다.

한 가지 캠페인이 모든 국가에서 사용되었을 때 야기되는 문제점들이 있다. 예를 들어, 한 일본 기업은 인기 있는 음료 제품에 포카리 스웨트(Pocari Sweat)라는 영어 이름을 붙였는데 대부분의 영어 사용권 사람들에게 음료제품으로서 좋은 이미지를 주지는 못하였다. 영어에서는 포드 프로우브(Ford Probe)가 호응을 얻지 못했는데, 그 이유는 프로우브가 영국인들에게 의사의 진료 대기실이나 의료 검진을 생각나게 했기 때문이다.

클레어롤(Clairol)은 'Mist Stick(안개 스틱)'이라는 헤어 아이론(curling iron)을 독일 시장에 출시하였다. 하지만 독일에서는 미스트(mist)가 미뉴어(manure: 거름, 분뇨)를 의미할 수도 있다는 것을 미처 알지 못했다.

오늘날의 광고는 국제주의(전 세계를 대상으로 광고하는 것)에서 지역주의(개별 국가나 국가 내 특정 집단을 타깃으로 구체적인 광고를 하는 것)로 옮겨가고 있다. 미래에는 마케터들이 더 작은 규모의 청중 ― 한 사람으로까지 구체화되는 ― 에게 도달하기 위해 고객맞춤식(custom-designed) 촉진을 준비할 것이다.

### (4) 바이러스성 마케팅(viral marketing)

많은 기업들이 자사의 제품을 다른 사람들에게 촉진하는 사람들에게 돈을 지불함으로써 입소문을 만들어내기 시작했다. 그와 같은 전략은 사람들이 인터넷 채팅방(internet chat room)에 들어가 밴드, 영화, 비디오 게임, 스포츠 팀 등을 선전하는 것(또는 열정적이고 우호적으로 말하는 것)을 부추긴다. 이런 식으로 제품을 선전하는 데 협력한 사람들은 업계에서 말하는 협찬(swag) ― 무료 티켓, 무대 뒤 통행증, T셔츠, 기타 상품 등 ― 을 받을 수 있을 지도 모른다. 기업이 제품과 서비스를 촉진하는 보통 사람들에게 돈을 지불하는 것에 대하여 윤리적으로 어떻게 생각하는가?

바이러스성 마케팅이란 제품에 대해 다단계 판매체계(multilevel selling

scheme)를 조성하기 위하여, 인터넷상(예를 들어 트위터 등)에서 제품에 대하여 긍정적인 말을 하는 고객들에게 돈을 지불하는 것을 포함한 모든 것을 말한다.

긍정적 입소문을 퍼뜨리는 데 가장 효과적인 전략은 현재의 고객들에게 추천장(testimonial, 소비자들이 제품에 대하여 칭찬하는 편지나 문구)을 보내는 것이다. 대부분의 기업들은 추천 문구를 새로운 고객들에게 촉진할 때 사용하지만 추천장은 고객들이 제대로 된 기업을 선택했다는 믿음에 확신을 주는 데에도 효과적이다. 다른 사용자들로부터 들은 긍정적인 입소문은 고객의 선택에 더욱더 큰 확신을 준다. 따라서 어떤 기업들은 고객에게 추천을 받는 것을 습관화하고 있다.

한편 부정적인 입소문은 기업에 심각한 타격을 줄 수도 있음을 유념해야 한다. 기업이나 제품에 대한 부정적 입소문은 이전 그 어느 때보다도 더 빠르게 퍼질 수 있다. 온라인 포럼(online forum), 채팅방(chat room), 게시판(bulletin board) 등이 제품이나 기업에 대한 불만을 터뜨리는 도구로 사용될 수 있다. 고객의 불만을 빠르고 효과적으로 처리하는 것은 부정적 입소문을 줄이는 최선의 방법이다.

## (5) 블로깅(blogging)

블로그(blog) ― 웹 로그(Web log)의 약어 ― 는 웹페이지처럼 보이지만 훨씬 더 만들기 쉽고 글, 사진이나 다른 사이트로 링크를 업데이트하기 용이한 온라인 다이어리(online diary)이다. 현재 인터넷상에서 운영되고 있는 블로그 수는 수백만 개이며, 매일 수천여 개의 새로운 블로그가 생겨나고 있다. 블로그는 마케팅에 얼마나 효과적일까? 신간《프리코노믹스(Freakonomic)》라는 책이 출간되었을 때, 출판업자인 하퍼콜린스(HarperCollins)는 교정본을 100명의 블로거(blogger)에게 보냈다. 이 블로거들은 리뷰를 다른 블로거들에게 보냈고(입소문을 냈다), 곧《프리코노믹스》는 아마존닷컴(Amazon.com)의 최다 주문 도서 리스트 3위에 올랐다. 이를 통해 블로깅이 미래에 영화, TV 쇼 등 더욱더 많은 매체에 어떤 영향을 미칠지 상상할 수 있을 것이다.

## (6) 팟캐스팅(podcasting)

팟캐스팅은 인터넷을 통하여 시청하려는 사용자들이 오디오나 비디오 프로그램을 유통시키는 수단이다. 구독자들은 팟캐스트를 통해 피드(feeds)라고 알려진 여러 개의 파일을 구독한 후 선택한 자료들을 보거나 들을 수 있다. 팟캐스팅을 통해서 독립제작자들은 자신만의 라디오 프로그램을 만들고 뉴스캐스터가 되어 이를 제공할 수 있게 되었다. 팟캐스팅은 라디오나 텔레비전 프로그램을 전송하는 새로운 방법이다. 또한 많은 기업들이 유튜브(YouTube)에 비디오를 올리면서 성공적인 촉진 활동을 하고 있다.

## (7) 모바일 미디어

마케터들은 휴대폰과 같은 모바일 미디어를 활용하여 경쟁을 촉진하거나, 고객들에게 뉴스나 스포츠 경기 알림 메일을 보내거나, 기업의 정보를 주는 등의 문자메시지를 보낸다. 최근에는 기업들이 소비자의 위치를 파악하여 인근의 레스토랑이나 기타 서비스 업체에 관한 메시지를 보낸다. 이제는 모바일 마케팅이 대세를 이루고 있다.

여러분은 전통적인 촉진 기법이 확실하게 신기술로 대체되고 있다고 생각되는가? 만약 그렇게 생각한다면 그 생각은 옳다. 최신 동향을 꾸준히 업데이트하고 있다면 전통주의자들이 무슨 일이 생기는지 의아해하는 동안, 여러분은 촉진 분야에서 좋은 성공을 가져올 수 있을 것이다.

# 주요용어설명

## •• 제1장

하위경영자(first-level manager) 조직의 하위계층에 위치한 경영자

CEO(Chief Executive Officer) 기업의 최고책임자인 회장, 대표이사 및 사장

개념적 능력(conceptual skills) 문제분석능력 및 타당한 판단능력

경영(management) 기업이 필요로 하는 제 자원을 계획활동, 조직활동, 지휘활동, 통제활
    동을 통하여, 조직의 목적을 효과적이고 효율적으로 달성하는 과정

경영자(manager) 조직의 목표를 달성하기 위하여 계획활동, 조직활동, 지휘활동 및 통제
    활동을 하는 사람

경제학(economics) 경제학은 부족한 자원을 어떻게 분배할 것인가에 관한 학문

계획활동(planning) 조직의 목표를 세우로 그 목표를 달성하기 위한 가장 최상의 방법을
    찾는 행위

과학성과 기술성(science and art) 과학은 자연과학에 해당하고 기술은 인문학을 말함

귀납적 방법(inductive method) 개개의 사례에서 공통된 사실을 추론함으로써 일반화된 하
    나의 정리로서의 경영원리를 도출해 내는 연구방법

기술적 능력(technical skill) 엔지니어링, 컴퓨터, 재무, 제조 등 전문분야에서 맡은 바 업
    무를 이해하고, 수행할 수 있는 능력

기업가 정신(entrepreneurship) 재무적, 심리적, 및 사회적 위험을 감수하며 시간과 노력을
    경주하여 새로운 것을 개발하는 정신

실천과학(applied science) 응용과학이라고도 하며 하나 이상의 자연과학 분야로부터 실
    제 문제를 해결하는 지식의 응용

연역적 방법(deductive method) 추상화된 일련의 전제 또는 가설을 설정하고, 그것으로부
    터 논리적인 추론에 의하여 일정한 원리를 이끌어 내는 사유(thinking) 중심의 연구

방법

의사결정적 역할(decisional roles) 기업가, 갈등처리가, 자원배분가, 그리고 중재자로서의 경영자 역할

이론과학(theoretical science) 순수과학이라고도 하며 검증 가능한 가설을 세운 다음, 실험을 통해 검증하여 새로운 이론을 구축하는 실증적 방법

인간관계 역할(interpersonal roles) 경영자가 조직 내외부의 사람들과 상호작용하는 역할

인간적 능력(human skill) 다른 구성원과 원만한 인간관계를 유지하는 능력

인적자원관리(human resource management: HRM) 분화된 업무를 담당할 경영요원을 채용하여 배치하는 행위

정보적 역할(informational roles) 경영인들이 정보를 수집하고 전파하는 역할

조직(organization) 공동의 목적을 이루기 위한 2인 이상의 사람들의 체계적 모임

조직활동(organizing) 수립된 계획을 성공적으로 달성하기 위해서 어떠한 형태로 조직을 구성할 것인가를 결정하고 인적 및 물적 자원을 배분하는 행위

중간경영자(middle manager) 상위경영자와 하위경영자의 중간계층에 위치한 경영자

지휘활동(leading) 조직의 목표를 달성하기 위하여 요구되는 업무를 잘 수행할 수 있도록 종업원들을 독려하고 감독하는 행위

최고경영자(top manager) 조직의 최상위에 위치한 경영자

통제활동(controlling) 경영활동이 미리 수립된 계획과 표준에 일치하도록 각 구성원이 행하는 업무가 제대로 추진되는가를 평가, 검토하여 이를 시정하는 행위

효과성(effectiveness) 올바른 일을 수행하는 것(doing the right thing)

효율성(efficiency) 일을 올바르게 하는 것(doing things right)


## ●● 제2장

JIT(just-in-time) 재고 없이 부품과 자재를 상시에 공급받아 재고비용을 줄이는 시스템

TQM(total quality management) 기업운영 전반에 걸쳐 최고의 업무품질을 달성해야 한다는 품질제일주의 사상

X theroy 맥그리거는 인간의 본성에 대해 부정적으로 보는 견해를 X이론으로 제시함

Y theory 맥그리거는 인간의 본성에 대해 긍정적으로 보는 견해를 Y이론으로 제시함

Z 이론(Z theory) 미국식 경영을 A형으로, 일본식 경영을 J형으로 명명하고, 미국이라는
　사회적 틀 속에 일본식의 경영방식을 접목시켜 절충된 이론

간트 챠트(Gantt Chart) 간트가 1917년에 고안한 것으로서 작업의 순서를 결정하고 진행
　상황을 막대로 표시한 그래프

과학적 경영의 원리(the principles of scientific management) Taylor가 1911년에 출판한 저서
　로 테일러니즘이라고도 불리우며 과학적 작업방식, 과학적 선발, 성과급제도 및 노사
　간 협동을 경영의 원리로 제시

관료제(bureaucracy) 독일의 웨버가 주장하였으며 bureau(책상)와 cracy(Kratia: 관리)의
　합성어로서 미리 규정과 법을 정해 놓고 운영을 하고, 행동해야 한다고 주장

국부론(the wealth of nation) 1776년 아담 스미스가 출판한 서적으로 국가의 부는 분업,
　생산성, 자유시장 등에 의해서 이루어진다고 주장

규모의 경제(economies of scale) 생산량이 늘어날수록 평균비용이 하락

단순화(simplification) 부품의 간소화와 단순화를 통하여 대량생산하는 방법

동작연구(motion study) 길브레스는 벽돌쌓기 동작연구를 통하여 동작을 18개에서 5개로
　줄이는데 성공

로보틱스(robotics) 컴퓨터로 조종할 수 있는 독립적인 설비나 기계를 설계하고 운영하는
　제반 기술

린 생산방식(lean manufacturing) 원자재와 부품이 적시에 공급되는 시스템을 갖춤으로써
　재고비용을 줄이는 한편 종업원의 적극적인 참여를 유도하여 생산품질, 생산성, 비용
　절감을 높이려는 혁신방식

미성숙, 성숙 이론(immaturity maturity theory) 아지리스(C. Argyris)가 인간의 성격은 미성
　숙상태로부터 성숙상태로 변화하며 조직의 구성원을 성숙한 인간으로 관리해야 한
　다고 주장한 이론

산업 및 일반경영(general and industrial management) 페이욜이 1916년 출판한 책으로 경영
　의 14개 원칙을 제시

산업혁명(industrial revolution) 18세기 중반부터 영국에서 시작된 기술혁신으로 인해 사회,
　경제, 경영에 영향을 끼친 사건

시스템 이론(system theory) 목적을 달성하기 위하여 여러 구성인자가 유기적으로 연결되
　어 상호작용하는 결합체 이론

**식스시그마(six sigma)** 제품이나 업무의 불량수준을 측정하고, 이를 체계적인 방법을 통하여 무결점(Zero Defect)수준으로 줄이자는 전사적 품질혁신 방법이며, 불량률은 100만개 중 3,4개에(99.9997%) 불과

**양요인 이론(two factor theory)** 허즈버그(F. Herzberg)가 종업원 동기부여를 만족, 불만족 요인의 관점에서 주장한 이론

**욕구단계설(need hierarchy theory)** 매슬로가 인간의 욕구는 계층을 형성하며 고차원의 욕구는 저차원의 욕구가 충족될 때 동기부여요인으로 작용한다는 이론

**유연생산시스템(flexible manufacturing system: FMS)** 로봇, 공작기계, 운송기기 등을 컴퓨터로 통합하여 자동화한 시스템

**전문화(specialization)** 부품단순화를 위해서 공구를 전문화시켜 효율성을 높이는 방법

**컨틴전시 이론(contingency theory)** 상황에 따라 각기 상이한 방법이 존재하기 때문에 모든 상황에 맞는 유일한 방법은 있을 수 없다고 주장하는 이론

**컴퓨터지원생산(computer aided manufacturing: CAM)** 생산 공정을 컴퓨터로 통제하는 시스템

**컴퓨터지원설계(computer aided design: CAD)** 컴퓨터로 제품을 설계하고 분석, 변경할 수 있는 시스템

**컴퓨터통합생산시스템(computer integrated manufacturing: CIM)** 로봇이나 FMS와 같은 컴퓨터로 제어하는 생산시스템에 구매, 재고 등의 관리업무를 통합하여 자동화한 시스템

**판매시점관리(point-of-sales: POS)** 상품의 판매흐름을 단위품목별로 파악할 수 있을 뿐만 아니라 신제품이나 판촉제품의 판매경향과 판매시간대, 판매가격과 판매량과의 상관관계, 경쟁제품의 판매경향 등을 세부적으로 파악할 수 있는 시스템

**표준화(standardization)** 표준화된 제품을 전문적으로 대량생산하는 방법

**호손실험(Hawthorne research)** 하버드대학의 사회학자인 메이요교수가 중심이 되어 웨스턴 전기회사의 호손공장에서 1924년부터 1932년까지 4단계에 걸쳐 실시된 일련의 실험

## ●● 제3장

**e-비즈니스(electronic business)** 인터넷을 포함한 정보기술을 이용하여 수주, 발주, 생산, 판매, 지불 등을 전자적으로 처리

**ISO26000** 국제표준기구 ISO가 2010년 제안한 기업의 사회적 책임의 국제표준

가처분소득(disposable income) 개인소득에서 세금을 공제한 나머지 소득으로 소비 및 저축을 자유롭게 할 수 있는 소득

거시적 환경(macro environment) 외부환경 또는 일반 환경이라고 하며 모든 조직에 영향을 미치는 환경으로 그 범위가 매우 넓은 요인으로 구성

경제적 환경(economic environment) GNP, 물가수준, 산업구조, 경제정책, 경기변동, 환율, 재정정책, 통화정책 등과 관련된 환경

공리주의(utilitarianism) 최대다수의 최대행복을 추구함으로써 이기적 쾌락과 사회전체의 행복을 조화시키려는 사상

공민권(civil rights) 사생활, 양심의 자유, 자유발언, 정당한 법절차를 포함한 개인의 자유와 특권을 보장하는 권리

국제표준화기구(international standard organization: ISO) 1996년 환경인증(ISO 14001)을 주는 제도를 실시함으로써 기업경영 전반에 대한 평가를 함

기술적 환경(technological environment) 기업에 영향을 미치는 산업기술의 수준 또는 상태와 관련된 환경

미시적 환경(micro environment) 과업환경이라고도 하며 기업에 직접적인 영향을 미치는 요인으로 경쟁기업, 고객, 공급자, 정부, 노조 등과 관련된 환경

사회감사(social audit) 기업의 사회적 프로그램을 구성하는 모든 활동을 포괄적이며 단계적으로 검토하여 보고하는 것

사회문화적 환경(sociocultural environment) 사회를 구성하는 개인의 행위에 영향을 미치는 집단이다. 문화, 가치관, 전통 내지 관습 등과 같은 사회제도 및 사회적 태도 등과 관련된 환경

사회적 대응(social responsiveness) 기업이 사회의 대중적 요구에 부응하여 직장 내 탁아소 시설 등 사회적 행동을 하는 것

사회적 의무(social obligation) 가장 기초적인 사회적 책임

사회적 책임(social responsibility) 이윤을 넘어선 사회에 좋은 영향을 주도록 장기적 목표를 세우는 것

외부불경제(external diseconomics) 사람들에게 손해를 입히고도 이에 대한 비용을 지불하지 않은 것

윤리(ethics) 옳고 그름을 정의하는 규범이나 기준

윤리강령(code of ethics) 경영자와 종업원 모두가 준수해야 할 조직의 최우선 가치와 윤리적 규범을 공식적으로 표명한 문서

인구 통계적 환경(demographics) 인구수, 인구밀도, 주거지, 연령, 성별, 인종, 직업 및 기타 인구와 관련된 환경

인터넷(internet) 디지털 컨텐츠를 다수 대 다수로 상호 전달할 수 있는 유선 또는 무선의 통신망

정의론(justice) 공정하고 공평한 권리

정치적·법적 환경(political and legal environment) 어떤 특정한 사회 내의 여러 조직체와 개인에게 영향을 주고 제한하는 법률, 정부기관 및 압력단체 등으로 구성된 환경

책임(accountability) 문제가 발생시 누구 잘못인지를 설명(account)하는 책임

## •• 제4장

가맹점(franchisee) 프랜차이즈 협정시 프랜차이즈를 구매하는 기업

가맹주(franchisor) 프랜차이즈 협정시 제공하는 재화 및 서비스를 소유한 기업

개인기업(sole proprietorship) 단독기업이라고도 하며 개인이 출자하여 경영지배하는 기업형태

공기업(public corporation) 공공단체가 공익을 목적으로 출자하고 지배하는 기업형태

공동기업(partnership) 2명 이상의 사원이 공동으로 출자한 기업형태이며 기업의 특성에 따라 인적 공동기업과 자본적 공동기업으로 분류됨

공익사업(public utilities) 공공의 편익을 위해 국가가 전화, 철도, 전기, 수도, 도로 등을 출자 지배하는 기업형태

내부모험사업(internal venture) 신제품을 급속히 개발하기 위해 기업 내에 독립된 조직을 설립하는 형태로서 벤처 팀(venture team)을 형성하는 것

다각화 성장전략(diversification growth strategy) 집중적, 수평적, 복합적 다각화로 대표되는 성장전략

대기업(large business) 중소기업보다 큰 기업

독립채산제(business calculation) 공기업 경영의 독자적인 경영방식

모험사업육성(venture maturing) 모험자본의 투자 외에 관리적 지원을 포함하는 형태

모험사업의 분리 독점(venture spin-off) 모기업에 상당한 위험을 내포하는 경우 또는 독립적 기반으로 운영하는 것이 유리한 아이디어나 기술을 개발하는 경우의 형태

모험자본(venture capital) 고도의 기술에 대해 투자의 형태로 자본만을 제공하고 경영에는 관여하지 않는 모험사업

벤처기업(venture business) 모험기업 또는 신기술사업

벤처캐피털리스트(venture capitalist) 기업의 초기단계에 투자하여 낮은 가격에 기업의 주식을 취득하여 높은 수익률을 기대하는 기업

복합적 다각화전략(mixed diversification strategy) 관련이 전혀 없는 신사업을 추구하는 전략으로 상대적으로 시너지효과가 거의 없고 위험이 큼

성장전략(growth strategy) 시장점유율을 증가시키는 전략

수평적 다각화전략(horizontal diversification strategy) 현재의 제품계열과 기술적으로 무관하지만, 현재의 고객에게 소구될 수 있는 신제품을 추구하는 전략

수평적 통합(horizontal integration) 후방적 통합과 전방적 통합을 수직적 통합이라고 하며 수평적 통합은 경쟁기업을 흡수하는 통합방법

시장개발전략(market development strategy) 기존제품으로 충족시킬 수 있는 욕구를 가진 새로운 시장을 추구하는 것

시장침투전략(market penetration strategy) 시장에서 현제품의 시장점유율을 증가시키는 전략

신용협동조합(credit union) 비영리 조합원 소유의 금융협동체로서 농협, 새마을금고, 상호저축은행 등

이사회(board of directors) 주주총회로부터 업무진행에 관한 일체의 권한을 위임받은 수탁조직

전방통합(forward integration strategy) 도, 소매상 등 유통기관을 인수하는 전략

제품개발전략(product development strategy) 현재의 고객들에게 새로운 제품을 제공하는 전략으로서 기존시장에 신제품 또는 수정된 제품을 공급하는 전략

조합(union or guild) 2명 이상이 공동출자하여 공동사업을 경영할 것을 약정함으로써 효력이 발생하는 기업형태

주식회사(corporation) 기업의 신용을 담보로 하고 기업이 책임을 지는 기업명의의 주식을 발행하여 자본을 모아서 설립된 공동기업형태

중소기업(small and medium business) 상시 종업원 수가 5명 이상 300명 이하, 자본액이 5억원 이하인 제조업

집중적 다각화전략(intensive diversification strategy) 신제품이 상이한 고객계층에 소구될 수는 있지만, 현존 제품계열과 기술적 또는 마케팅 시너지를 갖는 신제품을 추구하는 전략

집중적 성장전략(intensive growth strategy) 제품의 시장점유율을 증가시키는 전략으로 시장침투, 시장개발, 제품개발 등으로 대표되는 전략

통합적 성장전략(integrative growth strategy) 후방통합, 전방통합, 수평적 통합으로 대표되는 성장전략

프랜차이즈(franchise) 가맹주가 제공하는 상품과 서비스를 가맹점이 제공받아 일정지역에서 재화 및 서비스를 판매하는 사업조직

프랜차이즈협정(franchise agreement) 가맹점이 가맹주의 브랜드, 저작권, 로고 등을 사용하도록 허가하는 계약

합명회사(unlimited partnership) 2명 이상의 소수 사원이 공동으로 출자하고 회사의 채무에 대해 연대하여 무한책임을 지는 공동기업형태

합자회사(limited partnership) 비 법인으로 출자와 업무집행을 담당하는 무한책임사원과 출자만을 하는 유한책임사원으로 구성된 공동기업형태

합작모형사업(new style joint venture) 중소기업의 고도기술을 대기업의 자본 및 판매망과 연결하는 사업형태

협동조합(cooperative) 소상인들이 경제적 약점을 보완하기 위해 협동정신으로 공동출자하여 조직하는 공동기업형태

후방통합(backward integration strategy) 이익을 창출하기 위하여 한두 개의 원료공급업자를 인수하는 전략

## ●● 제5장

계획화(planning) 조직목표를 규명하고 이들 목표를 달성하기 위하여 전사적 전략을 수립하고 활동들을 통합하기 위해 여러 수준의 계획들을 개발하는 과정

구체적 계획(specific plans) 분명하게 정의된 목표, 매출을 향후 1년 안에 20% 이상 올리

　　는 것처럼 구체적인 계획

규칙(rule) 특정행동을 하게 하거나 금지하는 내용을 기술한 상용계획

단기계획(short-term plans) 1년보다도 단기간의 짧은 계획

닻 내리기 효과(anchoring effect) 첫 번째 정보에만 집착하는 태도

델파이 예측기법(Delphi method) 계획수립과정에서 다수 전문가들로부터 의견을 받아내고
　　여과하여 의사결정하는 방법

목표관리(management by objection: MBO) 경영자가 하위자와 함께 공동으로 목표를 정하
　　고 목표달성 정도를 통해 종업원의 성과를 평가하고 성과에 대해 보상을 하는 기법

방침(policy) 조직의 목표와 목적, 그리고 가치 등을 실현하기 위하여 구체화된 행동지침
　　으로 나타낸 하위계획

브레인스토밍(brainstorming) 가능한 모든 대안을 제시하도록 장려하는 아이디어 창출을
　　유도하는 기법

비정형적 의사결정(non-programmed decision) 다른 조직을 인수할지 여부에 대한 결정처럼
　　특별하며 비 반복적인 일회성 의사결정

사명(mission) 조직의 설립의도와 존재이유

사명문(mission statement) 조직의 존재이유 및 장기적 목적을 명확하게 제시한 서류

선택적 지각편견(selective perception bias) 자신의 편견에 의존하여 선별적으로 정보를 구
　　성하고 해석하는 태도

운영계획(operational plans) 조직의 특정한 기능적 영역에서 활용되는 구체적 기준, 방법,
　　방침, 절차를 만들어 내는 계획

의사결정(decision making) 대안들 중 하나를 결정하는 과정

일회성 계획(single-use plans) 특별한 상황에서만 필요한 것, 기업을 인수하거나 합병할
　　때 하는 계획, 신제품개발계획 등의 일회성 계획

자기중심적 편견(self-serving bias) 성공을 자기의 능력이나 노력으로, 실패는 외부요인으로
　　탓하는 경향

자만적 편견(over-confidence bias) 의사결정자가 자신이 더 많이 알고 있다고 생각하고, 자
　　신의 행동에 비현실적으로 긍정적인 면만 보이는 태도

장기 계획(long-term plans) 5년 이상 장기간의 긴 계획

전략계획(strategic plans) 최고경영층이 장기적이고 광범위한 목적을 설정하고, 달성하기

위해서 필요한 자원이 무엇인지를 결정하는 계획

전술계획(tactical plans) 전략적 계획보다 단기적이고, 전략적 목적을 달성하기 위해 구체적인 목표들로 이루어진 계획

절차(procedure) 특정상황에서 구성원이 수행하는데 필요한 특정행동을 규정하는 상용계획

정형적 의사결정(programmed decision) 일상적 의사결정과 비슷한 개념으로 반복적이고 어디에서나 적용될 수 있는, 절차와 규정에 의존하는 의사결정

제한된 합리성(bounded rationality) 상황과 제약조건하에서 가치를 극대화하는 최선책에 도달하려는 한계를 해결하는 합리성을 추구해야 한다는 개념

중기계획(mid-term plans) 장기간과 단기간 사이 1~5년 사이의 계획

지속성 계획(standing plans) 반복적으로 지속적으로 유효한 계획

지침적인 계획(directional plans) 일반적인 지침, 이익을 5%에서 10%정도로 달성하자는 것처럼 신축성이 있는 계획

## •• 제6장

BCG 매트릭스(BCG Matrix) Boston Consulting Group이 고안한 매트릭스로 비교우위를 설명하기 위하여 상대적 시장점유율과 성장률 증가를 이용한 제품 포트폴리오로 기업의 전략경영에 사용

SWOT분석(analysis) 외부분석과 내부분석을 결합한 것

강점(strategic strengths) 조직의 경쟁력 있는 활동이나 자원

경쟁우위(competitive advantage) 다른 조직과 뚜렷하게 구분되는 상태

기업전략(corporate strategy) 기업이 어떤 사업을 하고 있는지, 어떤 사업을 하고 싶은지를 구체화하는 조직전략

기회(strategic opportunities) 외부환경에서 긍정적인 추세 및 요인

비용우위전략(cost-leadership strategy) 가장 낮은 비용으로 경쟁하는 전략

쇄신전략(renewal strategy) 감소되는 성과를 다루기 위해 긴축전략(retrench strategy)과 조직의 재구조화 전략을 결합한 전략

시너지(synergy) 자원의 활용에서 나타나는 상승효과

안정화 전략(stability strategy) 기업이 현재 상태를 계속적으로 유지하고자 하는 전략

약점(strategic weaknesses) 조직의 경쟁력 없는 활동이나 자원

위협(strategic threats) 외부환경에서 부정적인 추세 및 요인

전략(strategy) 기업이 목적달성을 위해 무엇을 할 것인지 등에 대하여 계획을 세우는 것

전략경영(strategic management) 경영자들이 목표달성을 위하여 조직내부의 기능과 활동을 통합한 종합 계획

전략사업단위(strategic business unit: SBU) 큰 회사 내에 독립적으로 분리된 작은 사업단위

제품 포트폴리오(product portfolio management: PPM) BCG의 또 다른 명칭

제품/시장 매트릭스 전략(product/market matrix) 신시장 기회를 포착하기 위하여 시장을 기존시장과 신시장 그리고 제품을 기존제품과 신제품으로 분류시켜 전략을 수립하는 방법

제품수명주기(product life cycle: PLC) 제품이나 제품범주의 시간흐름에 따른 판매와 수익 패턴

집중화 전략(focus strategy) 틈새시장에서 비용우위 또는 차별화 우위를 점하고자 하는 전략

차별화 전략(differentiation strategy) 고객에게 가치를 주는 독특한 제품을 공급함으로써 경쟁하는 전략

## •• 제7장

가상조직(virtual organization) 소수의 핵심 종업원과 프로젝트 수행을 위해 고용된 외부의 임시직 전문가로 구성된 조직

감독 한계(span of control) 효과적이고 효율적으로 관리할 수 있는 종업원의 수

강한 문화(strong culture) 핵심가치가 깊이 형성되어 있고 광범위하게 공유되어 있는 조직 문화

고객별 부문화(customer departmentalization) 유사한 고객을 기준으로 집단화 하는 것

권력(power) 다른 사람의 의사결정에 영향력을 끼치는 능력

권한(authority) 지위에 부여된 권리

권한위양의 원칙(principle of delegation of authority) 권한을 가지고 있는 상위자가 하위자에게 직무수행에 관한 권한을 위양하는 것

기계적 조직(mechanistic organization) 조직의 활동이 상이한 전문화된 과업, 부문화, 수직

적 지휘계통이 특징인 조직구조

기능식 구조(functional structure) 서로 유사하거나 연관된 분야의 전문가들로 구성된 조직 설계

기능식 조직(functional organization) 라인 조직의 단점을 보완하기 위하여 기능별 전문화의 원칙에 따라 부문별로 경영자를 두는 조직형태

네트워크 조직(network organization) 자사 종업원에게 업무를 주면서 동시에 필요한 부품을 제공하는 외부의 공급업체 네트워크를 활용하는 조직

라인(line) 직접적으로 책임을 지는 권한을 가진 직위

라인과 스탭조직(line & staff organization) 라인조직이 유지되면서 스탭의 권한을 조언으로 한정시킨 조직형태

라인권한(line authority) 직접적으로 책임을 지는 경영자의 권한

라인조직(line organization) 명령일원화의 원칙을 중심으로 모든 직위가 라인으로 연결된 조직형태

매트릭스 구조(matrix structure) 직능별 조직구조와 사업부별 조직구조가 결합한 조직구조

명령통일화(unity of command) 한 사람의 부하가 한 사람의 상사에게만 보고해야 하는 것

무경계 구조(boundaryless structure)

부문경영층(department management zone) 부장에 의해 대표되는 부서별 경영층

부문화(departmentalization) 직무를 서로 묶어 집단화 하는 것

사업부제 구조(divisional structure) 독립적인 부서 혹은 부문으로 구성된 조직구조

사전에 정해진 조직구조로 인한 경계가 없는 조직구조

수탁경영층(trusteeship management zone) 이사회와 사외이사로 구성하여 집행적 의사결정을 수립

스탭(staff) 라인관리자들을 지원하고 조언하는 권한을 가진 직위

스탭권한(staff authority) 라인관리자들을 지원하고 조언하는 권한

위원회 조직(committee) 경험과 배경을 가진 사람들을 한 곳에 소집하여 논의하는 조직

유기적 조직(organic organization) 상대적으로 낮은 수준의 직무전문화, 넓은 통제 범위, 수평적 지휘계통이 특징인 조직구조

제품별 부문화(product departmentalization) 생산되는 제품을 기준으로 집단화 하는 것

조직구조(organization structure) 경영자와 종업원, 경영자와 경영자, 종업원과 종업원간을

분할하고 집단화 하는 방법

조직문화(organization culture) 조직구성원간의 공유된 가치, 원칙, 전통

조직화(organizing) 목표달성 할 수 있도록 자원을 상호연관 되도록 배치하는 것

지역별 부문화(geographic departmentalization) 생산되는 제품을 기준으로 집단화 하는 것

직능별 부문화(functional departmentalizaton) 직무활동에 따라 집단화 하는 것

직무(job) 직능이라고도 하며 업무의 기술적 단위

직무전문화(work specialization) 조직의 전체 작업을 과업별로 배분하는 것

직위(status) 직무에서 발생된 조직 내 위치

책임(responsibility) 권한을 부여 받았을 때 그에 상응하는 의무나 임무

책임-권한의 원칙(principle of authority-responsibility) 권한에 비례하는 책임을 부여 받는 원칙

총괄경영층(general management zone) 최고경영층과 중간경영층을 합친 층

프로젝트 조직(project structure) 환경변화에 대응하여 기술과 경험을 가진 종업원으로 구성된 조직구조

## •• 제8장

X이론(theory x) 관리의 방법은 처벌에 의한 강제나 통제, 지시, 그리고 위협일 수밖에 없다고 주장

Y이론(theory y) 종업원에게는 독려와 인정, 그리고 칭찬이 더욱 중요하다고 한 이론

감응도(induction rate) 경영조직이 가진 목표를 집단이 수용하느냐 아니면 거절하느냐 하는 성향

공정성이론(equity theory) Adams는 종업원이 자신의 투입-산출 비율을 다른 사람 것과 비교하여 공정하게 바로 잡는다는 이론

과정이론(process theories) 종업원들에게 할당되는 보상이 그들의 행동에 영향을 미치는 가정에 중점을 두어, 보상을 획득할 가능성이 많다고 판단되면, 이에 비례하여 동기유발의 정도가 높아진다는 이론

근무시간자유선택제(flexible work hours) 직원들이 어느 정도의 정해진 선에서 상황에 따라 자유롭게 바꾸어서 일을 하는 것

기대이론(expectancy theory) Vroom은 개인의 행동은 기대감에 지배되며 이 행동은 결과
   가 자신에게 얼마나 유리한가에 따라 어떻게 행동할 것인가를 결정한고 주장

내용이론(content theories) 종업원의 행동에 영향을 미치는 욕구를 밝혀내기 위해 개인을
   평가하거나 분석하는데 중점을 둔 이론

동기부여 요인(motivators) 만족요인이라고도 하며 직무 그 자체에 관계되는 것

동기부여(motivation) 어떤 사람으로 하여금 일련의 특별한 행동을 행하도록 열정을 불러
   일으키는 내적 또는 외적인 영향요인

동기-위생이론(motivation-hygiene theory) 내적요인은 직업만족과 동기와 관련이 있고, 외
   적요인은 직업 불만족과 연관이 있다는 이론

목표설정이론(goal-setting theory) 특별한 목표, 도전 그리고 피드백이 성과를 높이고 어려
   운 목표가 쉬운 목표보다 성과를 높인다는 이론

분배정의(distributive justice) 개인들간의 보상에 관한 공정한 양과 분배를 인식하는 것

압축근무주간(compressed workweek) 하루 근무시간을 늘려 일주일 근무일수를 줄일 수 있
   는 프로그램

욕구(need) 결핍을 느끼는 상태

욕구단계이론(hierarchy of needs theory) 매슬로는 사람의 욕구는 계층으로 형성되어 있으
   며, 고차원욕구는 저차원욕구가 단계적으로 충족될 때 동기부여 요인으로 작용한다
   고 주장

위생요인(hygiene factors) 불만족요인이라고도 하면 환경적 요인을 가리킴

자기효능(self efficacy) 종업원이 실적을 달성할 수 있다고 믿는 태도

재택근무(telecommuting) IT 기술의 발전으로 직원들은 일을 집에서 하지만 사무실과 연
   결될 수 있음

절차적 정의(procedure justice) 보상의 분배가 결정되는 과정의 공정성으로 여겨진다는 정의

직무공유(job sharing) 2명 혹은 그 이상의 사람이 직업을 같이 하는 것

직무단순화(job simplification) 한 구성원이 수행해야 하는 과업의 수를 축소함으로써 과
   업의 효율성을 추구

직무순환(job rotation) 종업원들이 여러 직무에 시스템적으로 이동하는 것

직무충실(job enrichment) 직무에 대한 책임, 인정, 그리고 성장, 학습 및 성취에 대한 기회
   등 높은 수준의 동기부여 요인을 그 작업과 연결시키는 것

직무확대(job enlargement) 일련의 과업을 하나의 새롭고 광범위한 직무에 결합

직원소유제(employee ownership) 직원을 실제 회사의 동업자처럼 행동하게 만들 것이라는 믿음

집단응집력(group cohesiveness) 집단구성원들이 서로간에 좋은 감정을 가져 집단의 일원으로서 남기를 바라며, 집단으로부터 동기부여가 된 정도

## •• 제9장

LPC(least-preferred co-worker questionnaire) 응답자들은 그들이 함께한 적이 있는 모든 동료에 대한 질문을 받고, 가장 비선호한 한 사람에 대한 각 형용사 세트 1에서 8등급까지 등급을 선택하게 한 질문지

강압적 권력(coercive power) 불이익을 줄 수 있는 개인의 능력에서 나옴

거래적 리더(transactional leaders) 교환 또는 거래를 이용함으로써 종업원의 생산성과 보상을 교환해 줌으로써 동기부여를 일으키는 리더

경로-목표이론(path-goal theory) 리더의 역할은 조직의 목표를 달성할 수 있는 방향을 제시하거나 지원을 해주어야 한다는 이론

과업지향적(production oriented) 리더 과업이 무엇인지를 분명히 하고 계획을 세우며, 과업을 나누어 구성원들에게 분담시켜 책임영역을 분명히 하는 리더

독재형 리더(autocratic leaders) 일방적인 의사결정을 내리며, 부하직원의 의견은 거의 받아들이지 않는 지배적인 리더

리더(leaders) 다른 사람에게 영향을 끼치고 관리적 권한을 가진 사람

리더십(leadership) 집단이 어떤 목적을 달성하는데 영향을 끼치는 과정

민주형 리더(democratic style of leadership) 의사결정시 종업원을 참여시키며 권한을 위임하고 작업방법 및 목표를 결정할 때 종업원의 참여를 유도하며 이들을 지도하는 기회로서 피드백을 활용하는 리더

변혁적 리더(transformational leaders) 이례적인 목표를 달성하기 위하여 종업원들에게 추가적인 노력을 갖도록 그들을 자극하고 격려하는 카리스마적인 리더

보상적 권력(reward power) 보상에 대한 개인의 통제력에서 나옴

상황적합 모델(contingency theories of leadership) 리더십이란 부하의 개성, 집단의 문화,

일의 성질, 환경의 성질, 태도, 지각 등의 적합을 통하여 리더십의 효과성을 제시하는 차원에서 발전한 이론

서번트 리더(servant leaders) 섬김의 리더라고도 부르는데, 먼저 남을 섬기는 종(servant)이 되어야 한다는 리더

신뢰(trust) 리더의 성실성, 특성, 그리고 능력에 대한 믿음

신뢰성(credibility) 종업원들이 리더를 정직하고, 능력 있고, 영감을 주는 사람으로 여기는 정도

자유방임형 리더(laissez-faire style of leadership) 모든 권한과 통제권을 부하들에게 넘겨주어 종업원은 회사방침을 침해받지 않는 한 무한정의 자유를 갖게 하는 리더

전문적 권력(expert power) 개인의 카리스마와 존경심에서 나옴

종업원 지향적(employee oriented) 리더행동의 특징은 구성원들과 온화한 관계를 유지하고 그들의 감정을 존중하는 것을 들 수 있으며 구성원들이 무엇을 원하는지에 대해 관심을 가지며 상호신뢰감을 강조한 이론

직무설계이론(job design theory) 5가지 직무 특성을 가지고 설계한 이론

카리스마 리더(charismatic leader) 비전을 가지며, 자신감 넘치는 성격으로 사람들에게 영향을 끼치는 모험을 감수하는 의지력이 강한 리더

특성이론(trait theories of leadership) 리더십을 발휘하기 위하여 필요한 소질, 능력, 인격에 관한 논의로서 어떤 특성을 가진 사람이 지도자가 되어야 하는가를 설명한 이론

피들러의 상황이론(Fiedler contingency model) 피들러(Fiedler)는 최초로 상황적 리더십을 제시한 학자로서, 그는 리더십이 이루어지는 상황이 리더에게 얼마나 호의적인가에 따라 서로 상이한 유형의 리더십이 효과적이라고 주장

합법적 권력(legitimate power) 조직 내에서 개인이 차지하는 직위에서 나옴

행동이론(behavioral theories of leadership) 리더의 특성보다는 실제행동에서 나타나는 바람직한 행동유형에 집중한 이론

## ●● 제10장

고배경 및 저배경 문화(high & low context culture) 홀(Hall)은 세계문화를 고배경과 저배경으로 구분하여 경영자들이 차이를 알아야 의사소통을 잘 할 수 있다고 주장

국가문화(national culture) 국가문화가 다르기 때문에 의사소통에 차이가 날 수 있음

그레이프바인(grapevine) 포도덩굴 같은 조직 내에서 의사소통의 비공식적 채널

기호화(encoding) 송신자의 아이디어나 목적, 생각을 체계적인 메시지로 변환시키는 과정

대인적 의사소통(interpersonal communication) 소수의 조직구성원들 사이에서 이루어지는 정보교환 및 의사전달

매체(medium) 메시지의 전달수단

메시지(message) 송신자가 수신자에게 전달하고 싶어 하는 목적

바디랭귀지(body language) 제스처, 표정, 몸동작 등

베트나(betna) 협상이 결렬됐을 때 내가 갖고 있는 차선책

상향적 의사소통(upward communication) 하급자로부터 상급자로 전달되어 계속 위로 올라가는 형태

선택적 지각(selective perception) 수신자가 예상한 것만을 지각하려는 경향

성별(gender) 남녀는 대화방식이 서로 다를 수 있어 의사소통에 차이가 일어 날 수 있음

송신자(sender) 자신의 생각이나 아이디어, 정보 등을 의사소통하려는 목적을 가지고 있는 사람

수신자(receiver) 자신의 능력 수준, 자신의 과거경험이나 준거체계에 의거하여 메시지를 해독(decoding)하는 사람

언어(language) 말은 사람에 따라 다른 의미를 지닐 수 있음

여과(filtering) 발신자가 의도적으로 정보를 조작하여 수신자에게 긍정적으로 보이게 하려는 것

의사소통(communication) 송신자가 수신자에게 어떤 유형의 정보(메시지)를 교환하고 공유하려는 과정

의사소통과정(communication process) 발신자, 부호화, 메시지, 매체, 해독, 수신자, 피드백의 7가지 부분으로 구성되는 과정

정서(emotions) 수신자가 메시지를 수신하는 시점에서 어떤 정서적 상태에 있는가에 따라 메시지의 해석에 차이가 나는 기분상태

조직 의사소통(organizational communication) 공식적으로 결성된 조직구조를 통해서 이루어지는 의사소통

집단 의사소통 집단에서의 의사소통 유형은 집단 구성원들간에 이루어지는 정보교환

커뮤니케이션 장애(communication barriers) 의사소통을 왜곡시키거나 저해하는 요소

피드백(feedback) 메시지가 성공적으로 전달되었는지 확인하는 기능

하향적 의사소통(downward communication) 조직계층의 상급자로부터 하급자로 전달되어 내려오는 형태

해독(decoding) 전달된 메시지를 수신자가 자신에게 변환시키는 사고과정

## ●● 제11장

경제적 부가가치 시스템(economic value-added system) 재무성과를 측정하는 새로운 기법으로 경제적 부가가치는 세후의 순이익

관료적 통제(bureaucratic control) 기업의 규칙, 규정 등을 사용하는 통제기법의 한 방법

균형성과표 통제(balanced scorecard control) 일반적으로 기업의 성과에 기여하는 4개 부분 -재정, 소비자, 내부절차, 혁신-을 균형있게 측정하는 것

동시통제(concurrent control) 활동이 진행 중일 때 이루어지는 통제

변동허용의 범위(range of variation) 실제성과와 표준과의 차이를 허용할 수 있는 범위

사전통제(feedforward control) 활동이 이루어지기 전에 하는 통제

사후통제(feedback control) 활동이 완료된 후 결과를 측정하고 평가하는 통제

손익분기점(break-even point: BEP) 일정기간 동안 총수입과 총비용이 일치하여 이익도 손실도 없는 시점

시장통제(market control) 한 기업의 시장점유율 등을 사용하는 통제기법의 한 방법

예산통제(budgetary control) 예산을 기준으로 활동을 하고 예산과 실제 성과간의 차이를 분석하여 효율성을 높이려는 제도

클랜 통제(clan control) 직원의 행동이 회사의 규범, 전통, 가치관을 사용하는 통제기법의 한 방법

통제(control) 실제 행동이 계획된 행동과 일치하는가를 확인하는 과정

통제과정(control process) 일반적으로 표준설정, 성과측정, 성과와 표준의 비교, 평가 및 수정행동 등 4단계로 나눔

투자수익률(return on investment: ROI) Du Pont사가 시장통제 시스템으로 사용한 총자본 대비 수익률

표준(standard) 활동의 결과인 성과를 비교하기 위한 기준

활동기준 원가계산(activity-based costing: ABC) 자원을 사용하는 활동에 원가를 배분하고 활동을 사용하는 원가동인에 원가를 배분하는 것

## •• 제12장

고정자산(fixed assets) 부동산 같이 1년 이상 사용되는 자산

기업어음(commercial paper) 건전기업들이 발행하는 무담보 단기부채증서

당좌비율(quick ratio) 재고자산을 차감한 총 유동자산을 총유동부채로 나눈 비율

대차대조표(balance sheet) 특정시점의 기업의 자산, 자기자본, 및 타인자본 등의 재무상태를 요약해 주는 재무제표

리스(lease) 특정자산을 구입하지 않고 리스회사로부터 일정기간 사용권을 얻고 사용료를 지급할 것을 약정하는 계약

매입채무(account payable) 구매자가 제품이나 원재료를 구입하고 그 매입대금을 아직 지급하지 않음으로써 발생하는 채무

매출액 순이익율(net profit margin) 순매출액 대비 순이익의 비율

매출원가(cost of good sold) 제품을 생산하는데 들어간 총비용

매출채권(account receivable) 기업이 신용판매를 하여 발생한 판매대금의 미회수액

발행시장(primary market) 기업들이 신규자본을 조달하기 위하여 유가증권을 발행하는 시장

배당(dividends) 기업이익을 주주에게 지급되는 금액

보통주(common stock) 기업에 대한 소유권을 나타내는 증권

부채비율(debt ratio) 기업이 부채를 사용한 정도를 측정하는 비율

비용(expenses) 수입을 창출하는데 들어가는 비용

비율분석(ratio analysis) 재무상태를 평가하기 위하여 재무비율을 계산하는 작업

선물시장(futures market) 매매가 이루어진 증권이 3개월, 6개월, 1년과 같이 미래의 일정 시점에 인도되는 시장

손익계산서(income statement) 일정기간 동안의 기업의 수입 및 비용, 세금을 공제한 순이익 등을 보여주는 재무제표

수익성 비율(profitability ratio) 기업이 이익을 창출하기 위해 자원을 얼마나 효율적으로

사용하는지를 측정

순매출액(net sales) 총매출액에서 반품, 가격할인 금액을 공제한 이후의 금액

시장성 유가증권(marketable securities) 국채, 기업어음, 양도성 예금증서 등 쉽게 현금화
할 수 있는 단기투자

양도성 예금증서(certified of deposit: CD) 즉시 현금화 할 수 있는 예금증서

영업비용(operating expenses) 제품의 생산과는 직접적으로 관련이 없지만 영업사원의 월
급 등 기업의 운영과 관련하여 발생하는 비용

옵션(option) 두 당사자간의 계약으로 특정기초자산을 미래의 일정시점에 미리 정해진 가
격으로 사거나 팔 수 있는 권리

외상매출금(account receivable) 아직 수금이 되지 않은 매출액

우선주(preferred stock) 배당금이 정해지면서 발행되는 주식증권

운전자본(working capital) 유동자산 전체

위험과 수익간 상반관계(risk-return trade-off) 위험이 높을수록 수익이 높은 관계

유동부채(current liability) 외상매입금이나 미지급 세금, 미지급 경비 등 대차대조표 일자
로부터 1년 이내에 갚아야 되는 단기청구권

유동비율(current ratio) 총 유동부채에 대한 총 유동자산의 비율

유동성 비율(liquidity ratio) 단기부채를 상환할 수 있는 능력을 측정하는 비율

유동성(liquidity) 자산이 현금화 되는 속도

유동자산(current assets) 향후 12개월 이내에 현금화 될 수 있는 자산

유통시장(secondary market) 이미 발행된 증권이 투자자들 간에 거래되는 시장

자본예산(capital budgeting) 투자로 인해 발생되는 효과가 1년 이상 걸쳐서 가능성 있는
투자결정 계획

자본이익률(return on equity) 자기자본 대비 순이익의 비중을 측정

장기부채(long-term liability) 은행대출금, 발행회사채 등 대차대조표 일자로부터 1년 이상
의 기한을 갖는 청구권

재고자산(inventory) 판매활동을 위하여 일시적으로 보유한 원재료, 반제품 및 완제품

재고회전율(inventory turnover ratio) 재고가 얼마나 빨리 움직이고 있는가를 측정

재무관리(financial management) 자금을 어디서 조달하고, 언제 사용하고, 이익을 어디에
재투자 할 것인가 등에 대하여 관리하는 활동

재무레버리지효과(financial leverage effect) 이자로 인하여 영업이익이 변화할 때 주주에게 귀속되는 주당 이익이 확대되는 정도를 나타내는 효과

주식(stock) 자기자본을 조달하기 위하여 발행하는 유가증권

주식배당(stock dividends) 주식의 형태로 배당

증권(securities) 기업이나 정부가 발행하는 주식이나 채권

증권시장(securities market) 유가증권의 거래를 통하여 장기자본을 공급할 목적으로 운영되는 자본시장

채권(bonds) 기업이나 정부가 발행되는 장기적인 부채의무

총매출액(gross sales) 기업의 매출총액

총이익(gross profit) 수입에서 제조비용을 차감한 이익

최초공모(initial public offer: IPO) 일반대중을 상대로 최초로 기업의 주식을 판매하는 것

컨트롤러(controller) 기업의 재무활동에 대한 계획과 통제기능을 담당하는 스탭

트레저러(treasurer) 자본의 조달과 운용을 담당하는 재무담당자

팩토링(factoring) 매출채권을 할인 매입하여 만기일에 고객으로부터 대금을 회수하는 것

현금관리(cash management) 현금을 충분히 확보하는 과정

현금흐름(cash flow) 매출에서 발생한 현금에서 매출원가, 이자, 세금 등을 차감한 나머지 금액

현물시장(spot market) 매매가 이루어진 증권이 즉시 인도되는 시장

활동성 비율(activity ratio) 자산을 얼마나 잘 활용하는가를 측정

# 찾아보기

## 저자약력

### 김재명

University of Wisconsin-Madison, Ph.D
(미) 위스콘신대학교 경영학박사
University of Wisconsin-Madison, MBA
(미) 위스콘신대학교 경영학석사
한경대학교 경영학과 교수

### 경력

충북대학교 경영대학 조교수 역임
성균관대학교 대학원 및 무역학과 강사 역임
한국외국어대학교 대학원 및 경영학과 강사 역임
러시아 국립태평양대학교 교환교수
극동학회장, 경영연구소장, 경기도청 전문위원, 충북도청 자문교수 등

### 주요 저서 및 논문

Analysis of Export/Import Freight Rate Disparities(IMDA)
Cost Structure of Regulated Ocean Shipping Industry
Freight Rate Disparities in TSR(Trans-Siberian Railroad)
수출입 무역운송 가격차별화에 관한 연구
물류관리, 마케팅재무 외 저서와 논문 다수

제3판
新 경영학원론

초 판 발 행    2015년 2월 26일
제3판발행    2021년 2월 28일

지은이    김재명
펴낸이    안종만·안상준

편 집    조보나
기획/마케팅    김한유
표지디자인    최윤주
제 작    고철민·조영환

펴낸곳    (주) **박영사**
서울특별시 금천구 가산디지털2로 53, 210호(가산동, 한라시그마밸리)
등록  1959. 3. 11. 제300-1959-1호(倫)

전 화    02)733-6771
f a x    02)736-4818
e-mail    pys@pybook.co.kr
homepage    www.pybook.co.kr
ISBN    979-11-303-1224-8  93320

정 가    29,000원